COSACNAIFY

HAMLET E O FILHO DO PADEIRO

MEMÓRIAS IMAGINADAS

AUGUSTO BOAL

A quem posso dedicar este livro,
além de pai e mãe?

A quem me ajudou a viver
minha vida e a escrevê-la:

Cecilia, Augusta, Aída, Deolinda,
Fabián e Julián...

e à saudade de Albertino.

Acho maravilhoso envelhecer. A gente fica
mais inteligente, experiente, compreensiva.
A única coisa desagradável com a velhice é
o seu caráter irreversível...

Todo texto escrito é autobiográfico:
do contrário, seria plágio!

DE CONVERSA EM CONVERSA!

Hospital psiquiátrico: pacientes pintam, esculpem; são – à sua maneira – felizes. Um repórter entrevista um "louco varrido". O homem deslumbrava visitantes com suas esculturas fantásticas, em recém-inaugurada exposição.

"É difícil esculpir?", perguntou o jornalista.

"Fácil", disse o "louco". "Ficando calmo, o resultado é melhor."

"Calmo eu sei, mas como é *fazer melhor*?"

"Você pega uma pedra grande. Pensa em alguém: veja essa pessoa na imaginação, inteira. Olhos fechados, do jeito que só você vê! Escultura não é retrato – quem faz retrato é a câmera. Você é artista. Imagina, pega o martelo, o cinzel, e tira da pedra tudo que não seja essa pessoa! Joga fora o resto e só deixa na pedra esse alguém!"

É fácil ser artista: basta ser louco!

É fácil ser louco: basta ser artista.

"Escreva sua biografia!", sugeriu Talia Rodgers.[1]

Valeria a pena esculpir esta pessoa? Modelar coerências na pedra impura e excessiva da minha vida, moldar contornos do homem, supondo-se que tenha tido sentido a trajetória? Jogar fora "o resto" e descrever o que penso que sou ou tenha sido?

Biografias dão ideia de missão cumprida. Eu, ao contrário, a cada novo fim, recomeço. "Caminhante: o caminho não existe – faz-se ao caminhar!"[2] – faço veredas, atalhos. Quero mais. Sou

---

1 Editora da Routledge, de Londres.

2 Antônio Machado, poeta espanhol.

excessivo, demasiado. Seria incômodo falar de mim: no que faço, importa o feito, não o fazedor.

Talia havia publicado três livros meus – lembrou que, neles, feito e fazedor se misturam. Para que melhor se entendesse o meu teatro, seria útil que eu desvelasse minha vida do meu jeito, não tintim por mais tim, pingos nos is, mas histórias, fatos e feitos.

Afinal, quem sou? Sirvo pra quê? Instruções de uso – bula. O Teatro do Oprimido, de onde veio, pronde vai? Está nos quatro ângulos do mundo, mas onde cresceu criança?

Eu achava imoral: Narciso mirando-se no espelho, belo, querendo-se mirado. Presunção e água benta. Vaidade. Recusei.

Mesmo dizendo não, comecei a conversar com minhas irmãs, Augusta e Aída, e, de conversa em conversa, histórias foram voltando à vida.

Comecei a ver a igreja da Penha pedra, rochedo onde me batizei aos onze anos, suportando água benta na cabeça, fugindo do sal na boca. Meu pai perdeu a hora de me batizar bebê e só abriu brecha no trabalho quando foi padrinho de um sobrinho: "Batizam-se os dois, fica mais barato o padre". "Deus há de entender a demora", confirmou minha mãe: sabia o que dizia quando falava do Céu e da Terra.

Foi subindo no meu coração ternura imensa pelas personagens que voltavam a bailar comigo. Senti cheiros da infância, música de vozes, gosto de pão, manteiga derretida. Não *madalenas* proustianas: *marias bentas, barrigas de frade, sonhos, quindins de iaiá*. Senti ternuras até por mim, vejam só! Nem sei se mereço...

Tomei decisão solene e me disse: "Autobiografia tem que ser póstuma: não escrevo! Mas, se escrevesse, como seria? Como se escreve biografia?".

Memória é invasora – lembrando-se uma, escura, mil assanhadas querem ser lembradas, invejosas. É contagiosa: lembrados lembram. Ciumentas, vaidosas: querem aparecer, estrelas. Memória vagabunda, detalhe, pensa merecer manchete e foto. Memórias são como nós, iguais.

Eu fugia, espavorido: memórias me acordavam no meio da noite, sacudiam no fim do dia, soprando no ouvido: "Conta aquela: vão gostar, não duvido...".

Procurei compreender, na tela trêmula, a trêmula vida: família, companheiros, amigos, inimigos – que os tive, mais do que merecido!

Procurei contar meu teatro, sua gênese: nada de intimidades. Personagens importantes passaram de raspão: não denunciei ninguém. Não é meu feitio.

Mudei nomes, pessoas, personagens. Os fatos são verdadeiros mas não aconteceram iguais ao meu jeito de contar: estilo existe! Juntei gentes numa só, poucas dividi em muitas; contei antes o que veio depois e, depois, o que nem veio... mas podia. Quando os aconteceres são incontestes, aí sim, vai nome e sobrenome; endereço, fax, telefone; CEP, DNA e CPF; e-mail, impressões digitais, retratos falados e tudo o mais.

Juro dizer verdades, não meço sinceridades: coração grande muito abriga! Não juro verdade inteira, fria, solene: impossível. Memória e imaginação são inseparáveis siamesas, não univitelinas: parecem-se com poréns, que pena: uma loira, outra morena! Quem sou eu pra divorciar quem Deus mandou casar? Ele sabe o que faz, linhas entortadas.

Espero que vocês gostem e, se perguntarem: "Será verdade?", saibam: foi. A vida até agora tem sido como confesso aqui: não sei o que vem por aí.

A PAISAGEM, A FAMÍLIA

CAPÍTULO 1
GENEALOGIA PATERNA: TIO MIGUEL E A MELHOR SOLUÇÃO!

Nas conversas com a família vieram imagens. Tio Miguel, irmão do pai: barbas brancas, chapéu preto. Ficou assim com o passar do tempo, no único retrato seu que um dia vi. Na minha memória, sua imagem séria se confunde com outras barbas brancas, sem chapéu: meu avô e dom Pedro II, último imperador do Brasil, exilado pelos republicanos em 1889.

Irmão mais velho, Miguel era homem estranho: em vida, nunca sorriu. Explico: pela primeira vez sorriu na hora de sua morte. Nem antes, ainda menos depois. Não tinha tempo pra sorrir, como se sorrir consumisse a vida. Veio para o Brasil no começo do século, mulher e três filhos. Deixou em Portugal o pai viúvo e muita irmã: irmãos, ou já haviam emigrado ou lhe vieram na trilha. Viajar era a melhor solução para criar filhos e ganhar vida mais suave que a de camponês trasmontano. Com dinheiro adiantado sobre futura herança, Miguel comprou padaria, A Chinezinha, em Benfica.

Trabalho sem tréguas: como alívio, a melhor solução foi oferecer sociedade ao meu tio Antônio, já no Brasil, e ao meu pai, que veio exilado, aos vinte anos, em 1914, por se ter recusado a entrar na guerra em que Portugal, sem consultá-lo, havia-se metido, sem saber por quê.

Por economia e amizade, Miguel e família dividiam a casa com um casal de portugueses, Catalina e Celestino, sem filhos, comerciantes: armazém de secos e molhados. Viviam em harmonia: as mulheres lavando roupa no tanque, varrendo casa e quintal, cozinhando; os homens, saindo cedo pro trabalho, voltando tarde, cada casal no seu quarto, os filhos em outro, sala, banheiro e cozinha de permeio.

UMA FLOR... ORNADA DE CADÁVERES...

Foi quando a "Espanhola" – famosa peste que assassinou milhões nos cinco continentes – chegou ao país, devastando. Nas ruas, cada flor solitária se ornava de cadáveres, em singular homenagem floral. No feroz combate entre oferta e procura, a cotação dos cravos, camélias e copos-de-leite disparava. As rosas envergonhavam-se do seu preço, murchavam de raiva, sem exalar perfume – os cadáveres mais fediam por causa do preço das flores.

Entre os mortos, duas perdas importantes: a mulher do Miguel e o marido de Catalina. Enterraram-se e os viúvos continuaram vivendo juntos – era a melhor solução! –, educando filhos misturados, como se fossem marido e mulher. Como se fossem. Ninguém se alarmava com essa ajuda mútua pois havia inimigo mortal que a todos ocupava em emoções e pensamentos: a peste.

Acabou-se a "Espanhola". Por falta do que fazer, começaram os rumores: Miguel viúvo, viúva Catalina, viviam sob o mesmo teto, davam na vista. Além da padaria, ele administrava o armazém; ela lavava a roupa suja: como sabemos, roupa suja é o que de mais íntimo existe em família – esconde envergonhados segredos. Essa intimidade gerava suspeitas, fantasias. Não se lava cueca impunemente.

Explicações plausíveis acalmavam falastrões: continuar assim era a melhor solução – tio Miguel dirigia o armazém da amiga, como um pai, e Catalina cuidava dos filhos do amigo, verdadeira mãe. Mas... ficassem descansados os bisbilhoteiros, não havia nada entre os dois, nem haveria, além de mútuo respeito, sincera amizade e ternas recordações. Assim se explicava a luz de um dos quartos, acesa boa parte da noite: estavam recordando. Recordar é viver. Vivia-se noite adentro, com entusiasmo.

Alguns acreditavam na pureza das intenções viúvas, outros na realidade conspícua. O ventre de Catalina cresceu: morreram dúvidas e nasceu linda criança, menina morena; por muito carinho e pouca imaginação, foi nomeada Catalina. Nenhum pai a registrou. Falta de tempo: trabalho. Daí por diante, Miguel e Catalina foram reconhecidos como marido e mulher, "minha senhora, meu senhor, sim senhores".

SAUDADES DE TRÁS-OS-MONTES

A padaria prosperou e os sócios resolveram recomeçar, divididos. Antônio comprou a parte dos irmãos, meu pai voltou a Portugal, finda a guerra, casou com minha mãe, como prometido – conto essa história depois!!! E tio Miguel – ninguém é de ferro! – teve saudades da pátria e resolveu visitar.

Além de saudades, havia problemas de terra: irmão mais velho, desejava exercer antigos direitos sobre a herança do meu avô, incólume apesar de 83 anos encurvados. Era preciso decidir quem ficaria com o quê depois do falecimento, legalizar papéis. Em Portugal, como hoje no Brasil, terras e documentos nem sempre se harmonizavam: viviam às turras. Embora ninguém desejasse a morte do patriarca, já que inevitável, melhor seria esclarecer hectares e dinheiros antes, para que a discussão não se fizesse depois da morte, em cima do corpo quente, no meio das flores eivadas de pêsames. Questão de bom gosto.

Na hora dos passaportes, meu tio deu-se conta: maldita burocracia, havia esquecido de legalizar seu casamento. Diante da lei, que não reconhecia bênção de padre – concedida às pressas, para salvaguardar a moral e batizar o rebento entre uma fornada de pão e outra –, os esposos eram reles concubinos, o que, naquela época – vitoriana sem Vitória! –, era péssimo sinal.

Dois problemas: como viajar com passaporte de família, mais barato, sem ser família, naqueles tempos rigorosos em que até simples olhares enternecidos, sob pena de arruinarem a honra dos apaixonados, deveriam ser oficializados em papéis timbrados, selos e carimbos? Como inscrever, em letra de forma e na forma da lei, o frutífero matrimônio, ausente dos cartórios? Impossível: falta de tempo. Segundo problema: como apresentar a nova esposa ao velho pai? Meu avô era possuidor de princípios e fins morais insaciáveis, robustos!

Miguel resolveu, primeiro, o problema urgente: já que não podiam viajar como família, convenceu a mulher de que a melhor solução, para enganar a polícia marítima, seria que ele embarcasse com seus três primeiros filhos e ela com a tardia, como se fossem mãe solteira e filha perplexa. Ambos viúvos, não precisariam da autorização do cônjuge: atestados de óbito bastariam. Seriam duas famílias. Combinaram não se falarem durante a travessia: era a melhor solução para evitar suspeitas.

Chegando a Lisboa, Miguel resolveu o maior problema: as duas Catalinas iriam sozinhas para Óbidos, terra da mãe, e ele, com as três crias da primeira instância, para a casa do avô de barbas brancas, sem chapéu mas com reluzente bengala que reluzia: era de prata – naquela época ainda não tinham inventado nem as imitações, nem o Paraguai: tudo era autêntico! Até a mentira.

Catalina não gostou, mas quis acreditar nas intenções do marido. Segundo ele, tratava-se apenas de um ardil para evitar fatal surpresa ao patriarca: seria excessiva emoção ver seu primogênito, Miguel, recasado e premiado com uma filha. Meu avô poderia assustar-se – não convinha, estava gripado. Depois, com o tempo, dando-se tempo ao tempo, haveria tempo para regularizar a situação e, tempo vai, tempo vem, tempo pra convencer o avô a aceitar os novos tempos, nova neta e nova nora, tempo para novos casórios, novas legalidades. Era só uma questão de dar tempo ao tempo. E o tempo foi passando...

SOBRINHA DE MUITOS NERVOS

Tempo, temporal: sem informar aos parentes antigos da existência da nova família – filhos foram proibidos de falar da irmã caçula com tapas na boca e beliscões nas nádegas –, Miguel inteirou-se de outras novas da família antiga.

A principal novidade era a sobrinha Maria Eduarda. Imaginem: Portugal – e não apenas Portugal, mas Trás-os-Montes, região atrasada, onde ficava Vila Real – e não na Vila, cidade, mas sim vilarejo, Justes, que ainda hoje, fim de século, imaginem no princípio!, vive recluso no passado –, imaginem que, naquele tempo a perder de vista, vivia-se no passado antigo, imaginem Maria Eduarda, morena, bonita, dezoito anos, boa musculatura, trancada depois do jantar, lavando e quebrando pratos – descuido, é claro, sabão escorrega, é lógico! –, varrendo e sujando, esfregando nariz e boca nos vidros da janela, jogando fora o olhar, procurando o joaquinzinho estroina, jovem como ela, vagabundo como ele só, que se recusava a pastorear cabras e ovelhas e, se a família o obrigava, perdiam-se os animais, desgarrados, menos o burro carregador, que não precisava pastor, voltava só, nem se perdia o joaquinzinho, que também voltava, como burro de leiteiro, sem pastor e sem pastorear, buscando Maria Eduarda, pastorinha, estrela-dalva.

Ela suspirava nos vidros embaçados da janela e o joaquinzinho lhe jogava beijinhos e caretas torcidas: a mais não se aventuravam, dada a distância e a janela. Apenas desmaios amorosos de parte a parte, os vidros embaçados. Um galo na cabeça, um arranhão: penas de amor.

Escândalo. Diziam que o joaquinzinho estava louco, trespassado: além do choro convulso, uivava. Como se fosse lobo. Urrava, bramia. Como se fosse fera. Coaxava, mugia. Como se fosse bicho. Depois dos estertores, carpia-se, gemia. Como se fosse amante.

Em todo o vilarejo não se falava de outra coisa e, seja a verdade cristalina, assuntos não havia além da sempre rotina vagarosa: tanger bois, colher uva, fazer vinho; plantar o trigo, colher o pão. Lavar casa e igrejinha.

A guerra havia acabado sem que se soubesse ao certo qual o país vencedor, nem as consequências do conflito e, menos ainda, as causas. Ninguém sabia nada, nem o douto farmacêutico: “Venceram os alemães ou os ingleses... quanto a isso, não resta dúvida... Nós não ganhamos nem perdemos, ficamos na mesma...”, disse um dia, sapiente. E todos concordaram: o farmacêutico sabia muito, homem ilustrado, como os farmacêuticos de antigamente.

Ainda não estavam em moda os “objetores de consciência”. Naquela época, eram chamados, por simplicidade, “desertores” – jovens vinham pro Brasil, deixando mágoas e saudades. Agora, se partiam, era falta de dinheiro e trabalho. Ou porque, desejando o bem, haviam feito mal a alguma moça em Vila Real e estavam jurados de morte.

Tudo rotina... menos Maria Eduarda, escondida atrás dos vidros esfumados, arfando peito e corpo inteiro, arfando das unhas dos pés às pontas dos cabelos, e mais que arfava beijava a janela, aprontava desmaios, pratos quebrados na parede, mão cortada, sangrando, agarrando o vidro, levada às pressas pra cama, tome água com açúcar, abanos espanhóis e abanicos, alho na testa esfregado, chupe limão verde, sal e vinagre, ameaças de cataplasma, vergonha chamar o farmacêutico – médico de causas menores. Vergonha para a família inteira, pois não era doença civil, era coisa de bruxaria. Eram nervos, só! Suspiros. Escândalo!

Os suspiros de Eduarda escandalizavam tias e vizinhos, menos o avô, que, por decisão filial, devia tudo ignorar. Escandalizavam Justes e o maior medo da família era que disso se viesse a saber em Vila Real, onde as mulheres iam em lombo de burro, de meio em meio ano, comprar rendas e bordados, tapetes e toalhas de mesa e, quando alguém se casava, enxovais inteiros, incluindo a rendada camisola da noite perfumada! O prestígio da família não se poderia abalar em cidade tão senhorial! Ah, Vila Real!

Era imperativo esconder que a moça de dezoito anos suspirava suspiros profundos, agarrada às cortinas, mais de uma vez derrubadas, rasgadas, aos berros, protestos: a moçoila queria sair à rua! Eram os nervos! Mas não se podia mostrá-la nesse estado: vergonha! Fique presa! Até que lhe passem os nervos.

Tio Miguel inteirou-se da balbúrdia e, intrigado, perguntou à irmã Esmeralda, mãe de Maria Eduarda, por que não a deixavam casar-se em paz com o joaquinzinho que parecia bom rapaz quando manso, apesar de vagabundo, pois o que só fazia na vida era postar-se diante da janela, ofegante e gemebundo. Respondeu a irmã que isso de ser vagabundo podia-se arranjar, dava-se jeito: boa chibatada no lombo amansaria a mais renitente rebeldia. Santo remédio. Palmatória: remédio santo!

A doença incurável do jovem era outra: pobreza! O joaquinzinho nem sequer merecia maiúscula no nome, tão pobres a mãe lavadeira e o pai carcomido por doença ignorada – doença inútil, pois não cumpria o dever e destino de toda doença, que, como se sabe e lamenta, é a morte. O joaquinzãozinho pai tampouco merecia maiúscula e era chamado assim, aumentativo minusculizado! – pronunciavam seu nome com a boca pra baixo pra que caísse na sarjeta, no ralo. Joaquinzãozinho estava entrevado desde a última década. Comer, que custava caro, comia, mas morrer, como era sua obrigação, ah!, isso não, não fazia!

Esmeralda explicou que esse casamento seria ruinoso, pois já não estavam mais no tempo em que um só filho herdava a herança inteira. Nos tempos passados, teria sido ele, Miguel, herdeiro universal das terras do meu avô. Naqueles antigamentes, o segundo filho era destinado às armas, o terceiro ao mosteiro – famílias queriam todo o poder: da terra, da guerra e o da salvação das almas! Filhas que não se casassem antes dos trinta: convento, sem tugir nem mugir – não podiam ficar solteiras –, casavam-se com Jesus, respeitador! Com alguém haviam de casar!

Agora o mundo avançava, todos tinham parte da herança. Casando-se Eduarda com o estafermo, os outros irmãos do meu pai, talvez meu pai, filho caçula, talvez não aceitassem que ela e o estafermo herdassem, fosse um alfinete. Esmeralda lamentava tempos idos, mal vividos. Murmurava: “Terra não se divide: é família, e família não se corta ao meio...”.

Nessa embrulhada, mais conveniente seria encontrar alguém bem-posto que se casasse com Eduarda: depressa, por causa dos nervos, e que somasse terras, por causa das conveniências. Talvez homem da cidade, rico. Ou “brasileiro”, como eram chamados os portugueses retornados.

Tio Miguel só não pigarreou, solene, porque naquela época ainda não se havia inventado o pigarro. Esse costume só se difundiu agora – quando ninguém mais pigarreia, a não ser em novelas de época na televisão, a fim de diferenciar a nossa própria época de outras mais antigas, em que, supostamente, pigarreava-se à farta. Sem pigarro, sem pestanejar – pestanejar também é coisa recente, referida ao passado! –, Miguel iluminou o futuro imaginando a melhor solução, como era seu hábito:

“Se o destino da menina é casar-se e não pode ser com o filho do pobre, pois que é pobre; se o que se quer é aumentar a herdade e não dividir, vamos casá-la depressa, por causa dos nervos. Já que os joaquins estão interditados, vamos buscar-lhe um Miguel, pois se não é com um, com outro há de ser.”

“Um Miguel???!!! Não me venhas cá com miguéis nem manoéis, pois já não me bastam joaquins, ainda hei de aturar um Miguel??? E qual, se não o vejo? Por aqui não há miguéis...”

"Casa-se com o tio..."

"Contigo?! Homessa, era o que faltava... Dar minha filha mais nova ao meu irmão mais velho...??? Pois está-me a parecer que tu é que te queres casar com ela..."

"E tu que com ela eu me case... Está-se a ver que a menina, com suspiros e gritos na janela, com alguém há de casar-se, pois que não vai ficar a uivar a vida inteira, como loba. Aos gritos, nenhum convento a aceita. Melhor que se case dentro da família, que também fica a herdade família adentro! Não temos que dividir terras, gado, nem o vinho... Esta é a melhor solução: que se case comigo..."

"Por esse lado, tens razão... Mas a questão tem outros lados: a menina é criança e tu... já tens três filhos..."

"Já os soube educar. Posso educar mais uma... e outros mais, quando vierem...", ameaçou, sem sutilezas.

Era o que desejava Miguel, afoito: tinha também seus nervos escondidos e tinha pressa, olhando os braços roliços. Porém, vejam bem: se o pepino não se torce de pequenino, depois de crescido é difícil. Cortinas rasgadas e pratos quebrados – uns por descuido, outros arremessados com violência contra as paredes! – eram prova clara de que o pepino Eduarda tinha crescido sem torções ou medo. Difícil torcê-lo agora, púbere, seios duros, farta menstruada. Miguel aceitava o desafio.

Esmeralda convencida, quase: faltava derradeiro empurrão. Miguel lembrou: casamentos entre tios e sobrinhas não eram raros nas cortes europeias, príncipes e princesas. A própria rainha Maria I, a Louca, tinha-se casado com um tio dezessete anos mais velho do que ela.

"Por isso ficou louca...", disse Esmeralda, em surto de lucidez. Parecia recusar a ideia mas, na verdade, estava contente em se parecer com mãe de rainha. Pelo menos na idade do genro. Bom começo...

Tomaram vinho velho do Porto, comeram biscoitinhos quentes e criaram coragem pra contar a novidade aos parentes próximos. Ao avô, não, pelo adiantado da idade. Nem à principal interessada, Eduarda, antes do dia e da hora: temor de sonoras represálias

Casório em domicílio, convidadas freiras acompanhando o padre: se a noiva não aceitasse as bodas, as freiras tinham ordem terminante de levá-la amarrada pro convento: casa-se com Cristo, que aceita qualquer noiva, compreensivo! Se tudo corresse bem como desejavam, as religiosas, para não perderem a viagem, teriam autorização para cantar alguns salmos curtos e breves cânticos gregorianos e até madrigais exaltando as virtudes do casamento e a obediência da esposa ao seu senhor e amo. As crianças do povoado foram convidadas para pajens e damas de honra, algumas promovidas a "anjinhos"! – com a missão de acompanhar a noiva, do quarto até o altar instalado na mesa de jantar, onde já estava o vinho, e o casal casado de volta ao quarto, onde estavam camisola e cama.

Convidaram parentela e amigos para padrinhos, não esquecendo ninguém: maneira simbólica de comprometê-los com o casamento. Vieram falando baixo como em ato clandestino, como se a polícia pudesse chegar. A longa festa foi mantida a meio-tom, surdina e pompa. Discreta exuberância. Sorrisos suaves nos rostos duros. Dos nubentes, não: cara de menina amuada, cumprindo castigo de joelhos no milho; ele, sereno, sério. Não estava lá pra sorrisos.

A espetaculosidade das bodas era oferta aos linguarudos: tivessem, para coscuvilhar, coisa mais interessante do que a proximidade sanguínea e a distância das idades.

Com tais preparativos, natural que a novidade voasse por cima das montanhas e à beira-mar; acabaram os habitantes de Justes informados. Além de Justes, Trás-os-Montes e, além, Óbidos, onde moravam Catalina e Catalina, à espreita e à espera.

Catalina, enfurecida, alugou carro de bois e pôs-se a caminho, Catalininha às costas e os bois a trote e a galope, reclamando da pressa e do estilo cavalar. "Hão de ver!", bramia, fúria em pessoa, fumaça nas ventas, no ouvido.

Três dias viajando, era tarde: casamento consumado, a sobrinha morava no quarto do tio, menina feita mulher. Se gritava, os gritos eram diferentes, estremecidos.

Catalina desvendou a verdade, detalhou sua vida conjugal, mostrou a filha que chamava o tio de papaizinho. Aos gritos, mostrou fotos, cicatrizes, cartas, testemunhos, pormenores. A família, em silêncio, acreditou... mas preferiu – era a melhor solução – fazer de conta que não.

"Está maluca...", disse tio Miguel e foi decretado: maluca!

Doida de raiva, Catalina maluca entregou a filha perplexa a uma das irmãs de Miguel, Isabel corcunda – a que não se casou por causa de uma queda de cavalo que lhe deformou a coluna, o que dificultava casamento e convento –, para que a criasse como filha. Como herança, deixou uma receita médica que não tivera tempo de aviar. Essa receita foi a única lembrança que a filha guardou daquela mulher que desapareceu para sempre de Trás-os-Montes, de Óbidos, de Portugal, do mundo. Ninguém nunca soube onde foi parar... se é que parou em algum lugar, um dia. Pobre mulher, Catalina...

Meu avô morreu, tio Miguel legalizou a herança e tratou das formalidades, deixou os filhos em Portugal aos cuidados da tia corcunda, a que não teve filhos e tinha agora quatro alheios... – era a melhor solução! Voltou pro Brasil e foi morar com a mulher, ex-sobrinha, na casa onde havia vivido feliz com outras gentes. Dessa vez, ocupou a casa inteira. Progresso.

Por obra do Destino ou Fatalidade – ou ambos mancomunados –, Maria Eduarda teve quatro filhos e deu a todos o mesmo nome, Frederico. Todos morreram antes de uma semana de vida – dois, apressados, antes de nascer. A todos Maria Eduarda fotografou, mortos, vestidos de rendas e bordados, preciosos. Guardou as fotos em cima da cômoda do quarto, ao lado do espelho. Quando se mirava, mirava os filhos.

Os dois irmãos, Esmeralda e Miguel, tiveram mortes trágicas. Ela suicidou-se jogando-se num poço d'água profundo, em sua herdade. Apaixonara-se aos quarenta anos e quis casar. Os parentes e amigos que impediram o casamento de Eduarda com o bobo, agora, com razão adicional – a idade: quarenta anos era já velhice! –, também se opuseram. Esmeralda jogou-se no poço. Apaixonada... como a filha.

Tio Miguel, prosaico, foi atropelado pelo único automóvel matriculado em todo o bairro de São Cristóvão. Por demais distraído, porque era o único carro que circulava pela rua Bela de São João naquele meio-dia. Morte instantânea: seu sorriso, que existia vivo, prisioneiro atrás do rosto, mostrou-se resplandecente. Morto, Miguel deixou escapar o único sorriso da sua vida, o longo sorriso da Eternidade.

Na véspera da morte, minha mãe teve um sonho ou visão: parentes em velório na casa de Miguel. Minha mãe tinha visões, premonições. Algumas davam certo. Herdei essa coisa. Algumas dão certo. Eu faço de conta que nem acredito... mas presto atenção.

Todos os outros personagens desta história morreram de forma convencional, na cama, menos Catalina, que continua viva e tem nas mãos uma receita médica. Única lembrança...

CAPÍTULO 2
GENEALOGIA MATERNA: AMOR DE PAI E MÃE: POR UM TRIZ, EU NÃO NASCIA!

Meu avô materno se chamava Antônio Rodrigues Alexandre e minha avó, do mesmo naipe, Maria Vilela Pinto.

Ela, mocinha, morava com os pais em terras chamadas Martim, no Vilarinho de São Romão, Freguesia do Pinhão, Concelho de Sabrosa, onde se registravam nascimentos, casamentos e sepultamentos. Na quinta produzia-se uvas e vinho, azeite e azeitonas e, durante as guerras, minérios, equitativamente vendidos a todos os beligerantes, sem distinção de raça, credo, cor ou ideologia.

Existem controvérsias sobre como a família chegou lá, terras quentes no verão, moderadas no inverno, propícias às videiras todo o ano, longe de Lisboa... Na casa da minha avó-menina só se falava na corte, sotaque lisboeta cortesão, bisbilhotavam-se assuntos reais. Havia, naqueles tempos, *boudoir* – lugar ideal para aleivosias.

Dizem que o avô da minha avó, um certo conde Saldanha, teria sido personagem por demais conhecido entre os íntimos de d. Maria, a Louca, mais louco do que ela e louco por ela. Esgrimista de talento, como ninguém, olímpico saltador de janelas, como os gatos. Apelidado Saldanha, o Angorá, por ser mais felino que qualquer bichano e usar roupas vistosas.

Dizem rumores – segredo fartamente divulgado – que Saldanha

andava com a rainha – a quem tinha acesso horas altas, na intimidade! – e ainda mais envolvido estava com a principal dama real, marquesa mocinha, descendente de judeus e árabes, mistura explosiva, pior que católicos e protestantes da Irlanda. O teor desses rumores fala de afeições intensas e recíprocas, mas... sabe-se lá!

O marquês, marido ultrajado da presumível adúltera, prometendo evitar o escândalo de um inevitável duelo e o consequente derramamento de sangue profuso, e prometendo salvar a vida felina do rival, obteve da rainha o desterro de Saldanha, avô da minha avó.

Não sei se as datas conferem, mas os boatos convergem. Resquícios de corte havia à farta na família da minha avó Maria Pinto, que, esplêndida, montava a cavalo com as duas pernas de um lado só, como convinha às princesas. Princesa não abre as pernas, como se sabe. Pelo menos em Portugal, naquele tempo, não abria. Em hipótese nenhuma. Hoje...

Verdade ou não, o brasão dos Pinto reluz na sala heráldica do castelo de Sintra. É bonito, um luxo. Eu vi! Parece que eu tenho alguma coisa a ver com isso.

Saldanha, como presente real, teria recebido fazendas sem fim: era desterrado que ganhava terras ao invés de perdê-las.

Antônio Rodrigues Alexandre, ao contrário, vinha de família camponesa; entre suas obrigações estava a de ir ao Martim, no Vilarinho do Romão, buscar lenha e vinho. Lá podia ver Maria Pinto a cavalo com as duas pernas de um lado só. Visão encantatória: é lindo cavalgar de um lado só, principalmente quando se é bonita e princesa.

De tanto buscar lenha, meu avô saiu chamuscado: apaixonou-se.

Ela também cativada, vendo homem tão diferente dos irmãos e tios delicados, rendados, nada afeitos à enxada, suor na testa. Suor tem seus encantos, cheiro forte: exala. O homem fecundava a terra e a fazia parir frutas maduras e flores coloridas. Irresistível.

Casaram-se – a mulher seguia o homem – e foram viver na herdade do meu avô paterno, sem o menor resquício de luxo que lembrasse os sucessivos desterros de Lisboa e do Martim.

Maria foi educada em Sabrosa como se estivesse na corte. Nunca fez nada de produtivo com as mãos: prova de que era nobre autêntica, boa cepa. Na Idade Média, as mulheres nobres andavam com os cotovelos colados nas costelas, amarrados com espartilhos, jamais mostravam o sovaco, para que ficasse bem claro que não trabalhariam em hipótese nenhuma, valha-nos Deus: antes a morte! Se alguma coisa precisassem, outros que o fizessem: era seu dever!

Justes, porém, não era a corte portuguesa, embora ainda fosse Idade Média.

Nasceram filhos: o mais velho, Tefé, herdou virulência e autoritarismo – não do pai, meigo e doce, mas da nobreza lisboeta dos últimos vários séculos. Tirano. Todos obedeciam, sem tugir nem mugir. A vontade de Tefé era lei. Piedade se alguém se opusesse: castigo severo!

Seus irmãos, Aníbal e João, gozavam de circunscrita liberdade: passear pelo povoado com amigos, depois do trabalho e do jantar. Suas irmãs – cinco moças sadias, coradas e bem-dispostas, como nos melhores folhetins românticos, entre as quais Albertina, minha futura mãe – ficavam trancadas em casa cuidando dos meus avós e conversando assuntos de moças coradas e saudáveis. Não faltavam tradicionais risinhos. Acontecia, de quando em muito, que viesse alguma amiga contar mágoas e dores, ou despedir-se de solteira.

O casamento era a única saída viável: a jovem passava de uma prisão a outra – esta, com mais deveres e chaves.

Tefé casou-se com a menina Gracinha, feita mulher. Aníbal, com a vizinha. Para que as irmãs não encalhassem, Tefé escolheu marido pra mais velha, que obedeceu e foi morar noutra quinta. O tirano achava que as restantes quatro deviam esperar até segunda ordem!

Tia Lúcia não apreciava a espera. Havia quem a achasse de bom tamanho e luzidia: o rapaz Lúcio. Para sua desgraça, anos atrás, por qualquer assunto idiota, Tefé e Lúcio tinham brigado de tapa na cara e não se falavam. Quando na rua, cuspiam no chão. Em ocasiões chegaram a se engalfinhar: por coincidência, só se agarravam se houvesse alguém perto, pronto para apartar. Quando sozinhos, bastava o cuspe no chão – a gravidade da ofensa moral era suficiente. Diziam-se desaforos. Rosnavam. Falavam mal até das famílias, não escapando das pesadas críticas nem as femininas figuras idosas.

Um belo dia, Lúcio não respondeu às provocações de Tefé. Mais Tefé provocava, mais Lúcio lhe sorria. Chegou à suprema ofensa de lhe estender a mão e mandar recados elogiosos sobre sua pessoa. A retirar ofensas não intencionadas. A pedir desculpas pelas cusparadas no chão. Prometeu, sempre por terceiros, que cuspe, nunca mais! Nem pensar!

Tefé não conseguia dormir, pensando no amável inimigo, fraterno rival. Para seu temperamento era preferível a briga, pois sentia-se melhor no ódio do que nos afetos cálidos. Brigas são difíceis, sendo de um lado só... Não assinaram a paz, mas não prolongaram a guerra.

Até que Tefé teve uma visão atordoante que lhe explodiu a cabeça – e não conseguiu dormir nunca mais:

"Esse desgraçado está a querer namorar uma das minhas quatro irmãs... Se me arreganha os dentes quando passo, se me dá risos e recados, está a querer levar-me uma das minhas irmãs!" – e passou a vigiar as mais protuberantes. Minha mãe, menina, escapava ao controle.

"Desgraça: Deus me deu dois irmãos pra trabalhar a terra e cinco irmãs para acautelar!" – a culpa era de Deus, como se sabe, sempre.

Interrogava uma a uma: o feito naquela tarde, o conversado, a quem olhavam da janela? Respondiam que não olhavam janelas, haviam trabalhado caladas, rezando em pensamento. Cansadas de tanta reza, iam dormir. Apagavam a luz: Tefé ouvia risos. Enervante. Acautelar quatro irmãs era grande trabalheira – tarefa para conventos medievais, grossas paredes românicas!

Tefé não conseguiu provar nada, nenhum amor. Não havia remédio, senão aguentar gentilezas inimigas, mistério das irmãs.

O destino de homens dinâmicos era exilar-se no Brasil, ganhar a vida além-mar, assegurar futuro à família. Tefé recebeu Carta de Chamada de um general brasileiro, dono do Matadouro Santa Eustáquia, que o convidava para assistente do subgerente de sua carnificina. Arranjos tinham sido feitos por familiares, a pedido do Tefé, que tinha ganas de enriquecer mais depressa no Rio do que sabia ser possível em Portugal.

Antes de viajar, reuniu a família da qual era chefe, pois meu avô, doente, preocupava-se mais com a saúde de Maria Pinto do que com a herdade. Nomeou Aníbal segundo chefe. Ordens expressas de proibir namoros prematuros – Tefé anunciaria, de longe, a hora certa e o noivo justo! Aníbal faria relatórios quinzenais sobre as atividades econômicas e emocionais da família.

Depois de nomear Aníbal guardião das mulheres que não podiam ficar desgovernadas, foi-se com esposa e filhos. O clima melhorou, no que tange à repressão. Distensão lenta, gradual e segura: a ditadura continuava, mas cedeu o terror.

Meu avô, revigorado, voltou às lides caseiras e despediu um brutamontes contratado por Tefé, mata-mouros que dizia palavras feias na frente das moças e tinha função de trazer lenha. Em seu lugar, meu avô empregou um jovem saudável e bonito, de bigodinho, parecido comigo: José Augusto, que viria, mais tarde, a ser meu pai.

Quando viu o recém-chegado, Albertina, a caçula, que viria mais tarde a ser minha mãe, com muito gosto perguntou: "Este não será tão mau como o outro?".

Meu pai ouviu e respondeu: "Não, podes ficar descansada, não sou mau...", e ficou esquecido, olhando a menina, que tinha doze anos, ele vinte. "É bonita a menina... benza-a Deus..."

"É, é...", respondeu meu avô. "Agora, põe-te a trabalhar que és pago pra isso e não pra ver bonitezas..."

Meu pai lá se foi com seu carrinho de mão buscar lenha, pensando na minha mãe menina. Dizem testemunhos familiares que José Augusto ainda teve tempo de murmurar: "Eu vou pro Brasil, ganho dinheiro e venho te buscar. Tu me esperas. Vamos nos casar!".

"Sim, senhor!", teria respondido minha mãe, intimidada ou fascinada, morta de medo e espanto.

Vendo aquele olhar intenso, de parte a parte, tive a certeza de que, cedo ou tarde, eu nasceria. Com todo aquele amor nos olhos era inevitável: eu tinha que nascer.

O segundo sinal dos novos tempos democráticos foi Lúcio passear perto da casa onde três moças o estudavam, atrás das cortinas. Passeava à distância menor do que uma pedra de pulso frágil. Logo se viu que era Lúcia a preferida. Com os novos tempos, liberdades, as moças passaram a ter o direito a curtos passeios depois do jantar. Minha mãe, quarta moça, lavava os pratos e ajudava no negócio da família, armazém embaixo do sobrado. Sonhando.

Naqueles tempos, mesmo casamento, comprometido com data e hora, não era assunto só de dois: no mínimo, três. O início do namoro de Lúcia e Lúcio foi a quatro, porque duas irmãs, Dora e Teresa, iam junto. Ficava minha mãe-menina em casa, cuidando de Maria Pinto, doente de saudades da corte, que não conhecera, e de Lisboa, onde nunca havia estado.

Aníbal ficou dilacerado entre fidelidades fraternas. Por medo ou cuidado, resolveu escrever a carta delatora: "Meu q'rido irmão. É pr'ciso que saibas que a nossa q'rida irmã Lúcia... Pois assim é...".

Dizia a verdade modesta, pequena: Lúcio e Lúcia passeavam findo o jantar e se diziam amorosidades. Sensatas, sensuais. Palavras ouvidas pelas irmãs hipnotizadas, curiosas, contadas à noite a Albertina, cuidando da mãe, quase dormindo.

Tefé aconselhou-se com o general dono do matadouro, encantado com seu protegido que não pensava senão em trabalho. Inspecionava bois e o abate e a venda dos esquartejados. Tefé, veloz, tinha galgado patamares elevados da profissão: gerente geral. Subalternos obedeciam, olhando o chão, temerosos.

O general, profundo conhecedor da arte da Disciplina, deu-lhe razão: ordem de superior não pode ser desobedecida por nenhum Aníbal subalterno. Justa ou injusta – não estava a Justiça em causa, era a Hierarquia! Único alicerce indispensável da sociedade, a Hierarquia, essência do exército. Doesse a quem doesse, era imperativo trazer para o Brasil a irmã faltosa, além de prodigalizar reprimendas ao irmão, carente de competências.

Tefé ordenou que Lúcia viesse ter com ele. Mas... como viajar sozinha? Queria protegê-la de um lobo, não poderia jogá-la no meio de matilhas em navio de imigrantes. Pois que venham todas. Estás louco? Quatro moças sozinhas? Se são muitas, fica Albertina cuidando dos pais e corre menos risco de se meter com o Lúcio. Venham três. Sozinhas? Pois que venha também Aníbal. Casado, se viesse, viria a família: o preço dos camarotes exorbitava.

"Casado também estou eu!", respondeu, com letras garrafais, Tefé. "Vem tu, que és o culpado!"

"Que vá o João, solteiro, e talvez arranje brasileira rica...", respondeu Aníbal, com letras não tão garrafais mas escritas com punho firme: tinta Parker preta que se começava a usar. A família só discutia *quem* deveria vir e não *se* deveria vir *alguém*.

Vieram João e três irmãs. Tefé a todos acomodou na casa do general viúvo, com dois filhos homens e quartos vazios, no morro de Santa Teresa, olhando a baía de Guanabara. João passeava sozinho; adorou o Rio de Janeiro, principalmente a praça Mauá e o Cais Pharoux, onde atracavam navios europeus, além de outros atraques. João ficou dois meses, não arranjou brasileira, muito menos rica, e voltou para o lavradio da terra em Trás-os-Montes.

As moças – menos Lúcia – tinham permissão de sair depois do almoço e voltar antes das quatro pra cozinha. Dora e Teresa sorriam para os filhos do general, também na carreira militar, mas que, pela pouca idade, ainda não exibiam a disciplina paterna: fartavam-se de dar apertões e fazer outras brincadeiras com as moças. Lúcia ficava à parte. Vinham rapazes amigos conhecer as portuguesinhas. Na sala distribuíam beliscões carinhosos – assim que se namorava: namoro antigo avermelhava a pele. Lúcia na janela, a suspirar.

Uma noite, suspirando, Lúcia ouviu seu nome, suspirado com a voz mais doce que seus ouvidos jamais haviam ouvido, sotaque trasmontano, típico de Justes, da rua de cima: "Lúcia... Lucinha... ó meu amor... ó...".

Qualquer uma desmaiaria. Lúcia esticou o pescoço, esticou-se inteira, corpo e desejo, e saltou para o jardim separado da rua por duas grades, distantes três metros uma da outra: terra de ninguém que tinha dono – o jardineiro, o único que por ali transitava cuidando de flores.

Lúcia ficou do lado de dentro das grades de dentro e – imaginem! – quem estava do lado de fora das grades de fora? O amado Lúcio: vendera o que tinha de seu e de emprestado, comprara passagem de vinda só, e lá estava, trêmulo, a três metros da mulher amada.

Namoro atrás das grades. Faziam-se todas as promessas impossíveis, prometiam-se eternidades gozosas... mas as grades eram altas e de ferro.

Ganhavam confiança, falavam juras de amor e o jardineiro ouvia, três entardeceres escondido, escrevendo. No quarto dia, tremendo susto. Os jovens amantes estavam-se olhando, braços esticados no abraço impossível, lábios abertos no beijo prometido, o coração tamborilando o desejo proibido, quando o grosseiro jardineiro pisou nas flores: "Alto lá. O que estão aí a fazer vócês?", perguntou severo, em bom lusitano carregado.

Antes das explicações, descreveu o que via e fez ameaça: "Tenho aqui dez folhas de papel. O que vócês andaram a dizer e a fazer está aqui escrito. Cada folha custa um mil-réis. Se m'as comprarem todas, podem rasgá-las e eu também as rasgo da memória, não sou rancoroso. Caso não as queiram comprar, vou entregá-las ao senhor general, que sou jardineiro fiel! O senhor general, soldado de respeito, vai entregá-las ao seu irmão. O irmão, homem honrado... nem quero pensar no que vai fazer com vócês... O melhor é esconder os punhais e as facas!".

Os apaixonados prometeram resgatar as dez folhas. Todas as tardes o casal voltava às grades mas não se falavam, ou só com a eloquência dos olhos, sorrisos tristes do corpo. Em silêncio, as novas páginas do jardineiro ficavam brancas. Compraram, das escritas, quatro, com dinheiro que tinha Lúcio economizado. Com trabalho, biscates, foram comprando... até a sétima: acabou-se o erário.

"Estas me bastam", disse o jardineiro. "Sou honesto e cumpro a palavra. Não m'as compraram todas, como combinado. Vou lá dentro fazer o meu dever de jardineiro, já que me sobram três..."

Entregou as folhas sobrantes ao general, que, como previsto, entregou-as a Tefé, que, previsto, teve um colapso previsto. Parecia epilepsia, principalmente por causa da espuma na boca!

Tefé pensou em matar – hábito adquirido no Matadouro Santa Eustáquia –, mas não sabia por quem deveria começar a hecatombe. Chamou Lúcia, tirou o cinto, ameaçou chibata. O general, avesso a sangue, contrariando sua vocação guerreira, pacificou Tefé, aconselhando que fosse passar férias em Portugal levando as três irmãs, porque ele mesmo não estava gostando de umas gracinhas que seus filhos faziam com as mocinhas. Para os filhos, o general tinha planos matrimoniais na emergente sociedade carioca. Com uma só viagem, abortavam-se três casamentos ou ligações perigosas.

Tefé, cercado de mulheres endiabradas, resolveu voltar à conservadora Justes, ajudado por Gracinha, meiga e dócil esposa, uma graça, que só falava, em resposta, meias palavras. Gracinha tinha intensa vocação de surda-muda, sem pendores para os sinais.

Lúcio, abandonado, ficou a chorar no Rio, triste, engrossando o alegre mar tropical.

Tefé não aguentava tomar conta de tantas mulheres jovens e tinha negócios pra cuidar. Amaldiçoou a primogenitura, atribuindo à condição fraterna deveres que não lhe eram imanentes.

Para aliviar suas penas, concordou com o casamento de Teresa, que foi morar com um fazendeiro distante. Dora se casou com um português-brasileiro que, ao vê-la partir, deu-se conta do quanto estava apaixonado. Trouxe a mulher de volta pro Brasil.

Lúcia, pobre Lúcia, de castigo: proibição absoluta de casar, sequer namorar ou sair depois do jantar! Lúcia não se importava: queria ficar a sós, não pensava em ninguém a não ser em Lúcio, bem-amado. Passou a gostar de grades e, onde as visse, apertava-as no peito, beijava os ferros, esperando ouvir a voz do amor. As grades frias silenciavam, não eram as suaves grades brasileiras...

Tefé decidiu encerrar suas férias e voltar ao Rio. Nomeou Gracinha guardiã de Lúcia, já que Aníbal tinha-se mostrado precário. Até segunda ordem, que viria por carta: Tefé governava à distância.

Por espantosa coincidência, os navios se cruzaram em alto-mar: o de Tefé, seguro da virgindade da irmã, e o de Lúcio, que, para comprar a passagem, vendera o que tinha – menos a alma, porque ninguém dava mil-réis pela sua, apaixonada. O moço viajava com a roupa do corpo e sanduíches de mortadela no bolso, amor no coração e esperança no olhar. Seu destino: Justes.

Aconteceu o destino: "Ela entregou-se!", disse uma parente singela, explicando a Gracinha o que Gracinha não conseguia acreditar.

"Entregou-se, como?"

"Como todas nós, mas... de boa vontade...", insistiu na diferença.

"Sem ser casada?!", perguntava Graça sem a menor graça.

"Nem avisaram ao padre... nem se confessaram..."

"Isso é o de menos, porque agora têm assunto pra boas confissões..."

Como supunham Lúcio no Brasil – na verdade, ele tinha ido morar, de barba e bigodes disfarçado, em vilarejo ao lado –, ninguém se preocupou em fiscalizar a virgem que dava tantos sinais de melancolia. Lúcio achou meios para se revelar à sua amada e os dois passaram a se encontrar no estábulo da fazenda onde ele arranjara emprego. Depois do amor, amorosas caminhadas em lombo de burro, de volta a Justes...

Tudo seria felicidade não fossem as sagradas leis da biologia. Deus abençoara o casal mais depressa do que o esperado.

Deus, compreensivo e justo, Deus, que perdoa fraquezas humanas e fortalezas, Deus permitiu a felicidade, mas não se responsabilizou pelas consequências. E o ventre orgulhoso, indômito, não se escondia: mostrava-se resplandecente.

Os correios trabalharam animados: Tefé soube da feliz desgraça, desgraçada felicidade. A primeira vítima da vingança foi a própria mulher: "Estás descasada, deserdada, desperfilhada! Pérfida! Divorciada! Como deixastes minha irmã cair tão baixo!? Não te quero mais ver nem ouvir, nem ler tuas cartas. Rasgo-as antes que as escrevas! Maldita! Quanto ao meu irmão, que não deixe esse amaldiçoado gatuno da honra de donzelas honestas entrar em nossa casa. Nunca há de ver o filho! Lúcia está proibida de tudo. Ponha-se tranca na porta do quarto e nas janelas. A criança há de ser registrada com o nome só da mãe. Não há de nunca ter pai! Ser pai é ser homem e esse traidor não é! Lúcia, volte pra cá que vou-lhe arranjar marido do meu agrado".

Assim queria e assim foi. Lúcia pariu bela menina, filha de mãe solitária. Tão linda que não lhe encontraram outro nome: Linda. Cercada de amor dos parentes próximos e do ódio distante.

Lúcia veio para o Brasil, como castigo deixando a filha, que ficou aos cuidados de minha mãe, crescendo, mocinha! Obedeceu à tirânica ordem, voltou pras grades, à espera de que Tefé lhe encontrasse marido adequado, que apareceu na pessoa do pacífico Azevedo, que não prestava atenção em nada, ensimesmado. Em qualquer circunstância, repetia a frase: "Caso sério..." e abria sorriso longo, vazio. Não prestava atenção nem nos automóveis. Acabou atropelado. Mais um.

Atropelamentos, naquela época de ruas desertas, eram frequentes, por ser difícil às pessoas se habituarem com a existência de veículos mais pesados do que elas. Os transeuntes não se haviam conscientizado da sua simples condição de transeuntes vulneráveis e andavam por qualquer parte, esbarrando em caminhões e bondes da Light. Havia gente tão caturra que não saía da frente do bonde, esperando que o bonde lhe desse passagem... Nem reparavam nos trilhos... Tinha muito macho que dava pontapé em bonde querendo demovê-lo de seus propósitos retilíneos.

Corria o boato de que os automóveis representavam sério risco para a humanidade: o corpo humano poderia resistir à velocidade máxima de um cavalo campeão; além dessa quilometragem corria o risco de se desintegrar. Os bólidos quebravam recordes: trinta quilômetros a hora, cinquenta, setenta... ai, Deus, onde vamos parar???!!!

Em Portugal, minha mãe cuidava de Linda e Maria Pinto, a dos braços desorientados, nunca nada de útil haviam feito. A pobre senhora pagou tributo às pernas fechadas: numa bela manhã, cavalgando cavalo estroina, a cavalgadura assustou-se sem motivo e disparou, com medo da cavaleira. Minha avó, pernas cruzadas de um lado só, escorregou, quebrou dois braços e meia perna e desde então ficou entalada na cama; nunca mais deixou o leito. Meu avô olhava embevecido, noite e dia, paralisado como ela. Apaixonado até o último segundo, olhando. Só minha mãe trabalhava.

Até que morreu Maria Pinto, fidalga, princesa a cavalo do lado esquerdo. Cansada de mãos cruzadas no peito, inúteis. Foi março. Em abril, morreu meu avô, olhando a cama vazia. Morreu de monotonia, sem ter Maria a olhar.

Tio João, que havia desertado do Exército e, na Espanha, vendia minérios a quem mais desse, voltou a Portugal e foi, para a sobrinha, o pai. Linda, anos mais tarde no Brasil, foi, para mim e meus irmãos, nossa mais querida amiga, prima, irmã e segunda mãe.

Albertina ficou só, uma criança no colo. O armazém vendia presuntos, salpicões, queijos, azeitonas, bacalhau, broas de milho, tonéis de onze litros de vinho... fitas, botões e mercadorias de armarinho.

Vez por outra, vinha um parente examinar os negócios e ajudava. Mas quem assegurava o bom andamento do armazém era minha mãe e Angelina, empregada, cinco anos mais jovem que minha mãe.

Albertina caçula tinha 24 anos e muitos mais pretendentes. Bonita – não digo por filho, há testemunhas: era bela! De Justes e até de Vila Real chegavam pedidos de casamento, mas as responsabilidades da moça eram maiores do que o desejo de se casar. Dizia-se que já estava passando da idade. Que pena: ela, que não era corcunda nem feia, prendada, boa saúde, sabia ler e escrever e nunca errava nas contas, trabalhadora, logo ela corria o risco de ficar pra tia.

Minha mãe conversou com parentes, pensou, viu que não havia remédio e decidiu-se a casar. Havia em vão esperado o Príncipe Encantado. Albertina estava só, esperando alguém sem saber a quem.

Não se entusiasmava por nenhum pretendente, *ipso facto*, escolheu o mais apaixonado, João Marcelino, trabalhador, aceito até pelo Tefé, e com a virtude de ser calado. Encontravam-se, uma tia de permeio – indispensável testemunha.

Marcaram a data do casório: 10 de setembro. Foram ao padre e confirmaram, dia 10. Ajustaram o preço da cerimônia e das flores, da música e das rezas. Em Justes só se falava no casamento da minha mãe.

Dia 1º de setembro de 1925, Justes acordou alvoroçada: havia chegado um "brasileiro" – eram assim chamados os que voltavam do Brasil, depois de encaminhados na vida. O brasileiro, chapéu-coco e bengala, bigodinho, chamava-se José Augusto. Primeiro de setembro, nove dias antes do 10.

Todos queriam ver o brasileiro que conversava animado, contava novidades, olhando para a porta do armazém: a moça Albertina, agora noiva, também o espiava. O brasileiro sorria sorriso largo que ostentava orgulhoso o primeiro dente de ouro que jamais havia sido visto em Justes! Dente de ouro brasileiro! Autêntico. Vendo aquele dente, aquele brilho, luz solar, os camponeses locais sonhavam com o Eldorado, Peru, Shangri-lá!

Entardecia e, antes que minha mãe fechasse as portas, meu pai sentiu súbita vontade de um copo de vinho. Onde? No armazém, claro. Entrou e pediu tinto, tomou uns goles para atiçar a coragem e lapidar o verbo:

"Albertina, tu te lembras quando me perguntaste se eu também seria mau como o outro?"

"Que outro?"

"O que trazia lenha. Era brutamontes, dizia palavrões. Teu pai o despediu e me pediu que ficasse no lugar dele. Tu perguntaste: 'Esse não será tão mau como o outro?'. Lembras?"

"Não perguntei a ti, foi ao meu pai."

"Não sou tão mau." Silêncio. "Agora... voltei."

"Para quê?"

"Pra me casar contigo!"

Albertina pensou no dia 10. Fez-se – isto não é figura de retórica: é tempo cronometrado, rigoroso –, fez-se pausa de, digamos, sem exageros, horas. Em resumo: longa. Quebrada por Albertina, sincera: "Vai ser difícil...".

"Casar é fácil: vai-se ao padre e paga-se o que for preciso; em Vila Real, vai-se ao cartório e pagam-se os selos e já estamos casados! Depois, vai-se à companhia de navegação e compram-se os bilhetes, pagam-se e já estamos a caminho do Brasil..."

"É fácil e difícil... porque... eu estou noiva."

"Homessa. Com essa eu não contava!", disse, triste, meu futuro pai. "Então... tu não esperaste por mim?"

"Doze anos... Esperei o que pude..."

"Eu voltei... pra te buscar... prometi e cumpri... Sou homem de palavra!"

"O casamento está marcado para o dia 10..."

"Temos nove dias..."

Renasceu a esperança. Meu pai aduziu e seduziu:

"Quando estava no Brasil sonhei que voltava a Portugal pra me casar contigo e te levar comigo... Sonhei até onde vamos morar, uma casa na rua Bela de São Cristóvão... Sonhei muitas vezes o mesmo sonho... E a cada sonho a casa ficava maior, mais bonita, pintada, colorida... A cada sonho crescia o quintal e o quarto dos meninos e o das meninas... Já aluguei a casa... Mas, se estás noiva, é difícil..."

"Mas não impossível...", falou realista Albertina, que, nesse instante, decidiu minha vida e meu futuro. "Tu tens que me dar algum tempo..."

"Quanto?"

"Amanhã a esta hora, vens cá me ver e eu digo-te o que fiz..."

Antes de se despedirem, minha mãe perguntou: "É verdade que tens um dente de ouro?".

"Tenho, tenho."

"Deixas-me vê-lo?"

Meu pai sorriu: o dente de ouro brasileiro brilhou ao sol lusitano. Estava selado o compromisso. Despediram-se. Ele quis dar-lhe um beijinho, ela não aceitou: noiva, mulher fiel.

No dia seguinte, ao acordar, depois de ter sonhado com José Augusto desde o anoitecer à madrugada, minha mãe foi ver o João Marcelino e explicou, antes dos bons-dias e dos como vais?, que tinha mudado de ideia, que não se podia fazer o casamento, ficava o dito por não dito. Que a soubesse compreender e a desculpasse, noivas não faltam, bonitas e trabalhadeiras, logo encontraria outra mais adequada e condizente. Muitas boas tardes. Adeus. Nunca mais. E "tira-me da tua cabeça!". Minha mãe não queria deixar com o noivo sequer lembrança, saudades.

O aturdido Marcelino não teve tempo de abrir a boca ou arregalar os olhos. Não foi convencido nem pôde convencer. Ainda bem: por um triz, eu escapei de não nascer!

Desnoivada, Albertina foi à igreja, sem saber se tinha sido desculpada. O padre meio dormindo, Albertina apressada não aceitava delongas, precisava abrir as portas do armazém, chamou Eufrosina, a mulher do padre – perdão! –, a mulher que cuidava do padre, senhora respeitável, bem entendido, como em geral todas as mulheres de todos os padres! – perdão, que cuidam dos padres. Albertina deu-lhe dinheiro para o acordar antes do café na cama. Eufrosina chamou, o padre veio esfregando os olhos, em ceroulas e um crucifixo embaixo do camisolão. Albertina informou que havia duas mudanças urgentes a fazer nos planos matrimoniais. Primeiro, a data, muito próxima. Tinha que ser um mês mais tarde, 10 de outubro.

"Compreendo... os preparativos de um sólido casamento cristão levam tempo, os noivos precisam se conhecer melhor, pois tomam decisão pra toda vida, comprometem os filhos, a Santa Madre Igreja, compreendo... E a segunda mudança, vamos lá ver?"

"É o nome do noivo: ele passa a se chamar José Augusto Boal..."

"Não compreendo!!!", disse o padre, boquiabrindo-se, pensando que sonhava. "Ele não se chamava... como era? João alguma coisa... Ou Manuel, Joaquim..."

"O que importa é como se chama agora! Meu noivo chama-se José Augusto Boal."

Quando tinha que tomar decisões, minha mãe não perdia tempo nem economizava energias: parabéns, mamãe!

Findo o dia, lá veio José Augusto olhando tímido, justificando a expressão "de soslaio". Ela não fez suspense, não vacilou: "Está tudo arranjado. Nosso casamento vai ser no dia 10 de outubro. As passagens para o Brasil, quando é que as vais comprar?".

"Amanhã de manhã, vou a Vila Real: é lá que as vendem."

"Compra três: a Linda vem conosco porque não a posso deixar sozinha. O pai, não se sabe onde anda e a mãe está no Brasil..."

José Augusto viu Albertina determinada: comprou cabina de casal e outra ao lado, menor. Antes do casamento, minha mãe se desfez das mercadorias do armazém e, depois, da Angelina, quando a rapariga começou a lançar olhares ao meu pai. Mamãe não perdeu tempo: despediu a moça. Outra vez, escapei por um pequeno triz!

Casaram-se em família, presentes amigos mais chegados. Dia 10 de outubro, 1925. Nenhum dos dois jamais tinha ouvido falar em Stanislavski, mas a emoção foi enorme.

Quando o navio zarpou, em Lisboa, no Tejo, findo o casamento, José Augusto, vendo nos olhos da esposa o brilho, prometeu: "Daqui a alguns anos voltamos, pra visitar os parentes e a terra".

Meu pai morreu no exato dia em que fez 71 anos, 7 de junho de 1963, sem nunca ter voltado a Portugal. Shakespeare, como meu pai, nasceu e morreu no mesmo dia: 23 de abril. Eu não tenho nada com isso: nasci no dia 16 de março em 1931 e espero não morrer nunca: Deus dirá!

Depois de sua morte, minha mãe foi a Portugal uma só vez. Encontrou poucos personagens desta história. Ela tinha ido me visitar em Lisboa, onde eu estava exilado. No Bairro Alto, estávamos olhando o castelo de São Jorge, em frente. Ela disse: "Foi aqui que eu vim com o teu pai, antes de viajar pro Brasil. Ele queria voltar pra terra... Mas não voltou, só eu: não tem importância, ele está aqui comigo. Se eu estou aqui, ele também está...".

FAZ TEMPO, FUI MENINO...

CAPÍTULO 3 TRÊS CRIANÇAS CHORANDO

Fiquei triste. Chorava quando me sentei na ponte do portão da minha casa, à noite. Tinha nove anos, idade de pessoas sensíveis, emotivas – como, aliás, qualquer idade: depende das pessoas.

Aquele almoço ajantarado marcou minha vida, indelével. Episódio selvagem, lembro com nitidez os personagens dessa história sangrenta. A cada lembrar, detalhes esquecidos, meus olhos ameaçam lágrimas.

Naquele domingo, minha tristeza era motivada por delicada questão ética, dolorosa. O tema: a responsabilidade individual. Questões éticas, para uma criança de nove anos, são impressionantemente importantíssimas. Teria sido eu o responsável? O primeiro culpado? Nove anos... e já tão consciente.

No quintal, animais. Galinheiro repleto como nas prisões brasileiras. Comíamos galinhas de cabidela com frequência, frangos assados amiúde, *coq au vin* de vez em quando. Patos e marrecos, escassos, também se comiam.

Os emplumados ficavam trancafiados no galinheiro abarrotado, no fundo do quintal, com direito a passeio pelo quintal ciscando minhocas e exercitando os músculos, como se faz nas prisões. O recreio galináceo começava pela manhã e se encerrava quando o sol se punha: as próprias galinhas voltavam educadas para o poleiro! Nosso cachorro Leão pastoreava as galinhas e seus pares de volta ao presídio.

Quintal grande oferecia espaço aos animais corpulentos. Meus pais compravam – quando o caprino na feira mostrava boas feições e caráter convivial – um bode e três cabras: consequência, cabritinhos.

Até aí íamos com frequência: caprinos. Suínos, raras vezes. Mas chegamos a ter quatro ou cinco porcos, simultâneos.

Esse modesto jardim zoológico gastronômico tinha, aos meus olhos crianças, sentido de trágica diversão. Eu me afeiçoava aos bichos, gostava de brincar com eles, batizá-los – chegava a dialogar com galos, galinhas e cabritos, em longas e inteligentes conversações, eu em português e cada um na sua linguagem natural que, à minha maneira, eu traduzia.

Parecíamos amigos: não éramos. Eu conhecia a verdade que me atormentava: vivia na casa-grande, castelo, destinado a brilhante futuro universitário, doutor; eles, no corredor da morte, destinados à panela, forno e fogão, espeto. Mesmo a ração que lhes dávamos, generosos – ingênuos, agradeciam! –, tinha finalidade culinária. Nosso quintal era campo de concentração: hóspedes com vida marcada. Só eu viveria pra sempre, toda a minha vida! Não pode haver verdadeira amizade entre indivíduos, um eterno, outro perecível.

Brincando com os bichos, fim do dia, eu me sentia como religioso levando o último consolo aos condenados de Alcatraz ou da Ilha do Diabo, na Guiana, onde esteve preso o conde de Monte Cristo. Com frequência, sofria insônia sobressaltada pensando em qual seria o condenado na manhã seguinte: repassava as feições de cada bicho. Sentia profundo alívio quando, ao voltar da escola, verificava que minhas galinhas, patos, marrecos e cabritos preferidos sobreviviam.

Eu só não me afeiçoava aos porcos. Nem eles a mim. Havia mesmo certa antipatia recíproca, hostilidade, entre mim e os porcinos, mesmo jovens. Pra dizer a verdade, nunca gostei de porco, nem no prato nem no quintal! Detesto chucrute!

Embora não tivesse paixão especial por nenhum porco, eram eles os que me despertavam a maior piedade, porque se recusavam a morrer! Pelejavam valentes, gritavam, escandalizavam a vizinhança, alvoroçavam o quarteirão lutando denodados e conseguiam apenas a inútil solidariedade de outros animais que cacarejavam e bramiam, impotentes companheiros de infortúnio: nenhum escaparia ao trágico destino, chegada a sua hora e vez.

A morte de um porco era espetáculo hediondo: sangue esvoaçava como fina chuva londrina, algazarra no galinheiro, incerteza quanto ao desenlace da luta à faca. Primos e amigos vinham ajudar: não era tarefa para homem só, por mais valente.

Desde o momento do pega, o desigual combate provocava suspense e emoção. Os algozes se aproximavam do porco, que, por precaução, gritava rouco e fanho; seus berros se juntavam aos do resto da família porcina, solidária no terror e no pânico. Os verdugos agarravam-no, amarravam-lhe as patas enquanto o carrasco principal afiava a faca. O porco, vendo a faca, antevia seu trágico destino. Por intuição ou instinto, conhecia as verdadeiras intenções da lâmina e vociferava antecipado.

A faca perfurava o pescoço suíno e o primeiro jorro vermelho espirrava como mangueira d'água desgovernada, molhava ao redor, enquanto gritos e clamores cacofônicos dos outros animais redobravam. A luta – armada de um lado só! – durava meia hora, hora inteira, hora e meia ou mais. Isso quando as coisas se passavam bem do ponto de vista carrasco. Mas podia acontecer o pior: o porco, intrépido, soltava-se das cordas e dos seus captores e corria pelo quintal espalhando sangue, guinchos, enquanto mulheres fechavam janelas e olhavam pelas vidraças, e nós, crianças, olhávamos de longe os homens cercando o animal, cordas e correntes e, para casos de extrema necessidade, um machado afiado destinado à cabeça.

Um dia, um porco de trezentos quilos, cuja morte havia sido planejada com detalhes sofisticados de uma operação de guerra, jogou-se moribundo contra o galinheiro, estraçalhou a cerca e libertou as prisioneiras, que, ensandecidas, pela primeira vez na vida exercitaram suas asas e voaram como passarinhos por cima dos muros para quintais alheios: eu nem sabia que galinha voava! Galinha voa: depende da urgência!

Alguns vizinhos, de bom grado, devolveram os galináceos; outros quiseram questionar nosso título de propriedade e só devolveram os bichos quando meu pai ameaçou chamar a polícia. Galinha, por mais galinha que seja, a um só dono pertence...

Morto o porco, o cadáver era esquartejado em silêncio: todos se sentiam culpados cortando a gordura suína em pedacinhos para o torresmo; orelhas, joelhos, rabo e focinho pra feijoada; e cada parte do corpo para diferentes panelas de barro e condimentos.

Os executores do porco, depois do assassinato, tomavam banho ensaboado da cabeça aos pés, e espalhavam pó de arroz nas axilas, talco nos artelhos e água-de-colônia nacional na roupa, antes de voltarem à civilização.

Galinhas eram esganadas com menor espetaculosidade – evento rotineiro, quase diário. A empregada fazia o sacrifício. Depois de carinhos enganadores, de um só golpe torcia o pescoço penado. Logo – não entendo como – uma faca surgia na mão da executora, vinda não se sabe de onde, e cortava a cabeça espantada. O sangue escorria em vaso grande: dava cor e gosto à cabidela.

Minha mãe não matava galinhas. Minto: só uma vez tentou. Desastre: no meio da operação sanguinolenta, teve piedade e a ave, com o pescoço cortado, saltou da cozinha à sala de visitas, sujando os móveis de sangue. Nunca mais! Não se pode ter pena das galinhas na hora da execução.

Coelhos matavam-se com simplicidade: forte pancada atrás da cabeça – morto. Aí começava o lado feio: cortava-se o pescoço e arrancava-se o couro branco do animal até os joelhos, pendurava-se o corpo nu, com pele e pelos na anteperna, como botas finlandesas invernais. A pele se tratava com produtos químicos comprados no curtume e se faziam tapetes; o corpo nu, despelado, era jogado em panela de ferro e tostado com manteiga, alho, cebola, pimenta e pimentão, tomate, sal e farinha.

E os cabritos? Nunca vi morrer cabrito. Em casa, quando se decretava tal morte, a execução se fazia aos sábados de manhã, quando eu estava na escola e o corpo era velado em vinha-d'alhos, na geladeira, durante a noite. Só comíamos cabritos em domingos especiais, no almoço.

Antes de sair pra escola, cedo, eu via cabritos saltitantes, brincalhões; à tarde, em vinha-d'alhos, recheados com pão, vísceras e azeitonas. Era-me poupado o martírio. Pois foi justamente um cabrito que me fez sentir um dos maiores dilemas morais que já enfrentei. Chamava-se Chibuco, não sei se com "x" ou "ch": esta é a primeira vez que escrevo seu nome saudoso, até hoje apenas pronunciado.

Nascido em casa, filho de cabra por quem eu nutria simpatia e de bode mal-encarado que eu admirava por ser de fino trato, respeitador – incomum aos bodes triviais. Acabei apadrinhando

Chibuco – optemos por essa grafia, menos enigmática –, que passou a ser meu animal predileto.

Nossa amizade cresceu com o tempo e a família se maravilhava: Chibuco obedecia às minhas ordens, entendia palavras que nem o aturdido Leão entenderia, embora cães sejam mais inteligentes do que cabritos: Q.I. mais elevado.

Chibuco era o máximo! Corria, dava cambalhotas – raríssimo em caprinos – e pulava corda – único. Sem destreza, é verdade, mas pulava. Pulava corda, sim senhores. No quintal, eu amarrava a corda nas grades do porão e Chibuco saltava, obediente. Cabrito pulando corda, sonho de toda criança! Eu sonhava acordado: ele pulava.

Chibuco foi meu primeiro ator, fez de mim verdadeiro diretor teatral. Eu era autoritário como são os diretores imaturos. Com ele, comecei minha carreira teatral: eu dirigia espetáculos caprinos sem jamais consultar meu elenco. Só mais tarde aprendi as alegrias do trabalho em equipe.

Meninos vinham ver o prodígio: Chibuco pulando corda, dando chifradinhas carinhosas nas árvores e nas pernas. Eu dirigindo, orgulhoso. Exagerava, mandando Chibuco imitar o cachorro. Chibuco, excelente ator, imitava o Leão e se deitava de costas.

Todo mundo gostava: Angelina, viúva que morava sozinha, casa ao lado da nossa, vinha espiar. Tia Lúcia, mirradinha, gostava de ver, com seus óculos redondos: "Parece criança... Inocente...".

"Anjo ou diabo: não é cabrito normal... Cabrito não faz essas coisas... Está pros lados da feitiçaria...", diagnosticava Angelina.

Chibuco sorria feliz quando eu o chamava; triste ficava, chorava como cordeiro quando o expulsava. Posso dizer que entre o menino e o cabrito havia sólida amizade autoritária, crescendo com o tempo e com os chifres do Chibuco, que se emancipou da cabra mãe. Transformava-se em esbelto adolescente, garboso adulto, orgulhoso como pavão excitado.

Deu-se a tragédia. Chibuco, sem perversa aleivosia, mas indisciplinado, durante uma brincadeira excedeu-se, saiu da marcação combinada, faltou-me ao respeito e deu-me chifrada no peito. Saiu sangue.

Mais assustado que eu, me olhava com cara de quem não encontra a palavra justa. Aproximou-se pra beijar a ferida – suponho! –, mas eu o rejeitei, revoltado com a chifrada e o sangue, olhar glacial e altivo. E decidi, punitivo: "Vou contar tudo a mamãe!".

Erro trágico, o primeiro dos trágicos erros que cometi na vida. Minha mãe cuidou do ferimento e foi ao quintal dar tapas na cara do Chibuco, envergonhado. Na hora do jantar, contou ao meu pai.

Ele acabou a sopa, calmo sempre, disse coisa que não entendi direito, parecida com "Já está crescido bastante...". Saí da mesa, fui à varanda ver o ex-amigo Chibuco triste, assustado. Voltei, ouvi meu pai dizer coisa parecida com "Pode ser o próximo...". Fui ao banheiro olhar a ferida, mexi na pele e saiu mais de sangue que limpei, voltei à sala, ouvi meu pai dizer coisa como "Pode ser sábado que vem...".

As três frases dançavam na cabeça, mas não se encontravam em sequência lógica. Já está crescido... quem? Pode ser o próximo... a fazer o quê? No sábado... e por que não domingo?

Ainda ouvi outro comentário paterno, mas esse entendi: "Precisamos batizar o menino!". O menino era eu, pagão até os onze, e a promessa de batismo era reiterada sempre que eu ficava doente. Medo de morte. Na verdade, meu pai queria me batizar em Portugal – viagem adiada.

Fui dormir com o peito dolorido. Minha mãe veio me beijar e dizer que não era nada. Parei de brincar com o Chibuco e suspendi os espetáculos teatrais. Todas as tardes, antes do futebol, eu passava no quintal e olhava Chibuco com altaneira indiferença, e ele me retribuía olhar triste de quem, por inadvertência, fez coisa errada a um amigo: arrependido.

Sábado, pressenti que coisa irreparável havia acontecido. Entrei, vindo da escola, e, depois do almoço, não busquei o Chibuco e fui pra cama, doente. Estava com problemas respiratórios. Minha mãe achou melhor que eu passasse o dia na cama: domingo estaria melhor. Tive pesadelos premonitórios! Vi sangue em sonhos. Domingo de manhã, continuei doente. Na cama, ouvi minha mãe convidando parentes para o almoço.

"Hoje temos cabrito..." Os sinos de todas as catedrais do mundo, em noite de Natal, sinos embriagados do Vaticano, não soariam mais atordoantes do que a voz da minha mãe: temos cabrito!

Me levantei de pijama, fui correndo pro quintal. Procurei meu amigo por toda parte, no porão e na rua, procurei-o ao lado da cabra e do bode, seus pais, fui pra onde chafurdavam os porcos, fui ao galinheiro pisando na merda e num pinto desprevenido e surpreso.

Chibuco havia desaparecido. Voltei correndo e perguntei chorando:

"Onde está o Chibuco?"

"Na mesa...", respondeu meu irmão, insolente.

Estava... recheado de pão, vísceras e azeitonas...

AS RAZÕES DOS CHOROS CONVULSOS

Eu estava chorando quando me sentei na ponte, depois do ajantarado, tardio. Chorava alto pensando no Chibuco morto, nas brincadeiras alegres e nas tristes injustiças da vida. Por que somos carnívoros, diacho? Por que Deus, que tudo pode, não nos fez vegetarianos? Se pode, podia nos alimentar de pedras saborosas, manjares de areias brancas de sobremesa, podia nos fazer beber água da chuva, comer a rocha, beber o mar. Por que carne, por que peixe maior comendo o menorzinho, lobo cordeiro, vida comendo vida??? Ah, Deus, você errou, viu?

Eu tinha perdido um amigo e excelente ator. Deus tinha mais o que fazer e não pensava na minha tristeza. Eu chorava quando vi César na porta da sua casa. Enxuguei meus olhos depressa, vergonha do rosto molhado, vermelho e quente. Surpresa: ele também chorava.

Homem não chora!, diziam. De repente, nós, dois homens de nove anos, chorando. "Por que você está chorando?", perguntei.

"E você, chorando por quê?", me devolveu.

"Marraio! Eu perguntei primeiro!"

César resolveu contar: "Meu pai... eu nunca podia imaginar que seria capaz de fazer isso comigo... com minha irmã... Meu pai... poxa! Fazer isso com a gente...".

"Fez o quê? Vai, conta logo! Fez o quê?"

"Acho que não vou contar, não..."

"Trato é trato: a gente combinou que cada um ia contar... Começou, tem que acabar! Conta!"

"Você ainda não contou!"

"Vou contar depois, eu pedi marraio!"

"Marraio" não sei o que queria dizer: expressão significando que queríamos ser os primeiros ou os últimos, segundo conveniências. Nesse caso, eu seria o último: pedi marraio, César fugia da raia: "Não vou contar nada na frente do Zeca Carvoeiro... Olha ele vindo aí...".

Zeca, filho do carvoeiro, seu Antenor, vinha vindo. Por extensão, era chamado de carvoeirinho e com razão, pois ajudava o pai no transporte do carvão usado para os fogões de ferro e ferros de passar roupa.

"Engraçado, hoje o carvoeiro não bateu no Zeca... Viu ele gritando? Eu não."

"Também não. Engraçado: hoje, o dia inteiro, o Zeca não apanhou..."

Seu Antenor era cruel. Todos os dias, Zeca, trabalhando com o carvão, ficava com roupas imundas e cara preta. Pois bastava que o menino se sujasse de barro jogando bola, lá vinha seu Antenor com corda, fina corrente ou pau, e cascava esses objetos contundentes nas costas e pernas do garoto, que gritava: "Papaizinho, por Deus, não me bate! Pelo amor da minha mãe!".

Todos os dias, o ritual. Ninguém se metia: respeitavam direitos repressores do chefe da família. Sangrando, Zeca voltava a carregar carvão. Antenor se justificava diante dos vizinhos, cuja indignação se traduzia em expressões fisionômicas carrancudas, não em atos: "Ele não tem mãe, eu é que tenho que bater pelos dois".

A mãe de Zeca havia morrido de parto e o menino nasceu de cesariana, na época, raríssima. Hoje, como o sistema de saúde do governo paga por cesárea preço maior do que parto normal, o Brasil é campeão universal: todo mundo marca hora para o nascimento do filho, depois da telenovela.

Antenor sentia-se humilhado por trocar fraldas, mamadeira: coisas de mulher. A empregada, Joaninha, cuidava do menino, é verdade, e da casa, jardinava, fazia comida, lavava roupa, mas tinha o defeito de ser mulher de fortes convicções: religiosa até a medula.

A religiosidade saía-lhe pela boca e orelhas! Irredutível virgem aos cinquenta, recusava-se a fazer sexo com Antenor, como seria prático e vantajoso para ambos, e exigia folga aos fins de semana, quando assistia a diversas missas desde a madrugada. Adorava procissões, quermesses, missas do galo e de corpo presente. Adorava enterros. Adorava subir os 365 degraus da igreja da Penha: uma vez, pagando promessa, subiu de joelhos. Outras, subia sem pagar promessa, puro prazer! Feridas nos joelhos eram prova de santidade! Quanto mais degraus, mais perto de Deus no Céu, mais aconchegada no sovaco do Cristo. Adorava adorar.

Fins de semana, Antenor ia às putas, quando no Mangue era preciso fazer fila. Antenor deixava Zeca guardado pelo cachorro ou vizinho. De volta do Mangue, fraldas, mamadeira e comida: coisas de mulher.

Essa humilhação de quando infante, Zeca pagava aos nove: éramos da mesma idade. No fundo, Antenor recriminava ao inocente filho a prematura morte da mulher, no parto. Zeca dizia: "A culpa é minha, meu pai tem razão. Pra que eu fui nascer?! Eu devia ter morrido, ela não!". Zeca implorava: "Pai, pelo amor da minha mãe morta, não me bate mais, me deixa vivo...".

César tinha pena e comentava: "Tenho mais sorte que o Zeca: meu pai só me bate às sextas-feiras...".

Por que não aos domingos ou feriados? "Sexta é dia de tomar porre! Bêbedo, bate...", estava o pai justificado.

Eu me sentia superior: meu pai não me batia nunca. Só uma vez. De cinto.

César e eu sentados, olhos enxugados, veio o Zeca, chorando.

"Você também? Por que está chorando?"

"Por que você também? Vocês estavam chorando!?"

"A gente estava, mas não está mais. E você? Conta por quê."

"Olha só: enxuguei os olhos."

"Conta assim mesmo!"

Ninguém queria ser o primeiro. Zeca concordou que, último a chegar, o meu pedido de "marraio!" valia também pro César, que estava comigo. César propôs uma salvaguarda: "Todo mundo vai ter que jurar pela sua mãe que não conta nada a ninguém".

"Eu não tenho mãe...", lamentou-se Zeca.

Chegamos a pensar que deveria jurar pelo pai, mas concluímos que tal juramento, no seu caso, não valeria grande coisa.

"Então jura só... Jura por você, ou por nada mesmo!"

Juramos e Zeca contou. A galega da rua Cintra, gorda ruiva, cheia de sardas, vinda do norte de Portugal, quase Galícia, daí galega, viúva de quatro anos, era dona de armarinho. Quando o marido morreu, ficou difícil continuar o comércio, mas a galega foi aguentando. Sua principal inabilidade era com fiscais: a galega da rua Cintra não se conformava com o hábito generalizado de subornar fiscais. Raciocinava que, a contabilidade certa, as contas honestas, não teria a temer. Puro engano. Tome multa! Os fiscais rondavam o armarinho. Piranhas.

Depois de anos, a galega tomou decisão histórica: recomeçar vida nova. Pediu audiência ao Antenor, que, naquele domingo de manhã, havia tomado banho integral, com ênfase nos dedos dos pés e sovacos, a fim de recebê-la condignamente. Havia aberto uma garrafa de vinho Setúbal, adocicado, e comprado biscoitinhos na padaria do meu pai. No fim da tarde, veio a viúva adornada de joias, rendas e um leque espanhol. E boas intenções fulminantes.

Em resumo, a conversa que Zeca havia escutado atrás da porta – ouviu palavras e suspiros – consistiu em pedido de casamento. A galega mostrou que, viúvos, estavam desimpedidos para um casamento em regra, com selos, emolumentos e papéis timbrados. Esse contrato matrimonial viria resolver a situação de ambos: ela venderia o armarinho e entraria na nova sociedade com o dinheiro da venda, como dote – à noiva cabia oferecer o dote, nem se discute. Ela também deixaria a casa onde pagava aluguel e viria morar com ele, cuidando das tarefas domésticas, fazendo o trabalho pesado que d. Joaninha já não fazia, devido à idade e aos joelhos inchados, e pondo ordem em todas as suas coisas.

Zeca ouvira bem: *ordem em todas as suas coisas*! Era o Zeca uma dessas coisas, óbvio.

Last but not least, ao contrário de Joaninha, a galega da rua Cintra não se negaria, em hipótese nenhuma, a não ser em caso extremo de doença grave, a dormir na mesma cama que seu Antenor, para "o que der e vier, e seja lá o que Deus quiser!". Obediência cega à natureza indômita.

"Eu serei a dona da casa, da cama e da mesa, e essas tarefas corporais competem à dona! Dever e desejo. Quero que o senhor saiba que eu só uso sabonete Lifebuoy."

"Sem dúvida, sem dúvida...", apressou-se seu Antenor a concordar... "Eu também... *life* isso aí...", mentiu.

Beberam a garrafa de Setúbal e, quando começaram a tirar do

peito arfante as joias, colares e balangandãs, quando a galega da rua Cintra fechou o leque espanhol em sinal de "Por que não? É pra já!", Zeca saiu de perto, adivinhando o desenlace. "Meu pai vai se casar com a galega...", e lhe rolavam lágrimas. "Abraçado com a galega, ele gritava mais do que eu levando porrada..."

Procurei consolar: "Que bom: você vivia reclamando que não tinha mãe! Vivia com inveja da gente... Agora todo mundo vai ter mãe... A gente pode xingar a tua mãe também, sem pena!".

Zeca, inconformado, insistia em soluçar: "Mãe, não: madrasta!", e chorava em cascatas. "Pode xingar, sim!"

"Madrasta" era palavrão na minha infância. Soava como torturadora, monstro da lagoa Negra, bruxa. Havia quem preferisse não ter pai nem mãe do que ter uma... *ma-dras-ta*. Nome tétrico, fantasmagórico!

Percebendo que tinha sido o único a contar sua história, Zeca reclamou. César concordou em contar seu drama.

"Hoje lá em casa também teve casamento... Vocês conhecem o Zé Luiz, aquele cara da luta romana? Aquele que tem um braço mais grosso que a minha perna?"

Zé Luiz tinha feito demonstrações de luta romana no pátio do Colégio Santa Teresa, com um amigo. Vestia camisa verde que mostrava músculos mais grossos do que as pernas de qualquer um de nós, mesmo somadas. Mais grossos do que as do diretor do colégio, doutor Alcides, que andava na rua vestido de branco e olhando pra cima. Dava medo. E ria riso solto, vendo o medo na cara das crianças. Fazia ruídos de gato encurralado, assustando os assustados. Ladrava como cão, uivava como lobo, rosnava como ele só: brincadeiras de atleta de luta romana...

Pois esse musculoso de cara atroz, que gania ameaças, tinha ido à casa do César para pedir a mão da sua irmã e o pai – cúmulo da crueldade! – havia consentido. O pai fez perguntas sobre salários, propriedades, quantas casas haveria de receber em herança quando morressem os pais, quanto tempo haviam de durar os velhos doentes etc. Perguntas práticas sobre o futuro, coisas assim, e logo disse que sim. Veio a noiva e os dois se beijaram. Sem-vergonhas! Tomaram vinho Setúbal – era moda.

"Casar não faz mal a ninguém", Zeca e eu estávamos de acordo.

"Vocês já imaginaram o que é que esse cara é capaz de fazer com a minha irmã? O braço dele... Ó... desse tamanho... Não quero nem pensar. Quanta judiação ele vai fazer com ela... Tenho certeza de que esse cara vai obrigar a minha irmã a dar pra ele, tenho certeza de que ela vai acabar dando pra ele, vai dar, vai dar....Tenho certeza."

"Nós também... Vai dar mesmo!", mais uma vez concordávamos, Zeca e eu, e agora os três. "Logo no primeiro dia!"

"Você imaginou, esse cara tirando a roupa dela... fazendo judiação... Coitada da minha irmã... Um cara assim, forte, é capaz de tudo. Vai estraçalhar a minha irmã... não quero nem pensar..."

César, ao contrário do que dizia, queria imaginar o que poderia ser o ato sexual. Nossas informações eram escassas, não tínhamos professor e ele imaginava violências, golpes de luta romana na cama nupcial, rounds de *catch-as-catch-can* e, pior, um homem nu veria sua irmã, nuinha!

"A culpa é toda minha...", murmurou, chorando.

Espanto nosso: se foi o pai que disse sim e a irmã amém, por que seria sua a culpa?

"Eu tinha que ter mais idade, já ser grande, ter um emprego e, se eu ganhasse muito dinheiro, fazia uma casa e, ao lado da minha casa, eu fazia outra menor e dava pra minha irmã, e dava empregadas pra ela, carro e motorista, e ela não ia precisar casar nunca, não ia deixar nunca que o Zé Luiz, nem ele nem ninguém, visse ela nua, fizesse isso que ele vai fazer com ela... fizesse... sei lá o quê que vai fazer... estraçalhar, vai estraçalhar..."

"Vai, não. Vai só fazer coisa boa...", continuávamos a concordar, eu e o Zeca, na esperança de que César tivesse descoberto alguma coisa nova e perigosa sobre sexo e nos contasse – nós, no mais íntimo das dúvidas, também pensávamos que no casamento havia um certo risco para a noiva. Em toda coisa boa, um perigo espreitava. Mais gostosa, mais arriscada.

"Meu pai e minha mãe se casaram e ninguém estraçalhou ninguém!", encorajei.

"Pai e mãe é diferente... Não põe pai e mãe nessa história..." E a raiva que teve de nós secou suas lágrimas.

"A gente pode não pôr pai nem mãe nessa história, mas pai e mãe... é a mesma história..." Não sei se fui eu ou o Zeca o autor desse raciocínio deslumbrante.

Nós três nos sentíamos culpados. Zeca, pela morte da mãe no

parto – César e eu achávamos fatalidade. César, pelo casamento – na sua imaginação, ultrajante – da irmã com a luta romana, porque o pai tinha pressa em passar para o genro os encargos com o sustento da filha, aliviando seu orçamento. Zeca e eu achávamos que não: livre-arbítrio. E eu, era culpado de quê?

"E você? Agora é a sua vez..." Os dois me olharam esperando ouvir uma das maiores tragédias da História. "Qual a tua culpa?!"

"A morte do Chibuco..."

Enquanto meus amigos secavam seus olhos, eu transbordava os meus. Chorando cataratas, contei detalhes da morte do amigo e ator, Chibuco, primeiro e único!

"Você não teve culpa, não matou. Você nem sabe quem foi..."

"A culpa foi minha, sim, toda minha... todinha..."

"Por quê? Foram eles que mataram..."

"É... eu não matei... não matei, não... mas... na hora do almoço ajantarado... eu estava com fome... e ele tão cheiroso... eu não aguentei... e comi um pedaço do Chibuco..."

Os três, em coro, desatamos num choro convulso.

CAPÍTULO 4
O PEDIDO DE CASAMENTO

Meu pai, para ajudar parentes, tinha a generosa disposição de mandar Cartas de Chamada para quem quisesse emigrar. Nessas cartas, necessárias à concessão do visto de entrada, o remetente se responsabilizava pelo sustento do imigrante.

No caso do meu pai, o parente recebia "casa, comida e roupa lavada" durante meio ano e trabalhava na padaria, ganhando um salário, depositado na Caixa Econômica. Depois de seis meses, contrato terminado, cada qual decidia o futuro: continuar, estabelecer-se por conta própria, mudar de profissão ou voltar pra Portugal.

Meu primo Roberto veio, gostou, ficou. Calado, fez amigos, silenciosos como ele. Passaram-se três anos. Ficou tuberculoso, meus pais financiaram o tratamento durante meses, em sanatório de Correias, nas montanhas de Petrópolis, cercado de floresta e riacho. Passarinho não faltava: orquestra. Curou-se: naquela época, coisa rara – tuberculose era velório, cheiro de flores. Roberto voltou rosado, gordo. Cinco anos se passaram. Fez 33, idade do Cristo. Morava sozinho. Mesmo adulto, meu pai continuava sua referência paterna. Meu pai tinha cara de Pai. Levava jeito.

Uma noite, Roberto apareceu em casa sem ser esperado, depois da padaria, quando estávamos à mesa. Minha mãe convidou-o para jantar. Aceitou, sentou-se à mesa e começamos a comer. Falou-se do pão, dos fregueses e dos fornecedores da "mistura": isso aconteceu durante a Segunda Guerra, quando havia racionamento de trigo – as padarias eram obrigadas a misturar trigo e milho ou centeio. Pão branco era proibido. Eu até que preferia pão de centeio, mas os empregados não me deixavam comê-lo dizendo que era pão dos pobres, como o pão dormido que pernoitava nas prateleiras e se vendia pela metade do preço na manhã seguinte.

Aproveitando o silêncio, Roberto disse que tinha assunto sério pra conversar.

"Sério mesmo?", perguntou meu pai.

"Muito sério..."

"Então, vamos comer..." Jantar era assunto sagrado, não se podiam misturar seriedades.

Aliás, para ele, todas as horas do dia eram sérias: meu pai se levantava às quatro e meia da manhã, levantava as portas de aço às cinco e meia, quando saía a primeira fornada e já alguns fregueses esperavam famintos. Ao meio-dia e meia voltava, almoçava à uma, às duas dormia a sesta até as quatro, voltava pra padaria às quatro e meia, trabalhava até as nove, fechava as portas de aço, às nove e meia estava em casa, tomava a sopa às dez da noite. A sopa, na minha infância, vinha depois dos pratos principais, antes da sobremesa.

Essa rotina só se alterava nos dias quentes de verão, quando íamos à praia de madrugada, antes do sol. Nosso cachorro, Leão, vira-lata preto, pontual como relojoeiro suíço, vinha bater na porta do quarto paterno às quatro da madrugada, quando calor, e continuava batendo até que meu pai desse o recado: "Hoje não vamos à praia, Leão!" ou "Já vamos nos aprontar, Leão!", e aí a gorda besta sentava-se triste ou, alegre, balançava o rabo: adorava nadar! A praia se chamava Marinheiro Marcílio Dias, que ninguém sabia onde se havia afogado, mas todos a conheciam como praia das Morenas, e todos sabiam onde moravam mulatas e azeviches.

Quando íamos à praia, tínhamos que atravessar dois obstáculos. O primeiro, uma rua com montanhas de lixo, uma de cada lado. Mesmo queimado, o lixo atraía urubus. Não havia estação de tratamento, havia fogo. Na minha infância, no meu bairro, poucas ruas tinham saneamento básico e o lixo era despejado perto do mar. O segundo obstáculo, o mangue, cheio de siris e caranguejos que ameaçavam os pés distraídos. Areia branca, mar calmo. O único perigo eram águas-vivas que queimavam os pés quando, de fato, vivas.

Nesse dia, Roberto tinha assunto sério, mas compreendia que, apesar da urgência, assuntos sérios não se tratavam no jantar: à mesa, jantava-se e conversavam-se amenidades, que facilitavam a digestão. Assunto sério merecia que se abrisse a sala de visitas, sempre fechada: só usada para aulas de piano das minhas irmãs e conversas sérias. Ou, jus ao nome, quando vinham visitas. Raras.

Meu pai comia devagar – herdei o hábito. De sobremesa, abacaxi com vinho tinto e açúcar. Herdei o vinho.

Depois de hora à mesa, meu pai se levantou e minha mãe abriu a sala de visitas para que os homens entrassem. Ela e minhas irmãs foram lavar pratos, como acontecia quando faltava a empregada. Minha irmã Aída tinha que subir num caixote para alcançar a pia. Meu irmão foi jogar dominó sozinho e eu fui sentar na ponte que ligava minha casa à rua. Fui ver gente passando. Como estava garoando nossa londrina chuvinha fina, abri o guarda-chuva preto. Fiquei sentado, abraçando os joelhos, o guarda-chuvas escondendo minha cabeça.

Tinha esse hábito: sentar na ponte vendo pessoas, imaginando profissões, famílias, histórias. Os trens chegavam à estação, longe, de meia em meia hora e, cinco minutos depois, começava o desfile dos que voltavam olhando o chão, apressados, com fome. À tarde, trens chegavam amiúde e traziam multidões. À noite, quase ninguém.

Chovia, a rua deserta, eu ouvia o coaxar de rãs e sapos, na vala pluvial embaixo da ponte e nos baldios. Silhuetas de pessoas passavam nas janelas em frente. Imaginava enredos.

"Então, que assunto é?", perguntou meu pai, sentando-se

numa das cadeiras de pernas finas, ao lado do sofá de pernas finas, em torno da mesinha de mármore... de pernas finas.

Roberto falou de pé, diante dele, nervoso.

"Meu tio, eu quero me casar... Já estou precisando. É necessidade. Já tenho trinta e três anos... Quero ter família. Meu pai se casou aos trinta e três, meu avô também, e assim há de ser comigo... Quero ter filhos. Meu tio, eu quero me casar. Quero mesmo..."

"E já tens com quem?", singela pergunta, oportuna.

"Anamaria é moça séria. Tem vinte e seis anos, já está um pouco velha, mas é mais nova do que eu. Trabalhadeira... Freguesa, compra fiado, mas sempre pagou em dia..."

Meu pai chamou minha mãe: "Está-me a dizer que se quer casar...".

"É maior, casa-se quando quiser...", ponderou minha mãe, senso prático.

"Quero pedir a permissão aos tios..."

Mesmo desnecessária, a permissão foi dada. Minha mãe fez a mesma pergunta: "Já tens com quem?", e obteve a mesma resposta.

"Eu já estava desconfiada..."

"Tu conheces a moça?", espantou-se meu pai.

Já vira os dois na esquina, respeitosos, mãos dadas. Três vezes: desconfiava.

"É magra, gorda, alta, baixa...?" Meu pai queria detalhes.

"O melhor é trazê-la aqui...", sugeriu minha mãe, sempre sensata.

Roberto concordou que a traria, logo que tivesse permissão. Meu pai, significando que o assunto estava, provisoriamente, encerrado e a permissão concedida, pediu um cálice de vinho do Porto: as visitas e os assuntos sérios sempre se encerravam com vinho do Porto. Quando o assunto era muito sério, começava com cálice de vinho do Porto e terminava com outro cálice de vinho do Porto. Quando a reunião tinha sido premeditada, havia biscoitos. Meu pai gostava de mergulhar biscoitos no vinho. Não herdei esse hábito.

Beberam e meu pai se levantou: hora de dormir.

"Os tios não querem ver a moça?", perguntou Roberto.

"Quando é que a queres trazer?", perguntou minha mãe.

Desde que Roberto chegara, já se havia passado hora e meia, hora e quarenta, entre a conversa, jantar e cálice de vinho.

"Está aí fora..."

Meu pai e minha mãe espantaram-se juntos: "Aí fora... a noiva? E sabes que está a chover?".

"Está esperando... Não ia fazê-la entrar assim, sem permissão...", confirmou Roberto, para quem meu pai era um verdadeiro pai.

Minha mãe foi abrir a porta e pediu à tímida Anamaria que entrasse. Estendeu-lhe a mão para cumprimentá-la. "Minha mão está molhada...", escusou-se Anamaria, tentando secá-la no vestido, também molhado.

Não era a mão apenas: o rosto, as pernas, o olhar. Ensopada! Hora e meia de pé, na garoa. Eu, com meu guarda-chuva escondendo meu rosto, sentado na ponte, nem havia percebido aquela moça apertando-se contra a parede, tentando escapar da chuva.

Minha mãe serviu nova rodada de vinho do Porto e, enquanto bebiam, foi buscar uma toalha. Quinze minutos depois a cerimônia estava encerrada, Anamaria enxuta e Roberto foi levar a noiva até a porta de sua casa.

Levaram o meu guarda-chuva...

CAPÍTULO 5
O PARAQUEDAS DA DESAVENÇA

Meu guarda-chuva tinha história. Preto, como a unanimidade dos guarda-chuvas da época, pois que só dessa cor se imaginavam. Foi revelação transcendental descobrir que guarda-chuva podia ser colorido – rosa ou amarelo! – sem que perdesse sua função primeira: guardar a seco seu usuário ou proteger moças contra bêbedos abusados.

O meu estava descosturado nas pontas, o que diminuía sua área de proteção, com a retração do pano.

Tinha história: quando se recordou, em 1942, o décimo aniversário do suicídio de Santos Dumont, inventor do voo em máquina mais pesada que o ar, jornais enalteceram os aviões e o dirigível Zeppelin flutuou, garboso, em cima de nossas cabeças, voos rasantes de demonstração. "Ó minha tia, venha ver o Zeppelin...", gritava Linda, a prima.

Foi quando ouvi falar pela primeira vez em paraquedas e sua utilização na guerra: exaltava-se a coragem dos combatentes que se lançavam na vertigem vazia, longe da terra firme.

"Quando crescer, vou ser herói!", jurei e, com seriedade, recebi meu juramento. Incrédulo: "Será que serei?".

Com frequência, eu dialogava comigo; uma parte de mim não acreditava no resto. A parte rebelde me desafiou, abusada: "Quero prova!". "Vai ter!", respondi-me, corajoso.

Não me dei por satisfeito com a resposta e discuti acalorado comigo, que permanecia diante de mim, altaneiro: "Você não tem coragem de ser herói. Pra ser herói é preciso valentia e você não é valente. Herói tem que ser heroico de verdade e você nem sombra. É preciso enfrentar perigos, correr riscos e você não corre, não enfrenta. Tem até medo do Zé Luiz quando ele luta luta romana...".

"Zé Luiz tem o dobro da nossa idade, é mais forte. Espera eu crescer... Quebro a cara dele, a tua, a minha, sei lá..."

"Quem mata seu próprio Chibuco não pode ser herói..."

"Matei não: comi! É muito diferente! Comi o Chibuco porque já estava morto mesmo, mas não matei! Nunca faria isso!", eu me defendia de mim.

"Comeu: pior! Onde já se viu herói comendo o seu melhor cabrito, digo, o melhor amigo?"

Eu ficava furioso porque estava sendo tremendamente injusto comigo: sabia que não tinha assassinado ninguém, menos ainda o Chibuco, o melhor de todos os amigos, Chibucos ou não. Era impiedoso: foi briga feia. Quase cortamos relações, eu e eu mesmo. Parte de mim, amadurecida, não permitiu que essa tragédia se consumasse, mas, se dependesse da outra parte, insolente, nunca mais eu falaria comigo!

Brigávamos tanto, eu e eu, que acontecia, vez por outra, que íamos embora ao mesmo tempo, cada qual por uma porta: nós dois íamos embora... e me deixavam sozinho. Juro que não era, não sou, jamais serei esquizofrênico: isso nunca! Deus me livre da esquizofrenia – porta males e dores! Mas que ficava triste sozinho, quando os dois mins me abandonavam, ficava. Pânico: sem eles, eu não era ninguém! A não ser que eu fosse aquele Outro que ficava me olhando sofrendo, abandonado, ou ainda o Outro que olhava esse Outro, incomodado pela presença de tantos outros Outros...

Era angustiante ficar, sem mim, a sós comigos. Foi aí que descobri que, talvez, o *talvez* não existisse: existiria o *sim* e o *não*. Melhor: existiria o *talvez* que já seria quase *sim*, e outro *talvez* que ainda não era *não*. O *não* e o *sim* fantasiados de *talvezes*. Por isso a gente se enganava. Ou talvez só o *talvez* existisse: o Talvez que já não era Não e o Talvez a caminho de ser Sim. Mas... talvez nem eu soubesse o que pensava. Talvez um dos dois mins que tinham ido embora batendo a porta ao mesmo tempo, talvez soubessem... Talvez nem eles. Ser ou não ser? Os dois! Bebo o mar![1]

Resolvi acabar com a angústia e mostrar meu valor, exibir-me quem era e do que seria capaz: amostra revelando heroísmos futuros.

"Vou provar, no fim da tarde, antes do jantar. Heroísmo deve ser praticado antes de comer. Principalmente a sobremesa deve ser proibida antes de qualquer ato heroico. Sobremesa e heroísmo não combinam, mesmo tendo açúcar, que dá energia. Arroz e leite são fatais. Você e eu vamos ver. Vou provar que posso ser herói de guerra mundial. Quando crescer, vou ajudar os Aliados a vencerem a guerra. Quando eu entrar na guerra, cuidado comigo!"

"A guerra vai acabar antes de você crescer, por isso conta vantagem... Ainda por cima, tua mãe não ia deixar você ir pra guerra. Tua mãe ia te agarrar pelo pescoço, te trancava no quarto da empregada! Se o general quisesse te pegar, ela não deixava, dava um tapa na cara do general com medalha e tudo: ela, sim, tem coragem; você, não!", dizia-me eu, contraditório.

Sempre briguei comigo – às vezes vivo às turras. Mesmo maduro, neste mesmo instante escrevendo esta mesma história, brigo, discuto, disputo, agito, avento, controverto: devo contar! – não devo! – quem sabe?

---

1 Quando por acaso acontecia, vez por outra, que eu ficasse de acordo comigo, só pelo gosto da discussão, discutia até com Deus. Mas não gostava: quando perdia, Ele ficava furioso, de cara amarrada... Perigosa desavença, desafiar poderosos.

Uma parte de mim acha que essa contradição crônica tem seu lado bom; outra, vê o mal. Sempre me olho fazendo, me escuto falando – nem sempre concordo com o que falo ou faço, me seguro, meço, avalio, antes de seguir em frente. Quando discordo, vou fundo, discordo da discordância. Complica, enriquece! Tenho inveja das pessoas simples, que nunca duvidam de si, sempre de acordo consigo, fazendo justo o que pensam, justificando o que fazem.

"Vou entrar na guerra antes que acabe e os Aliados vão vencer, comigo na primeira linha!", jurei patriotismos.

"Duvide-o-dó! Quero ver!"

"Vai ver: o guarda-chuva!"

"Tem o quê o guarda-chuva?"

"Vou te mostrar..." Já não sabia mais se me tratava de *me* ou *te*. "Vem comigo!", disse-me eu, e me segui, desconfiado de mim: nunca sei o que estou tramando, se falo verdade ou minto, melhor cautela, já que de mim desconfio com razão. Eu não me era confiável! Fui atrás de mim, precavido, me olhando de soslaio.

Guarda-chuva na mão, entrei na despensa, subi na cadeira, alcancei a janela e pulei pro telhado. Com dificuldade porque, é claro, eu não me ajudava: vinha atrás de mim fazendo troça, me censurando, acusando: "Vai fazer o quê? Espiar o banho da Olímpia nua? Outra vez? Espera só o papai ficar sabendo...".

"Fala baixo senão todo mundo vai ficar sabendo, não é só o papai, não!"

Eu me perseguia, sem dó: "É bom que todo mundo escute. A coitada tira a roupa pensando que está sozinha e você com o seu olhão esbugalhado vendo o que ela faz... olhando os peitinhos dela...".

Eu sofria dividido, cada parte de mim se dividia e cada eu sobrante da divisão subdividia-se a gosto: eu, sem-vergonha, caleidoscópico, tinha sido capaz de olhar a nudez da Olímpia e tinha vergonha do feito; moralista, condenava o abuso; com infantil curiosidade, queria mais: "Como é a Olímpia nua? Se não me contar, conto ao papai...".

Às vezes, pra mim, era insuportável viver comigo.

Vergonha! Eu não queria tocar nesse assunto comigo porque

pensava que, se eu descobrisse o que eu estava fazendo, se desse ouvidos ao que estava pensando, daí a pouco todo mundo ia ficar sabendo. Boato corre célere. Ainda mais entre mim e mim mesmo: sinapse instantânea! Eu, amedrontado, pedia-me que me calasse; austero, continuava me acusando: quebrei a telha de propósito...

"Mentira: foi o vento!"

"Vento não se interessa por mulher nua, só folha de árvore: você, sim. Quebrou a telha e quando a Olímpia vem tomar banho fica espiando pelo buraco e, depois do banho, põe o caco no lugar. Se o papai ficar sabendo..."

Como eu estava curioso pra ver o que é que eu tinha planejado fazer como prova de heroísmo, calei a boca e fui, pé ante pé, avançando pela cornija, morrendo de medo de cair, fui me olhando, e essa parte de mim era tão má, eu era tão mau comigo, que quase me empurrei pra quebrar uma perna ou, na melhor das piores hipóteses, três costelas e a clavícula.

Nunca confessei, vai agora: eu tinha uma inveja danada do meu irmão porque ele tinha quebrado a clavícula e eu, nunca. Clavícula quebrada dava um status danado na infância: só pessoas de coragem acima de qualquer suspeita tinham o direito de quebrar a clavícula e enfaixar o tórax. Prestígio. Eu, pobre-diabo, nunca quebrei nem o dedo do pé...[2]

Para evitar cometer heroísmo do qual me pudesse vangloriar, eu estava disposto a quebrar a perna. Não a minha própria, mas a daquele outro eu, porque agora queria mostrar que podia ser herói. *Ele* queria ser herói, quando quem estava falando era o *eu* do lado de cá – e *eu* queria impedir que eu fizesse um ato he-

---

2 Além de ter quebrado a clavícula e exacerbando minha inveja, meu irmão volta e meia voltava pra casa ferido de futebol; a ferida se infectava e produzia uma chaga. Numa das farmácias da Penha – não a nossa habitual – onde os remédios eram aviados, costumava-se obedecer à receita do médico na parte de cima do pote da pomada – quando usava essa parte, a ferida do meu irmão quase se fechava; quando, inocentemente, usava-se a parte de baixo, onde o farmacêutico punha substâncias estranhas, a ferida reabria. Já naquele tempo era perigoso consumir remédios made in Brazil...

roico, quando o *eu* que falava era o outro: não poderia suportar ser testemunha do meu próprio heroísmo.

"Eu sou capaz!", desafiei, abri o guarda-chuva e só os arames se abriram, sem o pano, rasgado... Sem perceber o desastre, corajoso, gritei gritos de Tarzan e, sem cipó, dei o salto. Haja heroísmo.

Caindo vertiginoso, o chão se aproximando demasiado rápido. Dei um grito assustado e destronquei o tornozelo. O que mais doeu foi o medo, mais que medo, o sarcasmo, o meu; o que menos doeu foi a dor, doída. Uma dor doida, outra doída.

Fiquei minutos me ridicularizando, chorando de dor, rindo do choro e chorando do riso, deitado no chão gramado, enquanto eu ficava em cima da janela, mostrando a língua, arreganhando dentes.

"Na minha idade ninguém pode ser herói! Ainda sou muito menino!", não sei qual dos meus dois mins disse a frase, sei que servia como defesa e acusação. Foi a única vez que falamos em coro, eu e eu.

Já deitado, depois de minha mãe ralhar e fazer curativos, depois da comida na cama, trocei de mim:

"Está vendo? Quis me fazer de mocinho e, agora, veja só quem *ele sou*: menino bobo, a mãe faz curativo, come canja... Qualquer feridinha no pé e tome canja de galinha..."

Eu me respondi indignado: "Eu cale essa boca! Tem herói que morre, não tem? Morrer não é heroísmo: é acidente. Salvar uma vida, sim, é heroísmo! Sou mais herói que herói de verdade: pulei e nem morri! Salvei uma vida – a minha! Isso, sim, é ser heroico. Me deixa em paz...".

Nunca segui meu conselho, nem atendi ao meu pedido: nunca me deixei em paz. Naquela noite dormi mesmo comigo ao meu lado, me fazendo troça. É difícil dormir ao lado de quem zomba. Difícil zombar de quem dorme.

Sem zombaria, tinha medo do silêncio. Por isso falava tanto, me discutia, contradizia. Pergunto: será que eu não tinha certezas, ou tinha duas certezas que pelejavam? Sei o que digo?

Essa dicotomia, eu e eu, eu e mim, me persegue desde que me conheço. Não consigo ser um só. Na alegria fico triste e, na tristeza, me alegro. Na coragem tenho medo e o medo me dá coragem. Quando amo, duvido: amo a dúvida. Duvido do amor. Sei o que digo e discordo. Pronuncio a palavra que não quero ouvir. Ouço a que não foi dita.

Um dia, décadas mais tarde, descobri Sá de Miranda, poeta português, quinhentista. Tive comoção, estupor e espanto, quando li:

> Comigo me desavim,
> sou posto em todo perigo;
> não posso viver comigo,
> nem posso fugir de mim...

O poeta, sem me conhecer, revelava meus segredos escondidos.

> Qual deverá ser o fim
> da triste sina que sigo,
> pois que trago a mim, comigo,
> grande inimigo de mim?

Senti profunda e irremissível inveja admirativa e admiração invejosa. Fui correndo procurar o Caetano Veloso e lhe pedi que musicasse esse poema.

A música ficou bela. Ainda mais na voz triste de Maria Bethânia, tão alegre. Ela cantava bonito, a voz e o poema não se desavinham, nem o violão, suave companheiro; ela, a cantora, ela, sim, parecia que se desavinha consigo, cantando a dúvida com tanta certeza.

Qual inimigo que trazemos em nós? Por que, Bethânia, Santa Luzia triste, esse desavimento?

Existe ou é inventado? Mente? Diz a verdade? O poeta é um fingidor, disse Fernando Pessoa, finge tão completamente que chega a fingir que é dor a dor que deveras sente...

CAPÍTULO 6
VENDO O MUNDO PASSAR DE CÁ PRA CÁ... DE LÁ PRA LÁ...

O mundo passava de lá pra lá... Eu, espectador, lado de cá, sentado na ponte do casarão que ligava o jardim à rua, por cima da vala, rã coaxando, cheiro de lodo subindo.

Vez por outra, eu entrava em cena. Carnaval e quermesses: dava meus pulinhos, batucando, comendo cachorro-quente com cebola e patriótico pimentão verde-amarelo.

O povo pulava nos "blocos sujos": fantasias maltrapilhas, lixo limpo, reciclado. Homens vestiam-se de mulher, imitavam o farmacêutico e o Pedro, pessoas dúbias. Quanto mais feios, mais divertidos; mais requebrentos, mais engraçados. As mulheres, não: quanto mais belas!

De porta em porta, pediam moedas miúdas, comida, cachaça. Quem não dava eram os revoltados donos de gatos roubados, metamorfoseados em cuíca, pandeiro e tamborim: couro do gato – dizem – tem mais sonoridade por causa dos miados. Não vejo relação – miado não se impregna no couro, nem se dissolve na pele!

Sabedoria popular: *Vox populi, vox Dei*! Acho difícil: com tantas preocupações cosmológicas e cosmogônicas, Deus tem lá tempo pra se preocupar com gatos?! Façam quantos tamborins e cuícas quiserem com pele de felino descuidado: Deus tem problemas mais nebulosos e galácticos... Gatos são ondulantemente felinos: neles, Deus não habita. Deus não é dengoso: severo.

Antes do Carnaval, a gataiada ficava trancada, perplexa e nervosa. Gato que pulasse janela assinava sua sentença de morte. Impossível escapar aos pré-carnavalescos ensandecidos. Mesmo no resto do ano, os bichanos corriam razoável perigo de vida porque podiam ser devorados a qualquer momento, embora a fome não fosse tão popular como hoje em dia. No forno da padaria, fregueses assavam cabritos, coelhos e frangos depois da fornada da tarde: cheguei a assar muita lebre que miava...[1]

Comprávamos lança-perfume (éter, naquela época, podia:

---

1 Anos mais tarde, fazendo teatro pelo Nordeste, comi gatos, não digo por lebre, mas por galinha.

dava só um friozinho gelado na cabeça, tonturazinha inocente!) e jogávamos o jato perfumado nas pernas das mocinhas vestidas de ciganas, babushkas ou pijamas russos, fantasias baratas. As moças reclamavam – mais reclamavam, mais nos divertíamos, elas e nós: sensualidade infantil. Tome frio jato de lança-perfume gelado nas pernas quentes, suadas: mais joelhos ao léu, maior o êxtase. Eu adorava jogar perfume em pernas bem-amadas.

Alguns rapazes perfumavam os seios das moças e os lenços: cheiravam, uns e outros. Hoje, na Penha, nem pensar. Cocaína, sim, vá lá, vende-se em qualquer lugar... mas lança-perfume? Proibidíssimo!

PADRE RICARDO E DALVINHA

Jogava-se perfume até diante do padre Ricardo, recém-saído do seminário, único morador do bairro que tinha olhos azuis e cabelo querendo cachear, aloirado, sueco, alemão, dinamarquês.

Eram dois os padres conspícuos da Penha: o velho monsenhor Rocha, rochedo de virtudes, subia em carro elétrico, saltava no meio do caminho, pedalava três degraus agarrado na bengala, piedoso sacrifício. Voltava ao carro e subia ao topo: pernas tremelicando. Ficava a constância da tentativa, do esforço: três degraus, mais raro, cinco ou sete.

Contavam-se lendas sobre o padre Rocha: gostava de ficar trancafiado solitário dentro da igreja, vagando na noite escolhida segundo a lua, jejuando. Nem água benta bebia, nem comia sanduíche de milanesa, embora cruéis a sede e a fome. Fiéis fielmente seguiam o clérigo, clericando a sós. Amedrontados ouvidos, colados às portas trancadas, ouviam vozes: Rocha não era ventríloquo: *ipso facto,* tinha alguém na sua vetusta companhia! Ah, meu Deus! Que disse eu? Seria Deus???

Uma noite, três ladrões mal-encarados que intencionavam furtar a imagem da Santa – folheada a ouro, pintada de esmeralda, carvões diamantinos nos olhos – arrombaram a igreja e viram monsenhor Rocha conversando tranquilo com uma Luz Ofuscante.

Só isso: conversava, como se fosse normal, com a Luz Ofuscante, como se Luzes Ofuscantes fossem coisa encontradiça em igrejas de bairro pobre. Trocavam ideias, impressões, o padre e a Luz, dá cá toma lá, ele dando tapinhas nas costas da Luz Ofuscante, costas largas e rijas.

Foi o que juraram. Juraram que viram. Em cartório, com selos e carimbos! Segundo eles, monsenhor Rocha e a Luz Ofuscante eram excelentes amigos de longa data, camaradas apesar da diferença das idades. A Luz era bem mais velha que o velhinho, idosíssima, porém bem conservada, robusta, Luz bailarina.

A Luz Ofuscante – segundo relatos molhados de suor e lágrimas, sonorizados de estrondosos soluços – dava conselhos paternos, coisas de bisavô com tempo e lazer. O padre ouvia, obediente filho, respeitoso, mas com personalidade e decisão – mesmo sendo a Luz o Pai do padre, tinha que ouvir divergências filiais. Ninguém sabe tudo! A voz do padre, rouca, resfriada; a da Luz, grossa e rija, doce e meiga, voz sorridente. Deus, que pode até sorrir, não gargalha. Desmoralizar-se-ia.

Os três ladrões rolaram penha abaixo, rua acima, recheados de medo e arrependimento, sem a santa imagem, que escapou ilesa; ofegantes, foram se entregar mãos ao alto ao delegado incréu, a quem confessaram a intenção gatuna.

Dizem que fizeram concurso pra polícia, ganharam prêmios com louvor, e juraram, pés juntos, nunca mais roubar santas folheadas a ouro, mesmo esmeraldinas. Não se sabe se cumpriram a promessa, mas ficaram ricos. Um dia, a Santa apareceu arranhada a canivete, sem o folheado aurífero. Quem terá sido? Nunca perguntei, discreto desconfiado.

Diante do monsenhor tudo era bento e sacro; o mais trivial “Deus te abençoe” revestia-se de solenidade litúrgica. Diante do jovem Ricardo, rapazes jogavam lança-perfume, sem pejo: o padre sorria, abençoando, sem saber por que sorria e, menos ainda, a quem abençoava. Inocência...

Ricardo sorria sem descanso, no jardim e na rua, cumprimentando senhoras enjaneladas, tapinhas nas bundinhas das crianças travessas que não gostavam nada dessa carícia. Seus lábios devotos murmuravam esvoaçantes ave-marias azuladas. Como se sabe, Ave-Maria é azul, Pai-Nosso verde, Salve-Rainha rosa e o Credo, lógico, violeta fúlgido. Isso todo mundo sabe, não carece explicar.

Ricardo, solitário atleta sorridente, costumava exercitar o corpo, além da alma. Fazia os movimentos de capoeira e boxe, sozinho, sem dar combate – ou como se estivesse combatendo diabinho gordo, destreinado; fazia elegantes movimentos de basquete e vôlei sem companheiros a quem dar passes, sem bola! Encaçapava cestas invisíveis e ganhava divididas. Sorrindo, vencedor.

Ricardo só ficava sério na missa, mais sério no sermão, quando falava dos múltiplos padecimentos de santos e apóstolos, priscas eras do cristianismo perseguido. Sorrir, tratando-se de tema tão delicado e atual, seria exagero. Ricardo descrevia torturas milenares como se estivesse falando do momento.

Tinha muito doidão de lança-perfume na minha infância. Doidões inocentes: não sabiam que estavam pecando... Ê, tempos bons, pecados inconscientes, sem culpa... Pecados abençoados.

“A bênção, padre!” “Deus te abençoe, meus filhos!”, respondia, misturando singulares e plurais, em bailes gramaticais: “Valha-te Deus, meninada!”. Valia tudo: importante a fé!

Quiseram ensinar Ricardo a lançar perfume – juro que o bom prelado resistiu! Acabaram agarrando o moço, de brincadeira, fazendo o padre apertar a alavanquinha com o dedo – juro que contra a vontade, foram os doidões que o forçaram! O jato acertou as pernas da Dalvinha – juro que por acaso!

Entre as moças que mais se embraveciam com lança-perfumes – e mais secretamente gozavam! – era Dalvinha a primeira, retumbante menina-moça de quinze anos, filha de família de crentes discretos – seguidores de seitas mais ou menos protestantes, com pitada de religiosidade mais ou menos autóctone e danças mais ou menos africanas. Uma mistura de muitos mais ou poucos menos. Contudo, crentes sinceros, mais religiosos que muito carola ostensivo.

Sob pretexto de ainda ser criança, usava saia curta; já mulher, mostrava as coxas. Dalvinha, a preferida de nove entre cada dez jatos etéreos.

Justamente Dalvinha foi a vítima do padre. A menina-moça teve ataque aparentado à apoplexia, sem espuma na boca mas com direito a tombo e esperneamentos! Susto em todo o bairro, “chama meu pai, minha mãe!”, “chama o médico!”, “ambulância!", "polícia", "advogado", "chama o farmacêutico", "chama o Pedro, que entende de estertores!".

Dalvinha, depois de meia hora esperneando em saia justa, com inevitáveis consequências visuais, calmou-se, sorrindo bem-aventurada para o aterrorizado mensageiro de Deus, ajoelhado a rezar. A moça-menina contou pras amigas que, naquele momento, sentindo o jato frio prolongando a mão do padre, teve uma visão do Paraíso com direito a Pai, Filho, Espírito Santo, Virgem Maria e uma multidão imensa de anjos em regozijo e anjas de saia curta, dançarinas. Anjarada estridente, aplauditiva!

Olhava o padre e via em dobro, como bêbeda! Trêbeda!

Crianças, achávamos que foi sem querer. Mães de moças viam propósito malsão: em solitário trágico segundo, o Diabo, em carne, osso, botas e tridente, teria entrado no corpo do padre, que rezava com sofreguidão de seminarista.

As mães queriam puni-lo. Como? Impossível contar o jovem desmando ao velho padre, porque certeza certa, irreversível, certeza sem sabe-se-lás nem poréns, essa não havia. Mesmo vero, seria temeridade contar ao Rocha, entretido em conversações ontológicas com a Luz Ofuscante: perigo de enfarte, idade avançada. Resolveram-se pelo silêncio: não diriam nada a ninguém, nem sequer aos maridos – as ainda não viúvas – nem às amigas – as que já o eram.

Silêncio, segredo. Porém, porém... Haja poréns!

No confessionário, o padrezinho teria que ouvir palmatórias morais. Desde esse dia e durante o tempo em que durou a fogosa indignação materna, o padre Ricardo ouviu, não singelas poucas e boas, mas vigorosas muitas e ótimas! Com medo e pânico, o ex-seminarista, padre fresco, entrava no confessionário e tanto sofria que quase se confessou (ou denunciou), ele mesmo, ao padre Rocha. Resolveu-se pelo não: seu peito era sem mácula, embora ao dedo desastrado sobrasse a culpa pelo gélido disparo. Dedo e doidões!

Naquele confessionário – pela primeira vez na história do cristianismo, desde os tempos heroicos de Pedro, a Pedra! – eram os pecados do padre que ali se registravam.

"Padre, o senhor não tem vergonha na cara?" "Não renunciou

à coisa vil, não jurou castidade, não prometeu nem pensar nudez!?" "O que diria o velho Rocha piedoso? O Santo Papa Misericordioso?" "Padre, o senhor pensa o quê quando olha pra mim? Olha meus olhos, dentro de mim, bem fundo, vá fundo nos meus olhos!" "Padre, tome tento! Não pense coisas do corpo! Corpo de padre não grita! Padre não esperneia! Não é como a gente! Ah, padre... padrezinho bonito..."

Entre as mães, quem mais deslumbrava no rigor castiço contra Ricardo era dona Rosa de Cascadura. Gorda da cintura pra cima, magra barriga e pernas finas de flauta doce cintura abaixo, vivia dizendo "Isso é um calvário!" em quaisquer circunstâncias. Se subia os 365 degraus da igreja, suspirava a cada vinte ou trinta:

"Minha Divina Nossa Senhora, é degrau demais: isto é um calvário."

Se entrava no bonde, apinhado de pingente na hora do aperto, se ficava entalada entre dois bancos, murmurava:

"Meu divino são José, aqui me tens ao teu pé: isto é um calvário!"

Se voltava pra casa e chovia torrentes, não hesitava:

"Santa Bárbara bendita, que no céu estás escrita com papel e água benta, nos livrai desta tormenta... isto é um calvário!"

Dona Rosa de Cascadura resolveu tomar satisfações com Ricardo, mesmo sendo filha alheia e não sua. Melhor: mantinha o sangue-frio.

"Padre, o que o senhor anda matutando? Confessa neste silêncio, comigo sozinha. Sei o que o senhor quer... Você é homem, precisa, tanto quanto nós, mulheres; dizem até que mais, não sei, homem não sou, mulher desde menina... Menino, não busque o desejado em criaturas indefesas... Ainda se o perfume fosse nas pernas da mãe da Dalvinha, carente, ou nas pernas de mães que lá estavam desejosas, ou em mim, por exemplo, padre, em mim, nas minhas pernas... Fosse minha coxa, entenderia... em mim, vá lá, deixa estar... Mas a menina é virgem de quatro costados... Pense bem, padre... Virgindade é perigo... sedução, luxúria, crime... purgatório, inferno... tridentes, diabos..."

"Pelo amor de Deus, diga logo!!!", bradava o desesperado, gritando em surdina, esfregando mãos e torcendo pés. "Diga logo a minha penitência: quero pagar até os pecados que não cometi!!! Como o Cristo, que pagou pelo que não fez: por nós! Quero pagar por vocês!"

"Por ora, vá rezando cem ave-marias...", sentenciou, severa. Achou pouco, desejou maior punição: "... e mil pai-nossos! Deus há de perdoá-lo... Reze com fé e, depois, venha me ver..."

O padre se revoltou: "Vou pagar a penitência só porque rezar é minha ginástica espiritual! Mas... mil pai-nossos é... demasiada devoção. Não mereço essa represália. Isso é um calvário, sim senhora, dona Rosa de Cascadura! É calvário e dos compridos, muitos passos e quedas!" – e saiu da nave estrebuchando os primeiros versos da primeira ave-maria ruborizado, vermelho, mordendo a surpresa Mãe de Deus com seus lábios injustiçados.

No confessionário, suas orelhas ficavam mais vermelhas que brasas de lenha. Com o tempo, brasas esfriam, cinzentas, a fúria adormece e os comentários silenciam. Ricardo nunca mais olhou Dalvinha, pelo menos na nossa frente. Dalvinha, sim, cravava olhares punhalescos no atlético religioso. Crianças, tínhamos vontade de chorar sem saber por quê. Zeca, César e eu chorávamos na ponte do casarão, olhando Dalvinha que olhava o vento apressado – Dalvinha não olhava ninguém: via o vento. Dalvinha, crescida demais pra menina, fresca e verde pra mulher...

Zeca, César ou eu, um dos três disse um dia, lamentoso, um só ou juntos nós três: "Eu queria a Dalvinha só pra mim...".

Os outros dois concordaram, urgentes: "Eu também...". Estávamos de acordo. "Só pra nós, três Dalvinhas..."

Um dia, Dalvinha apareceu de saia comprida: ficou decretado – era mulher. Converteu-se de coração ao catolicismo. Passou a frequentar a igreja e não perdia missa do padre Ricardo. Comungava – ah!, isso, sim, não perdia uma só comunhão, não deixava escapar uma só hóstia que chupava como sorvete, uma penitência ou absolvição. Passou a ser a mais comungada de todas as fiéis da zona da Leopoldina.

"Vá comungar assim no inferno!", blasfemava o coroinha ateu e ciumento.

Quando esquecia um pecado – obcecada pelas confissões! –, subia os degraus já descidos, ofegando pelas orelhas, encontrava o padre no pátio e, ambos de pé, juntava um P.S. à confissão regimental. Nem entre os torcedores de Corinthians e Flamengo encontrava-se tamanha devoção.

Dalvinha... Perdemos as esperanças... Deus seja contigo.

FUTEBOL, CACHORRO E CARROCINHA

Fora do carnaval, eu jogava futebol, no ataque, e adorava marcar gols – com os pés, joelhos, bunda, barriga, calcanhar, de letra, de bico, o que fosse, só cabeçadas não dava, nem por decreto-lei: talvez, por isso, não tenha feito carreira como goleador *emeritus*. A bola pedia pelo amor de Deus que eu lhe desse um peteleco com a cabeça, eu encolhia o pescoço e não cabeceava. Nunca! Perdi gols incríveis, gols feitos, embaixo da trave, em cima da risca, na marca do pênalti. Passei vergonhas, ouvi insultos, levei empurrões, desaforos. Serena, minha cabeça, galharda e altiva, evitava os lances altos. Futebol é com os pés! *Foot* = pé! Não existe *headball*. Se existisse, eu não jogaria: execro a ideia. Cabeça, mesmo ruim, foi feita para usos menos solavancados.

Jogando bola percebi a relação entre o poder econômico e o respeito que inspira: o dono da bola marcava mais gols que os outros meninos. Em sinal de respeito, ao redor do dono fazia-se vazio. Goleiros faziam-se vagarosos quando a bola era chutada pelo pé proprietário.

Comecei a comprar bolas com minha mesada... e comecei a brilhar nos quintais da Penha Circular.

No caminho para a Escola Santa Teresa, eu irradiava mentalmente jogos fantásticos nos quais assumia a meia direita do Fluminense F.C., que sempre ganhava por goleadas homéricas. Nossa linha de ataque, irresistível, demolidora, era formada por Pedro Amorim, Augusto Pinto Boal (estudante, filho de José Augusto Boal, comerciante, e de dona Albertina Pinto Boal, prendas domésticas), Rongo, Tim e Carreiro. Eu tinha orgulho de nomes e sobrenomes... e mais houvesse! Nas minhas irradiações, vencíamos sempre – eu, é claro, dono da bola, digo, do microfone, digo, da narrativa, marcava belos gols olímpicos – sempre com os pés! – e dava maravilhosos passes com os quais meus colegas tinham apenas o trabalho de empurrar a bola para as redes sob as traves desguarnecidas – eu tinha driblado até o goleiro.

Hoje, peço tardias desculpas ao grande meia-direita Romeu por tê-lo substituído nas minhas locuções radiofônicas. Compreenda, Romeu, eu tinha que entrar no lugar de alguém, não podíamos jogar com doze feras: covardia.

Mais que futebol, antes dos onze anos, ainda no casarão, o que eu fazia com gosto era sentar na ponte, fim da tarde, gente passando, cavalos pastando, burros da prefeitura carregando lixo; poucos animais, gente demais. Imaginava vidas, inventava. Às quintas-feiras, passava a carrocinha laçando cachorro com laço de aço, vira-latas para o sacrifício, amontoados na carroceria gradeada – cães sadios ao lado de leprosos e sarnentos, cães de porte ao lado de miniaturas bem penteadas. A cachorrada, solta, brigava; na carrocinha, tornava-se amiga e solidária diante do coletivo destino.

A morte esteve por demais presente na minha infância. Flores, coroas. Carros fúnebres engalanados, sóbrios rabecões. Vi punhais cravados em carne de mulher, vi sangue, ouvi tiros. Vi gente cortada a faca: a gorda sra. Mariana cortada pelo amante, no peito e no braço...

Crianças donas de cães, distraídas na hora do laço, davam-se conta da perda e corriam uivando, ganindo atrás da carrocinha, implorando de volta seus amigos caninos, jurando tomar boa conta, doravante. Os laçadores nem olhavam: não tinham salário, ganhavam por bicho laçado. Corações de pedra! As crianças voltavam pra casa aos berros, e mais berros haveria depois da paterna pancadaria...

Quando pais, comovidos, iam ao depósito procurar os enjaulados, se ainda estivessem vivos no princípio da noite, teriam que resgatá-los a bom preço, depois da vacina – nem sempre os pais dispunham dessas quantias e voltavam com o relato da morte estoica e heroica.

Dia de carrocinha era dia de lágrima infantil. O choro convulso, esparramado, incomodava Mateus, que dizia, sem avaliar a crueldade: "Deviam inventar carrocinha de crianças...".

A professora de aritmética trouxe o irmão mais velho à escola. Fardado: subtenente do Exército. Dona Edite contou o esforço dos pais em realizar os sonhos militares do filho, cantou seus sucessos no quartel de cavalaria – já que não tinha tido a felicidade de ser sorteado para defender a pátria na Itália, cuidava da bosta dos cavalos! Elogiou sua respeitabilidade e pediu ao irmão que dissesse qualquer bobagem a título de incentivo, que nos ajudasse a planejar nosso futuro – talvez algum de nós se decidisse a seguir sua carreira militar cavalariça.

O subtenente tomou a palavra, misterioso e grave, olhando o teto:

"A cada trinta anos, uma guerra é inevitável..." Era o Destino Inescrutável que o dizia, a *Quinta sinfonia* de Beethoven em *première* de gala, com mais pompa que periquito de realejo. Falava sem olhar nossa cara. O subtenente, em nenhum momento, olhou ninguém – soberba castrense.

Nós, trêmulos com notícias do Exército alemão cercando Stalingrado – não entendíamos de política nem sabíamos onde ficava Stalingrado ou o monte Cassino, nem Auschwitz, Sibéria, nem gulags! –, mais assustados ficamos diante da autoridade que nos vaticinava *blitzkriegs*, guerras campais. Eu tinha certeza de que não tinha a mínima vocação para D'Artagnan! Farda, nem pensar!

O subtenente continuou sem que nenhum de nós entendesse um ponto e vírgula – repetia o que aprendera de cor com algum tenente ou capitão que, hierarquicamente, estaria repetindo um coronel ou general! Declarou solene que o Brasil, desgraçadamente, ainda não tinha "autonomia" para "engolir" nenhum grande país inteiro – só "franjas" na fronteira norte da Argentina ou sul da Colômbia e Venezuela, do leste do Peru, Equador e Bolívia. Apenas o Uruguai e o Paraguai o Brasil poderia "engolir" inteiros!!! Sem falar nas indigestas Guianas...

Valha-me Deus, que apetite!!!

Da América do Sul só escapava da engolição do faminto subtenente o Chile, escondido envergonhado atrás da cordilheira! Eu ficava imaginando que raio de "autonomia" era essa de que tanto carecíamos para "engolir" países e "franjas".

Ao invés de enriquecer nosso vocabulário, a estapafúrdia "autonomia" só veio empobrecê-lo. Durante algum tempo, dizíamos "autonomia" para designar qualquer coisa, como ainda hoje dizemos coisa pra coisa qualquer e os franceses *machin* pra qualquer *bidule*.

"Professora, a senhora me dá 'autonomia' pra ir no banheiro fazer pipi? Estou apertado!"

"Professora, eu não tenho 'autonomia' pra entender essa multiplicação..."

"Ah, se eu tivesse 'autonomia' pra namorar a Dalvinha..."

"Olha aqui, César e Zeca, hoje acabou a minha 'autonomia' pra aturar vocês: vão embora pra casa e eu vou pra cama..."

Alguns meninos, imaginando-se homens, sonhavam amanhecer subtenentes, cheios de variadas 'autonomias': não tenentes inteiros, isso nunca, mas "subs" como o irmão de dona Edite, que não fora sorteado pra defender a pátria e fazia defesa civil limpando bosta e fazendo enfermagem, trabalho digno das moças, mas, enfim, subtenente era pau pra toda obra: se não combatia agora, bem poderia esperar trinta anos como Jacó servindo Labão, pai de Raquel, serrana bela, que não servia ao pai, servia a ela... como nos ensinava Camões nos lábios de dona Neuma.

Pra não ficar devendo, dona Neuma, professora de poesia e português, trouxe a irmã de rouge e batom, que tinha sido reprovada para aeromoça da aviação civil. Ninguém sabia ao certo o que era – só se sabia que era preciso voar, Japão, China e Tailândia, países que ficavam do outro lado do globo inflável que tínhamos na sala de aula!

A moça mostrou-se rosada, vestida de saia escocesa curta, estampada, grampo na coxa. Fora reprovada mas, enquanto aguardava o resultado do exame, sonhara com Paris, Nova York, Londres, oceanos, mares e montanhas. E nós ali, na Penha, cheirando o Cortume Carioca, quando batia o vento sudeste...

A reprovada de lábios carmesins serviu de exemplo às meninas: um dia seriam todas reprovadas – sonho belo! – para o invejável posto de aeromoça da aviação civil! Conchinchina. Tibete – não custava sonhar – quem sabe, Dalai Lama?

Durante semanas, minha classe se compunha de meninos subtenentes, limpadores de bosta, e meninas aeromoças, reprovadas para a aviação civil. Nossos paradigmas estariam orgulhosos de nós se nos vissem – nunca mais voltaram ao Santa Teresa. Na nossa fantasia, casaram-se e tiveram muitos subtenentinhos desclassificados e aeroviárias reprovadas.

OS HONRADOS LADRÕES DE GALINHAS DE ANTIGAMENTE

Eu era a primeira pessoa que as visitas encontravam, quando visitavam meus pais. Na ponte, minha sala de visitas, eu também recebia amigos.

"Viram ontem o ladrão de galinhas? Quase mataram...", dizia César.

"Tem que matar!", apoiava Zeca, habituado às porradas.

"Ladrão de galinhas é pai de família como todo mundo...", eu discordava.

Meu argumento simples: ninguém se arrisca a roubar galinhas por vocação. Roubar galinhas não era crime, não merecia a morte.

Uma das lembranças mais intensas que afago da minha infância e adolescência é a dos ladrões de galinha – homens que, literalmente, roubavam galinhas. Quando apanhados em flagrante, plena noite, eram linchados, humilhados, deportados do bairro pela vergonha.

Com a distância do tempo e a madurez da idade! – pressentia então e sei agora –, vejo que aqueles homens corajosos eram ultrajantemente injustiçados. O verdadeiro ladrão de galinhas era honrado pai de família que as vicissitudes da economia de mercado deixavam sem trabalho ou minguados mil-réis para o sustento da família.

Pedir esmolas seria aviltante confissão de fracasso. Com galinha se faz caldo e canja. O honrado homem dispunha-se a correr o risco: a ladroagem galinácea era deveras arriscada; arte, ciência, guerrilha solitária.

Os perigos enfrentados pelos ladrões noturnos eram variados: saltar muro ou cerca, atravessar o quintal evitando ratoeiras, esgueirar-se na escuridão para dentro do galinheiro, silenciosos, e – prendendo a respiração! – executar o golpe preciso que só os mais hábeis realizavam com maestria: agarrar a galinha pelo pescoço, com tal rapidez que a surpresa inviabilizava a autodefesa da ave, sem o menor ruído para não acordar companheiras da infausta vítima, pois o tremendo cacarejar e o ladrar dos cães, o berro dos cabritos e o grunhir dos porcos despertariam proprietários e criados, que acudiriam vestidos com pijamas ou cuecas, e a vida do heroico ladrão correria sério risco.

Era roubo, mas não desprovido de certo grau de heroísmo e astúcia, na escolha da hora certa, do galinheiro vulnerável e da galinha justa.

Hoje já não se rouba como antigamente... As galinhas já se compram mortas e nuas, congeladas, empilhadas, anônimas.

Essa arte desapareceu como estão desaparecendo os afiadores de facas que ainda tocam "Asa branca" com seus instrumentos cortantes e perfurantes, os peixeiros com suas cestas e pregões, carvoeiros enegrecidos que alimentavam nossos fogões de ferro, realejos com periquitos desvendando o futuro, bicando envelopes.

As ciganas – ah!, que saudades das belas ciganas escuras que liam nossas mãos, sempre otimistas: riqueza para toda a vida, vida longa e filhos... que seriam felizes em suas longas e ricas vidas, cheias de filhos...

Hoje, alguns apátridas continuam a tradição, roubando galinhas – agora, a dos ovos de ouro: o país, o povo, o Tesouro.

AS PIRÂMIDES DE FERRO

Zeca taxativo: matou galinha, mata o ladrão. César pensava meio-termo: surra bastava. Como as que Zeca levava do pai. Aí a conversa buscava outro rumo pra não tocar em coisas delicadas: pancadarias, porradas...

"O pai de vocês nunca bateu nos filhos?", insistia Zeca querendo absolver o próprio. "Todo mundo bate nos filhos, pai é pra isso... pra desentortar o entortado. Quando eu for pai... me segura! Meu filho vai sofrer comigo!"

César confessava surras especiais, quando a traquinagem merecia castigo corporal: quebrar um copo, por exemplo, deixar comida no prato, pisar nas plantas ou no cachorro, ser reprovado na escola: coisas sérias. Por ter sujado a roupa jogando bola, como o Zeca, isso nunca!

E eu? Só uma vez apanhei do meu pai quando, em legítima defesa, joguei uma cadeira na cabeça do meu irmão... Meu pai pediu desculpas... meu irmão também...

Tinha orgulho de nunca ter apanhado – só essa vez. Minha mãe, vez por outra, me dava cascudos – mas tapa de mãe a gente nunca sabe se é reprimenda ou carinho. Pai é coisa séria.

No portão, comentávamos aconteceres. Durante a Segunda Guerra Mundial, o Brasil tinha um projeto nacional: a vitória Aliada. O povo trabalhava contente – naquele tempo brasileiro ria, mesmo sem receber cachê da televisão!

Lembro das latas que se juntavam em terrenos baldios: as pirâmides de ferro que – diziam os jornais, sem explicações – eram necessárias ao esforço de guerra. Ajudariam a Inglaterra a derrotar os nazistas.

"Pra que a Inglaterra quer tanta lata?!?", eu me perguntava espantado, olhando o mapa. "Será que naquela ilha tão pequena cabe tanta pirâmide? Não vai afundar?"

Éramos as crianças que mais erguiam pirâmides de latas de sardinhas portuguesas e de pêssegos em calda argentinos, panelas furadas, talheres retorcidos: estávamos convencidos de que, com isso, ganharíamos a guerra e a Inglaterra seria salva. Nós salvaríamos a Inglaterra e a rainha nos diria muito obrigado, beijando nossas mãos infantis! Cheguei a amassar uma panela ainda com feijão preto – minha mãe fez que não viu! – só pra poder levá-la pra pirâmide e completar minha cota diária. Éramos soldados e cada um lutava com as armas de que dispunha. Minha arma, nesse dia, foi a panela!

Pra que serviriam as latas?, pensava com meus curiosos botões. Os botões não respondiam, mas a satisfação de pelejar amontoando latas era maior que a alegria de outras competições, quando moleques da minha rua se orgulhavam de caçar – ou será pescar? – rãs e sapos mais robustos que os dos moleques das ruas transversais, em suas magras valas pluviais, afluentes da nossa.

Pela minha "sala de visitas" passavam figuras periódicas: o mata-mosquitos vinha trazer creolina para privadas e fossas – eu detestava o cheiro. O Rio de Janeiro ainda não se havia livrado de algumas doenças endêmicas. Tinha-se que aguentar a creolina, cheiro insuportável. Melhor cheirar creolina do que pegar febre amarela – quem tinha febre amarela ficava vermelho e verde: eu não entendia o baile das cores hospitalares.

O cheiro do *flit* era pior: dias de calor, minha mãe, com uma bomba de *flit* espargia inseticida nos quartos, trancava portas para que moscas, baratas, vaga-lumes e seres assemelhados morressem envenenados; antes de dormir, abríamos a janela para que entrasse brisa de ar puro... além de mosquitos frescos e famintos...

"Teu pai não vai me dar um dinheiro?!", perguntava o mata-mosquitos: já existia propina, mesmo sendo o funcionário assalariado. Meu pai não estava: o mata-mosquitos, vingativo, jogava creolina na grama. Eu jogava terra na creolina, medo de que os animais lambessem.

No portão, ouvia conversas dos adultos, que não prestavam a menor atenção em mim. Uma roda na esquina discutia animada: amigos do meu pai, desacorçoados sobre a nova lei que proibia escarrar no chão.

Mateus dizia que todo mundo tinha que ser obrigado a engolir o próprio escarro; Filisberto dizia ser direito universal e inalienável cuspir a bel-prazer do cuspidor. Em defesa do primeiro argumento, dizia-se que escarro próprio não contaminava o escarrador: *revertere ad locum tuum*! Em defesa do segundo, alegava-se que ninguém, pela Constituição federal, pode ser obrigado a engolir o cuspe e, quanto menos perdigotos alojados no corpo, mais saudável seria o espírito: para isso se inventaram ruas e calçadas – pra cuspir. Além das suntuosas escarradeiras de porcelana chinesa, como as do Teatro Municipal, intencionadas para a mesma serventia. Hoje, dia de ópera, escarradeiras são admiradas por sua beleza oriental, ninguém cospe: mas já conheceram dias piores.

Eu tinha nojo!

Ouvia os mais velhos dizendo que, quando Osvaldo Cruz, ministro da Saúde, decretou a vacina obrigatória, houve rebelião popular e o governo teve que decretar estado de sítio. Acabou-se a febre amarela e a varíola, mas muita gente foi vacinada na cadeia, depois do cassetete: imunes contra a varíola, pernas e braços quebrados. Polícia Especial não brincava em serviço quando se tratava de vacinar recalcitrantes! O povo foi salvo a pontapés!

Em questões de saúde, consultava-se o farmacêutico, que sempre deslizava, meigo, pela tangente:

"Há casos em que cuspir é desnecessário; portanto, configura-se o crime. Outros, porém, imperativos e urgentes, dependendo da lógica da distância entre a boca e o chão e a trajetória da gosma, podem-se negligenciar..."

Todo mundo pensava que o farmacêutico lhes tinha dado razão e o debate continuava, ambas as partes sustentadas pelo aval do médico de causas menores.

PEDRO E O FARMACÊUTICO

Como o farmacêutico era homossexual, embora lhe perguntassem a opinião, poucos acreditavam no que dizia.

"Um veado... o que vai lá saber? Veado entende de dar o rabo... Especialistas..."

Outros levavam lenha à fogueira: "Ele gosta de dar injeções. Agarra nosso braço... Devia ser proibido. Injeção, só médico diplomado e, mesmo assim, sob juramento! Na frente de testemunhas! Essa história de homem, mesmo médico, ficar mexendo no corpo da gente, é coisa de bicha. Médico devia examinar a fotografia...".

A mulher do farmacêutico – pois ele a tinha: morena escura, forte de braço, temperamento instável: lágrimas salgadas ou riso desatado. Não se preocupava com a sexualidade do marido, embora fizesse escandaloso escarcéu quando lhe contavam com quem o haviam encontrado, em que posição duvidosa – vivia chorando! Ela própria tinha secretos amantes: vivia rindo! Vez por outra, o escândalo era maior: cortava pulsos e garganta. Um amante a largava, um talho surgia no pulso ou no pescoço, dependendo do maior ou menor afeto!

A farmacêutica devia ter sorte no jogo, porque nos amores... Vivia ensaiando a morte: abundantes cicatrizes. Parecia aquelas mulheres africanas que colocam um colar de madeira para esticar o pescoço; ficam belas, segundo seus padrões estéticos. Em vez de colares, a farmacêutica tinha cicatrizes de navalha: sete, segundo uns, doze, segundo os mais alvoroçados – a danada da mulher não parava quieta, não deixava que lhe contassem os talhos... Nos braços, catorze no direito e sete no esquerdo: era canhota.

As mulheres do bairro, comovidas com tantas tragédias, foram em comissão consolá-la e sugerir moderação na escolha dos amantes. Gentis, mostravam-se compreensivas:

"Com um marido desse jeito... até nós, quem sabe? Dessa água não se pode dizer que não beberemos quando for demais a sede... Mas sem exagerar... Todo mundo deita em sua cama. É truculência, afronta ao marido..."

"Que tem meu marido?"

"Tem jeito esquisito... Quando dá injeção, agarra o braço dos nossos homens de um jeito que não é normal. Com franqueza, seu marido não é homem... e o marido de uma mulher precisa ser homem. O seu é maricas!"

A mais atrevida, Rosalva, pôs os pingos nos iii, aaa, eee, ooo e uuu, nos yyy, e mais vogais houvesse, ou consoantes afrescalhadas como "ele" e "agá"...

"Encurtando conversa, sem luvas de pelica: todo mundo sabe que o seu marido é veado! Completamente veado! Da cabeça aos pés!"

A princípio, a farmacêutica resistiu: "Meu marido é um profissional sério, competente, fino. Não fica falando comigo dessas porcarias. Não quero nem saber...".

"Falar, não fala, mas quanto às vias de fato...", pisou na ferida Rosalva.

Cada vizinha arremessava seu consolo ou crítica, mas Rosalva tinha-se desbordado: maricas, mulherzinha, pederasta, sodomita, gilete ambicortante, barca da Cantareira que atraca dos dois lados, ainda vá... mas assim, escancarado, veado? Ficaram surpresas com a resposta da esposa que deu de ombros: "Pior é o Pedro...".

Quem era o Pedro? Homossexual que carregava o estigma nos bíceps; naquela época, homossexual era apenas veado. Não era conhecido por família ou profissão, difícil de conseguir, sendo-se bicha, tricha, policha. Não era conhecido por qualquer outro atributo: veado era veado, está dito. No máximo, concedia-se pequeno desconto aos que fossem “ativos” – estes, segundo a opinião geral, não haviam renunciado por completo à virilidade. Eram, de certa forma, ainda mais machos do que os héteros – machos que *comiam* machos!!! Os renegados, “passivos”, esses não encontravam piedade aos olhos severos dos guardiães da moral...

Pedro parecia não se incomodar. Todo mundo sabia da sua condição e ele passeava pela Lobo Júnior com calças apertadíssimas, camisa justa sem manga, braços musculosos e boca pintada de batom cinza, discretíssimo.

Aos domingos, terminados os jogos nos campos do Penha F.C. e do Maravilha Atlético Clube – um ao lado do outro, o que fazia com que acontecessem duas bolas no mesmo campo e nenhuma no vizinho –, Pedro desfilava pelas calçadas com terceiras intenções, trocava olhares coniventes com rapazes, até jogadores. Anoitecia, Pedro ia pro campo de futebol, só que agora o jogo era outro. Disfarçando, os machões iam atrás, entravam em campo, faziam fila...

Todo mundo comentava. As crianças se perguntavam: “Pronde é que eles vão?”.

“Pra trás do mato... Iiiiiiiiiiiiiiiiiiiiiihhhhhhhh!!!”

Os maiores ruminavam críticas: “Deve-lhe fazer mal, tanto esperma pela barriga adentro... O organismo não aceita... *Contra natura*, as tripas não foram feitas pra isso...”.

“Que nada: está cada vez mais saudável, mais gordo...”

“Iiiiiiiiiiiiiihhhhhhhhhhh!!!”

Ficavam aí os comentários e logo se falava dos lances da rodada. Raramente, um dos jogadores daqueles times era contratado por um período experimental em algum dos grandes clubes. Era a glória!

AMADEU, GLORIOSO POR UM INCHAÇO

O mais glorioso foi Amadeu, cara de fuinha, beque central do Maravilha, contratado pelo Bonsucesso, que de bom e de sucesso só tinha o nome: perdia de todo mundo e a torcida ficava feliz quando era só de três ou quatro, ou quando o time conseguia marcar um solitário gol.

"Estamos melhorando...", dizia o técnico. "Hoje foi só de quatro a um. Agora, só falta armar a defesa e pedir ao goleiro que não fuja da bola."

Amadeu estreou com um desses belos resultados: três a zero. Contra, é claro. No segundo jogo, perdeu só de dois e houve festa em Bonsucesso, romaria à igreja! Todos atribuíam a Amadeu ter conseguido parar – ou quase! – o ataque adversário. Só dois: façanha, heroísmo!

Foi quando aconteceu o jogo que deveria consagrá-lo: a partida decisiva contra o Flamengo, cujo ataque incluía alguns dos maiores jogadores de todos os tempos, os temidos Valido, Zizinho, Pirilo, Perácio e Vevé! Naqueles primórdios, os times jogavam com a formação de 1-2-3-5, aprendida com os ingleses do Arsenal e do Southampton, que vieram ao Brasil nos humilhar de cinco a zero e seis a um. Nada de audácias: futebol era bola na rede! Qual a melhor defesa? Claro, o ataque: então, põe cinco lá na frente e chuta! Futebol é gol!

Amadeu contra os gigantes rubro-negros! Amadeu, Pérola Negra do Maravilha A.C., orgulho da Penha Circular, pequenino Davi contra onze gigantescos Golias!

Começou o jogo; logo no primeiro avanço, Pirilo empurrou Amadeu com o cotovelo e o beque caiu dentro da área: como esse era o lugar mais frequentado quando o Bonsucesso jogava na defesa, ali crescia pouca grama embaixo de tantos pés e o infeliz Amadeu caiu em cima do braço, ralou o corpo na areia dura, sangrou em abundância e teve que ser retirado do campo nas costas de dois negões: ainda não se havia inventado a maca. Também não se haviam inventado as substituições. O Bonsucesso ficou com dez. Se, com onze, era difícil...

Nos vestiários, a mão inchou e a cabeça do Amadeu ainda mais! Ouvia a narração do jogo pelo rádio de pilha e a progressão alarmante dos gols flamenguistas: três, cinco, sete a zero, só no primeiro tempo.

Amadeu estava destruído: sentia-se culpado por tanta desgraça. Quando os companheiros entraram no vestiário, no intervalo, Amadeu, chorando convulso, jogou-se de joelhos aos pés do time inteiro, implorando perdão, rezando para Nossa Senhora de Bonsucesso, sem saber se a divina santa existia ou não.

Surpresa: ao contrário do que temia, seus companheiros estavam deslumbrados e queriam ver a mão inchada, obra do fabuloso Pirilo, o maior centroavante da história, só comparável a Leônidas da Silva, o Diamante Negro, e Friedenreich, o loiro diabo tricolor! Hip hip hurra!

Amadeu só não deu autógrafos porque ainda não havia sido inventado esse hábito, nem permitiu beijos, porque não queria ser confundido com o farmacêutico, que gostava de beijar, menos ainda com o Pedro, que olhava os homens com um risinho prometedor nos lábios: no mais, foi carregado em triunfo, nos ombros dos companheiros, porque o Corpo de Bombeiros ainda não havia inventado essa cívica homenagem em carro seco, vermelho. A glória andava a pé, naqueles tempos!

Quando acabou o jogo – nove a zero: o Flamengo, piedoso, no segundo tempo fez só mais dois inevitáveis! –, Amadeu foi em carro aberto de volta à Penha e ficou até altas horas mostrando a mão inchada, escoriações generalizadas (não queria escondê-las com gazes!). A todos confirmava, sorrindo:

"Foi o Pirilo...", sorria seu riso de fuinha.

"O Pirilo do Flamengo?!!!??...", assustavam-se.

"É... Pirilo do Flamengão, ele mesmo! Esse inchaço, carne viva: foi ele, o Pirilo. Me deu uma porrada... que porrada, seu! Doeu à beça..." – e sorria, feliz com a dor. "Esse Pirilo... não tem jeito... endiabrado!"

Durante toda a semana, quinze dias, Amadeu foi herói às custas do Pirilo e todo mundo queria ver a mão inchada. Não reclamava nunca, tirava o esparadrapo e mostrava ferimentos e pus:

"Foi o Pirilo...", sorria sorriso fuinha.

Reclamou só quando Pedro quis ver a mão deformada e, até aí, tudo bem, mas quis tocá-la: "Sai pra lá! Isto aqui é mão de macho!". Não ia dar confiança só porque tinha se transformado em herói bairral.

"Por isso mesmo...", respondeu a meiga voz do Pedro. "Por isso mesmo, macho, meu bem..."

A gloria de Amadeu durou o inchaço: quando voltou ao normal, perdeu a graça. Amadeu rescindiu o contrato com o Bonsucesso e voltou a jogar no querido Maravilha, que, sem dúvida, era o time do seu coração. Como amador, passando dificuldades, fome, o que lhe aumentava o mérito.

DEPOIS DO NATAL EU RESOLVO

Sentado na ponte do portão, no casarão, eu via fregueses da padaria que vinham pedir dinheiro emprestado ao meu pai, que não era rico, mas parecia. Tinha a fama: mandava Cartas de Chamada, tinha duas padarias, poupança na Caixa Econômica – status. Pediam dinheiro pra comprar um jipe, reformar a casa, a filha ia se casar com um joão-ninguém... Meu pai ouvia atento e respondia: "Depois do Carnaval, resolvo...".

Os pedintes não levavam dinheiro, mas bebiam vinho do Porto na sala de visitas. Meu pai só emprestava – ou dava, pois sabia sem retorno! – quando se tratava de doença ou tragédia natural: muleta pro aleijado, olho de vidro pro cego, consertar casa depois de tempestade. Aos outros, a resposta era a mesma: "Depois do Carnaval...".

"Seu Boal, nós estamos ainda no mês de maio..."

"Então, depois do Natal..." Meu pai encurtava prazos pra não desanimar: eram fregueses.

POR QUE NÃO SOU PIANISTA

Tive a carreira de pianista mais curta da história – um entardecer! Começou às quatro da tarde e antes das cinco e meia estava terminada...

Foi assim: minhas irmãs tinham uma professora de piano, dona Marieta, que vinha duas vezes por semana para os solfejos. Ficavam ao piano, cantando as mesmas melodias: nunca esquecerei "Pour Elise"! Foi o meu primeiro amor musical. "Danúbio azul"... Adoro valsas.

Sempre gostei de música: ficava no jardim, escutando. Um dia, casualidade, minhas irmãs ficaram doentes e a professora, que não foi avisada, veio. Meu pai não hesitou:

"Pra não perder a viagem, pode ensinar alguma coisa ao Augusto..." Meu pai era progressista: "Que estude piano, ele também".

"Oba, é a minha vez!", exultei, saltando mais alto que o Chibuco!

Meu irmão, dúbio, pensou em Pedro: "Piano não é coisa de menino: começa tocando piano e depois não se sabe onde vai parar...".

Dona Marieta liquidou meu entusiasmo: "Olha aqui, viu? Menino joga bola, pula cerca, trepa em árvore. Nunca vi menino tocando piano. Imagine, menino tocando flauta: seria indecente, indecoroso. Um pouco de respeito e amor-próprio não fazem mal a ninguém. Talvez – quem sabe? – cuíca, berimbau, pandeiro, zabumba, bateria... vá lá. Mas piano... tenha santa paciência! Era só o que faltava... Menino e harpa não combinam, nada que ver! Menino e cravo... ridículo!", dizia sem o mínimo respeito por Mozart.

"Eu gosto...", murmurei em dó menor.

"Não é questão de gosto. Por acaso menino gosta de brincar com boneca? Gosta de fazer bordado? Fazer xixi sentado? Claro que não! Piano é a mesma coisa, é xixi sentado. Pra mim, é salário. Sou paga pra isso, vamos lá. Vamos em frente: solfeja!"

Eu fazia o meu possível e dona Marieta complicava o que já não era simples, para uma criança de dez anos. Ameaçava: "Não é nada disso, olha aqui, esse dó é uma branca, vale dois: dó-ó, viu? O fá é negra, vale um fá: fá! Só! O mi é redonda, vale três: mi-i-i! Depois vem a colcheia e a semicolcheia, a fusa e a semifusa, os sustenidos e os bemóis... As sincopadas são um pontinho... Você não entendeu nada e é por isso que não é nada disso... Solfeja! Já!".

"A senhora podia repetir?", fui corajoso demais fazendo a pergunta audaciosa. Como ela não respondesse, pensamento e olhar distantes, vendo o abajur e balançando a cabeça, tentei encorajá-la, puxar assunto: "Dó-ó-ó– óóó-ÓÓÓ-ÓÓÓ-ÓÓÓ...".

Abri a boca até arrebentar: se o piano tivesse mais três ou quatro metros de teclas, talvez alcançasse minha tonalidade! Vizinhos vieram ver o escândalo sonoro! D. Marieta foi cruel:

"Eu é que tenho dó de você... Dó-ó-ó-ó-ó-ó-ó... Você nunca vai ser pianista, trompetista, harpista, saxofonista, corista, cantor, afinador de piano, nem carregador, nada que tenha que ver, mesmo remotamente, com a música... Mas vamos lá, preciso dessa aula, é meu salário. Repete comigo: dó-dó-dó-dó..."

Si alguma vocação musical alguma vez tive, foi *lá* assassinada, na sala de visitas. Sem *dó* nem piedade, à luz do *sol* poente! A *ré*: dona Marieta! Pobre de *mi*. Só ficou faltando o *fá*...

O que não me impediu, como diretor de teatro, de dirigir musicais, alguns, decisivos: *Opinião*, *Tiradentes*, *Zumbi*. Não sei cantar, meus dedos se enroscam nas cordas e tropeçam nas teclas. Mas sei ouvir.

Não é ideal, mas tem servido.

ZÉ KETI ASSUSTADO

Dirigindo *Opinião*, mostrei ao Zé Keti como é que eu gostaria que ele cantasse a música-tema fazendo com que o "Podem me bater, podem me prender!" fosse grito de revolta e não alegre Carnaval. Pra dar uma ideia, ousei cantar. Só para dar uma ideia. Zé Keti pensou que eu quisesse que ele me imitasse.

"Você quer que eu cante assim?"

"Mais ou menos nessa linha..."

"Não canto, não..."

"Por quê?"

"Tenho família pra sustentar... Se eu cantar desse jeito, perco todos os meus empregos..."

NAMORO ALEMÃO, CASAMENTO ALIADO

Antes que o Brasil se decidisse pelos Aliados, o fascismo hitleriano conquistava entusiastas: os que sempre estão do lado ganhador. Tem gente assim: sempre no poder, do lado que manda, trocando de lado, sempre. Muitos marxistas dos anos 1960 tornaram-se pragmáticos nos 1990: arautos da globalização e venderam o Brasil de graça! Nós pensamos que eles mudaram, mas não: estiveram sempre correndo atrás do poder. Seriam stalinistas sob Stálin, maoistas dos livrinhos vermelhos e ninguém defenderia a *glasnost* mais fervorosamente, nem Gorbachev!

Dalai Lama ou Chou-En-lai, xá ou aiatolá: só importa o poleiro do poder! Joaquim Silvério ou Gonzaga: depende do lado que sopra o vento.

Na Alemanha, SS; aqui, integralismo e seus paramilitares, galinhas-verdes, que desfilavam de verde-amarelo cantando o Hino Nacional, raivosos – as margens plácidas pareciam rios revoltos, palavrões; gritos heroicos nunca foram tão retumbantes. Todos tinham que tirar o chapéu à sua passagem – chapéu, quepe, boné.

Um rapaz estava murmurando o hino de boca aberta, comovido diante do patriotismo fervoroso dos galinhas-verdes, esquecido do boné na cabeça, bêbedo de patriotismo. O comandante do batalhão, passando perto, deu-lhe um tremendo bofetão no rosto e o rapaz caiu na vala da lama e das rãs, a boca escorrendo sangue. Saiu sozinho, escalando a margem, trôpego, sujo: ninguém teve coragem de ajudá-lo, com o batalhão desfilando, ameaçador. Em volta da bofetada, fez-se silêncio de cemitério à meia-noite sem vento.

Naquela tarde, na padaria, que servia cervejas em três mesas e nove cadeiras, o tema foi a bofetada: “Se está combinado que tem que tirar o chapéu, tira-se o chapéu... Se não se tira, aguentem-se as consequências...”. Era Mateus, bebendo chope.

“Bofetada não é direito...”, resistia Filisberto, baforando o charuto.

“Está combinado... O que é como é, tem que ser desse jeito, ainda mais em tempos de guerra mundial...”, dizia Mateus, entendido.

“Quem combinou?”

“Passam galinhas-verdes, tira-se o chapéu...”

Ninguém sabia quem eram os galinhas – pressentiam: coisa boa, é certo, não. Vagamente, falava-se assassinos de judeus, ciganos e comunistas.

Paradas eram moda. Qualquer solenidadezinha, tome desfile. Eu mesmo desfilei, farda branca, uniforme de gala do colégio, fivela e cinturão dourados, quepe quente, em frente a Getulio Vargas, no Sete de Setembro, Central do Brasil, orgulhoso, sendo visto, no meio da multidão, pelo presidente da República. Sete anos: uniforme branco, calor, quepe, suor, tonteiras, marcha militar.

Quando eu, patriota, entoava heroico o hino, os protestos dos amiguinhos me ensurdeciam: "Augusto, para de cantar, não atrapalha...", pediam, gentis, meus coleguinhas. Orgulhoso, apesar da afronta, eu murmurava a letra, *sotto vocce*, sem murchar meu patriotismo recalcitrante.

Foi assim que comecei a acreditar em pátria. Apesar dos pesares, acredito ainda. Até quando? Pátria... existe?

Paris caiu! Onde? Londres de pé!

"Paris caiu!!!", disse meu pai, entrando em casa como se fosse trincheira.

"Caiu onde?", pensei, espantado, e fui correndo pra cozinha, onde ele contava à minha mãe, trêmulos os dois, detalhes da queda de Paris.

"Londres ainda não caiu, graças a Deus! Londres está de pé!", completava o seu Boal o noticiário do dia. "Nem vai cair! Nunca!", acrescentava, otimista. Minha mãe apoiava: "Queira Deus que não caia, Londres, queira Deus... Vamos fazer o possível...".

Hitler dava medo. Apavoradores discursos em alemão: ouvíamos na rádio, em tradução sobreposta. Eu não sabia o que era *Heil Hitler!*, mas tinha medo. Por isso – quem sabe? – até hoje não consegui aprender alemão; falo algumas línguas, quatro ou cinco, mas alemão, nem pensar: só *danke schön*, *Verfremdungseffekte*, coisas assim... Trago o inconsciente à flor da pele, embora alguns dos meus melhores amigos sejam alemães – não impede.

A política também me dava medo porque não sabia de que lado ficar, quais os lados, ou se podia mudar de lado. Quando Getulio abandonou o noivado alemão e se casou com os Aliados, a noiva não era virgem! Boa parte da população, catequizada pra gostar do fascismo, continuou vestida de verde berrando "*Heil Hitler!* Anauê!". O que antes era virtude virou vício! Se antes batiam, agora apanhavam!

Vinha o Socorro Urgente: camburão tamanho família, policiais armados com robustos cassetetes de borracha dura, desciam do carro e, sem perguntas, baixavam o pau!

Violentos e democráticos: pancadaria distribuída à farta, sem distinções de sexo, raça ou cor. Quem estivesse em sua área de ação, porrada! Desmaios. Vinha a ambulância, horas depois, cuidar dos feridos.

Quando o assunto era grave, além do Socorro Urgente vinha a Polícia Especial: atléticos catarinas – assim como o papa tem seus esbeltos guardas suíços desenhados por Michelangelo, a ditadura da época tinha seus catarinas, de Santa Catarina, gente troncuda, descendência germânica, sem parentes no Rio de Janeiro, que baixavam o cacete com a consciência tranquila: não seriam reconhecidos por nenhum amigo nem baixariam o sarrafo em parente.

MÁRIO E MARGARIDA

Os jogadores de futebol não respeitavam juízes acostumados a apanhar. Juízes só passaram a ser reconhecidos como "autoridades" quando a federação importou cinco ingleses, vestidos de preto, antes do campeonato mundial de 1950. No entanto, havia um juiz que todos respeitavam e contra quem jamais levantavam o bico da chuteira: Mário Viana, oficial da Polícia Especial.

Anos mais tarde, apareceu outro juiz, homossexual apelidado Margarida, gestos suaves, melódicos e ondulados. Margarida detestava a violência e adorava marcar pênaltis. No começo de sua carreira, Margarida era desrespeitado: tome expulsão e pênalti. Quando os jogadores compreenderam que uma coisa era o que ele fazia na cama, outra o apito no gramado, deixaram de ver suavidades e se concentraram no jogo limpo.

Sempre que me lembro de um, lembro o outro: o meigo e o machão. Os dois marcando pênaltis, expulsando. Os dois obedecidos.

QUANDO COMEÇOU MEU TEATRO

Mateus e Filisberto dialogavam coerentes: mesmas bobagens, cada qual as suas. Eu via galinhas-verdes desfilando e as ilustres personalidades no palanque presidencial, cada qual representando o seu papel. Via a hipocrisia da minha professora de piano, que me olhava com cara feia e se desmanchava em sorrisos na frente dos meus pais: elogiava até meus dedos galgos. Não me ensinava nada e punha a culpa em mim. Tudo teatral.

Ouvia, pela Rádio Nacional, a primeira radionovela brasileira, *Em busca da felicidade*, que estreou em 1941, tinha eu dez anos. A música de suspense, em fins de capítulos, me assustava. As vozes trêmulas dos atores me faziam tremer. Ouvia minha mãe contando histórias de *A ré misteriosa* e outros folhetins que recebia em fascículos.

Esses personagens circulavam à minha volta. Personagens de ficção misturados a realidades. Meus irmãos e eu tivemos a ideia de fazer um teatrinho. Líamos o fascículo da semana e o dramatizávamos.

Curioso: eu nunca entrava em cena, queria ser diretor. Dizem minhas irmãs que eu era autoritário, mas concordam ser necessário, porque meu elenco era indisciplinado.

Ensaiávamos aos domingos, depois do ajantarado, e, no fim da tarde, a família se sentava na sala de jantar, desempenhando com brilho o papel de plateia. À guisa de cortina abríamos as portas que davam para um quarto de costura, meu primeiro palco. Irmãos e primos eram os atores. Como havia muitos personagens, tinham que representar vários papéis. Talvez tenha sido aí que comecei a imaginar o Sistema Coringa: acontecia que o mesmo personagem fosse representado por vários irmãos e cada irmão representava vários personagens. Não existia a propriedade privada dos personagens pelos atores: cada cena era contada por quem estivesse disponível, cada personagem por quem dele mais gostasse. Já aí eu usava a forma *Arena conta...*: *Irmãos Boal e seus primos contam...* Contávamos *A ré, O conde de Monte Cristo, A escrava Isaura, A ceia dos cardeais...*

Queríamos o ritual completo: cada espectador teria que comprar bilhete. O preço: três chapinhas de garrafa de cerveja ou guaraná, que viravam rodas dos carrinhos que fazíamos com latas de marmelada...

Nosso teatrinho durou vários espetáculos, comigo acumulando funções de diretor e ponto, porque fazia questão que meus irmãos respeitassem o texto do autor. Continuei assim a vida inteira, respeitador! Eles, ao contrário, queriam improvisar. Quando um dos atores mudava as frases, eu brigava, chorava, ameaçava acabar com nossas jovens carreiras artísticas.

Eu fechava as "cortinas" com estrondo, brigava, discutia, até chegar a um acordo e reabrir as "cortinas" e... saíamos em busca dos espectadores, que tinham mais o que fazer: ao menor pretexto se dispersavam. Catávamos um a um, trazíamos nossa plateia de volta, devolvíamos o dinheiro da entrada – as chapinhas –, cobrávamos outra vez as mesmas chapinhas e o espetáculo recomeçava. O ritual de pagar entrada era importante – era o pacto que estabelecíamos com a plateia, sinal de aceitação mútua.

Hoje, quando faço teatro na rua e saímos à cata dos espectadores, lembro. Hoje é fácil. O público é tão carente, vem correndo.

Chibuco, bom ator, nem sempre entendia minhas instruções e tinha seus próprios desígnios. Com meus irmãos era possível dialogar. Melhor trabalhar com atores humanos. Progresso inaudito! Ator é gente!!! Sempre respeitei meus atores: eram meus irmãos. Continuam sendo!

Acontecia que, sendo o espetáculo curto, acrescentávamos um show de variedades no final da peça. Era a vez de Marlene, prima de seis anos, que vinha encantar a família. Voz linda, linda, mas... eu era implicante, quando menino, e implicava com árias e solos. Atores representavam uma história – estavam a serviço de alguma coisa. Inter-relação. Nos solos, o cantor mostrava-se a si mesmo.

Inventei um prêmio que, ao mesmo tempo, premiasse e culpasse – sádico, na infância. Minha prima Marlene ainda hoje (1999) lembra que o prêmio se chamava Abacaxi – anos antes de Chacrinha, diz minha prima.

Minha admiração pelos atores data daqueles espetáculos. Tenho certeza de que, a partir da primeira experiência com meus irmãos, adotei a ideia fixa de fazer teatro. Assim que a minha primeira temporada teatral infantil acabou, começou meu desejo de ser artista. Sou!

Nunca entendi por que Gordon Craig perdia tempo tentando inventar atores-marionetes. Se o conseguisse, seriam como a cantora japonesa fabricada por computadores em 1996: virtual – mesmo não existindo, fez sucesso extraordinário! Imensa legião de admiradores, fã-clubes e... não existia. Totalmente fabricada com as vozes sintetizadas de milhares de cantoras, o corpo e a dança de centenas de dançarinas, olhares mortíferos de dezenas de *vamps* de cinema e a inocência perversa de alunas da Escola

Normal... Eis a estrela-robô. Sucesso cataclismático. Quem respondia às cartas de amor que recebia aos milhares todos os dias eram outros computadores, que analisavam ardores missivistas e respondiam... dando esperanças...

Gordon Craig morreu antes do advento dos computadores, únicos que poderiam realizar seu sonho. Eu, ao contrário, que vivo na civilização dos robôs, prefiro trabalhar com atores imperfeitos, que tenham medo de entrar em cena, mas que tenham ideias na cabeça, desejos no coração – dialoguem.

Nosso teatrinho infantil durou a infância. Deixou a vontade enorme de começar à vera o que era à brinca.

Hoje, navego pela internet e me sinto sentado na ponte do portão da minha casa, vendo o mundo passar.

Lanço mensagens no meu site, como garrafas ao mar... Escrevo livros como se quisesse alcançar alguém que não cheguei a conhecer, ou alguém cujo rosto se dissolveu no tempo...

Quero ver o rosto de quem, nos meus livros, vê o meu.

CAPÍTULO 7
TORRE DE COMANDO, PADEIRO E PÃO

Sem me dar conta, aos onze anos comecei a trabalhar na Padaria Leopoldina, quando nos mudamos do casarão. No começo, ia levar recado da minha mãe ou buscar lata de azeite. Meu pai me mandava servir um freguês: manteiga, pãezinhos ou bolachas de polvilho. Tinha troco: eu comia o que queria. Ganhei tendência a engordar.

Passei a cumprir horários, em troca de mesada. Nas férias trabalhava em dobro! De manhã, quando saía a primeira fornada; à tarde, quando da segunda. Entrava em cena o pão quente, cheiroso, crocante: explodia a gritaria selvática da plateia de fregueses famintos: pisadas, cabeçadas, chega-pra-lás – ainda não se havia inventado esse artifício maravilhoso, a fila!

Hoje, tem fila pra tudo – então, valia a força bruta, empurrão; delicadezas raras. Normal empurrar gordos, pisotear os fracos, bolinar moça bonita, gritar em ouvidos moucos! Gente suava abrindo espaços. Crianças sufocadas. E ninguém inventava a fila... singela ideia! Como na Babilônia, vinte séculos antes de Cristo: suando, carregando pedra nas costas e ninguém inventava a roda! Quantas boas ideias andam por aí que ainda não foram inventadas!

Aos dezoito, quando entrei na Escola Nacional de Química, na Praia Vermelha – dois ônibus, hora e meia de sacolejo, ida, hora e meia, volta –, passei a trabalhar só aos sábados: meus colegas iam dançar com as moças na Faculdade de Medicina, eu pro balcão. Hoje, só danço escondido na multidão ou dirigindo musicais.

Devo ter tido uma doença que nunca descobri. Esperando ônibus, 43°C à sombra, casimira inglesa e gravata italiana, poeira granítica suspensa no ar, misturada ao cheiro fétido do curtume – de acordo com o vento, cheirava norte ou cheirava sul (morando no oeste, pegava as sobras) –, sentia tonturas e sentava no meio-fio. Alguém, solidário, me punha no primeiro banco do ônibus, balançava menos. Em casa, recomposto, não procurava médico.

Éramos assim, descuidados com a saúde: meu pai teve mal-estar, deitou-se duas horas além dos hábitos, levantou-se e foi trabalhar: anos mais tarde descobrimos que tinha sido enfarte...

No balcão, inventei um posto de observação que substituiu a ponte. Queria continuar imaginando. Achei o banco do guarda-livros, que sentava uma nádega só. Ao lado do fone pendurado, eu lia *A Noite*, *Diário da Noite* e a revista *Eu Sei Tudo*.

Sempre precisei de uma torre de comando, como diretor na escuridão dirigindo atores iluminados.

O LOCUTOR DE RITUAIS

Olhava o mundo. Fazia de conta que as coisas só aconteciam por obra e graça da minha vontade: brincava com os empregados prevendo o que faria cada freguês: se antes "irradiava" futebol, agora "irradiava" os movimentos desses personagens *antes* que acontecessem.

Mateus aparecia na varanda, eu irradiava:

"*Vem, Mateus. Atravessa a rua mas, antes, olha pra trás*" – nunca entendi por que olhava pra trás antes de atravessar pra frente. *"Entra com a perna direita..."* – ele entrava, olhando a perna. *"Agora para, olha sua casa e vê se não esqueceu a porta aberta, bobalhão!"* – Mateus olhava portas e janelas: fechadas. *"Entra e senta, velho idiota! Encosta no balcão de mármore e diz que o calor é insuportável... não há quem aguente... Vai, boboca! Fala!"* "Não se aguenta... insuportável...", dizia Mateus, esfriando as costas no balcão de mármore. *"Geme, Mateus..."* Gemia.

Vinha Filisberto, redondo – nunca vi ninguém tão mapa-múndi! Sentavam-se, acendiam charutos, baforavam ritmados, bebiam chopes com fervor meditativo e cuspiam no chão com desembaraço, a mesma porcaria. Sem-vergonhas. Até Mateus, inimigo das cusparadas, cuspia.

"Agora, Filisberto, zepelim de cocô, faz piadinha sem graça falando do mármore e da lápide fria esperando por nós de boca aberta..."

Vinha a piadinha fúnebre: "No mausoléu ninguém vai se queixar do calor... Não tenho pressa: prefiro o inferno do verão aqui na terra, do que o paraíso do inverno com sete palmos por cima...".

Quando um empregado faltava, eu começava de madrugada abrindo as portas de aço, ainda escuro: operários do curtume, formigas apressadas! Eu ordenava que pedissem café com leite, pão com manteiga e, ninguém é de ferro, um copo de cachaça ou parati: engoliam álcool de pura cana como russo engole vodca. Incêndio matutino! Depois do fogo acordavam. As máquinas esperavam: cortavam dedos!

Na mão, marmita. No bolso, cigarros. Nos olhos, cansaço e tristeza. O futuro... vazio.

O CANTADOR

Crianças iam estudar, lavadeiras cuidar da roupa, peixeiro vender peixe de olho aberto, frangueiro frangos espalhafatosos, amarrados pelos pés em vara que o vendedor punha nas costas, os bichos de cabeça pra baixo. O entregador de pão no seu triciclo. Um ceguinho, que via mais que vidente, passava à noite na rua, cantarolando música de igreja e, de manhã, entrava na casa de um operário e ninguém sabia por quê.

Vizinhos imaginavam, mas a mulher trabalhava, visível. O ceguinho dormindo... Enigma. Ou caridade, o que não deixa de ser um enigma.

Antes que o marido voltasse, o cego saía e perambulava até a noite, quando escolhia onde deitar, cantar música de crucifixo e pedir esmolas.

Inspirado no cego, escrevi *Martim pescador*, que chegou a ser ensaiada com Grande Otelo e Abdias do Nascimento, meu mais antigo querido amigo, irmão, Léa Garcia, que veio a ser sua esposa, e atores do Teatro Experimental do Negro. Ensaios no galpão do apartamento onde eu morava, 1130, Lobo Júnior. Inspirado nos cegos, operários, brancos e negros, escrevi: *O cavalo e o santo, O logro, Maria Conga.*

Peças que deixava repousando; anos mais tarde, reescrevia. Como o pão do meu pai: primeiro fazia-se a massa; repouso; cortava-se, dava-se forma e talho; repouso, no tabuleiro; por fim, o forno. Como este livro. Escrevendo, faço meu pão, como meu pai.

Quanto às minhas marionetes, eu me sentia espectador vendo a peça repetida. Personagens iguais a si mesmos, sem surpresas. Dia diferente era o de chuva ou domingo. Fora fins de semana, todas as feiras eram a mesma feira.

Essa monotonia me fez inventar algumas das técnicas d' *O arco-íris do desejo*: o percurso dos rituais, os gestos rituais, as máscaras.

A ESTRANHA HISTÓRIA DO ALEMÃO DO PIAUÍ

O único personagem inesperado, na minha infância, o que nada tinha a ver com a Penha, foi um jovem que apareceu de repente. A princípio, ninguém estranhou, apesar de que extravagava impertinente, roupa roçando o preto, como saído de cerimônia fúnebre. Vez por outra, de bengala, exagero... na Penha, empoeirada! Bengala é coisa de hemisfério norte, neve e frio. Terno preto no sol esturricado! Chapéu-coco com tarja preta, suado! Doido, maluco! Óculos finos, dourados! Mistério.

Homem estrambótico. Ninguém lhe falava, estranheza assustava. Juravam que era um gênero especial de assombração, conselheiro de Satanás, espionando humanos: sem ser o Diabo-Mor, santo não era. Havia quem queria verificar se, em lugar de pés normais com dedo unhado, pés de gente, teria por acaso pés de bode, cascos endurecidos, mas ninguém se atrevia a pedir: "Tire o sapato, cavalheiro: mostre a sua essência!". Carecia coragem, sobrava medo: e se o homem fosse bode? Se, descoberto, se pusesse a chifrar adoidado. Chifre envenenado, curare? Melhor deixá-lo.

As únicas pessoas que se vestiam de preto – fora luto cerrado depois do enterro ou a vida inteira, viúvas inconsoláveis – eram os padres da Igreja e o Homem da Capa Preta, leproso foragido que vinha agarrar meninos desobedientes e levá-los algemados para o leprosário em Caxias – diziam. Terror! Por que algemas? Ninguém sabia. O Homem da Capa Preta era a Carrocinha de Crianças que havia profetizado Mateus.

Esse homem não era alucinação, existia. Não prendia ninguém, a não ser em nossos pesadelos culposos. O Capa Preta servia às mães para assustar filhos: "Ele te leva... se não fizer o que eu mando, se não tiver boas notas na escola, se esquecer o dever de casa, se não ajudar na cozinha, se não comer a comida do prato, se não lavar os pés...".

Crueldade! Aos poucos, o Homem da Capa Preta perdeu prestígio: não fazia mal a ninguém, era bom, e os meninos começaram a lhe jogar pedras e busca-pés de São João. Sangrando, o leproso fugiu e nunca mais voltou. Morreu das feridas, não da lepra.

Quem seria o enlutado? Serviço secreto? Teria parte com o diabo ou seria mais sólido, terreno? Destoante demais: discrepante, disparatado.

"Só se for do serviço secreto português...", dizia Walter, caixeiro, encostando a barriga no balcão. Mateus e Filisberto, lusitanos, faziam que não ouviam.

"Pode-me vender, por gentileza, chá Lipton inglês importado?", perguntava o enegrecido, como se pairassem dúvidas sobre as intenções do nosso comércio.

"Tudo que está à mostra vende-se, cavalheiro!", dizia Walter. "Menos a caixeira, moça de fino trato, e eu... O resto pode levar."

"Quanto lhe devo?", questionava o estrangeirote.

"A mim, nada, mas ao patrão... deixe-me ver...", Walter imitava o estilo norueguês.

Um dia, Mateus e Filisberto resolveram descobrir quem era o cara-pálida, sob a curiosa e veraz afirmação de que "Deve ser alguém!".

"O senhor, diga-me lá... por que anda assim tão esquisito, fora do comum, de propósito, fora de moda e lugar...?", perguntou Mateus.

"O estilo é o homem...", redarguiu, pois não era homem de apenas responder o distinto diferente. "Cada qual tem seu estilo. O de vossas senhorias é inconfundível...", acrescentou de forma a não ofender, ironia dissimulada, voz aflautada e doce.

"O senhor é padre? Tem parentescos com a religião?", perguntou Filisberto, sem sutilezas, mordendo o charuto e cuspindo a lasca mordida. "Padre ou pastor, rabino, macumbeiro, pai ou mãe de santo, coisas caindo mais pros lados de Deus? Tem a ver, por acaso?"

"Nem acaso, nem vocação...", obtemperou o estranho, pois que não era homem para apenas redarguir. "Sigo com denodo o caminho da ciência e não aquele que nos leva ao dogma. Respeito, porém, todas as religiões, por mais africanas que sejam, animismo, até as mais rasteiras!", prolongou-se, esmerando-se em detalhes fonéticos, demorando o dobro do tempo necessário pra dizer o mesmo, caso apressado.

"O senhor... diga a verdade... é rosa-cruz, adventista do décimo terceiro dia, esotérico ou maçom?", voltou Mateus com a adivinhação, ao invés de perguntar logo quem era o homem.

"Embora não se devam dar a conhecer, conheço esses senhores...", retorquiu o forasteiro, que não era homem para apenas obtemperar. "Na verdade, talvez devesse ter-me iniciado... porém, pedreiro..." – e se engasgou na dúvida. "Talvez... houve época... pensei possível. Quais as vantagens? O lucro é o homem!"

Filisberto, redondamente gordo, deu a última tacada – tacada gorda!

"Se o senhor é assim tão esquisito, mas não é padre camuflado de pedestre, nem maçom disfarçado de protestante, nem chefe da Guarda Civil, nem sargento da Polícia Especial, se não é galinha-verde nem galo preto de Exu, por que se veste assim como urubu, se o senhor não é merda nenhuma conhecida nessa vida?"

"Nem português!", interlocutou o elegante estranho, fazendo alusão à nacionalidade dos amigos.

"Nem português... Então, está-se a ver que só pode ser alemão!"

Pausa triunfante: haviam descoberto a nacionalidade do homem. Quem não era tudo aquilo que sabiam existir, quem não era nada de conhecido, é claro que só podia ser alemão!

"Infelizmente não sou alemão...", contrariou o indigitado teutônico. "Sou brasileiro, desgraçadamente... Nasci em Cajuazeiro do Sul, no Piauí..."

"Tem gente que ainda nasce no Piauí, apesar de tudo... O lugar é tão merecedor como qualquer...", defendeu Filisberto sua pátria adotiva. "Dizem que o Piauí está-se a acabar, mas ainda anda por lá..."

O falso alemão protegeu-se: "Não estão de todo enganados: fui educado na Alemanha, sim, Köln...".

Pronunciou a palavra Köln com tanta sutileza aveludada, tanto cetim e musselina, que nenhum brasileiro, muito menos alemão, entenderia de que raio de cidade estaria falando.

"Köln, que vocês chamam Colônia... Köln... Köln... Köln... Foi lá que me eduquei", esmerou-se.

"Que nem água-de-colônia?", perguntou Mateus, entretido com a conversa do suado chapéu-coco branco e roupa preta.

"Precisamente... Kölnwasser, Glockengasse, 4711..." – sabia até o endereço. "Lá construíram belo museu revelando os segredos da água-de-colônia, Kölnwasser! Os europeus prezam suas tradições, por isso existem lá tantos museus como aqui botequins: um em cada esquina."

"A gente preza a cachaça...", sorriu Walter, repleto de patriotismo. "Em Minas Gerais..." Foi cortado: o alemão atraía mais atenção do que qualquer autóctone trivial dissertando sobre temas alcoólicos.

"Sua graça?", quis saber Filisberto e, mesmo que o alemão não tivesse pedido explicações, explicou: "Graça quer dizer, como se chama? Como é a porra do seu nome? Sua graça?"

"Eu me chamo Roethe, *doktor* Karl Roethe Ribamar." Carregava fanático na pronúncia do setor alemão, esmaecendo o magricela Ribamar... cuja origem, a bem da verdade, era o Maranhão, não o Piauí.

Deu por encerrada a conversa e foi-se às compras: "Faça-me a gentileza: cinquenta gramas de margarina. Seja amável: broa de milho. Tenha a bondade: cerveja *Malzbier* e um ovo... Se não for incômodo, uma dúzia de ovos, em separado..." – a padaria parecia supermercado subdesenvolvido!

Assim falava, cheio de remelexos. Incapaz de dizer, como todo mundo: "Me dá! Porra, eu estou com pressa!". Não tinha pressa, não ia a lugar nenhum.

Em outras visitas à padaria, respondendo às perguntas indiscretas, o jovem colonial contou que seu pai tinha-se casado com uma turista alemã separada do marido sueco, que chegara atrasada ao navio nigeriano de volta à Europa, em um tour organizado por uma agência de viagens turca – dizia-se que o navio partira antes do combinado, levando traficantes libaneses foragidos, que haviam pago o dobro do preço da passagem ao comandante paquistanês, que era casado com uma norueguesa ciumenta, em suma, babélica história marítima, coisas que só acontecem em alto-mar.

A mãe hospedou-se em uma espelunca do porto, esperando o próximo navio, e, como não tinha o que fazer, bebia cerveja a ver navios e foi ali que conheceu um fazendeiro rico que a confundiu com outras mulheres que também esperavam melhores dias, bebendo cerveja, vendo navios e atendendo à freguesia, quando havia. Casaram-se e ficaram morando no Piauí.

Nasceu o filho. Quando *doktor* Karl tinha seis anos, por intransponíveis diferenças culturais, a mãe voltou pra sua terra levando o filho e ambos fizeram o possível para arrancar o Ribamar do nome, depois do terceiro casamento materno, mais endogâmico, com um violinista tirolês de calças curtas e penas verdes no chapéu.

Até que veio a guerra, o pai adotivo morreu em combate encarniçado à baioneta. *Doktor* Roethe e a mãe, empobrecidos, decidiram tentar a vida em solo piauiense, como piauienses da gema; foram ao encontro do Ribamar pai, em busca de sustento e – quem sabe? – reconciliação. Mas o velho grileiro Ribamar, ainda mais rico, já estava casado em sétimas núpcias com uma moça de dezessete anos que nem quis, nem ao mínimo dos menos, apertar a mão da família Roethe, que cada vez encolhia mais. Como Ribamar era por demais milionário, deu-lhes dinheiro de sobra pra comprar casa e morar no Rio. Subúrbio, é claro: Penha. Bem longe do gado e da esposa do coronel!

Doktor Karl repetia: "Infelizmente, nasci no Piauí... Com tantas cidades bonitas na Alemanha... Giessen e sua ponte pedestre suspensa... Berlim cosmopolita, Hamburgo e seu gigantesco porto... Wiesbaden e seus célebres banhos... Gauting e sua bucólica rua principal, Mainz e as bíblias de Gutemberg... Saarbrücken e suas dançarinas, Wuppertal e seu museu neandertaliano... Fui nascer logo em Cajuazeiro do Sul e seus cajus...".

Antipático o homem de preto. Afinal, falava da nossa pátria, ora essa. Um homem que usa bengala não tem o direito de falar mal dos povos que não usam bengala, ora veja! Bengala pra quê, se não se é coxo?

Acabamos habituados às impertinências germânicas.

O TELEFONE PRETO: 30-2473

Tocava o telefone, o primeiro a ser instalado no bairro: 30-2473! Número mágico. Alguém atendia: recado, por favor, manda chamar.

Raramente tocava: havia poucos no Rio. Quando soava, susto: foi difícil nos habituarmos com o som que disparava esquisito, inumano. Som de telefone antigo era fantasmagórico, extraterrestre.

"Pode chamar dona Fulana, rua tal número tal?"

Quinze minutos até que alguém atendesse o pedido, o fone pendurado. Cachorros curiosos, conversando entre eles, vinham lamber. Adoravam lamber telefone, olhos brilhando. Parecia osso preto: sei lá o que se passa na cabeça de cachorro. Mordiam. O fone ficava cuspido de baba de cão.

Um cachorrão abusado, inventor de encrenca, depois de rosnar, quebrou um dente mordendo o fone, puxou o fio e arrebentou o aparelho, que caiu da parede. Veio o técnico da companhia refazer a ligação. Quem paga? O dono do cachorro desdentado precisado de cuidados odontológicos, o freguês que demorou em atender, ou a telefônica? Meu pai, dono da linha, é claro.

Daí por diante, descobriu-se que o fone não precisava ficar pendurado: podia repousar em cima do balcão, fora do alcance das dentaduras caninas... Avanço civilizatório.

Uma das pessoas que mais telefonavam era dona Hildegarde.

Outra alemã. Desbocada como ela só! Tinha aprendido ou fabricado uma coleção invejável de palavrões adaptados a todas as circunstâncias. Como fazia sucesso, não perdia oportunidades! Mais engraçada ficava com sotaque cheirando a chucrute e linguiça: palavrão brasileiro, pronunciado com fumegante acento alemão, era de morrer de rir. Dizia palavrões com a inocência plena de uma estrangeira que não sabe o que diz: as palavras, na língua materna, têm história e pré-história; em língua alheia, história só. Se digo "minha mãe" é só a minha: *ma mère, my mother, madrecita*... são as de todo mundo. Mãe é o que mais existe! Mais que pai!

Hildegarde me provocava: queria me casar com a filha, Belinha. Me abria o apetite com delícias pós-matrimoniais: "Vais te casar com ela e depois lhe pões a piroquinha dentro...".

Dentro do quê? Onde? Como? Queria ser minha sogra, melhor, consogra do dono da padaria! Sem meias palavras, eu aclarava: "Casar não é possível porque minha mãe já decidiu: vou me casar com a princesa Margaret! Agora, a piroquinha... vamos ver... Seria pra quando?", eu me emocionava, seduzido, e olhava Belinha regando o jardim – minha piroquinha inquieta. Estava pronto a aceitar princesa distante, satisfazendo minha mãe, mas seduzido por Belinha, que morava a olho nu, sem oceano de permeio.

A princesa mencionada era a da Inglaterra: ainda bem que minha mãe não era ambiciosa e poupava a rainha, conformava-se com a irmã mais nova. Se não... Philip teria tido um poderoso rival!

Quando Belinha vinha comprar manteiga era eu que me derretia!

Outra que passava horas telefonando era Dalvinha. Casada com o mecânico de automóveis, João Bobalhão: digamos, com gentileza, pouco ilustrado. A moça virou gorda, mãe de três filhos: um branco, um negro e o primogênito, azul.

Explico: nervosa, Dalvinha procurou Bobalhão e lhe propôs casamento. Quando o queixo pendurado do proposto noivo voltou ao lugar, acertaram as bodas para a semana seguinte e Dalvinha deu à luz um prematuro menino de cinco quilos depois de quatro rápidos meses de gestação.

Ninguém acreditou que fosse prematuro, demasiado robusto para tão curtas circunstâncias, e por causa dos olhos azuis e do cabelo aloirado, cacheado, parecido com não se lembravam que leigo ou que padre, diferente do presumível pai, Bobalhão, pele morena. A cor negra do segundo filho era explicada pela ascendência paterna – teria havido um negro na frondosa árvore genealógica do João, galho de cima. Além disso, fatores psicológicos intervieram, é lógico: nove meses antes da gravidez, Dalvinha tinha-se convertido ao candomblé e frequentava terreiros em São Gonçalo e São João de Meriti – a maioria dos participantes era negra, reluzente. Assim, por mimetismo religioso incontrolável... mistérios... deu no que deu!

A brancura alvar do caçula era porque o ventre ia aos poucos se purificando. Assim se explicava a cor dos filhos. Deus seja louvado! Esse mesmo Deus que Dalvinha adorava através da sua nova religião, o espiritismo kardecista. Dalvinha amava a Deus sob qualquer pretexto e sob todos os aspectos, formas e rituais. Seu guia espiritual, expulso de sua igreja por indisciplina, incorporava espíritos agressivos, atléticos, que adoravam brincar com Dalvinha.

Dalvinha telefonava sem olhar pra gente. Acho que nunca reparou que eu existia. Melhor pra mim: estava gorda.

Trabalhar na padaria só era ruim quando um empregado faltava. Ruim ter que escutar conversas do padeiro Dagoberto contrariando Walter, pra quem sexo era ginástica melhor do que nadar ou andar a cavalo – *cooper* não existia –, e o padeiro dizia que muito sexo causava tuberculose...

"Então já morri!", ria Walter. "Morro tuberculoso todo domingo, no Mangue..."

O Mangue era onde hoje é a prefeitura, lugar que já se chamou Vila Mimosa, menos insalubre. Mangue, hoje, é sinônimo de ecologia – vida; naquele tempo, gonorreia, cancro, sífilis – morte.

Quando o furacão dos fregueses amainava, Dagoberto fazia a louvação da sardinha em lata assada em pão francês: deliciosa maravilha. Para experimentar era preciso uma ordem: quando meu pai trabalhava na outra padaria, a Mafra, só quem podia dar ordens era eu.

Sardinhas assadas no pão ficam maravilhosas, molho de tomate encharcando o miolo branco. Meu pai viu latas de sardinhas vazias. Contei a verdade. Aceitou. Me senti gente, gerente poderoso: menino que podia autorizar o padeiro-chefe a fazer sanduíches de sardinha em lata!!! Então já não era menino: era homem!

Por pouco não decidi ser padeiro, tamanho o poder de que me senti investido.

SONHO DE ESCRITOR

Eu gostava de ler e escrever. Não queria que ninguém soubesse que eu era escritor e me fechava num quarto-depósito de tralhas, onde minha mãe costurava. Já morávamos em apartamento, pequeno. Dizia meu pai, à guisa de consolo: era nosso!

"A primeira coisa que um homem deve fazer na vida é comprar casa própria!", dizia seu Boal. Nós nos habituamos a viver em apartamento apertado, crescendo quando meu pai comprou a casa ao lado.

Eu abria a janela que dava para o tanque onde minha mãe lavava roupa miúda. A pesada dona Ana lavava em sua casa. Não havia máquina, tudo na mão e, lógico, fazia parte das ocupações femininas: imaginem homem lavando roupa!!! Heresia!!! Infâmia!!! Desonra!!!

Em cima da máquina de costura, escrevi minhas primeiras peças.

Ana lavadeira, casada com Aristeu, que trabalhava na Light. Como ele tinha direito a atendimento médico gratuito, quando dona Ana ficava doente, explicava ao marido os sintomas e ele ao médico da Light: mentia que sentia os sintomas da esposa e recebia de graça receita e remédios. Numa consulta, o médico esbravejou:

"Pelos sintomas, o senhor está com mioma no útero e complicações nos ovários! Vamos operar!" O médico deu remédios mas recomendou abstinência sexual por dois meses – castigo!

"Quer que ajude, mãe?" "Não precisa: escreve", respondia.

Meu primeiro "romance" foi uma reescritura de textos sobre Pedro, o Grande e Catarina da Rússia. Eu queria final diferente, mais *unhappy ending*. A máquina de costura Singer foi minha primeira mesa de trabalho. Tinta nanquim. Sentia prazer em desenhar a letra, pintada.

Comecei a ler tragédias gregas: na mitologia grega, algumas histórias se pareciam às das mitologias nagô e ioruba. Édipo e Orungan são mitos semelhantes – na versão negra a violência é maior: Orungan arranca seus filhos-irmãos do ventre de sua mãe e os mata.

Na máquina de costura escrevi peças misturando mitologias com vidas das pessoas que eu via! Átridas e Fuas Roupinho.

INJUSTOS JUSTICEIROS

Em 1941, os Estados Unidos entraram na guerra, pouco depois da invasão da União Soviética pela Alemanha e do início da política da Boa Vizinhança em substituição à política do *Big Stick*, com a qual, sem o mínimo respeito ou compostura, os Estados Unidos se davam o direito de invadir qualquer país do seu quintal – a América Latina! – que não seguisse estritamente seus desejos. Renunciavam ao direito escrito, não às invasões... e continuaram invadindo. Panamá, Granada...

Com a Boa Vizinhança deixamos de ser bons selvagens e aprendemos a cantar: Carmen Miranda, sucesso na Broadway e Hollywood, cachos de bananas douradas, uvas de esmeralda e abacaxis azuis.

Havia o sério risco de o nazismo avassalar o mundo. Os Estados Unidos ficaram flexíveis na economia e o Brasil pôde desenvolver sua indústria: criou-se a Companhia Siderúrgica Nacional em 1941 e a Vale do Rio Doce em 1943. Nosso orgulho: podíamos fabricar aço e laminados, como gente grande. Fábrica Nacional de Motores: estávamos entre os países poderosos.

Em 1943, o Brasil, que havia entrado na guerra no ano anterior, formou a Força Expedicionária Brasileira e foram nossos soldados conquistar monte Cassino e monte Castelo! Vargas namorava o Eixo. Permitir o nosso desenvolvimento econômico foi parte do acordo para que o governo brasileiro mudasse de lado e de ideologia.

O ódio contra alemães, mais que contra italianos – japoneses nem eram notados, assemelhados aos chineses de pastelaria –, cresceu. Soldados brasileiros matavam e morriam na Itália e, no Brasil, ninguém esquecia que os galinhas-verdes – assimilados aos alemães – tinham, durante anos, cometido violências contra a população. Torturas a granel e assassinatos, receita ariana: comunistas, gays e ciganos.

Formaram-se grupos antinazistas; na Penha, o Justiceiros Contra o Nazismo: grupo de homens irados para castigar alemães pelo simples fato de serem alemães – vinte ou trinta homens armados, paus, facas e punhais.[1]

Alguns desses Justiceiros eram antigos galinhas-verdes, afilhados de Plínio Salgado, galinha-verde-mor. Hitler no poder, nazistas; venciam os Aliados: morte ao nazismo!

Para justificar o nome, precisavam de vítimas. Chefiados pelo João Bobalhão – marido confesso de Dalvinha, suposto pai de filhos branco, negro e azul, ex-galinha-verde, que, como indicava o apelido, absolutamente não era um gênio –, saíram às ruas, decididos a tomar vingança pelo afundamento de um navio brasileiro por submarinos nazistas. Primeiro, quiseram dona Hildegarde e seu insofismável sotaque: mais alemão, impossível. Alguém objetou: "Ela já é brasileira, fala até palavrão em português...".

"Ver pra crer!", ponderou Bobalhão.

Foram à casa de Hildegarde, bolinaram Belinha em toda a superfície do seu corpo, incluindo as partes escondidas, trouxeram a velha pro meio da rua, fizeram roda e o Bobalhão mandou que ela dissesse quantos palavrões soubesse. A enciclopédia do palavreado afoito sabia os usuais, os em desuso e inventava neologismos aviltantes. Foi perdoada por motivos escatológicos. Perdoada com aplausos!

---

1 O governo brasileiro chegou a ameaçar com o confisco dos bens de todos os alemães residentes no Brasil, como compensação pela perda dos nossos navios torpedeados por submarinos nazistas. Isso bastou para que, seguindo o exemplo da ameaça oficial, algumas casas de alemães fossem assaltadas, e os ladrões exibiam o produto de seus roubos como prova de patriotismo...

Os Justiceiros foram buscar o dr. Roetke e sua mãe: Karl havia mudado de nome, chamava-se Carlinhos Kid Ribamar, flamenguista fanático, frequentador de macumba, colares bentos e figas, e sua mãe não podia atender ao gentil convite do Bobalhão porque se encontrava acamada com suspeita de meningite, apendicite e estomalactite – exibia diagnóstico e receita fornecida pelo farmacêutico, que podia ter os defeitos que tivesse... mas era solidário.

Foi tão sincero o teuto-piauiense, "Me proteja, Padim Ciço", que falava agora com o mais puro acento nordestino, "Num sabe?", e os Justiceiros acreditaram, "Ô gente!". Mesmo acreditando, quiseram prova de patriotismo do ex-admirador de Köln e sua catedral, Wiesbaden e seus banhos, Saarbrücken e suas coristas: mandaram que cantasse o Hino Nacional com patriotismo e fervor. As duas partes inteiras até o "dos filhos desta pátria és mãe gentil, terra adorada, Brasil"!

"É muito comprido, uai! N'é não?"

Esse erro quase lhe foi fatal – misturar Minas Gerais com Piauí, imperdoável!!! Alterosas com Nordeste, Uai com Padim Ciço, demais! Salvou-se dizendo que a Pátria Brasileira é grande e indivisível! Dado o calor do momento e a urgência de um bode bem expiatório, desistiram de castigar o ex-Capa Preta, vestido do mais resplandecente arco-íris tropical, que entonou com desafinado garbo os primeiros versos do "Ouvirudu"...

Com voz de tenor, cantou o que lembrava: jamais se viu intérprete tão emocionado e emocionante. Trinou e tremulou a voz, as mãos no peito e, com elegância e brilho, ofereceu variantes mozartianas, melhores que o original: foi aprovado.

Os Justiceiros precisavam dar uma lição a algum alemão: afundaram o *Baependi* nas costas de Pernambuco. E nós, não vamos fazer nada? Sangue! Vingança!

"Bater em gente conhecida é chato, fico arrependido! Vamos bater só em desconhecidos!", concordou João Bobalhão.

"Na-na rua Gua-Guatema-ma-ma-ma-la te-te-tem u-ma-ma fa-fa-família inte-te-teira que-que não fa-fa-fala com ninguém... Mora lá fa-faz mais de do-dois meses e não fa-fala com ninguém...", acrescentou o Manuel Gago Coutinho, assim apelidado por motivos gritantes.

Era verdade, mas ao contrário: tratava-se de uma família de alemães comunistas, judeus combatentes, antinazistas, fugitivos de Hitler que não falavam português. Ficavam em casa estudando, dicionário na mão e um compêndio na outra, jornais na mesa...

Lá se foram os Justiceiros, armados de paus e pedras, cortantes facas, perfurantes punhais. De longe, ouviam-se gritos estrangeiros e vidros quebrados. Do meu quarto, ouvi gritos, ouvi vidros, ouvi a porta arrombada.

No fim da noite os Justiceiros voltaram: alguns tinham sangue na camisa. João Bobalhão, sangue na boca.

Sérios, poucas palavras. Esvaziaram garrafas de parati no botequim. Alguns foram pras suas casas, outros dormiram ali.

No dia seguinte, o jornal *A Noite* anunciava que uma família alemã, inteira, tinha sofrido acidente de carro: estavam, pais e filhos, internados no Hospital Getulio Vargas, em recuperação...

Algumas das vítimas, com sinais de perfuração no corpo por objetos penetrantes.

CAPÍTULO 8
RENATA, A LOIRA – OU A SENSUALIDADE DA QUÍMICA INORGÂNICA

Quando entrei para o Colégio Brasileiro de São Cristóvão, aos quinze anos, minha vida mudou: metamorfose. Borboleta sai do casulo, explorando espaço e tempo.

Principal diferença: viajar de bonde alargava meus horizontes em, pelo menos, dez quilômetros – à escola eu ia a pé, olhando pros lados; ao colégio, quilômetros ao redor.

Até meus quinze anos, Penha e Olaria eram o "mundo"; o centro da cidade, aventura rara. Laranjeiras, vaga lembrança. A praia, franja de branca areia, depois das montanhas de lixo preto – praia era a madrugada. Festa popular, quermesse na igreja. Amizades, amigos de rua, portão da ponte.

A humanidade, em São Cristóvão, explodiu caleidoscópica.[1]

Aos onze anos eu tinha encolhido: nós nos havíamos mudado do vasto quintal, bichos, árvores, para apartamento apertado, terraço, flores de vaso, bola de gude no tapete, pipa no ventilador: perdi o sol e a lua. Agora, meu pai construía quartos anexos, comprava terrenos e eu mudava de escola – o mundo crescia além do infinito, invadia o território da marquesa de Santos, amante do imperador, Quinta da Boa Vista.

Senti a importância de viajar, conhecer bairros distantes!

Bonde, mais barato que ônibus, obedecia a horário. Os motoristas dos ônibus faziam curvas fechadas – virilidade. Passageiros achavam graça quando caía alguém. Riam, menos o caído, que podia ser o risonho da curva seguinte.

Bonde não inventava percurso, seguia trilhos: motorneiro tinha o destino traçado.

JOSÉ MARIA, UMA VEZ NA VIDA...

Um se chamava José Maria, o outro também. Trabalhavam na mesma empresa, motoristas na mesma linha, trajeto. Dobravam curvas, aceleravam subidas, paravam nas cancelas respeitando a prioridade peso-pesada do trem.

Somando idades, 120 anos distribuídos por igual: sessenta no mesmo mês, dias pouco distantes. O filho de um se chamava José, a filha do outro, Maria. Eram casados. À recém-nascida nomearam Maria José, em quádrupla homenagem.

Depois do trabalho, no botequim bebiam cachaça da mesma garrafa, comiam sanduíches de mortadela. Trocavam ideias em torno do tema teimoso: aposentadoria.

---

1 Outra transformação importante na minha vida foi a invasão dos plásticos. Durante a guerra o Brasil não tinha dívida externa, tinha crédito, vendendo minérios a preço de amigo. Finda a guerra, os Estados Unidos pagaram seu déficit vendendo plásticos. Tudo de matéria plástica, de pratos a penicos, cestas e brinquedos, instrumentos musicais, tudo. As pessoas, elas próprias, começaram a se parecer com matéria plástica. O país vivia rodando bambolê na cintura e ioiô na mão. O Brasil se plastificou... e se reendividou.

Cansados: décadas do mesmo caminho, passageiros, bons-dias, buzinas, poeira, valas, ruas descalças, buracos – tudo mesmice. Os anos futuros davam certeza: seriam iguais aos já passados. Piorando devagarinho, porque a saúde de um dos Josés Maria amolecia, pulmões roncavam, tremiam mãos, dedos custavam a agarrar o volante escorregadio. Aposentadoria: viesse logo. Faltavam cinco anos...

Numa viagem, José Maria, o doente, parou o ônibus apinhado e, com sucumbidos alentos de uma vida desmaiada, deu a última informação: "Vão me desculpar, mas não aguento mais. Façam o favor de descer e peguem o ônibus do José Maria que vem atrás...".

Sentou no seu lugar, fiel amigo de vida inteira, agarrou o volante desgastado, pousou a cabeça, doce, e morreu tranquilo, sem esperar aposentadorias.

José Maria, o são, veio mais tarde. Não quis acreditar. Foi obrigado, vendo o corpo gelado do amigo duro, rigidez de estátua.

"Hoje vou fazer o que sempre quis...", gritou José Maria. Entrou no seu ônibus e, enterrando o pé, desviou-se de todos os caminhos consabidos, subiu ruas virgens de suas rodas, ladeiras insuspeitadas, arrancou cancelas fechadas, escapando do maria-fumaça resfolegante, negro trem assustado; não parou em nenhum ponto, não atendeu apelo ou campainha, grito de espanto ou voz de misericórdia. Em hora e meia, percorreu todas as ruas proibidas, invadiu o mangue, surdo aos gritos prostitutos da Zona, atravessou o cemitério do Caju sem tempo pra rezar por nenhum morto surpreso, amedrontado. Parou quando o poste irredutível disse: "Basta, é demais!".

Muitos ficaram feridos, ele mais que todos, escoriado. No hospital, a notícia: quando de alta, receberia voz de prisão.

"Não tem importância. Uma vez na vida, fiz o que queria... andei pelos caminhos que escolhi... Esqueci o freio, pisei no desejo..."

AMIGOS E PROFESSORES

Pra economizar dinheiro e comprar revistas, eu gostava do bonde taioba, que transportava gente e bagagem. De pé, conversando com cachos de banana, latas de manteiga e banha, caixas de azeite, sacas de feijão e de arroz.

No Colégio Brasileiro, eu tinha um amigo: Israel, que viera comigo do Santa Teresa. Foi ao Israel que mostrei, orgulhoso, minha primeira "biblioteca", ainda no curso primário: caixa de madeira de maçãs argentinas. Com arames e pregos, eu tinha instalado um pano que corria na frente da caixa para proteger meus livros da poeira.

Que livros? Por favor, não riam: Vargas Villa, Eduardo Zamacois, *As leis do triunfo*, de Napoleon Hill, espécie de Dale Carnegie simplificado... Literatura espantosa, tremendos melodramas misturados com livros didáticos, *Os miseráveis*, de Victor Hugo, *Os lusíadas*, de Camões, *A carne*, de Júlio Ribeiro (romance erótico, nada de açougue!) e uma Bíblia doada por uma família protestante vizinha. Eclético!

Em todos os países do exílio, a primeira coisa que fiz foi a biblioteca.

E pendurei quadros. Carregamos, a família exilada, dois quadros naïfs comprados na Argentina. A pintora, Ana Sokol, romena, ganhava a vida como barbeira antes de ser conhecida em arte; quando reclamávamos do preço dos seus quadros, batia na madeira (não pintava em tela) e exclamava: "É caro, mas a madeira é boa! Não dá cupim!". Até hoje tenho seus quadros e tenho saudades.

Israel e eu ficamos amigos do Silvan, filho do nosso professor de matemática e violinista. Eu não tocava nem cuíca... Inveja: violino! Israel ouvia discos de música clássica – os dois conversavam sobre Mozart, Wagner, Beethoven; eu ouvia Noel, Sinhô, Chico Alves, Carlos Galhardo, Orlando Silva, Sílvio Caldas, Gonzaga pai, Moreira da Silva... Envergonhado, desta lista omito Vicente Celestino – sabia de cor "O ébrio", da primeira até a última gota de cachaça! "Coração materno", nem se fala: eu tropeçava em corações saltitantes! De repente, surgiu Ângela Maria em nossas vidas: era unanimidade.

Silvan e Israel eram os melhores alunos da classe – eu talvez o terceiro, quinto ou sétimo... sei lá, nono. Não era pior, nem melhor. Só estudava matérias dos professores de quem eu gostava.

No curso ginasial, tive o professor Erasmo, que me revelou a matemática e me ensinou a pensar o mundo de forma racional, a procurar causa e razão de todas as coisas, a fórmula, o teorema, as hipóteses. Me ensinou a descobrir os *porquês*.

O professor Peçanha com cedilha ditava a aula e nós copiávamos a vida sórdida de reis e rainhas, sangrentas guerras do Peloponeso, torturas inventadas pelo Flagelo de Deus, aventuras de Marco Polo – tudo com letra bem desenhada, asséptica. Hunos, godos e visigodos, vikings inventando a Rússia e Vasco da Gama dando a volta ao mundo, genocídios indígenas e escravidões negras, tudo isso mal passava pela minha consciência e ia direto para a página branca – os alunos só se preocupavam em saber se tinham ouvido ponto ou ponto e vírgula.

Quando a mão cansava, gritávamos: "Professor, conta uma lendinha!". Transfigurado, Peçanha teatralizava mitos, revivia invasões e desembarques, personificava heróis e vilões, protagonizava guerras e nós descansávamos a mão direita. As lendinhas do Peçanha foram, para mim, a verdadeira história. Teatro!

O professor Edgar me ensinou que a geografia não estava no mapa, mas na realidade viva de oceanos, continentes, vulcões, ilhas, rios, montanhas. A geografia não podia ser entendida sem história, as duas eram só uma. O ser humano vivia numa e fazia a outra.

No científico, o professor Vitória me aconselhava leituras, livros verdes, vermelhos e azuis da Editora Nacional, humanidades. Vitória gostava de poesia e nos fazia ler Edgar Allan Poe. Lembro o professor de filosofia e de história, David Perez, velhinho animado, parecido com o Pafúncio, marido da Filomena, superinteligente, superculto, superengraçado, superteatro, supertudo. Durante um exame oral, presidente da banca, sério, perguntou a um aluno quem tinha sido o assassino de Júlio César.

"Eu não posso mentir, professor...", respondeu o aluno, comovido com a morte do romano ilustre. "Não tenho a menor ideia de quem foi o covarde assassino... Nem sei os motivos, nem sei quem foi esse Júlio, nem sei se merecia a morte ou se castigo brando bastava..."

"Foi você?", tentou ajudar Perez, com a seriedade que o tema fúnebre requeria.

"Deus me livre, professor! Eu seria incapaz desse crime!", assustou-se o aluno.

"Eu também não! *Ipso facto*, já temos uma pista..."

Era assim o professor Perez: ensinando latim na aula de história, filosofia na de latim, história na de filosofia e se divertindo com a nossa ignorância em todas essas matérias.

RENATA, A LOIRA

Eu gostava de química pelo professor Gildásio e porque Renata adorava química. No primeiro olhar, Renata entrou na minha vida. Eu tinha dezesseis anos e precisava, urgente, de uma namorada, quanto mais não fosse, pras mãos dadas, cheirando o pescoço. Quanto mais não fosse e, naquelas épocas, mais não era, nunca.

Israel, Silvan e eu saíamos juntos do colégio, andávamos até a esquina onde morava Silvan, ficávamos conversando, antes de nos despedirmos. Às vezes, vinha conosco a loira Syboney, que ficava menos tempo porque morava em Vigário Geral e tinha que tomar o trem na Estação Leopoldina.

Creio que estávamos apaixonados pela Syboney. Era tão boa aluna como eles, melhor do que eu. Penso que gostava de nós três. Mesmo com tantos gostares ninguém nunca – ao que eu saiba! – confessou nada. Nem para si mesmo.

Quando ela estava presente queríamos ser os mais espirituosos, revelar profundidade na análise dos livros lidos, possuidores de maiores conhecimentos gerais. Queríamos ser os mais dignos dela!

Syboney não era a mais bonita: era terceira. Primeiro, Renata, beleza natural, e, segundo, a outra, artifícios.

Ah, a outra, ah!... Generosa. Isso: a moça se chamava assim com todas letras. Maria Generosa. Pais desalmados. Com tanto nome de santa...

Renata e Generosa eram as bonitas da classe. Generosa pintava olhos e boca como mulher grande, beleza produzida: usava batom, única em todo o colégio. Quando queria alguma coisa pegava nossa mão. Esquecia a sua na nossa, virava pro lado e falava com outra pessoa. A mão ficava agarrando nosso braço, ombro. Até pescoço. Ela trocando ideias com a amiga. Descontraída.

Dezesseis anos, naquele tempo... dava nervoso. Generosa fabricava nervosismos: polvorosa. Com o espelhinho da bolsa retocava os lábios, olhava pra trás pra ver quem olhava pra ela e ficava olhando pra pessoa e a pessoa olhando pra ela, e o espelho também olhava, espelhando olhares. O que rolava de olhares naquela sala, quando Generosa estava num dos seus dias exuberantes, não era normal!!!

Queria contar segredo e chegava na minha orelha, colada, que eu ficava de batom manchado.

Se um de nós ficava na porta, a morena Generosa – vestidos estampados de aves e flores: fauna e flora amazônicas eram temas de suas saias –, a dançante Generosa dava jeito de sair da sala roçando nossa perna, atiçando. Além do batom, perfume: era demais, gente, por demais demasiado! Nós não fazíamos nada. Conversávamos filosofia, álgebra, geometria... Era assim naqueles tempos – vocês, hoje, têm mais sorte.

Os tempos mudaram. Hoje, aos catorze anos, pouca gente é virgem. Naquele tempo ficava-se incólume até mais tarde. Namoro é cultura, muda com o tempo. A biologia, no entanto, não é cultura: o corpo humano deseja em qualquer tempo.[2] O corpo humano andava nervoso, farejando inquieto.

Renata, contrário da Generosa: sua cor, a da pele; seu perfume, o do corpo. Que pele, que perfume!!! Que cor, que corpo!!! Não sei se embelezo lembranças, endeuso memórias, divinizo recordações, mas penso que Renata... gostava de mim. A gente falava baixinho, pertinho. Gostava, sim. Eu pensava. Penso que pensava. Pensando bem, pode ser que não. Era, sim. Quem sabe? Sei não...

Generosa era generosa em direções sem fim; Renata me tratava com carinho só pra mim. Eu retribuía, pletórico, sem exageros. Acho que era namoro – cada idade tem sua feição. Ela me contava sonhos: os da noite e os de futuro. Ninguém conta sonhos se não gosta. Renata contava. Eu também. Só não contei meu sonho maior: Renata. Fiquei devendo.

Talvez outros rapazes da classe pensassem como eu, Renata gostando deles.

---

2 O corpo humano não é cultura: a forma de beijar pode ser, não o beijo.

Ficamos assim dois anos. No terceiro, tínhamos que escolher carreira. Meu pai dizia que eu tinha que levar a vida a sério. Professores diziam que escolhêssemos por motivo sério.

Rapazes seriam engenheiros, médicos: profissões bem pagas, prestígio. Moças se arrependiam de terem entrado para o científico e não clássico e optavam por belas-artes ou desistiam, buscando casamento.

Meu pai perguntou ao vendedor do fermento Fleischmann quanto ganhava de salário. Nada. Quanto ganhava o químico responsável pelo fermento? Enormidade. A partir daí, a profissão de químico passou a ser valorizada. Sábio, meu pai comentou: "É melhor ser químico do que vendedor de fermento...".

Israel escolheu engenharia e foi para Brasília, trabalhando com o engenheiro-poeta Joaquim Cardoso, autor do *O coronel de Macambira*. Silvan, que tocava violino, instrumento diplomático, tornou-se embaixador. E eu? "O que é que você acha que eu vou ser?", queria que alguém desvendasse o meu futuro.

Um dia, Alzira, apaixonante colega, e eu nos encontramos na cidade. Tomamos milk-shake e conversamos sobre o futuro. Alzira decidida: seria professora, custasse o que custasse.

"Vou ser professora... Do quê, depois se vê!"

Eu ficava fascinado com a ferrenha determinação. Havia qualquer coisa errada comigo que não me deixava decidir: eu gostava de tudo, mas não podia ser tudo. Decidi decidir. Tomei a decisão: "Alzira, vamos ao cinema!".

Chamava-se Trianon:[3] *O espetáculo começa quando você chega!* Noticiários, desenhos, brevidades. Cada um pagou a sua entrada.

Sentamos aconchegados, eu sentindo o cheiro da Alzira, que ficava nervosa com o que via na tela e exalava cheiros segundo as emoções: guerra e saltos a vara, corrida de cavalos, natação, futebol: a cada lance, um cheiro, e Alzira agarrava meu braço, apertava.

---

3 Ao lado de onde hoje é o escritório do Centro do Teatro do Oprimido, no Teatro Glauce Rocha.

Veio um documentário sobre reprodução animal. Quantidade enorme de coelhinhos. Alzira pediu: "Augusto, você me dá um coelhinho?".

"Alzira, coelhinho não posso...", eu não sabia onde comprar coelhos.

Os filhotes continuavam o desfile: "Augusto, você me dá um porquinho-da- índia?".

"Alzira, da Índia não posso, não..."

"Augusto, você me dá um cavalinho?"

Eu, cheirando o cheirinho: "Alzira, cavalinho não dou...".

Apareceu um berçário, bebês de todas as caras e cores. Antes que Alzira pedisse, ofereci: "Alzira, desses, dois ou três posso te dar... você querendo...".

Ela fechou a cara e não falou comigo quinze dias. Eu insistia: "Você decidiu mesmo ser professora? Carreira séria..." Alzira emudecida. Não me via, nem ouvia – cega surda-muda. Só porque eu disse aquilo.

Não soube interpretar o explosivo mutismo: Alzira não disse sim nem não, sabendo que eu gostava dela e eu sem saber se ela gostava de mim, mas pensava que gostava, como eu gostava da Renata que talvez gostasse de mim também, porque de alguém tinha que gostar e eu estava à disposição pra ser gostado, podia muito bem ser gostado! Gostasse, gostaria de ter gostado. Naquela idade, gostávamos de gostar e ser gostados, gostosos. Alzira gostava de quem se não de mim?

Nenhum namoro se concretizava: paixão pairando. Se um de nós dissesse "Estou apaixonado!", não precisava dizer por quem. Como se a frase não necessitasse objeto direto. Como se admitisse objeto flutuante: "Estou apaixonado pelas Renata, Rosinha, Ramona, Rute, Rosalva, Rosalinda, Syboney, Cydnéia, Cecília, Silésia, Inês, Idalina, Isabel, Eduarda, Eliana, Myriam com *i* e com *y*, Madalena, Marialva, Maria Antonia, Maria Aparecida, Maria José, Maria Vitória, Mariúska, Alba, Albertina, Amélia, e por você, Alzira, meu verdadeiro amor... e também pela... pela... como é mesmo que se chamava aquela freguesa da padaria? Elizabete... Não, Belinha... Ah, esqueci... Amor criança...".

Éramos o que se podia chamar "pessoas puras". Eu estava apaixonado por todas as colegas da minha classe e pela maioria das moças do colégio inteiro e, pra não faltar à verdade, até por professoras e vizinhas. Só escapavam amigas da minha mãe. Isto é, algumas. Paixão avassaladora, torrencial. Eu gostava de gostar, apaixonado pela paixão!

Amores podiam esperar: profissão era urgente! "Que profissão, meu Deus!?" Angústia! Medo! Queria teatro. Depois de dirigir cabrito, quatro irmãos certos e primos aleatórios, depois de poesias e contos, diálogos esparsos e novas versões de velhos romances, eu não queria parar: queria teatro! Teatro.

Onde a coragem de contar ao pai? Jamais entenderia, quanto mais permitir... Teatro, para ele, eram brincadeiras que fazíamos em família, três chapinhas de cerveja, ou eram as revistas musicais do Teatro Recreio, na praça Tiradentes.

Beatriz Costa – cantora portuguesa que vinha todo ano ao Brasil –, Oscarito, Grande Otelo e outros artistas imitavam políticos, em "cortinas" – números cômicos ou canções, no proscênio, enquanto maquinistas trocavam cenários. Usavam-se cortinas entre cenas em que bailarinas trocavam uma nudez por outra. Os espetáculos terminavam em cascata de água verdadeira sob aplausos entusiásticos para águas e bailarinas quase nuas.

Revistas chamavam-se assim porque passavam em revista os fatos políticos marcantes de cada ano. Pra driblar a censura, críticas ao regime ditatorial terminavam com alguém clamando: "Até parece sabotagem à obra do nosso grande presidente..." – Getulio mandava liberar.

Gostávamos de teatro, mas íamos pouco: meu pai achava a praça Tiradentes inconveniente: já era local de prostituição de travestis, que começavam a trabalhar mais de noite mas, antes, já desfilavam.

Meu pai e minha mãe – ela mais aberta às ideias insólitas – não poderiam entender meu desejo, nem imaginar que teatro pudesse ser estudado em universidades. Como bom imigrante, meu pai dizia que teríamos total liberdade de escolher profissão... desde que nos formássemos em doutores. Parecia a piada do português que dizia à filha: "Tu podes escolher marido... desde que te cases com o Manuel!".

Meus irmãos e irmãs escolheram medicina, arquitetura, letras neolatinas... Carreiras doutorais. E eu? Doutor, em quê? Teatro? Nem pensar!

"E você, Renata, vai seguir o quê?" "Química..."

Por que não? Químico é doutor. Química é divertida, alegre... Química orgânica explicava a Vida! Explicava Renata bronzeada. Viva a química! Química inorgânica, então, nem se fala: sensualíssima... quando Renata estava ao meu lado. Microbiologia, ao lado de Renata, beleza pura! Pesquisa de cationtes e aniontes, eu e Renata pesquisando, era mais cheia de suspense do que filme de Agatha Christie.

Cheguei em casa e anunciei: "Química...".

"É bom...", disse meu pai. "O químico do fermento Fleischmann ganha uma fortuna, muito mais que o vendedor... Química é séria..."

Daí por diante comecei a dar mais atenção ao professor Gildásio, sem perder o interesse por história e filosofia. Virei ótimo aluno! Comecei a sonhar com o futuro: Renata e eu, vestidos com belos aventais brancos, experiências mágicas, provetas, alambiques, tubos de ensaio, alvíssimos laboratórios estonteantes, produzindo fermentos mirabolantes para agrandar o pão da padaria do meu pai, pão maior que o de Açúcar!

Na verdade, o único fermento que jamais circulou no meu curriculum universitário foi na aula de microbiologia quando escolhi fabricar... uísque. Não deu certo, nem porre, o que é a obrigação de todo uísque que se preze. Os *pure malt* escoceses não teriam nada a temer.

Para entrar pra universidade era necessário um curso paralelo ao colégio, que nos preparava para o rigoroso vestibular. Para a carreira de química industrial havia quatrocentos candidatos e quarenta vagas! Nós, Renata e eu, estávamos decididos. Seríamos químicos!

Intensificamos nosso ardor no Curso Moseley do professor Moura, rua Farani, Botafogo. Eu estava certo de que, na faculdade, com dezoito anos, Renata e eu certamente teríamos a coragem de dizer o "Eu te amo!..." que faltava, e o "Eu também!" selador de felicidades eternas. Nossos corações não paravam de pulsar, nossos olhos de gritar: "Eu te amo!". A danada da boca, muda, calada.

Veio o dia do exame.

Houve um pequeno inconveniente: eu passei, Renata, não.

Quando me dei conta, estava na universidade estudando química com todos os tubos de ensaio, provetas e alambiques com que sonhara... mas sem minha Renata querida, sem o sonho...

Sonhei sonho vazio, tela branca....

CAPÍTULO 9
ESQUENTANDO PANDEIROS, CUÍCAS E TAMBORINS

Quando me dei conta, estava com avental branco, sentado em cadeira branca, mesa branca de brancos ladrilhos, provetas e tubos serpentinos, retortas transparentes, líquidos coloridos, mais iriados que o arco-íris mais cintilante. Estava sentado ao lado de colegas vestidos de branco, diante de professor de rosto mais branco que o seu avental branco, cabelos brancos, paredes caiadas de branco, chão alvo, limpo, reluzente, branco!

Fiquei pálido de espanto. Fiquei branco! "Meu Deus, o que é que eu estou fazendo aqui?!"

Química significava livros, cadernos, fórmulas, apostilas e, mais que tudo, o perfume de Renata. Agora, em lugar do perfume, a sala cheirava a enxofre amarelo, queimado. O campo de vôlei, onde rapazes assistiam às partidas femininas e vice-versa – elas vinham! –, cheirava a enxofre. O ônibus, que me trazia da Penha, cheirava a enxofre. A pedra da Penha cheirava a enxofre; a igreja, a pia batismal, o altar, o Cristo crucificado, enxofre puro! O jardim da minha casa, enxofre. Flores cheiravam a enxofre. Meu nariz cheirava enxofre e cheirava a enxofre. Meu pulmão, enxofre só!

Químico que não gosta de enxofre é médico com medo de sangue. Goleador que detesta pênalti. Não pode: tem que amar – pênalti, sangue e enxofre!

É complicado amar o enxofre: muita vocação é necessária! Prefiro bater pênalti!

Fiquei deslumbrado com a brancura do laboratório, onde colegas desfilavam como brancos papas amarelados, missa festiva. Saudades do perfume da Renata. Pesquisas no cursinho eram com papel e lápis. Agora, misturando substâncias, cuidando para não vê-las efervescer e transbordar se os cálculos fossem errados. Eu tinha medo dos ácidos. Queimam, furam! Deus me livre e guarde! Ácidos, nunca! Levei sustos líquidos estudando química.

No fim da primeira aula, encontrei a família entusiasmada: "Gostou? Os colegas? Professores?"

"Meu Deus... ainda faltam quatro anos!".

Acabava de entrar e pensava em formatura! Em nenhum momento pensei desistir. Meu pai merecia sacrifícios: queria filhos doutores! Jurei que não seria ovelha negra, nem bode expiatório. Custasse, doutor: nem bode, nem ovelha!

COPACABANA, PRINCESA DO MAR

Em uma tarde em que dois professores faltaram, aproveitei a liberdade pra cruzar o Túnel Novo: pela primeira vez, aos dezoito anos, vi o mar em Copacabana, a praia imensa, cem vezes maior que a das Morenas. Voltei pra escola com o oceano nos olhos vermelhos. Nunca havia imaginado mar tão grande, tanta água, tanta areia. Tanta gente, mulheres tão morenas. Tanto sol.

Naquela noite, sonhei mar. Redes e pescadores. Hoje, moro em cima d'água, quase. Escuto, vejo ondas calmas, da janela, sorrindo horizontais, ou raivosas verticais, espumantes: sedutoras sempre – depende do dia, do humor do mar, do seu estado de espírito, inquieto. O mar não é confiável – acalma e assusta, destemperado. Dá confiança e mete medo. O mar é um irresponsável. É o louco da família. Traz areia e engole a praia. Entenda-se a loucura marinha!

Quando viajo, trago o mar na memória dos sons arquivados vivos; fechando os olhos, vejo o mar, ondas rolando. Converso com o mar, ele responde. Nem sempre resposta certa: diz o que quer.

Somos ritmo, temos ritmos no corpo: biológicos, o coração, a respiração; circadianos: a fome, o sono... O ritmo cósmico, dias e noites, inverno e verão... Quem mora à beira-mar tem o mar como ritmo essencial: internaliza. É preciso harmonizar ritmias. As do corpo e as do cosmos.

Quando se o perde, leva-se o mar no peito. Onde se vá, conosco vem. Sozinho, sem o mar, o coração bate pela metade!

 Quem vive ouvindo ondas, se não as ouve, esvazia-se. Algo falta, se falta o mar, a música.

DIRETOR DE ALGUMA COISA

Eu estudava mais que os colegas: como não me apaixonava pelas substâncias, devia estudar mais para entender o mesmo.

Logo no primeiro mês, eleições para o diretório acadêmico. Todos os cargos disputados, menos um: diretor do departamento cultural. Eu podia me candidatar com a certeza de ser eleito: candidato único. Quase perco: novo na escola, ninguém lembrava meu nome – maioria de votos brancos... como o laboratório!

Diretor cultural tinha a responsabilidade de organizar conferências, exposições, debates, o que fosse, desde que se pudesse nomear "cultural"! Gafieira: cultura, é claro.

Nos intervalos de aula eu ia pra praia Vermelha; sentava, olhando ondas, pensando atividades culturais. Sempre gostei de ver ondas avançando, crescendo, ameaçando, morrendo. Parece teatro: uma cena depois da outra, mais intensa. Eu precisava que o mar me inspirasse: pela primeira vez era diretor de alguma coisa, o que era muita coisa. Na Urca, via ondas ondulando: o mar que se dissolvia na areia... ideias rolavam na cabeça.

Vi duas oportunidades: encontrar pessoas importantes que eu admirava e ver de graça espetáculos; as companhias convidavam universitários.

O sr. Umberto, velhinho gordo, baixo, distribuía convites para óperas e balés no Municipal, engrossando a claque nas galerias. Durante os espetáculos, fumava mata-rato, barato e preto, falando sozinho, blasfemando, cuspindo nas escarradeiras chinesas! Surgia de repente, fantasmagórico no escuro, segundos antes dos programados aplausos, no fim de árias e duetos cruciais. Voz de baixo, como convinha, baixo e rouco, rouco e fanho, gritava, fanho e rouco: "*Più forte, più forte*! *Mascalzones*! Cambada de vagabundos!", misturava seus conhecimentos poliglóticos.

Berrávamos o que podíamos, aterrorizados com Umberto, que exigia aplausos de quebrar ossos manuais, gritos estertóricos em troca de novos ingressos para a próxima ópera, próxima claque. Nós, da Escola de Química, aplaudíamos com tal galhardia que senhoras distintas, na plateia, olhavam assustadas, com justa causa. Houve dia em que um *smoking* chamou bombeiros, temendo incêndios.

Teatros tinham seus Umbertos; pude ver Procópio e sua filha Bibi Ferreira, Dulcina e seu marido Odilon, Eva e seus artistas, Aimée e suas coxas,[1] Henriette Morineau e sua família, Alda Garrido e sua Filumena Marturano, Dercy Gonçalves e seus palavrões, e até companhias estrangeiras, como Madeleine Renaud e Jean-Louis Barrault, Picollo de Milão e Strehler, Ballet du Marquis de Cuevas, Ballet Theatre, Alicia Alonso e Igor Youskevitch. Vi o famoso Willy Loman de Jaime Costa, em *A morte do caixeiro-viajante*, de Arthur Miller.

Quando Jaime resolveu montar a peça, um grupo de integristas estéticos intransigentes foi ao teatro com a ideia furibunda de vaiar: não podiam conceber que Jaime, artista mais para as variedades do que para as seriedades teatrais, fosse capaz de interpretar Willy.

Dentro do possível, Jaime estava admirável e os mais desfeitos em lágrimas foram justamente aqueles que pretendiam insultá-lo. Poucas vezes vi tanto choro na plateia. Aprendi que, se um ator é bom para um gênero, já merece confiança para todos: não se pode prejulgá-lo. Catalogar o artista é mal irremediável: dama caricata, galã romântico, *soubrette*, centro ou *capocomico*, só serve para limitar o ator àquilo que já sabe, a continuar sendo o que é, repetidor de si mesmo.

Em São Paulo havia um botequim onde atores desempregados tomavam café ou cachaça: lá vinham empresários de circo, no último minuto, convidar atores para desempenhar papéis conhecidos em peças de sucesso: além dos números acrobáticos, atletas e animais, circos apresentavam espetáculos teatrais. Atores eram escolhidos por seus rótulos: galã...

Eu queria ver peças e artistas, falar de teatro: ficava triste quando descia o pano e eu ia pra casa pensar sozinho; queria fazer perguntas, aprender. Resolvi organizar um ciclo de confe-

---

1 Não havia peça (comédias de bulevar, chamadas "picantes") em que essa moça, que era linda, não entrasse em cena de calcinha e sutiã e combinação transparente.

 rências. Pra começar, convidei o dramaturgo que mais admirava, Nelson Rodrigues.

NELSON, PADRINHO

Fui à redação do seu jornal depois que, pelo telefone, ele concordou em fazer uma palestra. Cheguei, olhei O Dramaturgo e minhas pernas tremeram diante da Divindade! Nelson perguntou, modesto, se eu acreditava que alguém fosse assistir: não queria falar pra cadeiras vazias.

Claro! A Escola de Química poderia assegurar cem pessoas interessadérrimas na sua dramaturgia, mais dezenas de estudantes de outras faculdades: íamos colar cartazes por todos os diretórios. Além dos estudantes, leitores do seu jornal prestigiariam o evento, é claro, o jornal deveria publicar uma nota enorme: só aí, mais duzentos assistentes ou 250. Mais gente viria de toda parte... essas coisas se espalham boca a boca... Trezentas... Talvez mais. O melhor seria conseguir um auditório no centro porque na praia Vermelha não havia sala que comportasse tantos apaixonados...

"Pode ser...", disse Nelson. Pelo tom da voz, podia ser que não.

Eu jurava: "Trezentas... cálculo nem pessimista nem otimista: realista! Talvez mais, quem sabe, menos... Imponderável! É como espetáculo: ninguém conhece o segredo do sucesso", esbanjei conhecimentos teatrais diante do Mito.

Fui à Associação Brasileira de Imprensa (ABI), onde era presidente Herbert Moses, pedi a sala maior. De graça. Fiquei decepcionado porque cabiam apenas duzentas pessoas. O funcionário me tranquilizou: "Se vier tanta gente como você pensa, os retardatários ficam de pé ou sentam no chão: ninguém vai se incomodar".

Achei razoável: para ouvir Nelson, meu mestre – *o* Mestre! –, ficar de pé ou sentar-se no chão seria honra inaudita.

Nelson foi o segundo a chegar – primeiro, eu. Depois de nós, passaram-se minutos e angústias, passou meia hora e o primeiro a chegar foi o meu desespero.

Um tímido saiu do elevador, em silêncio; duas pessoas magras

– "Boa tarde!"; três – "Como vai?"; quatro – "Gostaria que o senhor lesse a minha última peça, será possível?"; cinco – "É sobre futebol que o senhor vai falar? O nosso Fluminense, heim?... perder assim do Flamengo, nunca mais, viro a casaca!"; seis – "Ué, ainda não começou?"; sete – "Agora o que é que a gente faz?".

"Vamos começar", sugeriu Nelson.

Poucas vezes senti tanta angústia como naquele fim de tarde, quando vieram sete pessoas ouvir Nelson Rodrigues. Brincalhão, Nelson começou a palestra perguntando se não seria melhor fazê-la no Vermelhinho, botequim frequentado por artistas, que ficava em frente. Ganhava-se tempo misturando conferência e cafezinho, teoria e prática...

Esse bom humor e modéstia contrastavam com as histórias que se contavam do dramaturgo. Dizia-se, maldosamente, que em todos os espetáculos a que assistia, mesmo que fosse tragédia de Shakespeare ou comédia de Molière, quando o público entusiasmado pedia a presença em cena do autor, Nelson se levantava e agradecia. Afinal, Autor era ele!

Conta-se que Nelson estava conversando com um admirador – qualquer de nós! – e reparou que, depois de duas horas, não haviam falado senão dele, Nelson, suas peças, sua vida. Num rompante de modéstia, Nelson teria dito: "Já falamos muito de mim, vamos falar de você: das minhas peças, qual é a que você mais gosta?".

Como fazia piadas com todos, todos gostavam de fazer piadas com ele. Sou testemunha de que era excelente amigo. Meu testemunho vale mais porque em nenhum momento comunguei com suas ideias políticas. Sabem o que significa "antípodas"? Pois é: éramos nós. Eu pra cá, ele bem pro lado de lá...

Eu tinha admiração pelo escritor e pelo amigo. Talvez nem tanto por suas peças – confesso, escondido, me perdoem... –, mas pela energia com que as defendia. Admiração que ficou abalada quando circulou a notícia de que Nelson era autor de uma série de crônicas sobre *Giselle, a espiã nua que abalou Paris*. O *Diário da Noite* publicava capítulos de sexo e intrigas, ornamentados de fotos da espiã nua nos braços de oficiais nazistas: espiã. As histórias chegavam ao escatológico; numa delas, a heroína-prostituta se deixava infectar com vírus de gonorreia para adoentar nazistas. Horror! As fotos forjadas de patrióticas nudezes, é lógico, vendiam o jornal.

Perguntei ao Nelson se era verdade o que diziam, se era ele o autor dessas pseudorreportagens: "Você é Giselle?".

Nelson respondeu, injuriado: "Estão dizendo por aí que eu sou a Giselle! Mentira deslavada! Eu sou Suzana Flag: Giselle é o Fulano!", e citou um outro jornalista famoso.

Suzana era comportada. Autora de folhetins sensuais de sucesso.

A partir do fiasco como empreendedor cultural, comecei a cultivar sua amizade. Ia visitá-lo na redação onde trabalhava e, tímido, lhe dava minhas peças, que ele lia de verdade, tenho certeza: fazia comentários e anotações a lápis, sugestões de cortes: "enxugamentos". "Enxugar" queria dizer diálogo telegráfico. Todo diretor tinha mania de enxugar. As peças do Nelson já vinham enxugadas.

Dos seus conselhos, o que repetia com maior convicção era o de deformar a realidade. Teatro não é realidade: é uma visão da realidade. Logo, não tinha por que ser igual. Vociferava contra Antoine, diretor francês do início do século, que, quando a cena se passava em um açougue, todos os dias botava carne fresca pendurada. "Imbecil!", explodia, "espumando de raiva", como dizia...

Na redação havia um bar. Nelson fazia bolinhas com o pão enquanto falava e as jogava em diversas direções: até hoje me lembro desse hábito estranho. Falávamos de teatro e de futebol. Ele jogando bolinhas de miolo de pão...

Nelson era apaixonado pelo mesmo clube de futebol que eu, o Fluminense, o que nos provocava secreta vergonha: no começo do século, nosso clube proibia jogadores negros em seu time, o que deu origem a outro clube, o Flamengo, formado pelos antirracistas revoltados. No Fluminense, os mulatos eram aceitos desde que se comprometessem a passar pó de arroz no rosto para esconder a negritude! Eu era antirracista, revoltado como ninguém, mas meu coração batia pelo tricolor: que sofrimento! Por que tricolor, não sei – espírito de contradição: meu irmão era Vasco.

Numa extraordinária prova de confiança e apreço, Nelson me deu uma das suas peças – acho que foi *Senhora dos afogados* –

para que eu a lesse e desse palpite. Ele usava máquina de escrever, desengonçada, batia com dois ou três dedos um original e cinco cópias, papel-carbono azul.

No dia seguinte levei o "troféu" para a Escola de Química, mostrei a todo mundo a quinta cópia, li pedaços do diálogo em voz alta e até o professor de química inorgânica, dr. Portocarrero, veio ver do que se tratava. Ficou admirado com minhas amizades estéticas. Esse professor vinha a ser contraparente de Tonia Carrero – tio-avô, creio.

Depois da aula fui devolver a obra-prima, emoldurada pela minha admiração incontida. Antes de entregar a peça ao Nelson andei passeando pela redação, exibindo o calhamaço para que ficasse bem claro para todos os jornalistas presentes que eu tinha sido agraciado com o título de Primeiro Leitor – junto com mais cinco ou seis pessoas, cópias em azul e original preto! – das obras do maior dramaturgo vivo, Nelson Rodrigues.

A redação cheia: Pompeu de Souza, Prudente de Morais Neto e, deslizando rápido, Vinicius de Moraes. Era grande poeta, mas não letrista – precisava trabalhar como jornalista... Quando a poesia se musicaliza, aumenta a renda. Bandeira e Drummond, belos poetas, nunca encontraram seus Jobim, Lyra, Edu, Francis ou Baden... Nunca ficaram ricos.

Eu exibia o troféu, mas os jornalistas estavam ocupados com suas pautas, sem tempo para miudezas.

OUTROS AMIGOS

Foi Nelson quem me apresentou ao Sábato Magaldi, fundamental no início da minha carreira de diretor. Assistimos a uma peça e fomos conversar em torno de um refresco de caju (eu) e chope (os outros). Além de nós estavam mais cinco ou seis atores e atrizes conhecidos que falavam com entusiasmo; eu calado, olhando. Vez por outra, alguém pedia minha opinião; eu sorria, como quem vai dissertar, mas não me animava a dizer meu pensamento. Quando criança, eu me sentava no portão da minha casa, vendo de longe. Agora, via de perto, calado do mesmo jeito.

Sábato provocava minha admiração: tinha lido todos os livros, assistido a todas as peças. Inteligente, tinha opiniões. Outros falavam por citações – Sábato, com texto próprio.

No Serviço Nacional de Teatro (SNT), à noite, havia um curso de teatro em que Luiza Barreto Leite[2] e Sadi Cabral foram, que eu saiba, as primeiras pessoas a lecionar Stanislavski no Brasil – pelo menos, no Rio; a gente tem a mania de pensar que o Brasil é Rio, no máximo, São Paulo.

Não me matriculei, mas permitiam que eu assistisse às aulas, calado.

Além de Luiza e Sadi, havia o Duque, professor de danças "sociais" (valsa, foxtrote, swing, bolero – tango exorbitava, demasiado audacioso, proibido!) e... etiqueta: como sentar-se à mesa, conversar com dama distinta, como comer com que talheres, beber vinho com que copo, gordo ou magro, champanhe com que *flûte* ou taça. Fazia parte do curriculum, caía na prova. Champanhe na prova de ator, vejam só! Que chique!

Em frente à ABI, o Vermelhinho, encontro de artistas. Lá conheci uma porção, a fundo ou de raspão: o pintor Antônio Bandeira, que morava em Paris, o cenógrafo Santa Rosa, o poeta Manuel Bandeira, Ody Fraga (que me vendia livros depois de lidos...), o poeta negro Solano Trindade... Vinham tomar café, chope ou conversar. Vi Di Cavalcanti e fiquei amigo de Djanira: ainda tenho um retrato meu com ela (e mais vinte pessoas!) no dia do casamento de João Paulo e Helena.

Foi no Vermelhinho que conheci Abdias. Antes, minha relação com os negros era de piedade: sentia pena dos negros da Penha. Depois, passou a ser admiração: como era possível, cercados por tanto preconceito, que os negros sobressaíssem, fosse no que fosse? No teatro, por exemplo, personagem negro era escravo ou criado. Para o papel de *Otelo*, nem pensar! Pele: estigma!

Meus personagens passaram a ser menos piegas e mais revoltados. Passei a gostar de subversivos combatentes. Abaixo a melancolia!

---

2 Luiza foi uma das combatentes mais enérgicas pela regulamentação da profissão de ator e, sobretudo, de atriz: atrizes tinham em suas carteiras de trabalho, até o início dos anos 1950, a palavra prostituta como definição de sua arte.

Glaucio Gil e Leo Jusi, alunos do SNT, foram meus amigos fraternos. Analisando os grupos teatrais existentes, não satisfeitos, decidimos fundar o Teatro Artístico do Rio de Janeiro. Imitando ou "parodiando" o de Moscou, de Nemirovitch-Danckenko e Konstantin Stanislavski. Glaucio seria o ator principal, Leo diretor, eu dramaturgo.

Estávamos procurando teatro, elenco, procurando convencer o Santa Rosa a fazer os cenários, procurando peça e, enquanto procurávamos, fazíamos planos maravilhosos.

Até minha viagem para os Estados Unidos, setembro de 1953, continuávamos procurando. Voltei em 1955, procurando...

Nessa busca, pela primeira vez, colocou-se na minha consciência a função social do teatro e seu significado político. Antes, escrevia desabafos para mim só. Agora, seria para o *público*. Antes, escrevia como quem berra – não acreditava que minhas peças seriam montadas: agora, era necessário articular pensamentos, pois certo seria ouvido. Dizer o quê ao público: o que sentíamos ou o que achávamos que ele deveria sentir? Pensar o que pensávamos ou o que ele deveria pensar? Testemunho ou catequese? Teatro deve divertir ou educar? *Educar* vem do latim e quer dizer *conduzir*. Teríamos nós o direito – ou poder! – de conduzir nosso público? Onde?

Nenhum de nós estava entrincheirado em sua estética e havia uma unanimidade: nosso teatro seria de altíssima qualidade. Ah, isso sim! Sem dúvida! Qualidade acima de tudo! Ah!

Qual *qualidade*? Como se mede? Sou artista, crio o novo, aquilo que não tem parâmetros. Se não os tem, como medi-los?

Às vezes vencia a tendência de um repertório maciço de concreto armado blindado, incluindo *Ralé*, de Gorki, *Um mês no campo*, de Turguêniev, *O jardim das cerejeiras*, de Tchekhov e, a parte ambiciosa, adaptações teatrais de *Guerra e paz*, de Tolstói, *Os irmãos Karamazov*, de Dostoiévski – só pra começar, devagar. Esses autores sabiam o que dizer: nós seríamos seus intérpretes fiéis.

Para uma trinca de jovens artistas era ambição desmedida, Deus seja louvado! Felizmente logo nos dávamos conta de que estávamos russófilos em demasia. Como era sonho, pra que sonhar em branco e preto e tela pequena? Queríamos sonhos épicos, gigante cinemascope tecnicolorido.

Abandonávamos os russos e partíamos para os clássicos: Shakespeare, campeão imbatível – só não sabíamos em que ordem iríamos montar suas tragédias e comédias e... até sonetos!

Eu e Glaucio queríamos *Hamlet*. Glaucio falava inglês, tinha visitado os Estados Unidos como guia turístico; eu estudava com professor particular – um chinês que morava na Lapa, atrás da atual sala de ensaios do Centro do Teatro do Oprimido! Ia estudar em Nova York e sabia recitar monólogos:

> Oh, that this too too solid flesh
> would melt, thaw
> and resolve itself into a dew...

Hesitação: *solid* ou *sullied*? Porque uma coisa era *sólida*, outra *maculada*? O que será que o Shakespeare quis dizer?

Na química eu ia passando de ano – estava entre os mais ou menos! Era reconfirmado diretor cultural – ninguém disputava o meu invejável posto.

Caíamos na realidade: onde arranjar dinheiro pra tanto Shakespeare, onde o teatro que abrigasse tanto elenco? Onde o público que se apaixonasse por nós? Queríamos ser amados!

Seria necessário educar o público. Para educá-lo, primeiro, atraí-lo. Para atraí-lo, em Ipanema e Copacabana, não seria com os miseráveis de Gorki, angustiados de Tchekhov ou os execráveis *serial killers* de Shakespeare.

Primeiro atraí-lo, depois educá-lo. Sendo o Rio cidade balneária, vocação turística, teríamos que começar com repertório que não metesse medo. Comédias digestivas. Fazíamos ressalva: sem cair na idiotice! Nada de superficialidades. Besteirol, jamais!

ENFIM, DOUTOR EM ALGUMA COISA

1952 foi o meu último ano na universidade. Pelo curriculum, os alunos deveriam fazer um estágio em indústrias paulistas.

São Paulo, Hotel Lux: pela primeira vez na vida, dormi fora

de casa – aos 21 anos. Sozinho, sentei em frente a uma penteadeira – espelho redondo (também se chama psichê, como psichê mesmo!!!) –, olhei cara e corpo e pensei: "Estou sozinho...". Fiquei triste. Não gosto de ficar sozinho e preciso ficar sozinho – eterna discussão comigo.

Gostava do portão, sabendo a família dentro, amigos perto. Sozinho... e acompanhado. Em São Paulo, sozinho só, no meio da multidão, que andava mais depressa que os cariocas, "São Paulo não pode parar" e não parava, "São Paulo, a cidade que mais cresce no mundo!" crescia na minha frente, estrondosa: ouvia-se crescer! Champignon depois da chuva.

Paulistanos não tinham o gingado da praia, nem praia, nem eram morenos. Como era possível cidade sem praia? Toda cidade tinha obrigação de ter praia! Logo agora, que eu era amigo de Copacabana.

Um exercício de Stanislavski consiste em adivinhar a história de um personagem que vai passando. No exercício, outro ator inventa a história e interpreta o personagem; sentado num banco de jardim, eu ficava olhando pessoas passarem, imaginando histórias.

Voltei ao Rio, findava o ano. Recebi meu diploma no Teatro Municipal, onde seu Umberto berrava incentivos palmíferos. Tenho ainda o smoking que meu pai mandou fazer na Alfaiataria Teixeira. Apertando, prendendo a respiração, ainda entro, com dificuldade e orgulho, heroico...

As moças foram vestidas com longos vestidos brancos virginais: casavam-se com a ciência! Emoção, olhos rasos d'água. Até eu fiquei comovido. Chorei escondido. Era doutor, como queria meu pai.

Fui diplomado – foi a primeira vez que me aplaudiram em um teatro! Minha mão tremia e a consciência também: "Será que mereço? Sou químico? Será que sabem que não quero ser o que eles estão discursando que sou?". Crise de identidade. Tive muitas em minha vida. Será que sou, neste instante, quem estou escrevendo que fui? Eu serei eu? E, se não, quem? Arre!

No fim da cerimônia, as moças voltaram pra casa com suas famílias, carros alugados para a festa. Nós, homens, no pleno exercício da nossa liberdade masculina, fomos para um bar na galeria Cruzeiro (hoje edifício Central), onde os bondes davam voltas, e tomamos refresco de caju (eu!) e chope (os outros).

Na verdade, ninguém recebeu diploma: não ficaram prontos a tempo – eram desenhados com letras góticas douradas, fechados com lacre, davam trabalho. O diretor nos entregou canudos de papel almaço, enrolados com fitinha azul para os moços, cor-de-rosa pras meninas.

Depois do terceiro chope – quando se é jovem, o porre vem mais cedo! –, alguém sugeriu fazer uma fogueira de "diplomas" e apagar o fogo com mijo.

Alguns eram entusiastas pirômanos, outros achavam desrespeito à população e aos bondes – as labaredas seriam nos trilhos, para maior espetaculosidade do evento. Eu era contra, motivo sério: com que cara dizer ao meu pai que havíamos queimado diplomas na linha do bonde e apagado o fogo com mijos certeiros? Meu pai era progressista, mas isso estaria além do seu entendimento: queria filhos doutores e os diplomas, mesmo falsos, davam certeza.

Venceu a maioria, fez-se a fogueira e desembainhamos solenemente nossos pênis – confesso que mijei menos que meus colegas: caju que não é diurético como chope.

UM HOMEM JUSTO

Meu pai era homem justo. Meus irmãos fizeram cursos longos, eu me formei mais jovem. Aos 21 já era químico industrial – 1952 foi o último ano em que a Escola Nacional de Química formou químicos industriais; daí pra diante, engenheiros químicos. Para ter também esse diploma, seriam necessárias matérias suplementares.

Meu pai me deu o direito a um ano de especialização no exterior. Podia estudar um ano inteiro. Engenharia química, bem entendido. Pensei na França (tinha visto espetáculos franceses no Municipal) e nos Estados Unidos (gostava de O'Neill, Miller, Williams...). Mas teria que estudar plásticos e petróleo misturados com teatro.

Na livraria Civilização Brasileira encontrei *European Theories of the Drama*, de Barrett Clark, com ensaios de teóricos do teatro ocidental. O último capítulo colecionava escritores norte-americanos. Lá estava John Gassner – quis estudar com ele.

Glaucio Gil me ajudou com o seu impecável inglês e eu escrevi uma carta, certo de que jamais teria resposta: professor tão importante ia lá encontrar tempo para responder a um rapaz suburbano?! Claro que não. Semanas mais tarde, Gassner respondeu dizendo que, a partir do ano seguinte, estaria lecionando *playwriting* na Columbia University – ia se mudar de Yale. Deu o endereço e o nome do diretor, Milton Smith.

Na primeira metade do ano de 1953, como as aulas só começariam em setembro, estudei inglês com o chinês da Lapa.

CAPÍTULO 10
NOVA YORK: O IMPULSO E O SALTO

Meu primeiro voo internacional foi pela Braniff, quatro hélices, três etapas: Rio-Lima, no Peru. Pernoite. Hotel Bolívar. O garçom trouxe ceviche no quarto e perguntou: *"Está servido, señor?"*. *"Como no, señor?!"* – foi meu primeiro diálogo na língua de Cervantes. O garçom não queria literatura, queria gorjeta – amarrou a cara e bateu a porta.

Na rua, homens cobertos de ponchos de mil cores. Impacto: tanta cor, no Rio, só no Carnaval. Em Lima, herdeiros incas se pareciam aos japoneses da Liberdade, em São Paulo. Diferença: coloridos!

No Brasil, no tempo das invasões portuguesas em 1500, havia mais de 5 milhões de indígenas nus vivendo na Idade da Pedra: foram dizimados por não se adaptarem ao cativeiro nem saberem se defender. Hoje, calcula-se em menos de 20 mil, vagando pelas florestas.

Nos países bolivarianos havia civilizações adiantadas: incas faziam delicadas cirurgias no cérebro abrindo crânios: trepanação sem infecção hospitalar. Em Cuzco os espanhóis transformaram um templo incaico em catedral católica; veio um terremoto e varreu a argamassa espanhola e fez ressurgir o templo original. Incas sabiam construir edifícios deixando espaço entre as pedras para resistirem aos tremores.

Astecas, maias, toltecas, chichimecas e outros aborígenes se esqueceram de aprimorar as armas de guerra – espanhóis e portugueses fizeram a festa. Além da pólvora, nas Américas não existiam cavalos, mágicos tanques de guerra: cavalo e cavaleiro pareciam, aos olhos indígenas, míticos centauros – respeito e medo!

Isso eu já sabia, lendo livros: vendo rostos tristes, impacto imenso! Me senti invasor. Senti culpa, sem ter culpa.

Para mim, a verdadeira humanidade era morena, gingando, queimada do sol. Ser humano: carioca moreno. São Paulo era humanidade esquisita, com sotaque – não era a mesma coisa, mas vá lá. Imaginem meu susto e espanto: de repente, todo mundo virou índio japonês embrulhado em poncho colorido, mulheres usando chapéu de homem! Pesadelo! Queria fugir!

Procurava quem tivesse a minha cara: em vão. Verdade que eu conhecia gente diferente de mim, já tinha visto mongóis mal-encarados e pigmeus minúsculos, aborígenes australianos e longevos do Cáucaso – mas no cinema. Filme é celuloide e nele todas as liberdades são permitidas. Em Lima, em carne e osso indígenas se mostravam cara a cara, olho a olho. Me achavam estranho porque eu era: branco e... sem poncho! Em Lima, homem sem poncho, tremendo frio: estranhíssimo!

Me olhavam: o diferente era eu. Me senti sobrando. Estaria certo sendo sem cor, mesmo esmaecida, atenuando a brancura?

Não quis esquecer aquela noite quando percebi que eu era o Outro: não era índio, não usava poncho, não tinha pele escura nem olhos ovais! Quis guardar imagens da diferença, comprei a escultura de um deus e fui dormir. No quarto, espelho na parede – espelhos me perseguiam. A luz apagada, eu me via na penumbra azulada.

Isso espelhos têm de ruim: espelham! Via minha imagem e sentia que alguém me via. Meu outro eu.

Não dormia: o olhar me olhava. Cobri com o cobertor minha imagem quente aprisionada no espelho – meu corpo frio, ao léu. Eu continuava imaginando a imagem escondida: ela e eu, cansados. Não me lembro quem dormiu primeiro, eu ou ela. Lembro que acordei com o nariz entupido.

Segunda etapa: Lima-Miami, voo atormentado, gente vomitando em saquinhos – era comum. Nunca mais vi gente vomitando, mas, naquela época, todo mundo vomitava com a maior naturalidade e o avião sacolejava com a maior cara de pau!

"Atravessamos a linha imaginária do equador!", grande evento da travessia![1] Merecia anúncio, sorrisos. "Apertem mãos e cintos... não muito, senão os próximos vômitos já serão no hemisfério norte...", dizia o engraçadinho comandante. No Sul, ainda se admitia, mas naquelas geografias civilizadas não ficava bem vomitar.

Miami! Novo pernoite.

Hotel de estrada com *mini-city-tour*. A única imagem que guardei de Miami foi a de um combate feroz entre índio e crocodilo. Eu me assustava com lances marciais e piruetas do índio, a boca afiada do crocodilo, punhais. Temia pela vida humana. O rinque de terra batida, cheio d'água e chão de pedras, ajudava ao bicho mais que ao humano. Anfiteatro de madeira: turistas curiosos, forasteiros. Ao meu lado, gente mais experimentada que eu ria dos golpes ensaiados: o meigo crocodilo amestrado fazia cara feia de mau-caráter, embora fosse suave como gata dengosa. A luta era tão falsa como *catch-as-catch-can* em cidade do interior maranhense. No fundo, índio e crocodilo eram bons amigos, excelentes pessoas, trabalhadores.

Foi o meu primeiro contato com o show business norte-americano...

Miami-Nova York. Um amigo do meu pai me havia ensinado o Hotel America, perto de Times Square, dez dólares a diária. Cara a cara com a penteadeira refletindo minha imagem espantada; me senti perseguido, pelos espelhos e por mim. Me parecia que o meu eu de verdade estava na imagem.. então quem seria o eu do lado de cá?

Encostei as mãos verdadeiras nas minhas mãos especulares, querendo o impossível aperto. Busquei o abraço, olhei fundo meus olhos e me falei baixinho, como quem fala ao espelho que espelha imagem imaginada, não a deveras:

---

1 Muitos anos mais tarde cheguei à Austrália vindo de Nova York depois de vinte horas de voo. Ia começar a trabalhar na terça-feira e eu, partindo domingo, pensei ter chegado na segunda. Ledo engano: em cima das ilhas Fiji atravessei a International Date Line, outra linha imaginária, que decreta onde nasce o dia: ali perdeu-se a minha segunda-feira. Cheguei e fui trabalhar...

"Estamos sós... não vamos brigar: vamos confiar um no outro, amigos."

Não me lembro o que me respondi, mas aceitei a paz momentânea. Acho que me encorajei a sermos um dos meus eus, íntegro, soma dos dois ou três como havia sempre sido.

Se os paulistanos já eram diferentes dos cariocas, pelo menos falavam língua inteligível. Em Nova York me perdi. Passei os primeiros dias, caipira em cidade grande, espiando arranha-céus e me sentindo como uma amiga brasileira que mora em Hong Kong: ela diz que, quando em casa, tudo bem, sente seu território; mas se sai à rua, sente-se claustrofóbica. É a única cidade onde as pessoas sentem claustrofobia ao ar livre. Nova York, quando cheguei, me dava claustrofobia até no Central Park.

Todas as noites comia frango – sabia pronunciar *chicken* com o mais requintado sotaque de Shangai! Comi *chicken* todos os jantares até aprender a pronunciar *meat loaf and potatoes*. Variei verduras quando, corajoso, disse *chow mei* e o garçom entendeu de que assunto se tratava, salve! Todas as noites, depois do *clam chowder* e da *apple pie*, voltava pra cama e enfrentava a penteadeira, que me perguntava:

"Que ideia maluca você teve! Que é que te interessa esse país que não é teu, essa cidade que não é a tua, essa língua que você não fala?" Eu era severo comigo. "Volta pra casa no primeiro avião e funda logo esse raio desse Teatro Artístico do Rio de Janeiro, monta tuas peças e, de quebra, as obras completas do Shakespeare e pronto – nada mais fácil! Que é que você quer? Ser escritor, não é? Então escreve!!! Fazendo é que se aprende! Talento não se ensina! Que John Gassner coisa nenhuma!!! Volta pro Rio: lá você tem amigos."

Tive sérias altercações comigo, cão e gato, eu e eu, precária paz. A culpa sempre foi minha: só não sei qual dos meus mins o mais culpado.

Quase cortei relações comigo, como quando criança; me falava só o necessário e, quando me falava, era com aspereza e nem me olhava na cara, não queria me ver – só no inevitável barbear. Já tinha adquirido o know-how e, quando me aborrecia comigo, quando me enfezava, perto das vias de fato, jogava o cobertor no espelho e pronto: apagava parte de mim e evitava a ruptura definitiva. Sentia remorsos e procurava minha imagem em outro lugar, atrás da porta, como se ela tivesse abandonado o espelho, amuada. Procurava a paz e, a mim mesmo, estendia a mão.

GASSNER, MEU PROFESSOR

Tinha certeza de querer voltar e mais certo estava de querer estudar com Gassner. Se eu acreditava que talento não se ensina, acreditava que, em se o tendo, Gassner faria bem. Afinal, tinha sido o professor de Arthur Miller, Tennessee Williams e outras famas – devia saber. Podia me ensinar chaves que abrissem portas. Estradas a Roma: sei que todas chegam lá, mas não conhecia nenhuma.

Até a data da primeira entrevista no Brander Matthews Theatre, da Columbia, eu dormia decidido a voltar pro Brasil no dia seguinte e acordava com a determinação de estudar com Gassner!

Tomei o primeiro *subway* da minha vida. Sabia que deveria descer na 116th Street na direção *uptown* e desci certo. Só que peguei o trem errado, Lenox, e fui parar no Harlem – só via negros.

Foi minha terceira humanidade: todo mundo escureceu! Se todos se parecessem com o Abdias ou Grande Otelo, seria conforto: mas havia os bem e os mal-encarados, sorrindo e raiventos. Eu perguntava pela Columbia University e nem respondiam ou respondiam em voz baixa – eu ainda não entendia palavrões e agradecia: "*Thank you, mister, thank you, madam*". Até que uma senhora idosa compadeceu-se materna, esclareceu o mistério: havia duas 116th Street, East e West, uma pra cada lado da 5th Avenue. Eu estava *uptown*, do lado de cá, *Harlem*, e não de lá, *Columbia*.

Respirei fundo, fui *downtown* e outra vez *up*, na direção certa.

Pontualidade britânica – carioca, tenho espírito mineiro ou sueco: tinha saído do hotel horas de avanço. Quando vi nas escadarias a estátua da *Alma Mater*, que conhecia de fotos, eu me senti em casa. Sentei nos degraus, fiz carinho na estátua: sujei a mão na sujeira pombalina. Respirei fundo, encarando os olhos de pedra. Sempre, antes das grandes decisões, respirava fundo! Ainda hoje, respiro! Oxigena!

O professor Milton Smith usou o vocabulário indispensável; decidimos que cursos eu deveria fazer. Shakespeare, *of course*,

Drama Moderno, Direção, Teatro Grego e *Playwriting* com Mr. John Gassner! Os professores, além de Gassner e Smith, seriam Maurice Valency, Norris Houghton, Theodore Apstein e não me lembro mais quem: lembro que eram bons. Informei que precisava de tempo e espaço pras aulas de química: Plásticos e Petróleo. Mr. Smith pediu que eu repetisse três vezes o que dizia, pensando que me faltavam palavras em inglês: pelo contrário, sobravam.

"*What Chemistry is that: Shakespeare and Plastics*...?!?!?", perguntou incrédulo.

Expliquei: química era obrigatória não só por causa do meu pai, que merecia sacrifícios, mas porque o governo brasileiro, já então, discriminava as artes – só autorizava a compra de duzentos dólares mensais ao câmbio oficial se o estudante estudasse ciências: artes não valiam para efeitos cambiais. A diferença entre o câmbio oficial e o paralelo era de mais de 100%. Esses dólares eram a minha mesada. Tinha que me matricular como cientista: se a química já era difícil em português, imaginem em língua que mal dominava – pra ser sincero, língua que me dominava a mim, sem contemplações!

Estudando inglês com o professor chinês eu me apaixonava pelas palavras difíceis e inúteis – *flabbergasted* era o meu principal amor! Ninguém fica *flabbergasted* o tempo todo – só eu! *Flabbergasted* à beça! Em vez de ficar *flabbergasted* poderia ficar apenas *surprised, astonished, amazed, stunned, astounded, dumbfound,* tanta coisa, mas não, queria ficar *flabbergasted* e pronto: *flabbergasted est*!

Tive que aprender às pressas palavras prosaicas: no restaurante, comia *meat* e não *flesh*, e *pork* e não *pig*. Faz diferença: o primeiro está morto, o segundo ronca! Entendi esse detalhe quando pedi *pig* e o garçom roncou, rindo.

A universidade me deu uma lista de quartos para alugar. Fui morar com um casal de meia-idade, ele rabino, ela, dona de casa. Aluguel semanal igual à diária do Hotel America: dez dólares. Riverside Drive. Descendo, subia o vento gelado do rio, rachando nariz e orelhas.

Os frios são diferentes segundo o país, a geografia, a cultura. O frio do Rio é mal-encarado, sabe que está fora de lugar, invasor insolente – não é aí o seu lugar: frio estrangeiro. Ataca, machuca, deixa vítimas e vai embora, de volta à casa materna, Argentina e outros recantos glaciais. O frio gaúcho é intrometido: engalfinha-se fugidio camisa adentro, minuano. O frio de Londres, cinzento, molhado, transborda, encharca a roupa, ensopa. O frio de Praga é cordilheira branca na planície. O frio de Estocolmo, escuro, faz noite às três da tarde; porém, respeitoso, sincero: é frio, é o seu jeito de ser, não faz por mal.

Todos os frios são sinceros: só o frio de Nova York mente, traiçoeiro – é frio azul. O céu invernal de Nova York é tão azulão como o estival do Rio. Instantâneo, o frio nova-iorquino se aloja na coluna vertebral, vai direto à medula e morde com caninos. Sangra! Aguentei o frio do Hudson River no Riverside Drive, descendo ladeira, dois anos a fio. Dois anos de orelhas rachadas e nariz vermelho.

Na primeira aula de química não entendi rigorosamente nada, nem uma só palavra, uma fórmula, um suspiro, intenção ou propósito, um olhar, nada. Não entendi nem por que estava ali!

Nas aulas de teatro também não entendia, mas inventava – era criativo! Notei que os professores de teatro, mesmo austeros, usavam o corpo pra falar; os de química, mesmo alegres, não usavam nem a voz. Falavam em silêncio.

Na primeira aula de dramaturgia, Gassner me apresentou aos outros alunos: "*Mr. Boal lives in Buenos Aires...*".

Expliquei as diferenças geográficas, sociológicas e culturais do Cone Sul, mas devo ter embaralhado as palavras de tal maneira estapafúrdia que meus colegas pensaram que eu fosse paraguaio.

Como não entendia nada, reparava em detalhes: a linguagem das palavras é apenas uma das linguagens que utilizamos nos nossos diálogos – existem as linguagens da voz, do corpo, do movimento, a do corpo no espaço e as linguagens inconscientes. Já que me escapavam as palavras, prestei atenção ao resto.

Reparei que os professores de química falavam só com a boca. Os de teatro mexiam o corpo e cantavam. Eu olhava o corpo dos professores, ouvia suas vozes e pensava: "Agora deve estar falando de Ibsen: esse repinico rítmico só pode ser norueguês, esses gestos de mão precisos, secos, entrecortados – é o mais puro Ibsen! Agora, esse jeito subterrâneo escondido, meias palavras, esse peso nas costas, angústia, esse grito, é Tchekhov... Ah, isso é Shakespeare, com certeza: essa maneira decidida e enérgica de ondular o braço e depois bater duro e forte, só pode ser Shakespeare".

Resolvi que deveria ler jornais de manhã, ir ao cinema às tardes e ouvir rádio o dia inteiro. E, sobretudo, falar sozinho. Nisso, eu era um craque.

Logo na primeira semana planifiquei a rotina. Acordava às sete, comprava o *New York Times* na esquina, andava três quarteirões até a cafeteria da universidade, Lion's Den, lia jornal comendo cereais e iogurte, tomando café e suco de laranja, voltava pra lavar os dentes enquanto ouvia rádio, ia pra biblioteca estudar. Ao meio-dia, sanduíche. De novo os dentes, livros até a hora das aulas, às seis. Quando não tinha aula, às duas da tarde, cinema Thalia – todos os dias, dois filmes pelo preço de uma entrada. Acho que vi toda a cinematografia francesa, italiana, alemã, japonesa, russa e os filmes norte-americanos antigos.

Depois de semanas, a rotina me invadiu. Comecei a ficar mais solitário do que nunca, agora que vivia no meio de multidões. Ninguém falava comigo. Patinho feio! A solidão de homem cercado por multidões é tão ruim como a das celas de segurança máxima, cercado de paredes grossas: conheci as duas. Ninguém me olhava se eu andava; se parava, ninguém me olhava. Experimentei sentar no meio-fio, fiz caras e caretas: ninguém me olhou. Dei um grito no meio da rua. Ninguém ouviu: todo mundo tinha mais que fazer do que ouvir gritos de brasileiros solitários...

Eu estava só. Até meus outros eus tinham-se ido, cansados de mim... Pensei, aterrorizado, que esse último eu que ainda me restava talvez me abandonasse também: quem ficaria?

LANGSTON HUGHES E A AMIZADE

Descobri que a universidade tinha um programa cultural. Langston Hughes, famoso poeta negro, ia fazer conferência. Me lembrei de uma carta que Abdias queria que eu lhe entregasse.

Fui. No fim dos aplausos, cumprimentos. Fila. As pernas começaram a tremer e eu me lembrei da tremedeira que tive quando vi Nelson Rodrigues. Imaginei a emoção que teria, apertando aquela mão, celebridade mundial.

"Mr. Hughes... my friend... Abdias, you know... my very good friend... a brother... this letter... see? It is for you... He wrote himself... by himself... for you... for himself... não sei. *It is yours! Take it!"* – as palavras estavam, na maioria, certas; o estilo, sincopado. A sintaxe, aleatória.

Hughes lembrava muito bem do *our friend and brother* Abdias, a quem queria muito e admirava mais. Conversou bons três minutos – entendi a metade do que disse e, felizmente, nessa metade inteligível estava o convite para uma mesa-redonda no Harlem.

Na semana seguinte, fui à mesa sobre poesia e literatura negras nos Estados Unidos. Langston me apresentou a vários amigos, negros e brancos, brancas e negras. Todos antirracistas determinados – essa luta, essa determinação os unia. Muitos conheciam Abdias e gostavam dele. Senti amizade, Langston e Abdias. Como é bela a amizade de quem luta com razão pelas mesmas razões. Não importa a cor da pele, sexo, idade, país: importa a razão, a paixão!

Nunca entrei no seu círculo de amizades, mas era convidado para espetáculos no Apollo Theatre[2] ou conversas de bar. Eu era presença inobstrusiva – ouvindo atento e só respondendo se perguntado.

"Moro no Rio de Janeiro, que é a capital do Brasil, *and not* Buenos Aires, capital da Argentina, que é outro país, *another country*, como o Paraguai, cuja capital é Assunção e é também *another country*, e a capital do Equador é Quito, do Uruguai, *another country*, Montevidéu... do Chile, Santiago... da Colômbia, Bogotá... e... pois é... é isso aí..."

Quando o vocabulário é reduzido a conversa tende a ficar chata... Melhor sorrir, inteligente. Pensar inteligente em português, sorrir em inglês. Isso eu sabia fazer: feições inteligentes!

Fui sorrindo e conhecendo gente famosa: Sugar Ray Robinson, que apertava a mão de todo mundo e me dava medo de levar um soco – todo pugilista gosta de dar soco de brincadeira –, Dizzy Gillespie, a quem quase pedi pra tocar pra mim... Conheci tanta celebridade negra que hoje penso que conheci todo mundo e fico pensando: "Será que o Martin Luther King estava lá, era

2 Teatro musical no Harlem onde muitas estrelas de ontem e de hoje começaram carreira.

aquele? Claro que estava, claro que era. Será que aquela mulher fascinante era a Ella Fitzgerald? Claro que sim! E mais esse e mais aquele? Lógico!". Será que eram mesmo?

Hoje, tenho a impressão de que conheci todo mundo mas, na verdade, devo ter conhecido apenas meio mundo! Abraham Lincoln, por exemplo, tenho a certeza de que nunca vi... a menos que ele fosse aquele homenzinho barbudo e calado lendo jornal naquela mesinha no fundo do bar... É mesmo... quem sabe era ele? Não era, não: morto não lê o *Times*.

Aos poucos fui perdendo o medo de gente famosa – gente como a gente. Decidi que seria repórter do *Correio Paulistano* – tinha um amigo que trabalhava lá. Me aceitaram como correspondente amador: de graça. Iniciei minha carreira como jornalista internacional.

Comecei a entrevistar quem eu queria conhecer. Todo artista gosta de sair no jornal – necessidade da profissão. Mesmo jornal provinciano – qualquer notícia de qualquer tamanho – é importante. Eu ia ver teatro, escrevia carta pedindo entrevistas e deixava na portaria do teatro com o número do meu telefone. Ninguém nunca se recusou.

Foi assim que conheci José Ferrer, depois de uma matinê do famoso *Cyrano de Bergerac*, no City Center. Ruth e Augustus Goetz, adaptadores de *O imoralista*, de Gide; através deles, Louis Jourdan, Geraldine Page e James Dean, que trabalhavam na peça. Dean fazia o árabe sedutor; seduzia, mas ainda não era famoso.

Através de Geraldine Page, conheci José Quintero, porto-riquenho radicado em Nova York, diretor de um teatro de arena que ainda existe, o Circle in the Square. Entrevistei Harold Clurman, Stella Adler e Kazan, depois da estreia de *Gata em teto de zinco quente*, com Barbara Bel Geddes, Burl Ives, Mildred Dunnock e Ben Gazzara. Entrevistei bailarinas do *Wish You Were Here*, que tinha piscina de verdade em cena: tirei fotos na piscina. Robert Anderson, autor de *Chá e simpatia*, com Leif Erickson, Debora Kerr e John Kerr (não eram parentes), que foi substituído por Anthony Perkins – aí descobri que Perkins era meu colega de classe nas aulas de Shakespeare, mais mudo do que eu, e ninguém sabia que era ator.

O *Correio* gostava dos meus artigos: além de serem de graça, falavam de gente famosa. Depois de voltar pro Brasil continuei escrevendo reportagens com gente importante: "Bibi Ferreira, muito triste" e "Leonardo Vilar, um ator" foram minhas primeiras reportagens.

Através de um conhecia outro e mais outro. Tagarelando em inglês. Aprendi a gostar das palavras, casar palavras nas duas línguas. Como se fossem vivas. Eram. A palavra é um ser vivo: só se deixam aprender quando amadas. Feito mulher.

Gassner conseguiu que eu fosse admitido em sessões do Actors Studio, como ouvinte – melhor dito, vidente, pois via mais do que entendia. O temporário local de trabalho chamava-se Malin Studio, teatrinho, e eu ficava a poucos metros dos atores – fascinado vendo o ator criar personagem. Desde aquelas sessões tenho fascínio por atores que vivem de verdade seus personagens – não fazem de conta. Ver ator criando, metamorfoseando-se, dando vida às suas potencialidades adormecidas é uma das maravilhas da natureza humana.

É a melhor maneira de se entender o ser humano: ver ator criar.

Actors Studio, Arena – o ator era o centro do universo. Meus melhores espetáculos foram espetáculos de ator, não de luz ou cenografia – mesmo tendo trabalhado com cenógrafos maravilhosos como Gianni Ratto, Flávio Império, Hélio Eichbauer, Marcos Weinstock, Hélio Oiticica, José de Anchieta, Rosa Magalhães...

WRITERS' GROUP

No Brander Matthews Theatre, Howard veio me convidar para integrar um grupo de dramaturgos, Writers' Group, Brooklyn. Dez futuros escritores, moças e rapazes. Moças... que bom. Além de dramaturgas, eram moças. Sempre gostei dessas duas categorias especiais.

Ser estrangeiro, ter sotaque dava charme. Eu estava mesmo precisando de ajuda divina. Fiz grandes amigos e inesquecíveis amigas. Nos reuníamos aos sábados e líamos nossas peças. Um relator tinha a obrigação de ler e fazer relatório escrito, antes dos debates. Continuávamos juntos, duas, três horas, conversando. Eu me senti querido, integrado. Foi meu primeiro grupo de teatro, depois dos meus irmãos. Ainda penso naqueles jovens com carinho, saudades.

Quando senti que já usava destemidamente palavras coloquiais, tive coragem para atacar o *Dom Quixote*... em espanhol. Comecei e não parei mais. Queria comparar Cervantes com Shakespeare (que eu já lia com desenvoltura), não só porque viveram na mesma época e morreram no mesmo ano, mas porque desconfiava que a lenta passagem do feudalismo para sociedades burguesas era a essência da obra desses dois autores.

Dom Quixote é herói fora de época: seus valores são os da fidalguia de duzentos anos antes. *Amadis de Gaula* é o belo exemplo. Nada nele é ridículo; o ridículo de Quixote é o seu anacronismo. Hamlet, à semelhança do Quixote, traz em si valores passados, em si seu pai; traz também a *virtù* burguesa, de Cláudio. Hamlet é os dois reis, o pai e o tio!

Hamlet sintetiza o mundo em transformação, mundos coexistentes: a nobreza pura, idealizada, o Fantasma e a burguesia impetuosa, inventando a moral pragmática, o Tio. Ser ou não ser? A tragédia de *Hamlet* não é *ser ou não ser*: é *ser e não ser*. Hamlet é os dois, o Pai e o Tio, a morte e a vida – e só não sabe ser ele próprio. Sou especialista nessa dicotomia...

Depois da primeira leitura quixotesca em 1954, todos os janeiros, durante pelo menos dez anos, eu pensava: “Faz tempo que não releio *Dom Quixote*!”. E me punha a reler, anotar e reavaliar anotações. “Faz tempo que não leio Shakespeare!”, e alguma peça sua voltava à minha mesa. Esses dois autores marcaram minha vida.

Um ano depressa passa e ainda mais quando você começa a gostar do que faz, entender a língua que fala, criar amizades, amores. Quando se está escrevendo teatro, dando para um professor como era o meu, um luxo, ouvindo seus comentários – principalmente o comentário que mais me agradava ouvir, o de que eu dava trabalho, era o aluno que mais escrevia! –, quando se tem colegas como os que eu tinha, quando se está aprendendo, lendo todos os livros, vendo todos os filmes, assistindo a todos os espetáculos, quando se vive assim, vivendo, um ano voa.

Quando me dei conta do tempo, o ano letivo acabado. Em química, tive as notas que merecia: aprovado sem entusiasmos. Em teatro, ótimo!

Fui me despedir de Gassner, o Papa da Dramaturgia. Sentou-se num banco do corredor, relembrou minhas peças, elogiou meu progresso, desejou-me felicidades. Explicou que ser dramaturgo era dom, como poeta – podia-se aprender estudando, mas ser pianista era dom como pintor, arquiteto ou cirurgião. Sempre se pode aprender; o dom, porém, é necessário. Levantando-se, disse a frase fulminante que me comoveu até a raiz dos cabelos e as unhas dos pés: "*Mr. Boal, you are a playwriter*!".

Temeridade! Eu tinha dois caminhos: ou desmaiava ou... tomava resolução heroica. Prevaleceu o heroísmo.

"Sabe, Mr. Gassner, eu acho que posso melhorar. Pra isso, preciso estudar com o senhor um ano mais, inteiro. O senhor é um professor formidável. Resolvi que não volto pro Brasil, não: fico também no ano que vem..."

Rasgamos sedas.

FULMINANTE CARREIRA DE JOVEM GARÇOM EM ATLANTIC CITY

Com a Columbia University não havia problema: bastava que eu pagasse os *credit points*, caros! E com meu pai?

Homem justo, tinha-me oferecido um ano de estudos no estrangeiro como compensação pelos cursos mais extensos dos meus irmãos; eu pedia dois. Escrevi explicando minha emoção, o significado de ser chamado de *playwriter* por Gassner, nada menos, Príncipe dos Professores! Tinha a certeza de que meu pai entenderia.

Tomei a decisão de trabalhar. Ele, a de me apoiar. Obrigado, pai, embora tarde, receba meu agradecimento carinhoso. Homem justo.

No verão, empregos à farta: colher laranjas na Califórnia ou ser garçom em Atlantic City e Miami. Em vez de chupar laranjas na West Coast, tomei o ônibus para as praias do sul – só não quis voltar a Miami porque já conhecia o crocodilo.

Visitei agências de trabalho temporário, hotéis, cassinos: lá estavam os empregos. Visitei as cozinhas de três hotéis. Minha intenção clara: observar panelas *in loco*, sentir o cheiro da comida, passar o dedo, chupar o molho. Escolhi o melhor cardápio: o do Chelsea Hotel.

Logo no primeiro almoço percebi o engano: empregados não comiam como a clientela – recebiam gororoba simplificada.

Como eu não sabia fazer nada me deram o lugar de ascensorista, que não requeria saberes. Nunca vi emprego mais chato, mais sem graça que chupar prego. Inútil – ascensorista faz o que qualquer usuário pode e deve fazer: aperta botões.

Nos Estados Unidos, a maioria dos hotéis ostenta porteiros e até carregadores de malas mais fantasiados do que Carmen Miranda nos seus dias de glória hollywoodiana, ou general soviético em parada militar na praça Vermelha. Eu ficava revoltado com tantos bordados. Reclamava em bom português pra que ninguém entendesse e vestia farda em inglês: foi a única em minha vida.

Durei um dia sobe-descendo: abriu-se vaga de *bus-boy*, rapazes – moças serão *busgirls*? – que tiram pratos sujos da mesa e colocam pratos limpos. Secretários de garçom.

Emprego divertido, social, dava direito a gorjeta. Explico: o *bus-boy* ganhava gorjeta do garçom, que ganhava gorjeta do chefe da *station* (conjunto de mesas), que ganhava gorjeta do cliente. Era o chefe que recolhia as moedas – ninguém podia tocar em dinheiro, só o chefe. Somava, dividia (algo subtraía) e dava parte aos garçons da sua *station*, e cada garçom arbitrava uma parcela (mínima), e era isso o que sobrava para nós, míseros *bus-boys*. Por semana, cinquenta dólares. Pra mim, fortuna inaudita!

Sempre fui trabalhador – herança paterna. Mesmo *bus-boy*, gostava de fazer direito. Fui promovido a garçom no fim da primeira semana. Os colegas me chamavam de Columbia Man. Dava charme ser estudante da Columbia, das mais prestigiosas do mundo. Meu sotaque, mais charme. E o fato de ser simpático bilíngue sem hesitações – e, com tropeços, tri (incluindo meu incipiente espanhol) – ajudava nas promoções.

Depois de três ou quatro semanas, fui promovido a chefe de *station*: glória. Fulminante carreira, de ascensorista a chefe de setor!

Eu tinha tudo pra conquistar o coração de Margaret, *bus-girl* que trazia bebidas – não era nobre, não morava em Londres nem na Penha, mas se chamava Meg, meiga, mas não dócil – revoltada.

Margaret não tinha sangue azul, como desejava minha mãe, mas era princesa – eu que o diga! Trabalhava pelo mesmo motivo que eu – dinheiro! Vinha de Baltimore, Maryland, e estudava filosofia. Gostava de música.

Nós namorávamos em qualquer lugar ouvindo ritmos caribenhos, no hotelzinho chinfrim onde eu me hospedava, no dela, melhorzinho embora também meia-estrela, ou no *boardwalk*, em cima ou embaixo. Explico: ladeando a areia, existia um *boardwalk*, caminho de madeira, onde os turistas passeavam. Em certos pedaços, ao anoitecer, a parte debaixo era ideal para carinhos sinceros e afagos apaixonados.

Margaret sabia cantar. Eu nem no banheiro – ah, dona Marieta! – e confesso, meio sem jeito, que gostava de Bing Crosby, Sinatra e das orquestras de Lucho Gatica, Tommy Dorsey, Xavier Cugat... Pois é, ninguém é perfeito. Até Liberace me parecia ter relativo talento tocando piano e dizendo *small talk, little jokes...* se não fosse a brilhantina no cabelo...

Meg era tão revoltada contra a sociedade e o *american way of life* quanto contra a música romântica ambiental que escutávamos trabalhando: "Oh, My Papa!", "Stranger in Paradise", "Hernando's Hideaway"...

Embaixo do *boardwalk*, Meg trazia um toca-discos de plástico azul, não sei onde descobria a tomada elétrica – se é que havia! – e ficávamos ouvindo suas músicas preferidas em discos de 78 rotações – talvez, em 1954, fossem menos, sei lá! Namorando, quem vai ficar contando rotações...?

Música, qual? Ainda não era Elvis Presley, não podia ser – "Hound Dog" é de 1956 e eu voltei pro Brasil em 1955! Talvez uma prematura e premonitória Jamaica. Mas juro que, quando me lembro das músicas que Meg adorava, eu me lembro de Elvis, the Pelvis!

Ainda hoje, quando me lembro do *boardwalk* mais importante da minha vida, é como se estivesse escutando Elvis cantar "Blue Suede Shoes", que ainda não tinha sido composta. Não era ele, mas alguém que, na minha imaginada memória, cantava como ele. Sei que não podia ser: Elvis entrou retumbante jurando que "I've Got a Woman!", sem que tivesse predecessores; chegou exclamando "That's Allright, Mama!", batendo de frente com tudo que se tocava e se ouvia, entrou gritando: "*One, two, three o'clock, four o'clock rock!!*"!

Imaginem essas sonoridades selvagens invadindo espaços hoteleiros e cassinescos, onde flutuavam meigas suavidades, indutoras ao uísque, ao *cheek-to-cheek*! Elvis foi amazônica pororoca musical quando eu já estava no Brasil. Engraçado como a memória se engana e, mesmo sabendo-se errada, jura! Juro, era ele... e sei que não era!

O rock foi revolucionário. Veio rompendo limites, contornos, cadeias. Elvis: poeta do desconforto, da revolta! Depois, rock virou a insuportável bobagem barulhenta que somos obrigados a suportar. Mas foi protesto, afirmação, foi jovem! Demolidor, surpreendente. Arte. Vez por outra, ainda é. Rita Lee, mais esse e mais aquele, ainda são.

Talvez – pensando bem – o rock já fosse a bobagem cinza de hoje – Elvis é daqueles que "não resistiram ao tempo". Ninguém, hoje, em sã consciência, põe um CD de Elvis no laser: só descuido ou masoquismo. Naquele momento, porém, como ele se contrapunha a algo bem pior, parecia maravilhoso.

Digo mais: seu conteúdo revolucionário não estava nas músicas, mas na sua contraposição ao meloso gosto melodioso melado da época. Era revolucionário pelo que negava, não pelo que dizia. Hoje, mostra-se como sempre foi, vazio. Transformou-se naquilo que condenava.

Ouvindo Elvis (ou quem fosse, sei que não era ele!), eu pensava: no Rio, havíamos querido suavemente fazer a transição do teatro balneário – é claro que havia no Rio outros elencos e outros artistas, belos espetáculos, admiráveis, mesmo que não fossem muitos! –, queríamos ajudar a fazer a transição disso para um teatro sério e queríamos fazê-la suave. Na música, Elvis entrava aos pontapés!

Ruptura é ruptura. O rock, que hoje me desencanta, me ajudou a pensar assim. Obrigado, Elvis, the Pelvis. Obrigado, querida Meg.

Assim tem que ser, pensei. Um dia, vou fazer o que quero, o que penso, e o que penso que quero e o que quero pensar! Não vou pensar no que quer o público: pensarei no que quero eu! O artista manda! Machão!

Van Gogh pensou com sua cabeça, moveu o pincel com suas mãos, misturou tintas com seu olhar. Não disse: "Que será que vão dizer? Marchand vai me comprar?". Por isso soube pintar o vento, que não ficava quieto pra posar nem pra Van Gogh. Soube pintar a velhice e não apenas o velho sentado na cadeira amarela. Pintou a cor e não apenas a coisa colorida. Viva Van Gogh!

Rembrandt gostava da ambiguidade do claro-escuro sem se preocupar com reclamações de quem queria mais luz pra ver melhor... Picasso sempre fez o que lhe deu na telha. Telha de artista. Imaginem se tivesse prestado atenção às mulheres que preferiam ser retratadas com um olho de cada lado do nariz e a boca embaixo das narinas? Picasso via narizes e tetas, bocas e orelhas onde quer que estivessem na sua imaginação, não na cara de suas modelos.

O público, o que eu quiser, há de querer! *Así soy*! Não vou fazer o que penso que deva ser feito, mas o que quero: correr riscos.

Acabaram-se as férias em Atlantic City, promessas de amor, juras de não esquecer. Meg foi pra Maryland – onde andará? Eu não esqueci, e você, Meg, lembra?

Meu segundo ano em Nova York foi ainda melhor que o primeiro. Fiz o que já tinha feito – só que agora sabia o que estava fazendo.

Perto do fim do segundo ano, a Columbia promoveu concurso informal de peças em um ato. O prêmio: montagem do texto. Fui o primeiro colocado com *Martim pescador*. Feliz pensando no que aprenderia com o diretor, atores e público. Estudando, tomava impulso: agora, daria o salto! O impulso era na máquina de escrever: o salto, no palco.

A direção da escola considerou que o texto, embora bem escrito e teatral, não era adequado nem pelo tema – pescadores brasileiros – nem pela forma – cru naturalismo. Decepção. E agora?

Entrou em cena o Writers' Group. Decidiram que seria uma afronta aceitar que a obra vitoriosa não fosse montada, agora que estávamos todos com invencível tesão de ter a primeira peça do Group em cena, respirando. Meus colegas produziriam eles mesmos o espetáculo, junto com uma comédia que escrevi, *The House Across the Street*, e outra do Howard, *The Old Man*. Acabamos trocando o *Martim* por outra minha, *The Horse and the Saint*. O elenco seria formado pelos dramaturgos do grupo, sendo diretores os autores.

Sem querer, comecei a dirigir. Como não era diretor, não tive medo de dirigir. Não temi o fracasso: estava de antemão perdoado. Até o meu eu alternativo ficou de acordo comigo, torceu pelo sucesso! Como os atores não eram atores, não tiveram medo de atuar: estavam ótimos.

Como não havia dinheiro, decidimos construir cenários, varrer chão, pintar paredes, convidar amigos, vender bilhetes, servir drinques e guloseimas, agradecer a gentileza de terem vindo enfrentando o risco...

Foi o salto depois do impulso. Como não sabíamos nada, aprendíamos juntos. Me encantava a metamorfose: uma coisa, o texto escrito; outra, no espaço, no cenário, na luz, no movimento, no corpo e na voz. Tudo ganhava sentido: nova escritura. Aprendi que o diálogo, no papel, tem jeito calmo, leva o tempo da leitura – lido, é tempo passado. Voando entre gente viva, no palco, diferente – vivido, tempo presente!

Nilson Penna, cenógrafo brasileiro, de passagem em Nova York; nós o convidamos pra fazer a cenografia. Aceitou. Não tínhamos dinheiro pra produção, mas Nilson tinha uma grande amiga: Bidu Sayão, cantora lírica.

Fui com ele à casa de Bidu, conhecemos sua mãe, ouvimos seus discos, ela ouviu nosso projeto, ambicioso, e nos deu dinheiro, além de chá.

Minha primeira direção em teatro foi produzida por Bidu Sayão: vejam que chique! Até hoje guardo um retrato meu abraçado com ela. Com os cem dólares que carinhosamente ofertou, fizemos cenários, alugamos o Malin Studio – o mesmo onde se reunia temporariamente o Actors Studio – e fizemos três espetáculos lotados de amigos. Não apareceu um único incauto espectador desconhecido. Todos estavam de antemão conquistados: pais, namoradas e namorados, amigos e acompanhantes. Espetacular sucesso!

Estreei na Broadway, como diretor e autor – que luxo!

O ENTERRO

Logo depois da estreia, desmonte. Pela primeira vez, senti a tristeza de ver cenários se desfazendo, o palco se desnudando, pronto para se entregar a outro espetáculo ansioso. Palco prostituto!

Nossos cenários em quinze minutos estavam amontoados na porta, à espera do caminhão. Ali, naquele palco onde eu tinha vivido as minhas primeiras emoções teatrais, já não se viam meus personagens, já se preparavam novos dramas.

Compreendi por que, no Brasil, alguns elencos gostavam de fazer o "enterro" da peça no último espetáculo: nessa derradeira vez, improvisações são permitidas. Cada ator, a sós, prepara surpresas: textos fora de contexto, figurinos de outra peça, marcações absurdas, falsas entradas e inesperadas saídas. A maior tragédia se transforma em farsa deslavada! Risos em lugar de soluços. Frenesi em lugar da reflexão.

É uma forma de se fazer o luto do espetáculo. Quase sempre o elenco avisava à plateia de que se tratava de um enterro e os espectadores se preparavam.

Prefiro o luto tradicional, mesmo que lágrimas rolem escondidas. Sem ser masoquista, prefiro o sofrimento da despedida. Prefiro a verdade.

OS ADEUSES

Lágrimas rolaram. Pela peça e pela despedida: na semana seguinte terminaria minha temporada nova-iorquina, já estava de malas prontas.

Não era só o cenário que se desmontava – era Nova York, a Columbia University, a Broadway e a off-Broadway, os cinemas de Greenwich Village e o Thalia, Harlem e o Bowery, bibliotecas e museus, ruas e parques. Meu mundo se desmontava.

Não era só o elenco que se desfazia, a cidade que se afastava: eram Gassner e Hughes, amigos da universidade e do Writers' Group, era a *garçonette* que me servia a sopa, o *clam chowder* dos dias frios.

Desmontavam-se minhas lembranças de Atlantic City. Dois anos, quando se é jovem, é longo tempo. Mais tarde, passam correndo. Pena! Tempo – vá devagar!

Em julho de 1955 voltei ao Brasil.

No avião cheio, vim vazio.

NA ARENA DO ARENA

CAPÍTULO 11
O TEATRO DE ARENA (1956-1971)

Parte da minha vida se divide em períodos de quinze anos: quinze no Arena, quinze no exílio, quinze de volta ao Brasil... e agora? Um novo caminho: a Sambópera! Mais quinze? Bastam cinco!

NA REDE, PLÁCIDO SOSSEGO...

Dormia, balançando na rede do terraço, lendo revista de crime e mistério, *X-9*... Explico: quando voltei, meu irmão deu a notícia assustadora – havia conseguido para mim um belíssimo emprego na Petrobras: excelente salário. Minha carreira prometia ser mais fulminante do que havia sido a de garçom em Atlantic City! Fantástico, maravilhoso!

Pânico! Se assumisse a química, nunca mais faria teatro.

"Você não é nacionalista? Nada mais nacional que a Petrobras... O petróleo é nosso! Vai trabalhar na Petrobras!", dizia meu irmão.

Empregos à fartura. Ficou célebre a frase da minha irmã Augusta quando começou a trabalhar como professora: no fim do mês, voltou pra casa com dois contracheques, seus primeiros salários em dois colégios: "E agora? Que é que eu faço com tanto dinheiro?!", perguntou espantada, olhando as enormes cifras dos salários simultâneos.

Professores eram semideuses. Com diploma na mão e anel no dedo – os meus a polícia roubou, duas décadas mais tarde! –, podia-se escolher emprego à vontade. Eu era *Columbia Man*: empregadores faziam fila! Petrobras, Fermento Fleichmann, Vale do Rio Doce, Companhia Siderúrgica Nacional... O Brasil crescia.

Procurei Nelson Rodrigues. Contei aflições. Não queria ser químico, mas não achava justo meu pai sustentar marmanjo de 24 anos.

"Você fala inglês. Sabe traduzir?", perguntou Nelson.

"Posso tentar, mas não sou tradutor..."

Nelson me deu um endereço amigo: "Fala com o Drummond!", diretor da revista de crimes, sexo e sangue *X-9*, avô do James Bond. Drummond me fez passar a primeira prova: traduzir um texto curto, profusas rajadas de metralhadoras, espirros de Rh. Carreguei nas tintas vermelhas.

Fui aprovado. Desde a primeira tradução, toda semana ia buscar textos ensanguentados e fumegantes.

Drummond gostava das minhas versões. Não reclamava quando eu alterava o texto: ganhando por página, quando sem dinheiro, inventava subenredos, criava personagens, esticava um conto de dez páginas que virava novela de trinta. Se estivesse de bolso recheado, matava antes do tempo personagens importantes.

Como não lia a história antes de traduzi-la – irresponsável que era! –, com frequência assassinava personagens que seriam necessários para desvendar o crime, e isso me obrigava a fabricar pistas pra ressuscitar cadáveres. Me transformei em poderoso Inventor de Ressurreições.

Foi assim que aprendi a técnica do romance policial, que me ajudou a escrever, em 1975, uma novela sobre o golpe de Estado na Argentina – antes mesmo que fosse deflagrado –, *A deliciosa e sangrenta aventura latina de Jane Spitfire, espiã e mulher sensual*. O livro foi editado pelo Jaguar n'*O Pasquim*, e Guidacci fez belíssimos desenhos absolutamente pornográficos e lascivos e o livro foi vendido às dezenas de milhares nas bancas de jornais do Brasil inteiro... não nas livrarias. Os compradores pensavam que se tratava de livro de pura sacanagem – e sacanagens havia às mancheias, mas não só! Através dessa técnica eu explicava as maquinações econômicas e políticas daquele período, naquele país. Perón não ficava bem na minha trama... Menos ainda na pena de Guidacci.

Molemente me balançava, tocou o telefone: Magaldi, de São Paulo.

"O Arena precisa de um diretor. Sugeri o teu nome."

"Eu não sou diretor..."

Sábato lembrou que eu havia dirigido peças na Broadway. Temporada de três espetáculos lotados de amigos, produção caseira de Bidu Sayão... mas Broadway! Durante anos isso foi motivo de orgulho pra mim: minha estreia foi na Broadway, oba! Com o tempo, fiquei calmo...

"Se dirigiu, é diretor!", e não se fala mais nisso.

Nelson tinha razão: quem fala inglês é tradutor! Acabei achando que o Sábato também: quem dirige é diretor!

RATOS E HOMENS

José Renato foi sincero e franco: "Você diz que não é diretor mas pode ser que leve jeito. Vamos tentar. Se der certo, melhor pra todos; se não, volta pro Rio".

"Você tem confiança em mim?"

"Não tenho nem deixo de ter: não te conheço. Mas preciso de um diretor pra dividir comigo o repertório. Estou na televisão e não me sobra tempo."

Prefiro assim: claro e sincero. Nesse meu começo de carreira, Renato foi importante: eu sabia o que ele pensava do que eu fazia, ele dizia! Sem papas na língua! Me dava segurança.

Logo me veio à cabeça *Hamlet*. Eu só pensava em *Hamlet*. Queria começar com o texto bem-amado.

Ainda no Rio, já tinha imaginado o espetáculo. Eu me lembrava do *Hamlet* do Teatro do Estudante, com Sérgio Cardoso – gostava da sobriedade do espetáculo. Era recomendável que fosse me habituando à sobriedade: pobreza à vista!

Mesmo sóbrio, precisava espaço: *Hamlet* respira, tem pulmão. *Hamlet* é ar livre, céu aberto.

Quando entrei na arena do Arena, quase fiz a pergunta ingênua: "Onde fica o teatro?". Tímido, fiquei quieto, esperando que me mostrassem o palco, a cena, luzes, ribaltas, cicloramas – queria ver.

José Renato mostrou a miúda arena, minúsculos metros quadrados, cinco por cinco. Pouco maior que sala de jantar. Devagar, entendi que era ali a arena do Arena. Naquele pequenino ali mesmo, ali deveríamos fazer revoluções estéticas...

Algumas, com estudo e trabalho, fizemos!

Escassez é limitação, não vamos elogiar a falta de recursos como se fosse bênção divina; desejar a carência – absurdo! O artista, no entanto, não choraminga. Com desejo e arte, falta de meios pode ser estímulo. Em nossos países escravizados estamos condenados à criatividade!

Essa pobreza não desejada acabou se transformando em condição ideal para o trabalho com atores. Espaço cênico finito: dentro de nós, porém, somos infinitos. Fizemos a busca da infinitude: para dentro de nós.

No Arena, mergulhamos no precipício da nossa alma.

Em 1998, meu filho Julián, depois de tanto ouvir falar, finalmente foi conhecer o local: "Pai, isto aqui é o Arena??? Foi aqui que vocês fizeram aquilo tudo???". Nunca vi tanto espanto. Justificado!

Naquela época, José Renato era elogiado por ter introduzido no Brasil *uma forma barata de se fazer teatro*. Verdade, mas não só: introduziu espetáculos em que os atores eram valorizados ao extremo. A arena não permitia truques, não dissimulava: atores tinham que se apoiar uns aos outros.

Arena era olho no olho, close-up: atores em primeiro plano, a menos de um metro dos espectadores, centímetros. O Arena parecia uma extensão do Actors Studio. Cara a cara!

Acredito que, mesmo que se disponha de meios materiais, o começo, o âmago – e pensem todos os sinônimos que quiserem para significar a Verdade! –, a verdade de todo teatro é a inter-relação entre seres humanos. É a paixão que entre eles flameja. Aqui está a essência do teatro, que pode, depois, vestir-se de ouropéis! Não antes. Disse Lope de Vega: "Teatro é um tablado, dois atores e uma paixão!". Assino. Não preciso nem do tablado...

Fiquei olhando 25 metros quadrados de chão, pensando se *Hamlet*: caberia? Hamlet close-up, por que não?

Cláudio? Para mim, a tragédia não é *Hamlet e os outros*: é Hamlet e alguns outros versus Cláudio e o resto. O rei é o *emergente*, o poder burguês que se afirmava; o príncipe, os valores que se desmoronavam no reino apodrecido da Dinamarca... Este, porém, continha aquele e, aquele, resíduos deste.

Hamlet, intimidado – ele tem medo da moça, sim! –, mandando Ofélia para um convento, em meigo e triste lamento; voz baixa, carinhoso, pedindo à rainha Gertrudes para nunca mais fazer amor com seu tio. Acalanto, o diálogo com a mãe. Sussurro, a conversa do Fantasma com o filho, meia voz – maravilha! É assim mesmo que tem que ser conversa séria de pai e filho, e não purgatoriais trombones de ultratumba! Até aí, tudo *sotto vocce*. Mas... como matar Polônio atrás de cortinas suspirantes? Como sussurrar duelos mortais e acrobáticos, sangue espirrado? Como murmurejar a entrada triunfal de Fortinbrás? Pode, sim.

Questões que tinham solução, tinha certeza, nos ensaios – cada coisa tem seu tempo. Como dizia Scarlett O'Hara:[1] "Tem um cadáver embaixo da cama? Bom, hoje não tenho tempo para os mortos: resolvo amanhã...".

Sonhava dirigir *Hamlet*, mas a primeira peça já tinha contrato assinado: *Ratos e homens*, de John Steinbeck.

Elenco? Os atores do Arena não eram ruins, mas, como se dizia na época, eram estilizados. Como eu tinha visto *Escola de maridos*, de Molière, com jovens atores do Teatro Paulista do Estudante, disse ao Renato: "Pra ser franco, como você comigo, prefiro o TPE. Vou me sentir mais à vontade trabalhando com gente inexperiente como eu, não com quem sabe tão mais".

Renato concordou: caía bem, era preciso dar férias ao time principal. Com ele me ajudando, escolhemos o elenco, no qual estavam atores que comigo trabalhariam mais de dez anos, como Gianfrancesco Guarnieri e Oduvaldo Vianna Filho, ou pouco menos, como Dirce e Flávio Migliaccio, Milton Gonçalves, Riva Nimitz, Vera Gertel. Outros, de longo convívio, vieram mais tarde: Lima Duarte, Paulo José, Dina Sfat, Myriam Muniz, Fauzi Arap, Fernando Peixoto, Sylvio Zilber, Juca de Oliveira, Ary Toledo, Nelson Xavier, Isabel Ribeiro, Joana Fomm...

Acertamos o salário. Não me lembro se eram seis, 6 mil ou 6 milhões; não me lembro se eram cruzeiros simples ou complicados, cruzeiros novos ou velhos, cruzeiros cruzados, novos cruzados ou velhos mil-réis: com a inflação de 30% ao mês, o governo mudava de moeda sem pestanejar. Só sei que o meu sa-

---

1 Heroína do filme ... *E o vento levou.*

lário tinha o algarismo seis em qualquer parte, pra frente ou pra trás. Isso me impressionava: fazer teatro e, ainda por cima, seria pago! Vocês entenderam bem? Ser pago por essa alegria!

Mal conseguia acreditar: receber dinheiro pra fazer o que mais amava! Viver sem luxo. Além do salário, direito ao almoço, na casa do Renato: sua mãe, a carinhosa dona Gina, me fazia lembrar minha própria mãe – maravilhosa cozinheira! Nunca vou esquecer a macarronada das quintas-feiras! Nem o emprestado carinho materno que recebi.

Além da comida, o ambiente familiar fazia com que eu me sentisse protegido. Foi importante nesse começo de carreira. Até hoje, em teatro, busco a família. Busco irmãos. Encontro, mesmo falando outra língua.

STANISLAVSKI

A melhor maneira de ensaiar seria, desde o primeiro dia, praticar Stanislavski. Expliquei como seria o trabalho, pedi que estudassem os primeiros capítulos da *Preparação do ator*, que começaríamos a experimentar no primeiro ensaio, às duas horas da tarde, em ponto. Fui pra casa – quarto emprestado – reler anotações sobre o Actors Studio, rever rabiscos nos livros do mestre russo. Stanislavski foi, desde minha estreia profissional, setembro de 1956, e até o meu futuro minha referência como diretor.

Às duas da tarde em ponto, estava ansioso, sozinho, sentado na plateia do Arena. Às duas e quinze, meio elenco. Duas e meia, o elenco ficou completo. Pedi que abríssemos o livro no primeiro capítulo e lemos a violenta descompostura que Stanislavski passava no ator retardatário.

Um poeta pode acordar no meio da noite e escrever belo poema – basta inspiração! Um pintor pintar um quadro em minutos ou anos, como sentir melhor. Mas artistas de artes coletivas não podem convocar espectadores às três da madrugada, alegando que só nesse momento sentem que baixou o santo.

Teatro é arte coletiva. Respeito e disciplina são essenciais.

O capítulo terminava com o velho Stanislavski se recusando a dar aula naquele dia: punição e advertência. Eu, moço estreante, fui moderado: "Vamos ler a peça. Amanhã, por favor, não me chegue ninguém depois das cinco pras duas, porque é o ensaio que começa às duas, não vocês que começam a chegar".

No Brasil sempre esse problema. Em horários, sou britânico, sueco, dinamarquês, alemão, japonês, finlandês, norueguês, australiano, bora-boraniano, hongkonguês, neozelandês, tudo... Não tenho nada de carioca!

Reparem que, na lista da pontualidade, não incluí Portugal, Bolívia, México, Equador, Colômbia, Argentina, Itália...

Nos dias seguintes, quase todo mundo estava de livro aberto quando entrei. Sempre foi assim: *quase* na hora, *quase* todo mundo. Até hoje, não me conformo. Comigo não tem *quase*: não me conformo mesmo!

A forma da cena limitava a criatividade visual: chão escasso, rodeado de plateia por todos os lados, menos um que conduzia a uma parede azul, e duas escadas laterais para acesso dos espectadores.

Nem tudo era desvantagem: os atores estavam sempre de costas para uma parte da plateia, de frente pra outra. Tinham que representar com verdade, expressivos em todas as direções.

A proximidade era intimidante. Durante uma representação de *Chapetuba Futebol Clube*, do Vianninha, o autor interpretava um jogador de futebol – em determinada cena, deitava-se num catre encostado na primeira fila, onde jovens espectadoras estavam sentadas a dez centímetros do seu corpo. Era rapaz bonito. Uma das moças, mais encantada, comentou e todo mundo ouviu: "Que pernas bonitas ele tem...". A cena era dramática e tivemos que segurar o riso... Imaginem o Vianninha.

Com frequência ouviam-se comentários da plateia e aumentava-se a concentração. Trabalhar em arena é extenuante, mas gratificante. Inter-relação ou morte!

OS OLHOS

Cada dia estudávamos um capítulo de Stanislavski e analisávamos o texto. Durante os ensaios, estudamos todo o primeiro livro do mestre. Estudando o método – não servilmente, mas aplicando-o à nossa realidade –, começamos a criar um estilo brasileiro contraposto ao do Teatro Brasileiro de Comédia (TBC).

Espetáculo *brasileiro* significava sermos nós mesmos. Não fazíamos considerações de classe, sistema social etc. Apenas isto: memória emotiva. Era inevitável que os excelentes atores do TBC, dirigidos por quatro diretores italianos, um belga e um polonês, acabassem com prosódia em francês, polonês ou italiano. Nós éramos mais parecidos aos nossos espectadores.

Para mim, sempre foi esse o alicerce de todo espetáculo: dois atores se olhando. O olho é a parte mais vulnerável do corpo humano! Por isso procuramos, recatados, esconder nossos olhos em momentos de emoção. Ou oferecê-los, em momentos de amor. Os atores devem-se oferecer seus olhares. É no olhar que se cria a estrutura do espetáculo. É no olhar que nascem os personagens. É no olhar que se descobre a verdade. Não basta o olho aberto: falo do olhar profundo do qual até os cegos são capazes.

O ator não *entra* no personagem: falso. Nenhum ator pode interpretar um personagem que não exista dentro de si. O personagem *sai* do ator, que o levava dentro. Sai pelos olhos! O ator entra, sim, nos personagens dos outros, não no próprio. Entra pelos olhos!

Teatro, para mim, foi sempre essa energia que passa de um a outro, *entre os dois*. Como o amor, que não está contido em um ou outro amante, mas existe intenso *entre um e outro*, também assim a teatralidade não pertence a este ou àquele. Como o raio, é faísca que salta entre dois polos. Dizia Marx que a menor unidade social são dois cidadãos, e disse Brecht que a menor unidade teatral são dois atores: é o que penso. Penso que foi Brecht quem disse isso, mas, se não foi, digo-o eu!

Em torno das inter-relações, criei espetáculo simples, onde os movimentos se reduziam aos obrigatórios. Cada gesto tinha sentido. Uma mesa quebrada, uma cadeira rota e dois caixotes. As roupas – não tínhamos cenógrafo nem figurinista, *ça va sans dire!* – foram compradas na feira. Riva Nimitz veio comigo e ajudou na escolha.

Pensei em justificar a pobreza e criei uma expressão, "realismo seletivo" – um pequeno elemento ou parte da coisa simbolizava a coisa: feixe de palha era o celeiro; espelho quebrado, o quarto da mocinha; arreio de cavalo, cavalariça... Cenografia e figurinos cabiam em um saco de roupa. Melhor pra viajar.

No começo, distância: Guarnieri e Vianninha sabiam que eu tinha estudado nos Estados Unidos e me chamavam de americano ou caubói. Diziam que eu caminhava como se estivesse a cavalo. Eu fazia o possível para gingar como carioca – isto é, como eu próprio gingava, fazia uma caricatura de mim mesmo, exagerava o balanço e, quanto mais tentava a ginga, mais caubói me tornava. A confiança veio pelo trabalho, apaixonados pelo que fazíamos.

O estudo de Stanislavski foi pedra fundamental na minha carreira. Foi ele que sistematizou um método – embora não gostasse que chamassem de método ao seu método – que ajuda o ator a buscar, em si, ideias e emoções atribuídas aos personagens. Nesse sentido, uma das principais funções do diretor é ser maiêutico, como Sócrates no seu processo de filosofar – o filósofo é a parteira que faz o aluno descobrir o que já sabe, sem saber que o sabe, através de perguntas que provocam a reflexão, abrindo caminho para a descoberta. Assim deve ser o diretor teatral: ajuda o ator a parir personagens.

O parto podia ser difícil. Vianninha, em laboratório, interpretava um personagem que deveria sentir a angústia de subir um desfiladeiro pra salvar alguém, e se dividia entre a solidariedade e o medo. Quando observei que ele não tinha sentido nada e estava apenas relatando a frio pensamentos sem emoções ou sensações, Vianninha se espantou e disse: "Você queria que aqui, nas arquibancadas, eu sentisse o medo da morte?".

"Claro. E que nos contasse esse medo, que deve ser terrível..."

Houve incredulidade. Depois de pausa meditativa, um dos atores comentou, amedrontado: "Mesmo que pudesse, eu nunca faria isso, porque... com certeza deve fazer mal à saúde... Stanislavski, levado a sério, adoenta...".

Percebi o medo de sentir medo. Aproveitei a oportunidade e pedi que descrevesse esse medo, como era o medo de ter medo...

Expliquei que Stanislavski não era indigesto. Ao contrário do que dizem os mal informados, ele nunca pregou orgias emocionais. Nele percebemos a preocupação com a ideia que rege a ação do personagem: razão e emoção. A emoção decorre de uma descoberta e não da ignorância. É terapêutica: *a verdade é terapêutica*. Arte faz bem à saúde. Devia ser recomendada por todos os médicos. *O teatro também!*[2]

Se o ator se deixa levar por emoção desgovernada, sem rumo, sem nada descobrir, é tonto. Ou, se articulado, serve como puro exercício de *emoção abstrata*: atores discutem com aspereza um tema absurdo, usando só palavras que não façam sentido e devem chegar à raiva, amor etc. Como exercícios abdominais que servem para fortalecer os músculos da barriga; como pedalar em bicicleta ergométrica, sem sair da sala. Ou vocalise – ginástica.

Ainda hoje se encontram atores que têm medo ou aversão a tudo que seja de natureza emocional. Inventam esse absurdo de *emoção versus técnica*, como se fossem antônimos e não partes do mesmo processo criativo. Alguns chegam a se emocionar falando contra a emoção...

EMOÇÃO EM WUPPERTAL, BERÇO DO PRÉ-HUMANO NEANDERTHAL

Dou exemplo extremo, recente. Em 1985, fui convidado pelo Schauspielhaus de Wuppertal, na Alemanha, para dirigir a peça de García Lorca *El Público*. A maior parte desse texto estava perdida e, tendo sido encontrada meses antes, tratava-se da primeira montagem mundial do texto completo.

Fiquei espantado: em geral, os diretores são rotulados pelo que fazem com maior frequência ou pelo que tenham feito de

2 A própria Helene Weigel, esposa de Brecht e uma das principais atrizes do Berliner Ensemble, em diálogo com outros atores perguntou: "Como poderia eu mostrar com afastamento [*Verfremdungseffekt*] a dor da Mãe Coragem se não a tivesse sentido antes, eu mesma?". Stanislavski e Brecht não são incompatíveis: na criação do personagem pelo segundo, o primeiro o precede!

mais importante e não são considerados capazes ou interessados em fazer o que não lhes é habitual. Sempre fui conhecido por espetáculos com preocupações sociais – apesar de já ter dirigido e de gostar de tudo um pouco! *El Público* era uma tentativa de escritura surrealista. Inquieto, perguntei por que me tinham escolhido para dirigi-la: "Nada mais surreal do que convidar você!".

Achei ótima a explicação e fiquei fascinado em usar Stanislavski em peça surrealista. Para mim, uma coisa é o surrealismo, outra, o *nonsense*. Este é uma sucessão de significantes sem significado, ou sem sentido na sua justaposição; naquele, um sentido existe, subterrâneo, inconsciente, e se transmite do artista – através da sua obra – ao espectador. Eu queria achar esse sentido oculto, sem traduzi-lo em palavras. Guardar significados possíveis, não reduzi-los a um só. Queria que o espectador pudesse projetar, na simbologia do espetáculo, desejos inconscientes.

Alguns atores wuppertalianos, treinados de outra forma – embora estivessem na casa de Pina Bausch! –, queriam explicações lógicas para tudo. Quando me perguntavam se tal cena era isto *ou* aquilo, eu respondia, sincero: "É isto *e* aquilo!". Insatisfeitos, queriam sim ou não, a ou b, um ou dois, como computadores. No entanto, eu dizia a verdade. Queria isto, aquilo, e mais alguns aquilos e outros istos: queria o *mais*, o *também*, *talvez*, *além disso*, o *quem sabe?*.

Estávamos ensaiando a cena em que as Figuras discutem para saber quem é Um e quem é o Outro. Chega o Centurião, que precede o Kaiser, e exige que se definam. A cena termina com a chegada do Kaiser que escolhe um e recusa o outro.

Os atores que interpretavam as Figuras insistiam: "Um, o quê? Outro, o quê? O que se esconde nessas palavras terríveis, Um e Outro?".

Eu insistia em que atores deveriam vagar e navegar num mar de significações possíveis, devanear: fazer com que o desejo de ser Um (o que ambos queriam), e não o Outro (que rejeitavam), provocasse a emoção que os levaria à forma justa: ideia → emoção → forma: a essencial tríade!

Queremos ser Um e não Outro. Os atores deveriam pensar Um e Outro com amplitude e não singularizar um dos sentidos possíveis, reduzindo-os a só isto ou só aquilo.

Expliquei que qualquer conotação que déssemos a Um e Outro reduziria a riqueza de significados possíveis, tornando a cena realista, menos interessante. Como se alguém pusesse legenda em um quadro: "O sorriso enigmático da Gioconda, a estranha dama misteriosa que nunca ninguém soube explicar quem era e que se suspeita que tenha sido um rapazote imberbe", de Leonardo da Vinci; ou "Duas mulheres almoçando nuas, vejam só, deitadas na relva com cara de enfadadas e observadas por homens vestidos de negro", de Manet. Ou, em música, "O destino bate à porta", também conhecida como a *Quinta sinfonia* de Beethoven... Banalizações!

"Conotação, como?", perguntaram.

"Se eu disser que Um é Hamlet, Outro Horácio, fica claro, mas se escurece a gama de significações e se reduz o conflito, denso e profundo, justamente por nebuloso e impreciso, à corriqueira disputa de atores pelo melhor papel."

"Pode reduzir, mas se for disputa de papéis, isso nos tranquiliza, porque conhecemos esse problema. Precisamos de precisões."

"Então vão ter! Mais do que precisam!", ameacei, perdendo a paciência, o que raramente me acontece.

Chamei o chefe dos maquinistas e pedi veloz este cenário: à direita, mesa de banquete, com o que encontrasse no depósito – leitões assados, frangos, perus, tonéis de vinho, barris de cerveja, o que houvesse de gastronômico e apetecível, em *papier mâché*. À esquerda, mesa com instrumentos de tortura, correntes e correias, serras, fios e ferros. No centro, cela fechada.

Com germânica precisão, em dez minutos, diante dos olhares espantados surgia a cena, deslumbramento acima de qualquer expectativa. Pedi aos atores que improvisassem, na cela fechada, Um e Outro, agora que sabiam cada destino.

"Dentro da cela ninguém vai nos ver."

"Não é espetáculo: é laboratório! Não interessa a plateia, só vocês!"

Improvisaram e só podíamos ver suas cabeças quando passavam por uma janelinha da cela. Emocionados estavam e mais ficaram quando entrou o Centurião dando chicotadas no cenário e exigindo saber quem eram Um e Outro, antes que chegasse o Kaiser. Subi no palco e derrubei uma das paredes da cela no justo momento em que entrava o Kaiser e perguntava: "Quem é quem?".

Os atores se atiraram aos pés do imperador clamando que eram, ambos, Um! O Kaiser fez sua escolha e levou Um dos atores para o banquete: ele subiu na mesa e se pôs a dançar, no meio das comidas e bebidas. O Centurião levou o Outro para a mesa de torturas e, enquanto manejava, com enervantes e assustadores ruídos, os instrumentos da dor, o ator – já agora transformado no Outro – despiu-se e se deitou na mesa, pronto para a tortura. O Um dançarino, vendo a cena, fez strip-tease grotesco, bailando. Os dois nus.

Terminou o improviso. Os espectadores – minha assistente, a tradutora, maquinistas e faxineiras – estavam emocionados. Aplaudiram com entusiasmo. Os dois atores, em coro, disseram: "Somos profissionais e fazemos tudo que o diretor mandar. Tudo, menos *isso*: porque *isso* não é teatro, *isso* somos nós! É nossa vida, intimidade, privacidade que só a nós pertence e que expusemos aqui! Vamos pedir demissão!".

Foi um custo convencê-los a não se demitirem. Conseguimos. Mais difícil convencê-los de que *aquilo* era teatro e bom. O espetáculo fez sucesso, espanto geral. Os atores continuaram até o fim da temporada dizendo: "É sucesso, mas *isso* não é teatro: *isso* somos nós...".

Sempre que o espetáculo terminava, emocionados, agradeciam. Quem agradecia: ator ou personagem? Onde acaba um, onde começa o outro? Quem era Um, quem era o Outro?

OS CURSOS E O SEMINÁRIO DE DRAMATURGIA

Os ensaios de *Ratos e homens*, em 1956, foram menos drásticos. A peça estreou em setembro. Renato, antes do sucesso, já tinha me convidado pra codirigir com ele o teatrinho.

"Você é um diretor!", disse. Fiquei orgulhoso e me lembrei de Gassner: "Você é um dramaturgo!". Perguntei a mim mesmo: "Será verdade?".

Nunca tive certeza. Será que sou dramaturgo, diretor, professor, escritor, teórico? Tanta gente tem tanta certeza, sabe se definir – eu nunca soube. Sou talvez *um*, talvez *outro*.

Depois da estreia, eu me postava na entrada. Sentia, primeira vez, a angústia da bilheteria: quantos virão? Quantos reservaram ingressos? A vida do teatro dependia deles.

Excelente estreia não era sinal de boa carreira – havia que esperar o boca a boca – os franceses dizem *bouche a oreille*, que é mais correto: ninguém faz publicidade boca a boca... a não ser em certos casos...

Um dos maiores sucessos que tive foi *A mandrágora*, de Maquiavel. Estreia, lágrimas de alegria. Dia seguinte, ninguém. Absolutamente ninguém. Nem um único e piedoso espectador, nem amigo, namorada. Resolvemos fazer o espetáculo... pelo prazer, portas abertas.

No começo, o porteiro, o bilheteiro e eu. Vieram depois três bêbedos, atraídos pela música: de graça, ficaram. Passou o porre.

Chuva, mau sinal, quem havia reservado podia desistir. Dependíamos da bilheteria: salários, publicidade, manutenção e a nova montagem.

Anos mais tarde, exilado em Buenos Aires, se chovia às cinco da tarde, eu, sem saber por quê, me angustiava. Descobri: em São Paulo, se chovia às cinco, metade dos espectadores desistiam.

Ratos e homens lotava. Os atores tinham tomado o gosto pelos exercícios de Stanislavski e pelos que eu inventava, já naquele tempo, e que me serviram de base para *Jogos para atores e não atores*. Nós institucionalizamos o Laboratório de Interpretação.

De onde veio esse nome, laboratório? Creio que da Praia Vermelha. A química me ajudou, não apenas na escolha onomástica, mas na necessidade que sinto de sistematizar com precisão, no rigor do trabalho. O pensamento científico está por trás do que faço. Meu pai tinha razão: quatro anos não foram desperdício – a química, por estranha alquimia, floresceu em meus livros, nas encenações e na minha vida.

No laboratório criávamos sentimento de fraternidade com atores que vinham de outras companhias. Tínhamos orgulho em falar de classe teatral, como se falássemos de parcela importante da classe operária.

O elenco me pediu para contar como eram as aulas de Gassner. Queriam que eu fizesse um Curso de Dramaturgia, aberto ao público.

Achei a ideia boa, mas argumentei que não era professor, não sabia dar aulas. Disseram que eu não devia me preocupar comigo e sim em transmitir o que tinha aprendido: "Só você esteve com o Gassner: conta o que ele contava...".

Quem sabe falar é conferencista... Ou escritor: basta desenhar no papel as letras que saem pela boca. Ser escritor é pensar: todo mundo pensa. Todo mundo é escritor!

Tive medo, mas aceitei. Nunca tinha falado em público: natural que minhas pernas tremessem. Nada de mais, só tremenda tremedeirinha.

Eu tinha planejado falar de pé. Vi cem pessoas esperando minha fala – entre elas, gente conhecida, famosa, como a escritora Pagu – e preferi pedir cadeira e mesa para meus papéis, que tremeriam menos.

Terminou a aula-conferência e meus amigos perguntaram como me sentia: "Conferência é fácil: é só se concentrar no que quer dizer e não em si mesmo... Se você quer convencer pessoas, pensa nelas, não em você".

Durante semanas, reuniam-se cinquenta pessoas assíduas e eu dava aulas mostrando que as leis em dramaturgia são instrumento de trabalho para serem utilizadas, não obedecidas. Leis extraídas de obras-primas, Sófocles, Shakespeare, Molière. Se quiser use; se não, corra riscos...

Peguei gosto. Descobri que, quando ensina de verdade, o professor é quem mais aprende. No mínimo dos mínimos, aprende como são as diferentes maneiras que alunos têm de aprender a mesma coisa.

Eu aprendia com segurança o que ensinava. Algumas perguntas já tinham sido respondidas pelo Gassner; outras respostas tive que inventar. Guarnieri e Vianninha escreviam muito – estimulavam os outros.

O MEDO

Curioso o medo: continuo tímido, mas diante da plateia fico tão interessado em convencer as pessoas que esqueço o medo. Vejam bem: não *perco* o medo – *esqueço. Esqueço que estou com medo.*

O medo se afasta, se esconde, mas volta no fim da fala quando já não há mais razão pra medo, ou pode continuar submerso durante a fala, fora do meu olhar: sempre está em algum lugar a timidez.

Não tenho medo só porque tenho medo: fico com medo de que os outros vejam meu medo, sintam meu medo, pressintam que estou com medo, sei que o medo está à espreita, o medo é narciso, vaidoso, gosta de se mostrar nos momentos inconvenientes: o medo não tem medo de se exibir! Quando acontece, empurro a timidez pro lado, grosseiro, e falo alto pra esconder o medo... Fico com medo de ter medo e escondo o medo. Onde? Em mim! Que medo!

As pessoas são muito complicadas. Eu, então, nem se fala!

O presidente dos Estados Unidos, Franklin D. Roosevelt, dizia que devemos ter apenas um medo: o medo de ter medo. Eu também tinha esse medo, dose de elefante. Medonho!

O SEMINÁRIO

No ano seguinte, 1957, organizamos outro Curso de Dramaturgia, aberto. Em 1958, depois da estreia de *Eles não usam black-tie*, resolvemos fundar o Seminário de Dramaturgia para aprofundar nosso estudo, agora em pequeno grupo.

O seminário seria para convidados e o curso para todos. Reunimos doze futuros autores profissionais, alguns já tendo escrito, outros nem uma linha. Reuniões aos sábados de manhã para analisarmos peças com, no mínimo, dois relatores – um dos quais sempre eu, já que me supunham conhecedor de carpintaria teatral: para isso tinha estudado na Columbia University!

Os relatores tinham que ser minuciosos, prestar informações nos debates. Os outros participantes ouviam a leitura e debatiam. As reuniões terminavam quando se sentia fome. Almoçávamos num botequim da Consolação, onde nos esperava suculenta feijoada, apesar do calor! Discussões suadas. Difícil combinar Hegel, Brunetière, Aristóteles com torresmo e costela de porco – no verão! Sófocles, Ibsen e Shakespeare com couve, laranja e chouriço. Heroicos: caipirinha com Maquiavel e Eurípides. Delícia!

Notei que quem tomava caipirinha tornava-se generoso, capaz de compreender o ponto de vista alheio. Eu era solidamente abstêmio: até então, o único álcool que tinha atravessado minha garganta, com certa dificuldade, tinha sido um modesto cuba-libre na despedida do Writers' Group, copo que causou severo estremecimento da minha reputação de jovem bem-comportado.

Desde então tenho pensado escrever um ensaio sobre "O álcool e seus curiosos efeitos sobre a ideologia". Começo escrevendo, bebo um *bourgogne* e esqueço.

Depois do almoço, descanso antes da matinê às quatro. Aos sábados, os teatros faziam sessões às quatro, oito e dez e meia. Aos domingos, seis e nove. As peças não podiam durar mais que duas horas, com intervalo obrigatório para o bom funcionamento do bar. À meia-noite, cine Paissandu: Kurosawa, Fellini, De Sica, Visconti, Rossellini...

Atores que trabalhavam na TV Tupi eram obrigados a ensaiar depois da meia-noite – no teatro das duas da tarde à meia-noite e até as quatro da manhã, na TV. Segundas, sagrado dia de descanso, ensaiavam no estúdio à tarde, mortos e, ao vivo, às nove da noite: não havia *videoteipe*. Eh, vida boa, não é mesmo, Fernanda, Fernando, Ítalo, Sérgio, Nathalia...? Heróis!

Parte do seminário tinha participação partidária; normal que os debates fossem politizados. A paixão pode levar à intransigência. Algumas vezes, intransigíamos. O seminário ficou com fama de sincero beirando o dogmatismo. Hoje seríamos mais compreensivos.

Às vezes sentíamos a violência na própria cabeça. Escrevi um Édipo paulistano, *Helena e o suicida*, e quase fui parar em hospital psiquiátrico depois dos virulentos ataques dos meus ex-alunos!!! Me consolava: "Estão se revidando ensinamentos...".

Convidávamos, para dar aulas, quem conhecia certos temas mais do que nós, como Sábato, que nos falava do teatro grego, Anatol Rosenfeld, que nos introduzia o teatro alemão, Décio de Almeida Prado, que nos contava a história do teatro brasileiro, José Renato e Ruggero Jacobi. Autores que não eram do seminário, como Jorge Andrade e Bráulio Pedroso, vinham ler suas peças.

Na verdade, em 1957, o seminário organizava cursos e reuniões informais, mas só adquiriu a forma acima depois do *Black-tie*, em 1958.

Em 1959, Alfredo Mesquita me convidou para inaugurar dramaturgia na Escola de Arte Dramática, o que tornou desnecessários os cursos do Arena: quem quisesse, fosse para a EAD.

Tive alunos inspirados: Renata Pallottini e Lauro César Muniz, na primeira fila, no meu primeiro ano. Na segunda turma, meu amigo e, mais tarde, advogado político César Vieira (Idibal Pivetta). Para montar suas peças, César criou o União e Olho Vivo, já trintenário, o mais antigo teatro popular do Brasil. Ao seu lado, sentava-se o juiz Sant'Anna, pai de Vanya, que viria a ser esposa de Guarnieri. Eudynir Fraga e outros nomes, lembro imagens.

Fomos convidados a mostrar *Ratos* na Tupi. Novelas não existiam – só nas rádios. Fiquei impressionado com o diretor de TV, Luiz Gallon: uma perseguição na floresta e Gallon, com duas câmeras e dois galhos de árvore, criava a impressão de floresta amazônica, onde se escondia Lennie, depois de matar a mulher do patrão.

Adrenalina, na hora da transmissão, jorrava aos borbotões: ninguém podia errar, tudo ao vivo.

Fim do ano, *Ratos e homens* devia sair, embora lotado, e Renato me pediu pra dirigir a próxima. Qual?

MARIDO MAGRO, MULHER CHATA E A NAMORADA IMPLICANTE

Difícil repertório. *Hamlet*, nem pensar! Sugeri um texto copacabanense meu, *Marido magro, mulher chata*: personagens jovens e poucos, cenário único.

Depois da trágica tristeza de Steinbeck, salutar comédia das que apelidávamos, envergonhados, "despretensiosas". Peça brasileira era veneno de bilheteria. Comédia despretensiosa era perdoada. Vianninha entrou no elenco e também sua esposa, Vera Gertel – ambos do TPE.

Sofás emprestados, jardins artificiais emprestados, smokings alugados, roupa da família.

Eu, feliz. Tocou o telefone: minha nova namorada, Maria Cristina, atriz recém-chegada da Inglaterra, onde tinha estudado arte dramática, mulher culta, inteligente, bonita, cheia de prestígio. Falava o tempo todo em Peter Brook e eu ficava com ciúme danado. Falava das maravilhas europeias, culturas diversificadas, e eu acabava de chegar dos Estados Unidos, onde tudo era uma coisa só. Mas era Peter Brook que me deixava mais enciumado. Janeiro de 1957.

O namoro dava certo, estávamos felizes. Éramos sinceros a mais não poder, dizíamos o que pensávamos – demais. No dia da estreia, Maria Cristina exagerou na franqueza exuberante: tão sincera... diacho! Estreia, a gente tem que ter cuidados especiais com sensibilidades estreantes. Maria Cristina desmediu-se desmesurada.

Eu tinha lhe dado o texto para ler e quis sua opinião, ouvir elogios pelo telefone: "Leu?". "Li." "Gostou?" "Uma porcaria. Pra não dizer merda, porque hoje é dia de estreia e você podia pensar que era estímulo!"

"O que foi que você disse?! A ligação está horrível... essa telefônica não presta... não estou entendendo nada..."

"Está entendendo muito bem, sim! Essa peça é uma porcaria! Como é que você é capaz de dirigir tão bem o Steinbeck, emocionante, me fez chorar – olha que sou excelente atriz, não choro à toa, só quando quero, no palco! –, me fez chorar e vem você e faz uma chanchada horrorosa, que raiva!"

"Depois da estreia a gente conversa...", pedi, querendo adiar as críticas.

"Eu nem sei se vou continuar namorando você depois da estreia... Imagina nós dois na cama e me vêm à cabeça esses diálogos irresponsáveis! Corta qualquer tesão..."

Eu argumentava que os personagens eram irresponsáveis e a peça denunciava a juventude imatura de Copacabana. Foi o argumento que me veio, pego de surpresa. Tinha que dizer qualquer coisa, disse...

"Denuncia o quê, Boal, onde é que você está com a cabeça? Denuncia nada: pura complacência! Um pavor!"

"Está bem, mas o texto é só *parte* do espetáculo, não é o *todo*... Você precisa ver. Venha hoje! Reservo quantas entradas você quiser! Você vai ver que toda a crítica social está na interpretação dos atores. O Vianninha, a Vera, a Riva, o Geraldo estão ótimos... emoção... inteligência..."

"Deus me livre de ver essa vergonha nacional... Tenho mais o que fazer. Vou ficar em casa. Na cama, com Brecht... relendo Brecht... Aliás, você precisa começar a ler... É ótimo! Morreu na

Alemanha quando você estava ensaiando o Steinbeck. Acho até que morreu no dia da estreia. E se o Shakespeare estivesse vivo, morreria hoje à noite!!! De vergonha!!!"

Coisa de namorados. Sinceros. Demais. Ela não calava a boca, eu com a orelha ardendo no telefone preto, como o da padaria do meu pai: regredi! Falou de Peter Brook... Ah, Peter, você me paga!

"É, mas o Peter também faz comediazinhas... eu vi, na Broadway... Um musical *House of Flowers*... bem feito, divertido, mas comediazinha... putas e policiais de pijama... eu vi... vi, sim..." – eu morria de ciúmes, sem saber se lembrava direito ou torto, mas ia lembrando, a torto e a direito, os diretores famosos que algum dia tivessem dirigido um pecadilho...

Ela nem quis ouvir. Argumentou que Peter Brook tinha feito *Titus Andronicus* com Laurence Olivier e Vivien Leigh e eu, não. Me contou, sem mais nem menos, o *curriculum vitae* do Peter, da Vivien e do Laurence, do Redgrave pai, do Gielgud, Dame Evans, Peggy, Paul... e não parava de contar maravilhas. Da frente pra trás, estava em Thomas Kyd quando eu parei de escutar!

Noite de estreia, ela chegou em cima da hora, entrou no escuro, escondida. A plateia não parava de rir! No fim, não parava de aplaudir. Maria Cristina me procurou nos camarins: "Você tinha razão: o texto não é todo o espetáculo...". Elogiou a frescura dos atores, a inteligência das marcações, gostou de tudo. Essas mulheres...

"Não, quem tem razão é você: é uma merda! Vou proibir amanhã mesmo! Essa vai ser a única montagem desse troço." Esses homens...

Não quis sair com ninguém depois da estreia: fui pra casa jantar sanduíches sozinho. Sucesso amargo. Maria Cristina tinha razão: eu tinha traído meus personagens da Penha, traidor da causa operária, da revolução socialista, do Homem Novo, de Stanislavski e Tchekhov, do famoso Teatro com T maiúsculo, da minha Ideologia com I maiúsculo, tudo, não sobrava nada! Nada com N! traidor com tezinho minúsculo, miúdo!

Maria Cristina veio me visitar, depois de jantar com amigos. Eu já estava sereno e disse que a bronca tinha me ajudado a ver claro, voltar à minha verdadeira ideia de teatro.

Maria Cristina estava carinhosa. Ninguém é de ferro: antes de seguir, perguntei: “Você não vai lembrar diálogos, não vai cortar o tesão?”.

Disse que não. Como era tarde, preferiu ficar comigo até o sol nascer. Esses casais...

PRA QUEM SE FAZ TEATRO?

Três meses de salários em dia. Era a vez do Renato e escolheu *Enquanto forem felizes*, de Vernon Sylvaine.

Depois, voltei ao realismo seletivo e à seriedade, *Juno e o pavão*, de Sean O'Casey (5 de junho de 1957), obra-prima que já falava da guerra civil irlandesa. Convidei, para traduzi-la, o poeta Manuel Bandeira. A tradução ficou um primor. O elenco ia de Sadi Cabral (de quem eu ouvira pela primeira vez o nome Stanislavski) a Aracy Balabanian, que estreava como profissional.

Foi o espetáculo mais exato que tinha feito até então: emoção e rigor. Na plateia, chorava-se diante da irracionalidade da guerra, mortes inúteis. Quem assistia gostava. Especialmente da cena em que Vianninha, o guerrilheiro traidor, ao ser cercado pelos ex-companheiros, vendo-se perdido, ajoelhava-se e rezava a ave-maria: a luz se extinguia e, no escuro, um tiro. Voltava a luz, lágrimas em todos os rostos.

Curioso: ficávamos felizes vendo sofrimento. Os desígnios do teatro são inescrutáveis... Teatro é forma de se entender a dor, dominá-la. Fazemos teatro para sermos maiores do que a dor. Senhores da dor!

Pena que o tema não inspirasse. A guerra civil irlandesa era tão distante... Os espectadores diziam: “Sabe que eu gostei?! Mas não entendi nada...”.

“Sabe que eu gostei!?!” não prenuncia êxitos. “Não entendi nada...”, menos ainda. *Juno e o pavão* ficou dois meses. Não bastava que fosse a peça obra-prima e o espetáculo, uma pérola – era necessário algo mais. O quê?

Na alternância, Renato montou Silveira Sampaio, *Só o faraó tem alma*, Alfredo Mesquita dirigiu um espetáculo duplo, *A falecida senhora sua mãe*, de Feydeau, e *Casal de velhos*, de Mirbeau, e eu, que não gostava de ecletismo, insisti no filão realista,

They Knew What They Wanted, com o espantoso título de *A mulher do outro*, de Sidney Howard, que nos permitia continuar Stanislavski com peças estrangeiras. Fazendeiros norte-americanos: nada a ver com os brasileiros. A globalização cultural ainda não tinha operado em nós a "prótese do desejo", ainda desejávamos falar de nós, ouvir nossa voz, ver nosso rosto.

Durante os ensaios, senti que me preocupava demais com o rigor do espetáculo e menos com os personagens. Como se a objetividade do espetáculo primasse sobre a subjetividade dos atores. Eu queria, com recursos teatrais, esconder interpretações deficientes de atores menos capazes que haviam entrado no elenco.

Era como se estivesse fazendo prova de fim de ano em Nova York sem pensar na plateia de São Paulo, que tinha outras preocupações e não estava interessada em problemas rurais norte-americanos.

PARA QUEM?

Para quem se faz teatro? Para si ou para o público – e que público? Nem sequer pra mim escolhia: eu era um *Columbia Man* e essa formação universitária me fazia pensar em textos literários, obras-primas de compêndios, sem levar em conta realidades que estavam da porta para fora. Só me faltou montar *Shakuntala*! Orgulho dos meus professores. Fazia repertório para exames de fim de ano.

Sempre gostei de rigor, embora nem sempre o tenha conseguido. Sempre me preocupou esse difícil equilíbrio. Como o encontro diretor e ator: a subjetividade deste – quando é bom ator! – tende a exigir mais tempo e mais espaço do que pode aquele lhe conceder.

O trabalho do Actors Studio permitia certa indulgência dos atores consigo mesmos. "Tudo bem?", perguntava um personagem. Antes de responder, o outro olhava o copo, segurava o copo, rolava o copo nas mãos, levava o copo aos lábios, bebia um gole, punha o copo na mesa, afastava o copo e respondia: "*Yeeeeeeeee eeeeeeeeeeehhhhhhhhhh...*".

Isso acontecia mais no cinema. Haja pausa! Quando os atores eram Marlon Brando ou James Dean, perdoava-se. Infelizmente, a maioria não era Dean nem Brando, nem justificava tanto vagar.

Stanislavski, dando liberdade aos atores, não esquecia a inter-relação – esta interdependência é social, existe no tempo e no espaço concretos, não apenas na subjetividade incomensurável do ator. O Actors Studio criou uma espécie de realismo expressionista... Nos diálogos, o que se mostrava, em cena ou na tela, era o que ia na cabeça de cada um e não na relação entre os dois. Difícil equilíbrio.

DE MULHER, ENTENDO EU!

Uma história verdadeira ilustra esse conflito.

Pedro Paulo era diretor de teatro bem informado, falava línguas, lia todas as revistas teatrais e estava apaixonado pela atriz Anabela, que também falava línguas, informadíssima, além de bonita. Cultos, no sentido de que tinham informações acumuladas – a maioria inúteis. Eram o que Nelson Rodrigues chamava de "analfabetos em vários idiomas".

Estavam ensaiando *Senhorita Júlia*, de Strindberg, e Hamilton Manga fazia o papel do empregado: excelente ator que não sabia falar nem português – diziam dele que tinha o vocabulário tão rico e variado como o do papagaio do vizinho, que aprendeu a falar de velho...[3] Manga ficava ouvindo eruditas conversações entre Pedro Paulo e Anabela em inglês, francês e italiano, idiomas que dominavam com acrobacias.

Manga fora da conversa, fulo, aguentando. Sentia-se culpado por tão ignorante em matéria idiomática, além de outras ignorâncias variadas. Engolia heroico as citações de Shakespeare, Corneille, Molière, Dante, Ariosto, Homero, Racine. Depois das poliglóticas explicações, Pedro Paulo perguntava, maldoso: "Entendeu, Hamilton?".

"Mais ou menos..."

"Então repete!", pedia, cruel.

"Vamos ensaiar!", implorava Manga, que, em cena, era comunicativo, maravilhosa presença, transmitia tudo, especialmente quando não entendia nada.

---

3 "Papagaio velho não aprende língua nova", diz o ditado popular.

"Vaca que dá leite não sabe o que faz...", dizia Nelson.

Sessões de tortura. Hamilton, arreganhando dentes, jurava vingança. O diretor lhe perguntava e Manga respondia com outra pergunta boba; por exemplo, qual a diferença entre camelo e dromedário, aranha e bicho-da-seda, palmeira e coqueiro? Era xingado de burro e ruminava desejos de vingança.

Até que chegou o dia. Pedro Paulo, esplendoroso, esbanjando erudição em todas as línguas; Hamilton sorumbático, frango molhado, até ouvir a frase salvadora, "Vamos ensaiar!". Pedro Paulo mandou que improvisassem a cena na escada depois de que o criado e Júlia passaram a noite fazendo amor.

Terminado o improviso, o diretor deu berros medievais dizendo que não era nada disso, que Hamilton não tinha entendido nada, Strindberg era um dos maiores escritores contemporâneos e ele não poderia permitir esse verdadeiro assassinato de uma obra-prima...

"Então explica, porra! O que é que está errado? Explica em português..."

Pedro Paulo explicou em português: "Eles passaram a noite trepando, está ouvindo? Era tudo o que ele queria na vida e conseguiu: a noite toda, ele e a menina rica. Foram pra cama às nove da noite, agora são sete da manhã", exagerava. "Então, o rapaz, felicíssimo, abre a porta e vem descendo e salta os degraus da escada, dois a dois, três a três, pula, grita, é um homem feliz, entendeu? Ele não é esse personagem triste que você fez, se arrastando pela escada, parecendo bêbedo...".

"Eles passaram a noite trepando, das nove da noite às sete da manhã???"

"Isso: está feliz como nunca! Por isso, salta os degraus de dois em dois..."

"Sabe de uma coisa? Abandono. Peço demissão. Hoje mesmo, agora."

Espanto e medo: a publicidade feita, não seria possível substituir Hamilton, que, além de tudo, tinha público cativo.

"Você ficou maluco? Abandonar por quê?"

"Porque você pode entender muito de Shakespeare, Aristóteles, Schopenhauer, Spinoza, estética e filosofia, mas de trepadas entendo eu: se ele passou a noite trepando, está cansado, arrebentado, não pode descer as escadas dando pulinhos afrescalhados como você quer!!!"

Tinha razão. O diretor queria a cena alegre, personagens saltitantes, mas o ator não podia fingir. Sexo, se é bom, exaure!

DISCIPLINA

O rigor sempre me preocupou. Conto duas histórias significativas. No Brasil, era difícil começar na hora por causa dos atrasos, atores gravando novela, filmando. Na Áustria e na Alemanha, onde trabalhei várias vezes, era o exato oposto.

Nada mais a Calingasta, de Julio Cortázar, no Schauspielhaus de Graz, Áustria: eu estava fazendo a marcação e pedi a um ator que fosse pra trás de uma mesa com um livro na mão e, segurando o livro, ameaçasse jogá-lo contra outro personagem. O ator assim fez, mas, na hora de levantar o livro com a mão direita, viu seu relógio no pulso esquerdo e disse: "São duas da tarde".

Surpreso, perguntei: "E daí?".

"Pelas normas do sindicato, o ensaio deve terminar às duas."

Continuava com o livro ameaçador, olhando o relógio. Perguntei se não seria possível terminar a marcação da cena; respondeu que preferia obedecer a horários do sindicato. Concordei, decepcionado.

Dia seguinte, às nove em ponto, o ator, atrás da mesa, levantou o livro, ameaçador, e perguntou: "E agora? O que é que eu faço com o livro?".

Ator germânico é assim: o diretor fala uma vez, é pro resto da vida. Mas tem que falar antes das duas da tarde, hora do sindicato...

Schauspielhaus de Nuremberg, *La Malasangre*, de Griselda Gambaro. Preparando o cenário, coloquei, no meio da cena, uma mesinha. No dia seguinte, achei que não ficava bem do jeito que estava e decidi mudar a posição da mesinha. Subi no palco e a coloquei pro lado esquerdo. Desci as escadas, costas para o palco, sentei, e tive a impressão de não ter movido a mesa o suficiente, porque parecia continuar no meio. Tornei a subir, puxei a mesa bem para a esquerda. Desci, sentei, olhei e – não era possível! – a mesa estava outra vez no centro.

Para explicar o mistério, tornei a subir, a mudar a mesa e, descendo de costas, não deixava de olhar o palco: um maquinista, rápido, recolocou a mesinha no lugar antigo.

Protestei: parasse com brincadeiras! Ele me respondeu e minha tradutora traduziu: "O senhor pode ser o diretor, mas eu obedeço às ordens do chefe dos maquinistas. Se quiser mudar a mesa, pode à vontade, mas primeiro tem que falar com a sua tradutora, pra explicar pra sua assistente, e a sua assistente vai explicar pro meu chefe dos maquinistas, e o chefe dos maquinistas vai me dar nova ordem, e aí eu mudo a mesa pra onde o senhor quiser, primeiro no meu desenho, depois no palco! Enquanto isso, a mesa tem que ficar no centro, porque é onde ela está no meu papel!".

Tive que explicar pra tradutora, que explicou pra assistente, esta pro chefe dos maquinistas, que deu a ordem ao maquinista... Levou tempo, mas consegui mover a mesa alguns centímetros pra esquerda e me dei por feliz por não ter sido preciso carimbo, nem selos, emolumentos, nem firmas reconhecidas...

UM CORAÇÃO SÓ

Eu sentia ser excessiva a burocracia artística. Espetáculos produzidos em série. Afinal, teatro não é salsicha!

Schauspielhaus têm a obrigação estatutária de fornecer repertório variado ao público de sua cidade. A cada noite uma peça diferente: clássico alemão, bulevar francês, peça moderna, musical... e até teatro experimental, se a experiência for feita dentro de limites...

Como arte coletiva, a formação de equipe é imprescindível, rigor contratual ou laços afetivos, mas tem que existir.

Existiu, em minha vida, em ocasiões e motivações diversas. Quando eu e Guarnieri escrevemos e Edu Lobo musicou *Arena conta Zumbi*, sempre juntos, ensaiando partes do texto e músicas que iam ficando prontas. À noite, *Tartufo*, de Molière, e, depois do jantar, até de madrugada, íamos autores e atores pra minha casa. Guarnieri e eu nos revezávamos na Olivetti, os outros em volta, dando sugestões, Edu trancado em outra sala, compondo.

Juntos criamos essa unidade, esse coração, não só porque éramos família, mas, ideologicamente, estávamos juntos, lutando contra a recente instalação da ditadura cívico-militar, que tantos matou e tantos danos irreparáveis causou.

O mesmo aconteceu com *Arena conta Tiradentes*,[4] mesmos autores, música de Gil, Caetano, Theo de Barros e Sidney Miller, e *Arena conta Bolívar*, texto meu e música de Theo, com Lima Duarte, Zezé Motta, Isabel Ribeiro, Cecilia Thumin, Renato Consorte, Hélio Ary...

Em Graz, encenando peça sobre o meu próprio exílio, *Murro em ponta de faca*, atores que eu jamais tinha visto, país jamais visitado, língua que jamais consegui aprender, mesmo assim, criamos uma família – eu sentia carinho em todos, solidários comigo, sabendo que eu tinha escrito aquela peça com sofrimento, denúncia da ditadura, injusta e cruel.

Os atores sentiam o drama do exílio – não só o próprio exílio profissional, vicissitudes da profissão –, mas também porque a Diáspora, o êxodo, são temas tragicamente presentes na memória dos europeus.

Com tristeza, lembro exemplos contrários. Quando fiz *L'Incroyable et triste histoire d'Erendira et sa grand-mère diabolique*, no Théâtre de l'Est Parisien, no ano em que García Márquez ganhou o Prêmio Nobel de Literatura, 1983, no espetáculo tudo era bom... mas faltava coração.

As interpretações eram boas, inclusive Marina Vlady, na protagonista; a cenografia e os figurinos, admiráveis, a música ótima, a iluminação de mestre, minha direção me parecia excelente... mas faltava o essencial. Havia corações em demasia, mas não batiam sincrônicos. O espetáculo não tinha a cara de nenhum de nós.

Todas as noites a polícia vinha protestar, chegou a ameaçar

---

4 Estreamos *Tiradentes* em Ouro Preto, onde o herói viveu; antes da estreia, fizemos algumas cenas de teatro quase invisível: os atores representavam cenas nas filas de ônibus, nas mesas dos bares, vestidos como personagens, mas sem dar a impressão de ser teatro e sim realidade – os espectadores ficavam assustados ouvindo falar de insurreição, de não pagamento de dízimos à Coroa etc. Ótima maneira de se ensaiar...

fechar o teatro por excesso de lotação: escadas cheias! Tinha tudo, menos coração.

Como *O corsário do rei*, que marcou a minha volta ao Brasil: as letras do Chico Buarque eram tão lindas como a música do Edu; os atores, desde os heroicos Marco Nanini e Denise Bandeira até o último dos figurantes, ótimos; meu texto e direção, bons; na orquestra, quinze professores escolhidos entre os melhores do Rio de Janeiro; os produtores não pouparam esforço pra fazer a bela e custosa montagem de Hélio Eichbauer, dois navios em cena, canhões disparando bolas de fogo azul em cruentas batalhas navais, lindas coreografias!

Faltava coração: Duguay-Trouin só nos comovia intelectualmente...

"*Que voulez-vous*?", perguntou-me meu psicanalista, dr. René Major, quando voltei para Paris, onde morava. "Você encena uma peça na qual um corsário francês ocupa e pilha o Rio de Janeiro. É natural que tenha sido confundido com o protagonista: depois de quinze anos de exílio, você volta da França para invadir o teatro brasileiro numa montagem tão custosa... Pensaram que você fosse o corsário..."

ELES NÃO USAM BLACK-TIE

O segundo semestre de 1957 não foi bom. Teatro pequeno, sucesso não dava pra aguentar a folha de pagamento do mês seguinte.

Nosso Curso de Dramaturgia dava seus primeiros frutos. Com o laboratório buscávamos formas brasileiras de atuar, mas as peças eram estrangeiras. Crise!

Ou vai ou racha. Ou nos afirmamos como somos ou fechamos! Decidimos montar *Eles não usam black-tie*, do Guarnieri.

Como o dinheiro era escasso, não dava pra todos. Recebi um convite pra dirigir *Society em baby-doll*, de Henrique Pongetti, no Teatro Moderno, do marido de Dercy, Danilo Bastos. Esse convite me fez sofrer. Meu coração apertou: o lógico era que eu fosse dirigir essa comédia me afastando por uns tempos do Arena e José Renato, dono e diretor permanente do teatro, abandonasse a televisão e dirigisse o Guarnieri. Conversamos, bons amigos que éramos, e assim foi resolvido.

Constrangido, tive que abandonar *Black-tie*, depois de já ter participado da escolha do elenco. Tive recaída na comedieta. Felizmente, Maria Cristina tinha ido morar no Rio e já não éramos namorados.

Ensaiei *Baby-doll* pensando no *Black-tie* – não desejo essa angústia a nenhum diretor: dirigir peça em um teatro, pensamento e afeto em outro.

Meu novo elenco incluía atores competentes como Luciano Gregory, que fazia o papel de conde italiano: era italiano e parecia conde, com monóculo, costeletas e bigodinho! Odete Lara, a estrela, e mais doze atores, incluindo, pela primeira vez na minha vida, alguns NN (*no-named*): até então, meus atores tinham nome e faziam nome – conheci o anonimato.

Acabava o ensaio, cada um seguia seu destino, não como no Arena. Eu ia para o *Black-tie* saber dos ensaios. Me dei conta de que teatro também podia ser feito por indivíduos que não fossem *família* como nós. Não eram necessárias juras de amor eterno. Nós, mesmo recebendo salários, tínhamos cara e jeito de amadores: amávamos! Quis ainda mais ser família! Teatro, só se entre irmãos, como no *Conde de Monte Cristo*.

Ambos sucesso, bom para o teatro brasileiro, porque peças assinadas por brasileiros, personagens sem tradução. Era o que mais precisávamos: acabar com o estigma de veneno de bilheteria.

Black-tie, infinitamente melhor, na belíssima direção do Renato e com Lélia Abramo fazendo todo mundo chorar e compreender a vida de pobre, Flávio Migliaccio, Celeste Lima, Xandó Batista, Miriam Mehler, Milton Gonçalves e o Guarnieri – no jovem que, por amor ou medo, furava a greve –, todos atores nos emocionando a valer, acabou ficando o ano de 1958 em cartaz.

Guarnieri escreveu *Gimba*, que apaixonou Maria Della Costa, que a interpretou, dirigida pelo Flávio Rangel. Guarnieri decidiu acompanhar seu novo texto, como ator – natural, queria lamber a cria! –, e nós ficamos tristes: contávamos com ele para a peça do Vianninha. Foi-se um irmão... Ainda hoje me lembro da sua despedida, quando deixou o papel do Tião com o Vianninha. Separações de irmãos são tristes. Um dia voltou. Eu sabia que voltaria.

Em equipe, cada membro está em todos os outros; um pedaço de cada um em cada qual. Se um dos membros se vai é como se, de cada um dos que ficam, parte de si se fosse. Arena sem Guarnieri não era o mesmo: era o Arena sem Guarnieri. Demorou em descobrirmos: fosse embora quem fosse, eu ou qualquer, ficava uma ideia, projeto, maneira de caminhar. Caminhamos.

Black-tie foi passo gigante – pela primeira vez nossos atores representavam texto que falava de gente bem nossa –, empatia por total identidade, não só analogia, como com peças estrangeiras.

Resolveu-se o problema financeiro; por outro, retardou-se minha volta, embora continuasse dirigindo o laboratório e o seminário.

Enquanto não era necessário ensaiar nova peça, recebi outro convite: *A valsa dos toureadores*, de Jean Anouilh. Pela primeira vez, o prazer de trabalhar com cenógrafo: Gianni Ratto, italiano de sucesso, veio apaixonado por uma mulher e pelo país.

Revelação extraordinária criar com outro artista, além de atores e autor. Apesar de quinze anos mais velho do que eu, famoso, passado profissional respeitável – tinha dirigido até ópera no Scala de Milão, que ajudara a fundar! –, Ratto me estimulava e oferecia alternativas para o que eu queria. Maravilhoso assim. Não sei desenhar, falava, e me sentia desenhando com suas mãos; não sei pintar, me sentia pintando com seus pincéis. Os cenários que fez eram o que eu queria, e eram ele. Obrigado, Gianni.

A valsa foi exercício de estilo, digamos educadamente, mas nada a ver comigo. Com as peças que até então eu dirigira sempre me identificava. Anouilh me deixava gelado. Nos ensaios, eu me surpreendia: "O que estou fazendo aqui, Nossa Senhora da Penha??? Não tenho nada que ver com esse teatro!!!". Não era ruim, a peça: não tinha nada a ver comigo, nem eu com ela!

"Será que alguém ouviu meus pensamentos?" Não: tinha pensado em voz baixa... e baixava o tom de pensar. Uma voz de dentro, enfurecida, me dizia: "Ouvi você pensando, sim!!! Vergonha!!! Dirigir espetáculo que não recomendaria aos amigos!". "Quem é???", eu me perguntava. "Quem está falando sou eu, eu mesmo, você: Augusto Boal..."

Se tortura psicológica existe, era essa. Peça e espetáculo não desagradaram... Nem sucesso nem fracasso, nada, ninguém, coisa nenhuma...

Logo depois, para o Teatro Moderno, dirigi uma peça de Lauro César Muniz, *A comédia atômica,* continuando a lançar novos autores nacionais.

O MUITO QUE APRENDI COM DERCY

Black-tie continuava em velocidade de cruzeiro, outro convite: Dercy Gonçalves num dramalhão medonho, *Dona Violante de Miranda,* de Abílio Pereira de Almeida, que ela queria transformar em pastelão.

Sejamos justos: Abílio não era grande autor, mas teve o mérito de tratar temas tabus. Nos palcos paulistas, nenhuma moça jamais tinha abortado. Com ele, viu-se que se abortava à farta antes da pílula.

No caso de Dercy, não posso falar em recaída: eu quis mesmo trabalhar com ela, expressa vontade. Como teria gostado de trabalhar com o palhaço Piolim, que conheci na juventude, ou qualquer daqueles atores de circo e revistas musicais, que tinham estilo próprio e grande domínio do público. Queria conhecê-los. Vê-los no ato da criação. Tinham estilo: Brecht sabia disso, seu efeito de afastamento lembra palhaço de circo, gente séria.[5]

Dercy era indirigível, mas eu queria tentar! Lembrava do Otelo (batizado de Grande pelo Orson Welles, quando no Brasil). Ele me dizia: "A única pessoa que pode contracenar com a Dercy sou eu!".

"Por quê?"

"Outros querem disputar e perdem porque ela é mais engraçada e come todos. Janta. Eu, não: eu deixo ela vir! Ela vem e fala, e fala, arranca gargalhadas, e faz o que quiser, e quando faz uma pausa, aí entro eu com a minha! Ela ganha a parte dela, eu a minha, sem brigas!"

Minha direção consistia em rir ou não rir das coisas que fazia: rindo, repetia sempre... até se fartar; se eu não achasse graça, buscava outro jeito. Bem diferente dos ensaios no Arena, em que

5 Brecht escreveu sobre o palhaço Karl Valentim. Meu Valentim foi Piolim!

debatíamos o significado profundo de cada gesto, a importância metafísica de cada olhar, fazíamos a exegese filosófica de cada pausa! Com Dercy o riso era linguagem... Pelo riso eu me comunicava com ela.[6]

Fui dirigir Dercy e aprendi. O ritmo de atores palhacescos, ou palhaços inteiros, é coisa que só se aprende vivenciando. Dercy tinha tanta experiência de público que, todas as noites, olhava por um buraco no pano de boca – tenho a impressão de que todos os teatros à italiana têm buracos nos seus panos, de propósito – e dizia: "Hoje o público está ruim: vai levar três minutos antes da primeira risada".

Ou então: "Hoje é mole: vão rir logo que abrir o pano...". Dito e feito.

Dercy não era atriz no sentido lato, era o que em inglês se chama *entertainer* – alguém dotado de qualidades específicas, marca registrada, logotipo. No Brasil existem excelentes *entertainers*: entra peça sai peça, não mudam nada, não se transformam, todos os personagens são sua imagem. Não importa se representam Romeu num dia, Julieta dia seguinte: tudo igual. Não é demérito: é condição. Só é ruim quando o *entertainer* interpreta personagem maior e o reduz à sua dimensão.

Havia patrulha ideológica: o politicamente correto campeava e Abílio era malvisto. Não por suas peças, mas seus temas: não era politicamente correto perder tempo com as mazelas da burguesia. Mesmo pra meter o pau. A burguesia não merecia nem porrada!

Abílio conhecia a classe alta – sua principal virtude dramatúrgica consistia em dizer, aos berros, o que todo mundo sabia, ao pé do ouvido. Falava de adultérios burgueses, do silencioso tabu do aborto – impensável. Falava de tramas financeiras. Sabíamos de tudo, mas Abílio falava. Conhecia pessoalmente seus personagens, jantava com eles nos Jardins.

Dona Violante tratava da prostituição envolvendo ricos paulistanos. Todo mundo sabia que milionários sustentavam amantes coristas de teatro de revista, buscadas na saída dos artistas

---

6 Dercy foi a primeira pessoa que ouvi dizer: "Gosto muito da vida porque gosto muito de mim!".

em cadillacs de luxo, rabos de peixe, mas era tema tabu. Todo mundo conhecia histórias rocambolescas, suicídios, escândalos românticos, fogo nas vestes, veias cortadas a gilete, mas... silêncio. A nobre burguesia paulista era intocável: sedas e cetins, plissados e bailes filantrópicos.

Abílio escancarava. Me fazia lembrar uma história que ouvi em torno de rica mesa, quando jantei com uma família tradicional, senhores e senhoras distintos e finos, metade do diálogo em francês. No meio da sobremesa, depois de árvores genealógicas, alguém perguntou: "Tia, onde foram parar aquelas prostitutas francesas e polonesas que antes alegravam os nossos saraus? Não são mais vistas, desapareceram. Onde estarão?".

A tia, lacônica: "Entraram todas pra nossa família...".

A digna dama gostava de escandalizar... Mas tocou na ferida e pigarros se ouviram antes que o jantar se reanimasse. Era verdade: milionários paulistas se apaixonavam por prostitutas parisienses que, na travessia do Atlântico, reencontravam a virgindade perdida... Em São Paulo, Pigalle se santificava...

Violante, cafetina, era séria. Para desmistificá-la, era necessário apresentá-la, no começo, mistificada. A personagem deveria mostrar-se honrada e santa para que fosse depois a desonra revelada.

Nos ensaios, consegui o milagre: Dercy interpretando senhora da sociedade, cheia de dignidade. Obedecia minhas marcas – não digo religiosamente, em se tratando de Dercy, mas como obediente normalista! Juro! À medida que as revelações da trama explodiam, aparecia a verdadeira Violante escrachada. Dercy de sempre.

Ensaios *sem* espectadores. Eu estava maravilhado com o conseguido... Tão maravilhado que cheguei a fazer coisa eticamente incorreta, mas perdoável, dadas minhas boas intenções: convidei atores do Arena para observarem o ensaio, mergulhados no escuro do fundo da sala. Eles se maravilharam. Eu havia conseguido o impossível: Dercy, sob o controle artístico de um diretor.

Veio a estreia, veio a plateia, veio o instinto incontrolável.

Como o escorpião da fábula que pede ao sapo que o carregue nas costas para atravessar o rio: diante da relutância do sapo, o escorpião promete por sua honra que não vai mordê-lo, convence-o da sua sinceridade, pois que, se o mordesse, morreriam os dois – o escorpião afogado, o sapo envenenado. No meio da travessia, o escorpião não se aguenta, morde o cangote do sapo e, antes que morram, desculpa-se: "Perdoe, meu querido sapo, mas foi mais forte do que eu – é a minha natureza!". Também assim Dercy, ao ver a plateia, ao ouvir risadas, não se conteve e, desde a primeira cena, escrachou: era mais forte do que ela a sua natureza.

CHAPETUBA FUTEBOL CLUBE

Voltei ao Arena no fim de 1958 para dirigir *Chapetuba Futebol Clube*, de Vianninha. Nunca ensaiei tanto: seis meses. Vianna teve tempo de fazer dez versões do texto durante os ensaios. Acontecia não aceitar nossas ideias, mas rescrevia do mesmo jeito, com mais energia e clareza. Foi nesse ano que o seminário se estruturou de verdade.

Ao entrar no Arena, o visitante se encontrava com laboratórios até no WC. Ninguém seria capaz de dizer uma fala sem antes ter feito exercícios. Chico de Assis me contou que, quando ensaiava Cafuné, o jogador analfabeto, teve dificuldades em entender como se sentiria um analfabeto olhando um jornal. Chico tinha sido alfabetizado aos quatro anos de idade... Não podia sentir a angústia de Cafuné analfabeto. Solução: laboratório! Chico procurou em todas as bancas até encontrar um jornal árabe e passava horas a fio tentando decifrá-lo: solitário laboratório... que deu belos resultados: Chico estava ótimo no papel! Conhecendo o Chico, tenho a certeza de que acabou sabendo ler e escrever árabe, além de berbere e outras línguas geograficamente próximas...[7]

Já estávamos com a mania das estreias off-São Paulo e fomos

7 Havia exageros: um dia, cheguei mais cedo ao teatro, vi a arena iluminada: um dos meus melhores atores, sozinho, interpretava seu papel contracenando com personagens invisíveis (o que era uma das nossas técnicas de ensaio). Em geral, em uma cena de três ou quatro atores, excluíamos um: ele, ali, excluía todos... e conseguia ver o elenco inteiro, embora ausente. Era exagero, mas, quando se é jovem, quem não exagera?

estrear em Marília, 100 mil habitantes, 80% japoneses ou descendentes. O local, estádio de basquete com a sonoridade ansiosa em amplificar gritos mas pouco adequada às paixões delicadas: a plateia não ouvia nada e os atores não se ouviam, o iluminador não sabia em que cena estávamos. Desastre. No fim do espetáculo, espectadores vinham perguntar: "A bola entrou?".

Voltamos correndo para nossa intimista arena e tivemos que reensaiar e amainar os gritos estertóricos do estádio de Marília. Aprendemos que cada espetáculo tem o tamanho do teatro onde se representa: muda o espaço, muda o tamanho do espetáculo.

A partir dessa experiência, passei a fazer ensaios espaciais sempre que excursionava. Com Fernanda Montenegro fazendo Fedra, encontrávamos teatros disparatados pelo país afora: eu pedia aos atores que subissem nas *mezzanines*, fossem para o fundo do palco ou circulassem pelos corredores e, sempre andando, deviam dialogar à distância para se apropriarem do espaço, ao invés de apenas se acomodarem à cena.

Chapetuba estreou no começo de 1959 e ficou em cartaz cinco meses. Não foi o sucesso retumbante de *Black-tie*, mas foi sucesso. Me lembro que atores de outros elencos espantavam-se com nosso estilo sanguíneo, suado. Alguns, do Teatro Brasileiro de Comédia, diziam: "É comovente, mas não é teatro: vocês não *interpretam*: *vivem*...".

Como em Wuppertal: o que é viver, o que interpretar? Pode-se interpretar sem viver ou viver sem interpretar?

Muitos pensavam assim: nossos atores faziam a plateia chorar, mas não eram atores: seres normais, vivendo e não interpretando. Como desafio, perguntavam se seríamos capazes de fazer a mesma coisa em peças clássicas. Na minha cabeça, respondia que sim; porém essas respostas só podem ser dadas no teatro.

Anos mais tarde, durante a nacionalização dos clássicos, demos a resposta: pode. Não é preciso que a peça seja brasileira, trate do cotidiano; a vida do ator não está no acessório, acidental: está no nervo, no coração. Melhor dito: se um clássico é universal, é porque também é brasileiro, do contrário não seria universal.

Artisticamente, estávamos em desacordo com esses atores do TBC, mas nos dávamos bem – excelentes artistas. O TBC era o primo rico, sustentado por milionários, bons salários que não atrasavam nunca, não conheciam crises econômicas. Se a caixa ficava vazia por um dos raros fracassos, vinha socorro e a caixa se enchia: pura magia!

Fernanda Montenegro, em conversa com Sábato Magaldi na TV, disse que uma das vantagens que sentiu quando entrou para o TBC foi que passou a comer mais saborosas macarronadas. No Arena, comíamos nos bares das esquinas. Nos fracassos, pão e banana...

Teatro pequeno e subvenções menores, estávamos condenados a viajar: com sucesso médio tínhamos que ir para o interior fazer espetáculos em clubes locais, que pagavam preço de gente grande.

Se a peça fosse sucesso, remorsos: pra que fazer teatrinho, 160 pessoas, quando o nosso público bem amado estava no Nordeste? Queríamos mostrá-la aos camponeses: povão, que, como nós, desejava a reforma agrária e o não pagamento da dívida externa, escravagista!

Antes de continuar lançando estreantes brasileiros, antes d'*A farsa da esposa perfeita*, de Edy Lima, *Gente como a gente*, de Roberto Freire, *Pintado de alegre*, de Flávio Migliaccio, *Fogo frio*, de Benedito Ruy Barbosa, todos estreantes e todas dirigidas por mim, resolvemos fazer excursão pelo interior.

Foi o meu batismo de fogo.

CAPÍTULO 12
A DESCOBERTA DO RIO DE JANEIRO

Anos 1950, o Partido Comunista tornou-se popular entre artistas. Filiavam-se ou simpatizavam; ou, de longe, desconfiavam. Uns se diziam PSB (Partido Socialista Brasileiro) e os comunas brincavam: "Socialista é um comunista que não vai preso nem apanha da polícia!".

O mundo parecia mudar pra melhor, planeta habitável! A Revolução Cubana expulsava o gorila Batista, reconquistava a dignidade do ex-bordel dos Estados Unidos. *Sputniks,* avanço impetuoso da ciência soviética. Lumumba, no Congo ex-Belga, começava a Revolução Africana – abaixo colonialismos! Brasília brotando no deserto.

Cinquenta anos em cinco! – JK parecia ter sido verdade!

Movimentos estudantis e Ligas Camponesas se multiplicavam, Jango no poder! O mundo tinha conserto.

Tínhamos orgulho por termos ajudado a resistir. Brizola, junto com o III Exército, pediu que o povo se organizasse em grupos de onze. Fazíamos parte de, pelo menos, três ou quatro desses times... Só não sabíamos pra que serviriam, nem por que onze...

Apareceu um elenco soviético. Seus atores vieram confraternizar, no Arena e no restaurante Gigetto. Contavam maravilhas. Falavam de Gagarin, Titov e da cadelinha Laika, que latia no Cosmos, mas não falavam das peças que montavam. Queríamos saber do teatro na União Soviética, eles contavam proezas espaciais.

Gagarin foi o primeiro homem a dar uma volta em torno da Terra em satélite artificial, 12 de abril de 1961; em agosto, Titov deu 25 em menos de um dia! Glória e prova da superioridade comunista. Naves espaciais, fora da gravidade, eram mais importantes que Tolstói e Tchekhov – mais que o teatro, mesmo para aqueles homens de teatro.

Nós, em termos de maravilhas espetaculares, fora os gols de Pelé e Garrincha na Suécia, fotos de João Gilberto cantando *O pato* alegremente, fora filmes de Ruy Guerra, Glauber e Nelson Pereira dos Santos, tínhamos Brasília, Sinfonia Inacabada: faltava construir as casas dos construtores.

Lembro que mostrávamos fotos do Alvorada, da praça dos Três Poderes. Vivas a Lucio Costa e Niemeyer (esquecíamos Joaquim Cardoso)! Perguntavam pelos casebres nas cidades-satélites. "São moradias provisórias dos candangos: logo vão construir casas populares com dignidade e conforto!". Vieram as casas candangas: teto de zinco, paredes de barro. Quem construiu Brasília não pôde morar nela.

A União Soviética caminhava resoluta para a liderança mundial, empurrando os Estados Unidos. O papa seria comunista... Acabou que não, embora Wojtyla tenha nascido na Polônia...

Atores soviéticos foram embora sem nos contar o teatro em sua terra. Em compensação, ganhamos santinhos de astronautas sorridentes e cadela ladrando nas alturas cósmicas.

Sempre que uma figura importante do teatro mundial vinha ao Brasil, nós a convidávamos para um diálogo no Arena, com todos artistas. Vieram Georges Devine, Squarzina, Jean Vilar, Gassman, Barrault...

1812 – CANHÕES E SINFONIAS

Arena lotado de artistas, perguntaram a Barrault o que pensava das relações entre política e teatro, tema nosso de cada dia. Respondeu que política era tão estranha ao teatro como um tiro de canhão em uma sinfonia. Alberto d'Aversa, diretor italiano do TBC, lembrou que, na sinfonia *1812*, de Tchaikovski, ouvem-se, não uma, muitas salvas de canhão... em perfeita harmonia com as notas musicais, o ritmo, a melodia.

Curiosa afirmação de quem nos havia mostrado *Les Mains sales*, na qual se punha em dúvida a pureza do Partido Comunista francês. Outra curiosidade: justamente por causa de flutuações partidárias e psicológicas, Sartre proibiu a peça e nós, que a estávamos ensaiando com Paulo José (Hugo), Teresa Austregésilo (Jessica) e Jô Soares (o Príncipe), tivemos que abandoná-la.

O PARTIDÃO

Dirigentes do Partidão vinham induzir-nos à filiação falando da justeza da sua visão política: aliança com a burguesia nacional. Assim se enfrentaria o imperialismo. O Partido Comunista considerava que havia dois capitalismos na conjuntura nativa, um bom, outro mau: um voltado para os interesses da pátria, outro testa de ferro do imperialismo. Entre nós, discordâncias sérias – nem todos seguíamos esse raciocínio.

Sempre fui avesso à vida partidária e à disciplina necessária ao militante. A simples ideia de entrar para um partido me dava cãibras. Não acreditava em análises simplistas e não conseguia imaginar as complexas.

Nunca entrei para o PC, mas respeitei a maioria dos que entraram. Como em qualquer partido, gente honesta e oportunistas. Ontem, como hoje.

Nossas discussões eram mais políticas do que estéticas. Nossa urgência nos inquietava: qual o destinatário do nosso teatro? Nosso público era classe média. Operários e camponeses eram nossos personagens (avanço!), mas não espectadores. Fazíamos teatro de uma perspectiva que acreditávamos popular – mas não representávamos *para* o povo! De que servia interpretar a classe operária e oferecê-la na bandeja, antes do jantar, à classe média e aos ricos?

Ansiávamos por plateia popular, sem vê-la em carne e osso. A palavra *povo*: quimera. Sonho: dialogar com o *povo*... a quem nunca tínhamos sido apresentados.

Povo: não definíamos o que era, onde trabalhava, comia, amava, o que fazia. Sabíamos o que não era: classe média, nossa plateia. Queríamos estar a serviço desse misterioso e bem amado *povo*, mas... não éramos povo.

Alguns elencos tinham o *seu* operário, o *seu* camponês – além de *seus* demasiados estudantes! – eram o povo de cada elenco...

Nosso camponês, que nos frequentou anos a fio, chamava-se Manuel de Oliveira: magro, barba rala, gostava de comer com devoção. Claro que pagávamos os bifes acebolados, ovos estrelados: era, para nós, o símbolo do campesinato, o nosso *povo*. Com nome, sobrenome e endereço: morava em favela, cultivava alface e tomate em seu quintal.

Era o *povo*! Quem planta só tomate e alface é camponês?

A existência de camponês ou operário, concreção humana de uma abstração (classe), parecia legitimar o trabalho do elenco possuidor dessa preciosidade: nosso camponês gostou da peça, nosso camponês pensa que é isso mesmo, logo, nosso camponês fala em nome do campo, da reforma agrária, da libertação nacional, do Homem Novo! Viva o nosso camponês! Viva nós!

Nosso camponês tem razão, *ipso facto*, temos também. Nosso operário disse sim, *ipso facto*, amém! Um fazia as vezes do todo, o indivíduo era o gênero, como se o todo fosse feito da multiplicação do mesmo um, cópias. Clonagem ideológica.

O *povo* não ia ao teatro. O Arena, qual Diógenes, teria que sair com sua lanterna em busca do *Povo*, como o filósofo buscava o *Homem*. Era preciso que a montanha e Maomé se encontrassem nalgum lugar: Maomé e a montanha teriam muito que conversar, figurinhas a trocar. *Arena e Povo*, cara a cara: dia glorioso seria esse dia!

CARROS E COBAIAS

O Arena decidiu intensificar viagens em busca da Utopia – queríamos encontrar nosso verdadeiro interlocutor. São Paulo – segunda cidade do mundo, depois de Tóquio e antes de Nova York, México, Londres e outras menorzinhas – era pequena e encolhia: São Paulo liliput e.

Fizemos contratos com clubes e prefeituras que pagavam espetáculos em sedes, circos e rua, onde estava parte do povo que buscávamos, dissolvida no lumpesinato. Era povo ou só *muita gente*?

Será que *muita gente* desorganizada, vagando, poderia ser considerada povo? Ou seria necessária carteira sindical? Só é povo quem frequenta sindicato ou Liga Camponesa? A União dos Estudantes fornece certificado de povo? E Igreja progressista? Associação de Moradores de Bairros? Quem, afinal, tinha direito ao título cobiçado: *Povo*?

Ao ar livre, era comum sapo em cena e morcegos voando rasantes, cortando inter-relações stanislavskianas. Difícil se concentrar nas psicologias quando em convívio com morcegos, cães e gatos...

Não reclamo: nem tudo eram dificuldades. A DKW-Vemag, magnânima, resolveu nos emprestar frota de quatro automóveis por um mês. Com os bólidos azuis veio Werner, engenheiro mecânico alemão, amarelo dos cabelos aos sapatos, sem falar no sorriso. Mal falava português mas entendia de motores, estradas. Ficamos extasiados com a generosidade da empresa: pagava a gasolina e o salário do engenheiro.

Estranhos caminhos o engenheiro escolhia, os piores, mais arriscados, matagal e pedras soltas. Se tínhamos que escolher entre uma razoável estrada de asfalto e outra cheia de buracos, Werner preferia a lama e o barro. Dançando na pista a 150 por hora... barro escorregadio! Risco de vida, suor frio.

Mania de engenheiro alemão, pensávamos. Alemão é assim,

que vai se fazer? Até descobrir a verdade: a Vemag queria testar a resistência dos motores, estudar como se adaptavam às piores condições do terreno: projetava ampliar seu mercado no interior. Nesse casamento, indústria e arte, éramos cobaias. Os carros podiam se arrebentar... nós também.

Na segunda semana da viagem, caiu toró fantasmagórico, no meio da noite e da estrada lamacenta. Chuvas e trovoadas. Queríamos parar no primeiro povoado, esperar céu azul, mas Werner, transfigurado, possesso, quis seguir em frente, apaixonado por tempestades. Sanhudo, seu entusiasmo contagiava. Íamos cantando – não na chuva, como Gene Kelly: na tempestade, tormenta, tornado, ciclone! – escapando aos raios teias de aranha elétricas, ensurdecedores trovões, molhados até a medula: chovia dentro dos carros – espremidos, suávamos e abríamos a janela pra refrescar: tome respingos, chove chuva.

Chegamos a uma ponte de madeira no meio do mato, tivemos que parar, pois havia caminho para um veículo só: tínhamos que esperar que atravessassem o rio ônibus e caminhões em sentido contrário. Werner mandou que saíssemos dos automóveis, enfrentando chuva e vento: seria melhor que os carros passassem a ponte em alta velocidade, um de cada vez. Não entendemos a razão, obedecemos: engenheiro alemão, sabia mais... – éramos míseros artistas, especialistas em apanhar chuva.

Lembro dos rostos de Lélia Abramo e Vera Gertel, Milton Gonçalves e Nelson Xavier, Vianninha, Orion – o eletricista caolho – e até do meu próprio rosto encharcado. Ríamos e cantávamos, histéricos.

No fundo, medo: estávamos no meio de não se sabe onde, a caminho de não se sabe o quê, mato desconhecido... e crescia a noite escura, apavorante, esfriava o frio. Chovia! Ventava! Não se brincava! Fazia frio e suávamos! Víamos o rio caudaloso caudalando alturas, cavalgando, batendo na ponte de madeira, água mole sacudindo madeira dura, por baixo, por cima. Torrentes, correntes. Tínhamos medo e sorríamos...

Chegou nossa vez, atravessamos: a pé, correndo; depois, cada carro cruzou a frágil ponte de madeira, veloz, saltitante nas pedras roladas, alegres nervosos aplausos. Tínhamos medo e aplaudíamos.

Passou o último carro, passou a chuva. Dissemos adeus ao motorista de um caminhão em sentido contrário: seria, agora, a sua vez. Seguimos adiante. Tínhamos medo e falávamos alto.

Procuramos hotel no mapa e não havia. Escuro. Fome e sede. Tínhamos medo e queríamos cama.

Dois quilômetros, surgiu bela imagem de botequim de beira de estrada – miragem; felicidade – era pedra e cal. Ninguém é de ferro. Obrigamos Werner a parar: tínhamos medo de estrada e lama. Comemos sanduíches de mortadela, bebemos cachaça e pinga pura ou com limão, mel, sempre a desculpa: bom pra garganta, pra sonoridade.

Minutos depois voltou o caminhão e o chofer nos contou que, antes que tivesse tido tempo de cruzá-la, o rio levara a ponte estraçalhada... Podíamos nós ter estado em cima... Tínhamos medo, veio o terror!

Como era difícil chegar perto do povo: calvário. Por que o povo se escondia? Não podia morar mais perto????

Sorte: estávamos vivos. Fazíamos questão de nos ver, tocar, certeza de estarmos acordados, contar com o dedo, um a um, chamarmos nossos nomes, nome a nome: vivos, todos? Não se afogou ninguém?

Vivos... continuamos à procura do povo encantado.

CASAMENTOS, DESFEITOS E REFEITOS

Nem sempre chovia: fazia sóis. Mesmo a seco, excursões eram duras. Pra economizar, viajávamos em carros emprestados mais a kombi do Renato. De noite, ele pedia que cantássemos alto, não porque gostasse dos nossos desafinos, mas pra não dormir no volante. Por economia, dormíamos em escolas e pensões. Poucas vezes hotéis, de meia estrela, quando isso.

Ficar longe de casa era divertido no começo; depois, nervosismos. O excesso de trabalho criava tensões. Mais ainda no nosso caso – misturávamos política, estética e moral, ideologia e amores, Brecht e Stanislavski. Tão juntos em dias normais, viajando, mais juntos ficávamos. Mudava o elenco, novos laços afetivos.

Um casal de atores resolveu separar-se. A causa não era a viagem, que agravara situações. Nem a pobreza, que enervava. Casou, um tempo junto, separa!

Diretor artístico, nessas condições e nessa idade, desempenha vários papéis: conselheiro sentimental era um deles. O ex-marido me procurou pra dizer que não entendia a separação; aos 23 anos, não entendia nada de mulheres. Eu respondi que mesmo na minha, mulher não foi feita pra ser entendida. Se gosta ou não se gosta; entender, de verdade, ninguém nunca. Mulher – benza-a Deus! – é incognoscível! Não fosse, perdia a graça.

A ex-esposa me procurou pra explicar a razão: "Ele me trazia flores...", disse, diante da minha perplexidade boquiaberta.

"Não é bonito? Rosa é tão romântico... Você não gosta? Amarelas são lindas!"

"Boal, eu queria um bife e ele... me dava rosas."

Valeria a pena o sacrifício? Não estaríamos sendo românticos onde se necessitava realismo? Ela queria feijão com arroz e nós lhe dávamos copos-de-leite, girassóis. Já vi separações ao contrário, já vi quem desse bifes a quem esperava margaridas. Meu Deus, compreender é tão difícil...

Começamos a pensar que talvez não valesse a pena. Para quem estávamos trabalhando se não era por dinheiro, tão pouco havia? Com quem dialogando? Era diálogo? Queríamos ser ouvidos. Não me lembro se queríamos ouvir, mas tenho certeza de que queríamos ser ouvidos. Onde estariam as orelhas justas?

A plateia do interior: quatrocentos, quinhentos pares de orelhas. Na rua ou circo, mil. Não mudava nada. Em São Paulo, representávamos para quem podia pagar – classe média. No interior, para fazendeiros e capatazes, nos clubes; transeuntes ocasionais, na rua. Não tínhamos nada contra fazendas: só contra o latifúndio infecundo; mas... onde estava o *povo*? Queríamos falar com parceiro arredio.

Mil espetáculos fizemos à procura do *povo*. Cidades grandes como Ribeirão Preto, Campinas, Santos ou minúsculas Três Torrinhas. Onde houvesse um chamado, aceno, lá estávamos com *Black-tie* e *Chapetuba*.

Novo espetáculo: *Gente como a gente*, de Roberto Freire, do seminário. Eu gostava das ideias do autor e do autor, mas a peça me parecia melodramática. Tendência em nossos autores (minha também) ao sentimentalismo. Choraminguice de esquerda.

Venceu a maioria: devia ser encenada. Confessei meu escasso entusiasmo, mas era o único diretor disponível. Aceitei. Deveria? Não sei. Achei dever, em função dos projetos nacionalistas do Arena (que eram meus); hoje, penso que devia ter dito não. Fui injusto, encenando peça que não amava.

Outro problema: a peça pedia cinco cenários. Como resolver a cenografia exuberante em espaço de 25 metros? Cinco para cada ambiente... No Arena, cada diretor resolvia cenários e figurinos em feira livre e ferro-velho. Iluminava seus espetáculos na medida da sua intuição e dos watts disponíveis. Confessei incapacidade. Cinco cenários: impossível.

Maria Teresa Vargas, nossa amiga, conhecia um jovem arquiteto, Flávio Império, que nunca tinha feito cenário, mas tinha vasto talento pra pintar e construir com as mãos. Ao contrário de se espantar com a exiguidade, achou desafio. Foi me fazendo perguntas e, quando me dei conta, eu estava falando, ele desenhando. O milagre Gianni Ratto se repetia. Dessa vez durou várias colaborações... Não sei desenhar: com Flávio, desenhava. Não sei pintar: pintei o sete!

Professor na universidade, Flávio fazia seus alunos bailarem na sala de aula, sentir o espaço que se tornaria habitável. Antes da prancheta, dançavam. Uns achavam que era louco; outros, gênio. Era os dois. Tenho certeza.

Flávio partiu de um módulo que esbatia o melodrama: o paralelepípedo. Tudo era paralelepípedo na cenografia: de todos os tamanhos, desde a mobília até os lados de cada prego da estrada de ferro. Diálogo doce, a cena se mostrava austera e rude. A mesma contradição na distribuição de personagens: Riva, por *physique du rôle* destinada a *vamp*, interpretou a boa; Vera, carinhosa, a malvada. Troquei papéis, como Lana Turner e Ingrid Bergman em *O médico e o monstro*.

Flávio cortou a arena com três metros de estrada de ferro e, de cada lado, dois ambientes. Na maquete, genial. Encolhendo-se a barriga sem respirar, havia espaço para os atores.

No papel, eu fazia as marcações não invadirem áreas contíguas. Mas... na realidade, que fazer para que a luz não iluminasse espaços indevidos?

Pedi socorro: Ziembinski, doutor em iluminação. Tinha vindo com uma companhia polonesa como iluminador e aqui se iniciou diretor – revolucionou o teatro com sua histórica montagem de *Vestido de noiva*.

Não tínhamos verba pra semelhante luminar da iluminação. Envergonhados, mesmo assim, convidamos Zimba. Fascinou-se com o desafio de iluminar cinco cenários, conversou comigo e começou a mexer nos refletores, fez buraco embaixo da plateia pra meter refletor... e nós sem coragem de perguntar o valor do seu cachê.

Zimba furou, pregou pregos, anoiteceu, pediu que subíssemos na escada, abaixássemos a lâmpada, trocássemos o celofane azul, que o amarrotássemos pra dar luz mais quente – não tínhamos gelatina, éramos assim de pobres! Atrás do mestre, queríamos perguntar quanto nos custaria a encomenda ambiciosa, quantos jantares incomidos.

Zimba fez o ensaio de luz e mostrou sua proposta para cada cena. Ficamos deslumbrados com seus efeitos simples e ricos. Perguntamos, angustiados, o preço: "Foi um prazer...".

Muitas vezes – nem sempre! – senti enorme solidariedade na classe teatral brasileira, que sabia ser unida e forte. Disso, deu belos exemplos; alguns, conto neste livro. Ziembinski era mestre em solidariedade.

Gente como a gente estreou eufórico, sucesso entre amigos, não com o público. Outra vez o Arena inseguro. A falta de subvenções que amparassem nosso projeto de lançar autores nacionais – que deveria ser projeto do governo ou de uma escola! – não nos dava nunca segurança.

CRISE, SEMPRE CRISE!

Na crise de 1958 o Arena se salvou da falência com *Black-tie*. Agora – fins de 1960 – era necessário passo mais arriscado. Dividir o elenco: metade n'*A farsa da esposa perfeita*, de Edy Lima; metade, na aventura do Rio.

Em algumas línguas chinesas e também em coreano, não existe ideograma para a palavra crise. Existem dois, justapostos: perigo e oportunidades. Estávamos sem dinheiro, a perigo; nossas oportunidades se resumiam à *Farsa* e ao Rio. Demos o salto, no escuro!

Edy, gaúcha, sua peça se passava em Bagé, fronteira uruguaia. Uma jovem senhora fazia amor com os amigos do marido (torcedor apaixonado de brigas de galo) para conseguir a felicidade do casal através da vitória do galo do marido nas rinhas! Sem maldade nem gozo indevido, nem adultério convencional: senso prático. Discussão acerba: esse tema seria digno de nós? Deveríamos montar peça sobre adultérios bageenses? Ora, veja!

A peça era engraçada, econômica à beira da indigência (cinco atores, cenário pobre). Revelava realidade brasileira desconhecida – a fronteira. Não podíamos falar de São Paulo a vida inteira: Bagé era Brasil! Espanholado, *entonces* e *che* no diálogo, chimarrão na cuia, porém nosso. Brasil, *che*!

Fui conhecer Bagé, gente que falava agalegado, bebendo chimarrão, calças largas parecendo saias baianas. Pra mim, realismo era o linguajar paulista – percebi a existência de outros Brasis.

Andávamos à cata do *povo brasileiro* e eu via cada vez mais *povos* no meu povo: japoneses de Marília, caipiras autóctones, quatrocentões paulistanos, mineiros de Uberaba, cariocas de Copacabana, operários da Penha, alemães de Santa Catarina, italianos de toda parte... até suecos e finlandeses nas montanhas. Tive medo do Nordeste: como seria povo cabeça-chata?

O povo que queríamos não era geografia nem história: era classe. Fomos atrás do povo nos campos e fábricas, tivesse a cor que tivesse, vestido como se embrulhasse. Povo era classe, fome, desemprego: nosso interlocutor.

A farsa serviu para que Riva e Henrique Oscar (que se casaram) fizessem sucesso, junto com Arnaldo Weiss, Ceci Pinheiro e Ferreira Leite, velho palhaço, no melhor sentido. Ao Arena, fazer um teatro com nossas mãos.

Descobrimos um shopping center sendo construído na Siqueira Campos, Copacabana, e fomos falar com o proprietário. Senador, por coincidência, pai de um menino ruim que virou presidente da República e acabou sofrendo o – até agora, mas ainda há tempo! – único impeachment da nossa história republicana.

O senador tinha acabado de assassinar um deputado em pleno Congresso Nacional. Por engano, explicou: fez pontaria em um senador desafeto e matou, sem querer, é lógico, pura casualidade, o deputado que não se desviou da bala a tempo e que não tinha nada a ver com a desavença nem com o desafeto. Atirou no senador, matou o deputado: acaso insolente!

O senador se declarava inocente: matou sem má-fé, apertou o gatilho no momento indevido e na direção errada. Pobre senador, sofria... Por isso não entendeu nosso pedido, mas concordou em que improvisássemos um teatro onde ainda hoje está um Arena. Arquibancadas de madeira de segunda mão, refletores de latas...

Nova busca do povo. Havia contradição, sabíamos: buscávamos o trabalhador explorado e queríamos que nos sustentasse. Sabíamos que não morava na Zona Sul. Essa contradição martirizava: se subíssemos os morros encontraríamos plateias *populares*; na beira do mar, classe média e ricos.

O primeiro espetáculo, *Black-tie*, sucesso. Quem vinha nos ver? Quem podia pagar. Tortura ideológica. Nós nos tranquilizávamos pensando que vinham também intelectuais com quem queríamos trocar ideias: não seria em vão a viagem, mesmo que não achássemos o povo. Classe média, por que excluí-la? Espremida entre esperança e angústia – era dever dialogar. Classe média não é povo, mas é como se fosse! É a outra cara do povo.

1960 virando 61, campeões mundiais de futebol e basquete, esportes populares; campeã Maria Esther Bueno em Wimbledon, tênis, esporte de elite; Eder Jofre nocauteava pesos-galo, esporte desconhecido. A bossa nova surgia, mania. Brasília: Juscelino inaugurava a 21 de abril – candangos fora. O cinema novo mostrava o Brasil na Europa. Enfim, não tínhamos do que ter vergonha!!!

Classe média também é povo! *Já que não encontrávamos o nosso, transformávamos em povo tudo aquilo que encontrávamos!*

Chapetuba mais a *Farsa*, que veio para o Rio para que o seu elenco integrasse a peça do Vianna e ensaiasse a minha, *Revolução na América do Sul*. Todo o elenco, timaço *au grand complet*. Seleção!

Eu tinha acabado de escrever o texto, influência de Brecht visível a olho nu: José da Silva, operário exemplar, acreditava em tudo o que diziam patrões, televisões, jornais: passava fome a peça inteira, entrecortada de canções de Chico de Assis, acreditando. No dia das eleições, José era cortejado por todos os políticos, acabava comendo marmelada grátis e morrendo engasgado na primeira garfada por falta do hábito de comer. Políticos erigiam estátua em sua homenagem, com os consequentes discursos e pedidos de votos.

Renato queria montar a *Revolução* – eu queria que fosse ele! – e fiquei encarregado de fazer alguma coisa com a nossa arena paulista. Principalmente porque a *Revolução* foi êxito, esticando a temporada. Em São Paulo, o Arena não podia consumir os lucros cariocas.

ARENA, PADRINHO DO OFICINA

Benedito Ruy Barbosa[1] tinha escrito sobre geadas no Paraná, *Fogo frio*. Alguns não gostavam e eu, se não morria de amores, levava em conta que o autor prometia. Era nossa missão ajudar dramaturgos a dar os primeiros passos.

Em São Paulo não me sobrara ator. José Celso Martinez Corrêa e Amir Haddad dirigiam um grupo amador, Oficina, que já tinha montado *A incubadeira*, do Celso, direção do Amir, com Renato Borghi e Etty Fraser, e *As moscas*, do Sartre, direção de Jean Luc Descaves.

Propus que se profissionalizassem no Arena. Aceitaram. Com seu elenco, a peça do Benedito estreou em abril de 1960. Teve a virtude de albergar o início profissional do Oficina. E eu, o pra-

---

1 Mais tarde, autor de telenovelas: *Pantanal*, *Rei do gado* etc.

zer de ter José Celso como meu assistente de direção, ele que seria mais tarde um dos melhores diretores brasileiros, autor de belos espetáculos. No Arena, José Celso se familiarizou com Stanislavski e os laboratórios. Tornou-se competente, criador e profundo stanislavskiano.

Efeito lateral: eu me casei, pela primeira vez, aos trinta anos, com a atriz Albertina de Oliveira Costa. Fiquei impressionado com a cerimônia, o ritual, os passos lentos em direção ao altar – a noiva com seu pai, na ida, comigo na volta. A entrega que o pai me fazia da filha, no altar, diante de convidados e padre engalanado, que consentiam. Braços levantados nos abençoavam. Casamento em igreja é cerimonial comovente. Dá medo!

Fogo frio – além do casamento que durou dois anos e da temporada que durou seis meses – nada acrescentou. Começamos a sentir que nossa proposta se esvaziava. Moralmente, correto e útil; politicamente, também. Esteticamente, repetições: ideias e figurinos.

Os teatros já tinham perdido o medo de autores nacionais. No TBC, Flávio Rangel montava *O pagador de promessas*, do Dias Gomes, *A semente*, do Guarnieri, onde se falava do Partidão naquele santuário burguês... Antunes, a *Vereda da salvação*, de Jorge Andrade... No Rio, um grupo pernambucano revelava Suassuna e o seu belo *Auto da compadecida*.

Antes, os teatros obrigados a montar uma peça brasileira por cada duas estrangeiras! Única maneira de permitir que nossos dramaturgos subissem ao palco; agora, sem lei, a relação se invertia! Peça brasileira, sinônimo de êxito. A linha nacionalista do Arena já não era necessária.

ENGRENAGEM, SARTRE

Sartre e Simone tiveram problemas com o governo francês, por causa da Argélia; aconselhados a se afastar do território francês, vieram por quinze dias, ficaram meses. Deram cursos e participaram de mesas.

O Oficina resolveu montar um texto que Sartre havia escrito para o cinema, *A engrenagem*, que nunca virou filme – José

Celso, Renato Borghi e eu o adaptamos e, mais uma vez, Celso foi meu assistente na montagem, que incluía Jairo Arco e Flecha, Ronaldo Daniel (tinha dupla nacionalidade e se tornou famoso diretor inglês), e um ator bem mais velho do que nós e com carreira na Rússia, parecido com o Erich von Stroheim: Eugenio Kusnet, soldado da Revolução Bolchevique, nascido na Estônia em 1898! Era a Imponência que entrava em cena quando Kusnet adentrava o palco! Verdade, emoção. Kusnet em cena, difícil olhar noutra direção.

Fiquei encantado dirigindo ator tão stanislavskiano convicto. Interpretava o Embaixador de uma potência imperial que vinha avisar ao líder revolucionário de que não poderia fazer o que quisesse com o petróleo do seu país, porque não estava isolado no mundo, mas vivia época de globalização – claro que essa palavra ainda não era pronunciada: usava-se o eufemismo de "interdependência".

Globalização chamava-se de interdependência, mas era a mesma! Com Hitler, chamou-se Império dos Mil Anos e tentou impor arianismos ao mundo; com os Césares, chamou-se *Pax Romana* e impôs costumes e língua. Todo mundo passou a falar inglês, digo, latim.

Sempre que um Estado ganha poder sobre outros, tende a tornar-se hegemônico... já dizia minha avó e tinha razão.

Com *A engrenagem* tive meu primeiro sério atrito com a censura, que proibiu o espetáculo que queríamos realizar no Ipiranga, monumento em homenagem à Independência do Brasil... como se o Brasil fosse independente. Havíamos incluído dezenas de figurantes no nosso espetáculo eisensteiniano quando a polícia cercou a praça.

Decidimos nos autoamordaçar e saímos em passeata, lenços na boca, sob aplausos passantes e donas de casa nas janelas. A polícia, envergonhada, retirou-se. Voltamos ao monumento com redobrado fervor e a polícia com redobrada intenção de cassetete. Detalhe: eles estavam armados de verdade e nossos fuzis eram cenográficos.

Retomamos a silenciosa caminhada em ordem dispersa.

Na época de *A engrenagem* e de *Revolução na América do Sul,* eu começava a experimentar dramaturgia aberta, fora do realismo. Brecht nos tinha influenciado, mais no sentido de nos libertarmos do naturalismo do que no de imitá-lo: o efeito de afastamento, para nós, já existia na interpretação dos nossos palhaços.

Kusnet começou seus cursos sobre o método no Oficina e no Arena – aí se formou Isabel Ribeiro.

REVOLUÇÃO NA AMÉRICA DO SUL

Revolução foi minha primeira peça importante. Alguns críticos falaram até em obra-prima. Imaginem só minha jovem alegria e moço espanto.

Do ponto de vista formal, foi revolução que provocou, no Arena, outra revolução. Todos elogiavam, mas alguns, como João das Neves, que escrevia para um jornal comunista, *Novos Rumos*, reclamavam de que a peça falava sobre o povo para plateia classe média! Sempre a mesma queixa!

Vianninha e Chico de Assis achavam que o Arena não tinha futuro como elenco comercial, vivendo da bilheteria, por mais ideologia que tivéssemos na cabeça. Apesar da ideologia, tínhamos que encher teatro e barriga, sobreviver.

O Brasil não podia continuar colônia dos Estados Unidos. Não éramos República das Bananas, bordel! O teatro tinha que ajudar nas transformações. Como? Conscientizando plateias populares! Quem faria a revolução? O povo! Quem o conscientizaria? Nós! Muito simples, meu caro Watson...

Nesse período, a palavra *conscientizar* era a nova Revelação Divina. Não nos conscientizávamos nós mesmos: conscientizávamos os outros. Nos CPCs, Centros Populares de Cultura, essa era a palavra-chave.

SÍNDROME CHE

Che Guevara foi exemplo de honestidade, doçura e valentia. Queria o bem, socorrer fracos e oprimidos – como Cristo em armas! Como santos peruanos de arcabuz e bacamarte! Sabia a

América Latina escravizada, quis libertar povos: um, dois, três, mil Vietnãs; países latino-americanos liberados... Che não queria a guerra: amava a paz justa. Para obtê-la, havia um só caminho – era necessário segui-lo.

Hoje, até a Unesco proclama em seus documentos oficiais que a simples ausência de guerra não significa paz: se existe fome e desemprego, doença e analfabetismo, preconceito e trabalho infantil – esse é um mundo em guerra! Façamos guerra à guerra, nós, os pacifistas!

Jamais existiu desejo pacifista tão extremo como o de Che Guevara: talvez Gandhi ou Luther King!!!

Antes de encontrar Fidel, o Che lutou no Congo Belga, no México, pensou no Panamá. Ao lado de Fidel, foi o vitorioso comandante da batalha de Santa Clara, que dividiu o país: com dezoito guerrilheiros rendeu quatrocentos soldados governistas bem armados! Venceu, heroico. No poder, não se conformou em ser ministro da Economia: era o guerreiro da paz. Despediu-se do povo amado e voltou à luta, à selva.

Mesmo que os camponeses bolivianos nada lhe pedissem, o Che quis socorrê-los: não suportava ver a miserável exploração, o trabalho escravo. Não podia vê-los sofrer. Che tinha um desejo: não podia ver miseráveis sem querer libertá-los, *mesmo contra a vontade deles*! Abandonou seu país adotivo e foi ajudá-los – diria melhor, obrigá-los?! – a fazer a revolução que, em Cuba, tinha sido feliz sucesso.

Havia diferença: em Cuba, o povo queria, podia e fez. Na Bolívia, não. O Che foi traído pelos mesmos camponeses que desejava libertar. À força.

A isso chamo síndrome Che, que tantos de nós, um dia, padecemos. Querer libertar escravos à força: tenho a minha verdade, sei o que é melhor para eles, então, já, façamos o que quero que façam. Sei que é certo. Vejo o que não podem ver: venham comigo, quero abrir seus olhos. Têm que ver o que vejo, pois vejo o caminho certo!

As intenções, as melhores. A prática, autoritária: vinha de cima.

No Arena, nós nos limitávamos a mostrar a vida pobre, como éramos capazes de entendê-la. Em cena, nos vestíamos de operários e camponeses: os figurinos eram autênticos, mas não o corpo que os habitava. Triste pieguismo. Mas não quero, hoje, lamentar nossos lamentos de anteontem. Fizemos o que podíamos ter feito!

Quando nossa insatisfação cresceu demais, cresceu a síndrome Che Guevara. Grupos teatrais, em todo o país, abandonaram suas plateias "profissionais" em busca do novo público, vasculhando o mundo à procura de oprimidos para lhes oferecer a Palavra Justa! Alguns com agressividade: de pé, ó vítimas da fome, nada de preguiça, caramba, levantem-se já, peguem em armas, lutem, é a guerra, que diabos!!! Às vezes faziam o mesmo dentro dos teatros tradicionais, o que tornava a mensagem mais ridícula! Exortavam opressores a se libertarem da opressão: paradoxo!

Mundo afora, bem-intencionados elencos sofriam, em doses mais cavalares do que a nossa, da mesma síndrome. Faziam, em grotesca farsa, o que o Che havia feito em trágica vida!

Muitos, antes de nós, que praticavam o assim chamado teatro político mensageiro, na verdade praticavam uma forma de teatro evangélico: evangelizavam, com doutrinas indiscutíveis, a palavra soberana de uma organização ou de um partido. A grande maioria dos CPCs, a par de suas imensas virtudes jamais assaz louvadas, padecia dessa doença.

O Arena, como instituição, não seguiu esse caminho; alguns de nós, individualmente, por ele, algum tempo, andamos!

QUE FAZER?

A insatisfação floresceu também no Arena, e se começou a pensar em formas alternativas de teatro, o que implicaria, necessariamente, em abandonar a estrutura profissional, voltar ao amadorismo. Guarnieri e eu queríamos continuar profissionais.

No Rio, a escolha tornou-se clara: queríamos ou não continuar profissionais? Sim ou não buscar o famoso público popular de que tanto falávamos? Como conciliar desejos contraditórios?

Outros fatores pesavam na balança – São Paulo versus praia de Copacabana – e não estavam alheios às nossas decisões. O fato de ser nosso elenco tão amado no Rio, acariciado pela crítica e pelo público, pesou pesado em alguns corações: vontade de mudar, viver vida agitada – o Rio era gostoso! Mas o motivo maior, sincero, foi a busca do *povo*.

José Renato tinha feito estágio com Jean Vilar. Seria exemplo a ser seguido? Nós vivíamos a milhões de anos-luz do Théâtre National Populaire, sem amparo do governo, enquanto eles recebiam subvenções faraônicas. Tínhamos três funcionários – bilheteira, porteiro e o eletricista caolho, que era também contrarregra e office boy; o TNP tinha exércitos de funcionários. Théâtre Populaire não pode ser traduzido em "teatro popular" – são díspares, disparate! O *peuple* não tem nada a ver com *povo*. E *théâtre* menos ainda com *teatro*...

Eles tinham um conceito de popular que significava levar cultura para o povo, isto é, apresentar, a preços módicos, em teatro confortável, repertório clássico ou moderno de qualidade, para que espectadores populares pudessem se sentar nas mesmas poltronas e se beneficiar da mesma cultura da classe média e alta, que podia pagar mais caro. Para nós, popular era outra coisa, mesmo que ainda não soubéssemos com certeza que coisa era. O exemplo francês não servia.

Cada qual fez sua escolha: alguns decidiram para o Arena, em São Paulo. Vianninha, Chico de Assis e outros decidiram nem sequer voltar pra pegar suas malas e ficaram no Rio.

A ideia do Arena se bifurcou. Os do Rio se enturmaram com intelectuais ligados ao PC (ou não!), como Ferreira Gullar, Tereza Aragão, Carlos Estêvão, Leon Hirszman, Armando Costa, João das Neves e mais gente boa. Encontraram, na União Nacional dos Estudantes (UNE), lar acolhedor. Fundaram o Centro Popular de Cultura, de inspiração pernambucana.

Em São Paulo, estreamos a *Revolução* e retomamos a missão desbravadora. Encenei *Pintado de alegre*, de Flávio Migliaccio, peça de terno realismo poético, suave e belo, mas do qual a plateia não tomou conhecimento. Flávio Império continuava esculpindo belos cenários. Tanta beleza e formosas intenções... Público insensível! Queríamos criar dramaturgia nacional; nós nos obrigávamos a caminhar por etapas difíceis; o público queria resultados imediatos.

A cisão do Arena foi fraterna, produto de divergências em nossas ideias e não de conflitos em nossos afetos. Continuamos amigos, torcendo pelo sucesso uns dos outros; continuamos nos ajudando mutuamente e o Arena recorreu a Chico de Assis para nos salvar da crise financeira: *O testamento do cangaceiro*. Mais tarde, quando o CPC quis ter seu Seminário de Dramaturgia, foi a mim que recorreram como professor; uma vez por semana ia ao Rio, em trem de prata, ensinar carpintaria teatral.

Aproveitava a viagem pra conversar com minha mãe, que me contava as histórias que contei neste livro, e com meu pai, doente, que falava pouco, mas gostava de me escutar. Os dois continuavam morando na Penha. Ele, durante a vida sadia, não descansou um dia: estava agora amarrado à cama, vendo gente pela janela. Ela não descansava.

José Renato sugeriu Lima Duarte para o papel de Cearim, o protagonista, bem na linha dos maliciosos personagens nordestinos de Suassuna, que eram bem na linha dos arlequins e briguelas da *commedia dell'arte* – "bem na linha" quer dizer: inspirados por realidades aparentadas, não por literaturas parecidas.

Lima, ator de renome na TV Tupi, pioneira do teleteatro. Tinha atuado nos primeiros programas da emissora, era considerado o seu melhor ator, mas sem nenhuma experiência de palco. Público certo, certeza de sucesso. E rápido nos ensaios: ator de TV. Tínhamos pressa!

No primeiro dia, Lima interpretou o personagem pronto: tinha entendido tudo, sabia tudo sobre Cearim. Nada a fazer além de decorar o texto.

Fiquei desolado. Com minha formação de laboratório, experiência em gestar lentamente os personagens antes do laborioso parto, eu me defrontava com um ator que sabia tudo antes de começar. Pra mim, era essencial que o ator partisse de uma ideia que, através da emoção, encontraria a forma justa. Lima tinha a forma acabada. Era engraçado. Mas... seria isso a arte do ator?

Tínhamos dinheiro em caixa para duas semanas. Grito de guerra: estreia ou fome! Nos primeiros anos, quando íamos comer no botequim, contávamos o dinheiro e depois olhávamos a lista dos preços à direita, não a dos pratos, à esquerda. Quando o dinheiro era pouco, comprávamos três dúzias de bananas-d'água e nos regalávamos com esse suculento jantar. Meu pai, sempre que me via, além de dinheiro, me dava uma lata de cinco quilos de biscoitos maria. Até hoje gosto, molhado em café.

Sofri nessas duas semanas de decoração de texto e marcação – não posso chamar aquilo de ensaio. Neurótica ejaculação precoce. Diretor gosta de ensaiar, suar, sofrer, descabelar-se, criar com seus atores, cenógrafo e outros artistas – estar em campo. Depois da estreia, vai pra arquibancada como treinador de futebol que não chuta em gol, mas o gozo continua.

Lima, inteligente, me contava que, em televisão, não havia tempo pra ensaiar; ao receber o texto de manhã pra gravar à tarde, perguntava ao diretor em que chave representar – havia quatro ou cinco chaves cômicas ou dramáticas. Na televisão, era assim. Cada minuto custava caro.

A chave ou jeito era o truque, maneira de interpretar o personagem que o ator, evidente, não sentia. Não sentia nada, em termos de emoção verdadeira, mas sabia fazer tudo. Da boca pra fora. Lima era mestre nas quatro ou cinco chaves. Ator de imensa empatia, contagiava o elenco e fazia com que os outros representassem no mesmo estilo.

A única direção que fiz, em relação a ele, foi quando percebi que, antes de qualquer frase, ele fazia um pequeno ruído com a boca, barulho com as mãos ou, pelo menos, curto silêncio. Eu queria diálogo ágil, pingue-pongue; Lima, antes de falar, fazia alguma coisa que durava segundos. Até que percebi a causa, o vício da TV ao vivo: o barulho que fazia era para atrair a atenção dos cameramen, que mal conheciam o texto. No teatro não havia câmeras: havia o olhar permanente da plateia, que não precisava ser chamada à atenção.

A estreia foi sucesso desses inenarráveis. Subi pra minha sala, não quis aplausos, sentindo que nada tinha a ver com aquele espetáculo. Sofri amargurado, em silêncio – os aplausos continuavam, estrondosos. Chico sentiu minha falta e veio me procurar. Foi irmão, irmão mais novo, me consolou. Chico disse que eu chorei naquela noite: é possível. Não lembro.

Eu, perplexo, perguntava: se teatro é isso, entrar em cena e ser engraçado, não é arte – puro histrionismo. Dercy não precisava de diretor, mas de um bom guarda de trânsito para que os atores não esbarrassem uns nos outros, fugindo dela, nem nos cenários, evitando colisões... Decidi não agradecer ao público ensandecido, e não desci, teimoso. Continuei carpindo minha tristeza.

Lima me havia colocado diante de uma angustiante dúvida: se o ator consegue encontrar de imediato uma forma adequada ao seu personagem, haverá nisso algum mal? Eu não percebia que existem peças e peças, espetáculos e espetáculos. No *Testamento*, não havia outra coisa a fazer e persistir na minha obstinação de laboratório teria sido impossível – tínhamos dinheiro pra duas semanas! Além de inútil – teríamos chegado, em mais tempo, a resultados semelhantes.

É evidente que, quando os ensaios vão a fundo, o espetáculo resiste ao desgaste do tempo. No caso do *Testamento*, a fragilidade estrutural requeria atenção permanente. Como se os atores improvisassem sem saber para onde iam – cada espetáculo dava vertigem. O meu tão procurado rigor desabava.

Era outra forma de fazer teatro. Eu não podia reclamar: não é verdade que eu gostava dos palhaços? O que significava ser palhaço? Pelo menos, isto: a capacidade de improvisar, a permanente criatividade.

Isso era bom: criatividade. Eu gostaria, porém, que a liberdade de criação estivesse dentro de parâmetros rigorosos: total liberdade criativa dentro de muros intransponíveis. Era possível, mas... ainda não era possível.

O sucesso recompôs o caixa cambaleante.

A peça estreou em julho de 1961. Quase 37 anos mais tarde, maio de 1998, eu me encontrei com Chico de Assis no Rio. Conversamos e nos lembrávamos destes acontecimentos com nitidez. Estas reflexões foram escritas depois dessa conversa.

A dúvida bateu forte: será que estávamos errados e os que ficaram no Rio certos? Não era necessária a escolha: talvez estivéssemos todos certos, cada qual no seu caminho, temporário. Mania tonta querer decidir quem está certo, quem errado, quando, em arte, caminhos, mesmo divergentes, podem estar todos certos. Apenas um é o caminho errado, com certeza certa: a mediocridade!

Decidimos ir pro Nordeste na infatigável busca do povo autêntico: ali, sim, estaria o Brasil verdadeiro. Tínhamos feito contatos com a Igreja progressista do Nordeste e as Ligas Camponesas de Francisco Julião, precursoras do Movimento dos Trabalhadores Rurais Sem Terra (MST). E com o governo de Arraes, em Pernambuco, onde tinha sido criado, junto à Secretaria Estadual de Educação, o Movimento de Cultura Popular (MCP).

O Rio provocou um estremecimento. Crise: perigo e oportunidades. O perigo era comum e as oportunidades alternativas apareceram com a nossa viagem ao Nordeste.

Corria o ano da graça de 1961... e corria depressa.

CAPÍTULO 13 A DESCOBERTA DO NORDESTE E O SANGUE NAS MÃOS DO PADRE BATALHA

Chico de Assis e Carlos Lyra escreveram *Um americano em Brasília*, com a famosa "Canção do subdesenvolvido", uma das mais populares músicas do CPC. Essa peça, que dirigi, nunca chegou a ser estreada. Depois do *Testamento*, fomos para o Nordeste.

DE CULTURA POPULAR OU POPULAR DE CULTURA?

O movimento se chamava de Cultura Popular – o povo fazia a sua independente da oficial, burguesa. Quisemos discutir a natureza dessa cultura e por que o movimento era de Cultura Popular e não Popular de Cultura. Não haveria elitismo no conceito de cultura popular, corruptela empobrecida da verdadeira cultura? Não seria outra forma dizer *folklore*, o depreciado em face da "verdadeira cultura", a de inspiração europeia?

Existe, num subúrbio do Rio, um artista que constrói instrumentos musicais com latas, caixas, fios de arame, plásticos, zinco. Verdadeiro luthier. Alguém disse que essa criatividade era apenas o resultado da pobreza: sem dinheiro para um piano alemão, nosso artista inventava instrumentos. Não percebeu que, antes de ser inventado, o piano alemão também não existia e precisou de um inventor.

Cada instrumento produz sons que só esse instrumento pode produzir. Antes de ter sido inventado o trombone, ouvidos humanos não haviam nunca escutado sons de trombone. Berimbau, caxixi, pandeiro, cuíca, harpa, oboé e violino produzem sons específicos, únicos. Claro que alguns sons e timbres são mais agradáveis que outros, mais complexos – todos são, porém, insubstituíveis.

A discussão era semântica porque o MCP era popular e fazia cultura, o povo a fazia e dela participava. Mas, como escreveu Julián Boal no seu livro sobre os CPCs,[1] havia, no seu teatro, autoritarismo na relação entre artistas e plateias: a famosa *mensagem* vinha acompanhada de grande simplificação da realidade política e social, esquematizada segundo premissas dogmáticas. Camponeses casavam-se com a Terra e Operários com a Fábrica. Impossível não se pensar nos quadros soviéticos em que operários e camponeses, musculosos, sorriem saudáveis para o futuro mastigando grossas espigas de milho...

Em Pernambuco, a esquerda "genérica" estava no poder. Estar no poder não significa ter o poder, mas algum se tinha. Os MCPistas tinham salários. Não dependiam da chuva das cinco da tarde...

O MCP dispunha de edifícios e veículos – não precisavam dos bons préstimos da Vemag.

Terminada a temporada no Recife, fizemos um espetáculo no Arraial do Bom Jesus para milhares de espectadores – alguns a cavalo obrigavam os animais a assistirem à peça contra suas legítimas vontades equinas. Curioso: cavalos ficam dóceis durante as cenas musicais. Cavalo adora música. Contrariamente ao que seria lícito supor, cavalo prefere drama à comédia, clássicos aos modernos. Sabe-se lá por quê! Presta mais atenção. Mas não aplaude: após a excitação teatral, pasta! Cavalo é meio bovino...

O espetáculo extra atrasou a viagem para Salvador. Fui pedir ao governador Arraes um avião para o elenco. Fui sem

---

1 Julián Boal, *As imagens de um teatro popular* (1999). Recomendo sua leitura atenta!

esperanças, teimoso: o governador me deu o nome de um brigadeiro. Quando lhe fiz o pedido, o militar deu um murro na mesa: "Isso é hora de me pedir avião?! Se você queria estar em Salvador ainda hoje, tinha que me avisar pelo menos ontem!!!", reclamava, não do pedido de avião, que lhe parecia natural, mas da falta de tempo. Horas depois, o avião decolou e chegamos a tempo. *Estar no poder significava ter permissão para fazer o bem.*

O MCP oferecia cursos de arte culinária e de teatro, bordado e filosofia. Paulo Freire, em Angicos, fazia suas primeiras experiências com o seu método de alfabetização, hoje universalmente utilizado.

O Brasil vivia transição... só não se sabia para onde. Radicalizava-se. Eu estava no palácio das Princesas durante uma recepção que Arraes ofereceu ao nosso elenco, quando soou o telefone: os sargentos em Brasília tinham-se sublevado. Todo mundo se sublevava. O povo descobriu que tinha voz, podia falar.[2]

Em 1961, o Brasil entrou em ebulição. A renúncia de Jânio Quadros, espetacular, teve por efeito miraculoso dinamizar a participação popular. De 1961 a 64, o Brasil foi mais politizado do que nunca em sua história. O movimento dos onze, criado por Brizola, estendeu-se por todo o país.

A resistência contra os militares contrários à posse de Jango, nosso presidente de *esquerda*, e a mudança do regime de presidencialista para parlamentarista, votada pelo Congresso a toque de caixa sob o olhar penetrante das baionetas, tudo isso mobilizava a cidadania.

As Ligas Camponesas combatiam a escravidão, que ainda hoje existe, diga-se de passagem. Escravidão: camponeses não tinham permissão para sair das terras onde trabalhavam em busca de melhores empregos; não recebiam salários, apenas créditos para comprar mercadorias nos armazéns do senhor feudal: sempre devendo. Jagunços armados castigavam e matavam recalcitrantes. O Nordeste vivia o terror. Ainda!

---

2 O povo melhorava de vida e queria melhorar mais. Quando tem condições de vida razoáveis o povo torna-se mais consciente; quando na miséria, a fome e o medo impedem que se manifestem. É o que acontece hoje no ano quase de 2001.

Naquela excursão, vivíamos em casas de padres – a Igreja produziu prelados de verdade, cristãos, e também os mais reacionários de que se tem notícia. No Nordeste, trabalhavam centenas dos autênticos filhos do Cristo.

PADRE BATALHA – A BATINA DE SANGUE

Eu estava morrendo de fome, verde: atores tinham ido comigo à missa do anoitecer. Padre Batalha me convidou para seguir a pé, de volta à casa paroquial. As moças ficavam em casas de famílias.

"Vai aumentar o apetite", disse o padre, brincando com coisa séria: minha fome. Eu não tinha almoçado, trabalhando: em cada cidade, tínhamos que conseguir móveis. Levávamos só as toalhas que os cobriam. Eram sete da noite. Fome brava!

Tínhamos feito um show, só para camponeses, que terminava com atores cantando frenéticas saudações revolucionárias, braço esquerdo levantado, punho cerrado: "A terra pertence a quem a trabalha! Temos que dar nosso sangue para retomá-la dos latifundiários!". Coisas que todo mundo pensava e achávamos conveniente repetir. Arte da época.

Foi quando o camponês Virgílio, chorando entusiasmado com nossa *mensagem*, me pediu que, com o elenco e os fuzis, fôssemos com seus companheiros lutar contra os jagunços de um coronel, invasor de terras. Quando respondemos que os fuzis eram falsos, cenográficos, não davam tiros, e só nós, artistas, éramos verdadeiros, Virgílio não hesitou e disse que, se éramos de fato verdadeiros não nos preocupássemos: eles tinham fuzis para todos. Fôssemos apenas lutar ao seu lado. Quando lhe dissemos que éramos verdadeiros *artistas* e não verdadeiros *camponeses*, Virgílio ponderou que, quando nós, verdadeiros artistas, falávamos em dar nosso sangue, na verdade estávamos falando do sangue deles, camponeses, e não do nosso, artistas, já que voltaríamos confortáveis pra nossas casas.

Esse episódio me fez compreender a falsidade da forma *mensageira* de teatro político, me fez entender que não temos o direito de incitar seja quem for a fazer aquilo que não estamos preparados pra fazer.

Virgílio era o *povo* que procurávamos. Os camponeses do Nordeste eram esse *povo*. Finalmente havíamos encontrado o *povo*! Viva o povo!

"Ser solidário é correr o mesmo risco", dizia o Che: nós não corríamos risco nenhum cantando hinos revolucionários.

Eu me lembro de um grupo norte-americano na Europa, em peça anarquista, na qual atores rasgavam seus passaportes incitando os espectadores a fazerem o mesmo. É lógico que o consulado dos Estados Unidos não fornecia novos passaportes pelas manhãs para que fossem rasgados à noite: passaportes falsos cenográficos incitavam espectadores a rasgarem seus passaportes verdadeiros.

Pensei que o espetáculo talvez tivesse sido demasiado incitador à violência e preparei desculpas ao padre. Veio a missa e levei susto. Na sua homilia, pleno altar, o padre gritou, alto e boníssimo som: "Dizem que sou padre vermelho. Não é verdade: sou branco como minha batina. Mas há de chegar o dia em que minha batina e eu ficaremos vermelhos com o sangue dos latifundiários nazistas!".

O padre percebeu meu susto e deu explicações, caminhando pela estrada suarenta, pedras, poeira.

"Odeio os fascistas! Sou cristão. Católico, apostólico, romano. Acima de tudo, seguidor do Cristo. As coisas não podem continuar desse jeito sem jeito. Não foi isso que aprendemos com o Cristo, que por nós morreu na cruz. Quem vai mudar o Brasil, se não nós?"

"Não foi o Cristo que disse a frase famosa: Dai a Deus o que é de Deus, a César o de César?"

"Ele falava em pagar impostos e pra pagar é preciso ter renda. Esse povo não tem nada, nem salário. Tem gente trabalhando aqui que nunca viu uma nota de dez réis. São escravos!"

Eu, que nunca fui de religião nenhuma – embora amigos cristãos digam que sou como eles e amigos de outras religiões digam de mim o mesmo: talvez alguma religiosidade escondida traga comigo! –, eu tinha vontade de aprender e o padre de ensinar: falava pelos cotovelos.

"Se eu estivesse presente, jamais teria permitido que Caim matasse Abel! Se fosse necessário, eu teria matado Caim a pauladas: se alguém tivesse que morrer, melhor morresse o assassino! Deus me compreenderia, tenho a certeza de que seria perdoado!"

Se Caim fosse morto antes de assassinar, não seria assassino. Nesse caso, o padre Batalha estaria assassinando o ex-futuro--assassino: um assassinato tornando impossível o outro. Estaria assassinando o assassino potencial, aquele que carregamos em nossos corações, inconsciente: essa profunda e vasta *pessoa* irracional, amoral, fonte da nossa bem-educada *personalidade*; essa *pessoa* que é a inspiração stanislavskiana, onde o ator vai buscar os *personagens* monstruosos que interpreta.

Batalha resumia: a intenção do pecado já é pecado; se o pecador não peca por ter sido impedido é, mesmo assim, pecador. O assassino é assassino mesmo que a vítima escape.

"Se eu estivesse presente, Davi teria um aliado importante, irmão e companheiro: eu jogaria pedras na cabeça do Golias, miserável, covarde. A vitória viria mais cedo! A união faz a força!"

Esse segundo exemplo eu era capaz de aceitar. A luta estaria em desenvolvimento e, louvado seja Deus, não seria necessário matar ninguém: bastariam boas pedradas na cabeça do gigante para que desmaiasse. Sou contra a pena de morte!

"Se eu estivesse presente, com faca peixeira cortaria o pescoço do Herodes e o da Salomé, antes que cortassem a cabeça sagrada de são João Batista!"

Padre Batalha se animava à medida que lhe vinham sangrentos exemplos à mente; eu, que tenho fama de rapidez, fazia esforço para acompanhar seus passos. Cansaço e fome.

"Eu não estava presente na luta de Davi e não pude ajudá-lo; não estava no palácio de Herodes e decapitaram o santo; não estava no campo e não vi o corpo de Abel ensanguentado... Mas estou aqui, presente. Sou cristão e acredito em Deus: ama ao próximo como a ti mesmo. Quem é o meu próximo? Não são os latifundiários fascistas que roubaram essa terra. São os camponeses que você viu na missa e no teatro. Humilhados e ofendidos, morrendo de fome."

Notando que o padre usava as palavras nazista e fascista de forma indiscriminada, perguntei qual seria, para ele, a diferença.

"Fascista é aquele que proíbe que você expresse o seu pensamento. Nazista é o que te proíbe de pensar!"

Continuou: "Cristão com vergonha na cara não pode assistir como espectador ao que está acontecendo no campo: temos que ser atores!".

Eu era jovem diretor de teatro de cidade grande. Falava da reforma agrária em teoria, sem conhecer campo e camponês. Lia violências, não via. Aquele homem vivia a violência nas ruas, nas confissões.

Subimos o morro: viam-se terras a perder de vista. Com a mão no ar desenhou imenso latifúndio: "Daqui pra lá, essas terras pertencem ao coronel Matusalém. A expectativa de vida de um camponês é de 35 mal vividos. O Matusalém tem mais de oitenta. À tripa forra. Em se plantando tudo dá...".

Repetiu Pero Vaz de Caminha quando escreveu a primeira carta sobre o Brasil (Terra de Vera Cruz) aos reis portugueses. Caminha, escrivão – escritor, historiador, secretário ou repórter – lotado na esquadra de Cabral, tinha ficado deslumbrado com fauna e flora.

"Em se plantando, tudo dá... Mas não se pode plantar, é proibido! Você viu os camponeses na missa das seis? Rezei depressa porque íamos fazer distribuição de pão e água fresca: devem estar por lá, comendo."

Eu tinha visto: famílias inteiras, desnutridas, bebês agarrados ao colo materno, sem forças pra chorar.

"Estão doentes. Mesmo assim, podem cultivar macaxeira, batata, soja... Só que o coronel Matusalém não deixa. Não quer ninguém nas terras dele, só jagunços. Tem medo que não queiram sair mais. Usucapião."

"Mas de que servem terras abandonadas?", perguntou minha ingenuidade curiosa. "Do jeito que está, produzindo capim... Nem pra natureza é bom. A natureza é barroca ou gótica nas florestas, românica no deserto!", disse eu, lembrando uma discussão sobre arte sacra na nossa chegada.

Servia pra especular, respondeu. A terra é guardada, virgem, como dinheiro na conta do banco. Ninguém lucra, só o banqueiro e o fazendeiro do capim... "O Matusalém espera o governo construir estrada nas terras dele. A empreiteira é do irmão, fica tudo em família..."

O padre gostava de fazer parênteses explicativos.

"Por que diabos as terras são dele? Quem deu? O d. João III, rei de Portugal quando dividiu as terras dos índios entre os seus amigos da corte e deu as capitanias hereditárias aos puxa-sacos? Nem isso. Esse Matusa subornou o dono do cartório, queimou o cartório, construiu outro, mandou falsificar certidões! Grilagem pura. Ninguém ganha dezenas de milhares de hectares de terra sem roubar com metralhadoras. Tem fazendas aqui maiores do que Portugal inteiro e meia Espanha. Maiores que a Holanda. Do tamanho da Inglaterra, com Escócia e Gales dentro. No Grande Cartório de Deus, terras que não produzem são terras de ninguém."

Voltou à explicação do lucro: "As terras ficam paradas, comidas pelo capim. O Matusa vai a Brasília dando propinas. Quer a estrada. Depois de construída, vendem a fazenda por preço mil vezes maior do que vale sem a estrada".

"O Jango vai passar uma lei desapropriando oitenta quilômetros de cada lado das estradas federais. Acaba a especulação."

O padre – que era o *povo* que procurávamos! – tinha fé em Deus, mas não na política: "Esse governo não tem coragem. A bancada ruralista é forte no Congresso: aqui, até morto vota no coronel. Morto vota em várias seções eleitorais. Dia de eleição, morto não descansa, vota em tudo que é urna. Até quem não existe vota: nome se inventa! Mesmo assim, com medo dessa hipótese de lei, a crueldade no campo já está pior do que nunca".

Deu exemplos aterrorizadores. Mostrou no horizonte outra fazenda, produtiva. Quem produzia eram escravos: trabalhavam durante o sol, sem descanso, e continuavam devendo, sempre mais. Sua dívida com o patrão crescia como cresce a do Brasil com os bancos internacionais, nossos patrões. Essa é a forma moderna de escravidão: país que paga quase 2 bilhões de dólares por mês de juros da dívida é país escravo – inútil procurar sinônimos. Governos que aceitam essa situação sem se revoltar são capitães do mato. Sem eufemismos! Desde os anos 1950 e 60 nenhum governo disse *não* ao Fundo Monetário Internacional (FMI), nem disse *talvez, quem sabe?, vamos ver*... É tudo *sim senhor, deixa comigo*!

"Pra evitar que escravos fujam, os coronéis têm exércitos de jagunços que ganham bem melhor que os camponeses e por isso são fiéis. Quando um escravo foge, jagunços vão atrás a cavalo, agarram o fugitivo, trazem-no de volta pra fazenda e aplicam o castigo na frente de todo mundo."

"Castigo?"

"No ano passado, um escravo foi amarrado a uma árvore na frente da senzala: cortaram o corpo dele com facão de cortar cana e puseram mel nas feridas. De noite, as formigas vieram e comeram o camponês inteiro. Ele gritava, todo mundo ouvia, ninguém ajudava. O escravo gritava, o corpo foi sumindo, ficou só o osso e o grito que as formigas não puderam comer. Formiga não come grito. Gritou a noite inteira, morreu de manhãzinha."

Vendo meu espanto, minha dor, o padre amenizou: "Isso não acontece todo dia, fica descansado. Foi no ano passado. Amiúde são chicotadas, palmatórias, prisão do homem nu no chiqueiro no meio dos porcos ou em cela úmida sem janela. É verdade que muitos morrem, mas esse não é o objetivo, porque não é conveniente nem pro coronel nem pro morto...".

Eu, calado, pensava horrores. O padre seguiu o relato: "Na homilia você se assustou quando eu disse que um dia minha batina e minhas mãos vão ficar vermelhas com o sangue dos latifundiários, Cains, Herodes, Salomés, Golias... nazistas, fascistas... Nós, cristãos, temos o dever moral e religioso de defender nossos irmãos Abéis... Abel... Abéis... Não sei como se diz, se tem plural ou não: a língua portuguesa é difícil...".

"Eu também não sou bom em concordância; minha irmã, Augusta, sim, é professora: quando não sei, pergunto a ela...", respondi, concordando.

Mudando de assunto, Batalha revelou que, na sua juventude, não era religioso nem acreditava em Deus.

"Pra mim, Deus era uma questão de medo do Infinito. Se você pensa o Infinito, se tenta entender o Infinito, fica louco. Porque, se o Infinito existe pra fora, é lógico que deve existir o Infinito pra dentro. Se, pra fora, existem bilhões de galáxias, trilhões de Vias Lácteas, então, para dentro também deve haver. Em um só fio do meu cabelo devem existir quatrilhões de sóis mais quentes do que esse que está aí esturricando a terra. Quando eu era jovem pensava assim e ficava louco! Dava vertigem. Tinha que sentar pra não cair de tanta vertigem. Até que comecei a acreditar em Deus. Deus, que é infinito, é a finitude do Infinito: tudo começou com Ele e vai acabar quando Ele quiser. A gente precisa ter limites: Deus é o maior limite. Outros limites são: esta rua, a minha casa, a igreja, meus horários, minhas rezas... Tudo isso me ajuda a não pensar no Infinito, às vezes até corro com o Infinito correndo atrás de mim: fico só pensando nesses camponeses que precisam de mim e nesses fascistas, nazistas ou o raio que os parta...”

Falo muito, mas gosto de ouvir: o padre disse que tinha vagado por outras religiões antes de se tornar católico. Seu pai achava religião uma forma de relacionamento doentio com o Desconhecido. Dizia que os católicos eram masoquistas na sua adoração dos martírios, os judeus, melancólicos no seu Muro das Lamentações, os integristas muçulmanos, obsessivos jogando-se de joelhos cinco vezes ao dia em direção a Meca e as seitas protestantes televisivas norte-americanas, totalmente histéricas, fanaticoides com seus programas de auditório e milagres fabricados sob medida e a granel! A conversa perdeu rumo...

Seguimos pra casa do padre, onde já estavam meus companheiros, vindos de jipe, reclamando: mortos de fome, esperando por nós.

Sob aplausos, chegou enorme prato fundo com a sopa. Apesar dos horrores que tinha ouvido, era eu o mais faminto. Comemos o primeiro prato. Meus companheiros repetiram a sopa três ou quatro vezes, pratos cheios, sem cerimônia. Eu, só pela metade, uma segunda vez.

Sempre ouvi dizer que os padres comem bem: “Comilão como um frade”, dizia-se. “Bochechas vermelhas de vinho...” A sopa ótima: esperei as inauditas iguarias que se seguiriam: religiosos e gourmets sabem que nenhum prato deve deixar saudades dos anteriores.

Batalha insistiu: “Você não gostou da sopa? Não quer mais?”.

“Obrigado, estava ótima. Muito boa mesmo. Macaxeira é gostosa. Em São Paulo se chama mandioca, no Rio é aipim”, disse eu, dando demonstração inequívoca de conhecimentos linguísticos e culinários.

O padre recolheu os pratos. Pausa. Meu estômago esperava a continuação do jantar fradesco. Conversamos sobre o latifúndio improdutivo. Eu com fome. Veio o café: pânico! “E o resto? O resto, meu Deus? Estou com fome!!!” Meu pensamento gritou, a boca emudeceu. Ninguém me ouviu pensar aos gritos.

“Vamos dormir”, disse o padre. “Amanhã temos que acordar cedo...”

Antes de sair, ainda me olhou e fez um comentário: "Você comeu pouco... Não gostou da sopa?".

"Estava ótima... Macaxeira..."

Fui dormir com a barriga roncando e o estômago rezando pelo café da manhã. Nunca senti tanta fé![1]

Aquela viagem ao Nordeste e aquele dia mudaram minha vida. Virgílio e o padre Batalha mudaram a minha concepção de arte. Pelo menos, minha maneira de ver o teatro e sua serventia...

CAPÍTULO 14
O GORDO E O MAGRO NO SEMINÁRIO DE SANTO ANDRÉ

A ideia do Espectador Ativo, Protagonista que transbordasse limites ao invés de se conformar com sua participação sentada, resignada, já estava na minha cabeça quando voltei pra São Paulo. Algo além de Brecht, que apenas pedia ao espectador que pensasse com sua cabeça mas não lhe dava espaço em cena para expressar esse pensamento.

Eu queria espectador ativo!!! Não mais um teatro que levasse mensagens, não queria ser carteiro de missivista desconhecido (Partido? Revelação Divina?). Queria que os espectadores, democraticamente, usassem a mesma linguagem teatral usada pelos atores. Como fazê-lo? Boa pergunta para uma resposta que só viria muitos anos mais tarde.

Jango, mesmo não fazendo revolução, longe disso, tinha valor simbólico – era de *esquerda*... Os militares não o queriam, a maior parte da burguesia brasileira o detestava, o governo dos Estados Unidos o execrava e nós o havíamos imposto – a legalidade no poder!

Jango na presidência, prova irrefutável de que o slogan era certo: "O povo, unido, jamais será vencido!". O problema era unir, ontem como hoje.

Havia espaço! Podia-se respirar! Hoje nos sentimos oprimidos, reprimidos, comprimidos, deprimidos. Difícil dar um passo:

---

1 Conselho aos meus amigos: em casa de padre, comam muita sopa!

a perna ocupa demasiado lugar, se avança. O peito, se respira. A cabeça, quando pensa.

O padre Batalha não me saía da cabeça: "Existem ocasiões em que ser espectador é anticristão. Não fazer nada é crucificar o Cristo! No Brasil estão crucificando o Cristo todo santo dia! Todo cristão tem o dever de salvar o Cristo. Não basta engolir a hóstia. As pernas servem pra correr, não pra ficar de joelhos cravados no chão. Ajoelhar diante de Deus, sim; da injustiça, não!".

Apaixonado, percebia que seu discurso se tornava radical, voltava aos temas bíblicos, onde se dava melhor: "Temos que fazer a escolha entre Caim e Abel, Salomé e João Batista, Davi e Golias – não podemos ficar neutros, assistindo ao massacre. Viver é escolher o lado. O futuro não existe: constrói-se! Ser cristão é escolher o caminho justo! Abstinência não é abstenção!".

Padre Batalha não me saía da cabeça. Mesmo quando exagerava: "Não sou mensageiro de Deus: sou a Mensagem!". Quem não exagera?

OS FUZIS DA SENHORA CARRAR

No início de 1962, Renato dirigiu *Os fuzis da senhora Carrar*, onde Brecht falava da neutralidade impossível. Dostoiévski: "Somos responsáveis por tudo, diante de todos!". Fique claro: responsáveis não pelo que fazem os outros, mas pelo que, em resposta, fazemos nós! Ou deixamos de fazer.

Carrar nos trouxe um ator excelente, diretor e cenógrafo, Paulo José, de Porto Alegre. Dessa vez, não deixamos o gaúcho escapar: pouco antes, haviam vindo do Sul Fernando Peixoto e Ítala Nandi; o Arena demorou em recebê-los – entre um ensaio e outro – e os dois foram pro Oficina, irmão. Fernando, mais adiante, trabalhou conosco várias vezes. Ítala ficou amiga. Muito.

Brecht havia escrito *Carrar* depois da destruição de Guernica pelos nazistas. Vinha nos lembrar, antes da catástrofe anunciada, que ninguém é neutro, nem deve esconder seus fuzis. Brecht era referência estética e moral. No Brasil, *Carrar* foi premonição.

Se o Théâtre National Populaire não nos servia de paradigma, o Berliner Ensemble servia menos – teatros ricos, bem nutridos, gordos. Magricelas, estávamos condenados a inventar nosso caminho! O caminho do caminhante se faz ao caminhar...

O SEMINÁRIO DE SANTO ANDRÉ

Fui organizar um Seminário de Dramaturgia no Sindicato dos Metalúrgicos de Santo André (SP). Uma vez por semana, a um grupo de dez operários, expliquei Hegel, Aristóteles, Maquiavel, leis da dialética – não para serem obedecidas, mas utilizadas na carpintaria teatral.

Evitava palavras difíceis. Quando dizia alguma inevitável, explicava seu significado – os operários adoravam descobrir palavras novas. Quanto maior o vocabulário, maiores as possibilidades de pensar. Não temos que ser rastaqueras falando com pessoas incultas: temos que saber usar a palavra no momento justo. Quem aprendeu a falar *papai* e *mamãe*, pode aprender *catarse*, *metaxis* ou *Verfremdungseffekt*. Não estou brincando: pode. No seu devido tempo, com propósito claro...

Foi a primeira vez que dei um curso só para operários. O CPC-UNE continuava: seus autores eram intelectuais vindos do teatro profissional, da sociologia, das universidades – gente culta. No sindicato, quem escrevia sobre operários eram operários. Os intelectuais não tinham dúvidas; em Santo André andava-se em busca de certezas escorregadias.

Os CPCs tinham cursos de literatura, bordado, história sindical, feijoadas, macarronadas. Grupos de poesia sobrando gente: donas de casa escrevendo poemas. Dramaturgia era mais difícil, longo esforço: necessário criar personagens consistentes, elaborar enredos.

No fim do seminário cada qual tinha uma peça: a de Jurandir foi a mais elogiada. *A greve* contava greve acontecida na região do ABC, berço do Partido dos Trabalhadores. Fiquei eufórico com sua capacidade de criar personagens *autênticos*, como se dizia. Multidimensionais, não estruturas ocas. Jurandir, grande criador de personagens!

A direção do sindicato deu dinheiro pra montagem; operários disputavam papéis. Alguns, depois de ensaiar semanas, davam-

-se por satisfeitos, iam jogar pingue-pongue. Outros desistiam por discordâncias ideológicas.

ESPECTADORES INVADEM PALCO E SEMEIAM A SAUDÁVEL CONFUSÃO DA QUAL NASCE A VERDADE

Operários no palco e na plateia: novidade. Sobe o pano: tumulto. Espectadores aplaudiam ou vaiavam, a cada réplica: torcidas organizadas, contra e a favor. Saudados como heróis, uns; outros, amaldiçoados com palavrões. Algazarra maior na sala do que no palco.

O Gordo, personagem fura-greves, era vaiado a cada réplica, e o ator que o interpretava teve medo. Pedi silêncio e respeito, jurei que o intérprete, em hipótese alguma, identificava-se politicamente com o personagem. Tome vaias: parecia teatro infantil quando entra a bruxa má.

Um espectador aproximou-se do palco, gritando: "Mentira! Eu não disse nada disso, nunca pensei assim... Vocês são mentirosos, teatro de calúnias... Quem me conhece sabe quem sou, seus...", e foi declamando o repertório escatológico da d. Hidegarde da minha infância.

Era o Magro, operário que, na vida real, servira de modelo ao Jurandir para criar seu vilão! De propósito, Jurandir havia escolhido um ator gordo para representar o Gordo, que representava o Magro. Mais a peça avançava, mais o Magro protestava, ultrajado. Chegou à ameaça: "Cala essa boca ou eu te quebro a cara...". Jamais espectador dirigiu-se tão desaforado a um personagem. Première mundial!

Como o Gordo continuasse, o Magro pulou no palco. Estávamos preparados pra briga, porém, no cenário, o Magro mostrou-se menos belicoso, apenas desejoso de dar sua versão dos fatos – tinha esse direito! – simultaneamente com a ação da peça. Fazia comentários contraditórios ao texto: des-tradução simultânea, desdizendo o dito e o feito.

Segundo sua versão, ele não tinha sido contra a greve mas contra a ideia de fazê-la naquele momento. A greve – que acabou derrotada – teria sido prematura.

O Gordo esbravejou, lançando-se fora do texto: "A greve foi

derrotada porque pelegos como você, covardes, ficaram em casa ou foram pra fábrica fazer contrapiquetes!".

Na confusão, outros operários – modelos de outros personagens – subiram ao palco e cada um encarnou no seu ator, a cena se fragmentou em explosivos diálogos simultâneos entre modelos de personagens versus atores e personagens. Cada um era dois – ator e personagem – que se tornavam três: ator mostrando brechtianamente o personagem com o modelo diante deles.

Jurandir, fiel repórter, tinha memória; todo mundo se sentiu contemplado em sua peça, para bem ou mal.

Eu entrei atônito na discussão exaltada, quando os ânimos permitiram alguma centralização da palavra, e argumentei que, se os operários não se reconheciam nos personagens, tanto melhor: prova de que os personagens não eram eles – eram ficção! Por que tanto fuzuê?! Ora pinoias!!! Mas se, ao contrário, disseram aquelas frases que agora ouviam, nesse caso, era verdade – não se podiam queixar. Mas, com certeza, o Gordo (personagem) não era o Magro (gente), apesar da referência adiposa.

"Não me venha com essa conversa mole!", discordou o Magro. "Esse foi o jeito que vocês encontraram pra falar mal de mim, sem falar de mim! Por isso é teatro... Mas eu não caio nessa..."

Pedi aos espectadores que, por gentileza, desocupassem o palco, mas o Magro estava interessado em restaurar sua imagem conspurcada: "Eu nunca disse isso. O Jurandir, que durante a greve devia estar embaixo da cama, escondido, está dizendo que eu disse. Então, ele está dizendo pra todo mundo que eu disse o que eu não disse e, mesmo que tivesse dito, não seria o caso de ficar dizendo outra vez... Ele está dizendo que eu disse, mas como não disse, então quero ter o direito de dizer o que foi que eu disse e estou pronto a dizer de novo!".

Eu quis defender a autonomia da arte: "Quem está falando no palco é o Gordo, não é você, ô Magro!!! Se você diz que não disse, é porque não disse, e quem diz isso que ele está dizendo, não é você, é o personagem! Ficou claro: não é o Magro, é o Gordo!".

Não me lembro qual de nós estava mais confuso, mesmo cristalino o raciocínio.

"Gordo e Magro, em teatro, é tudo a mesma coisa. Você fala de um querendo dizer o outro. Pra isso serve o teu teatro, pra difamar! Agora sai daí e deixa eu te mostrar como é que as coisas aconteceram de verdade...”

O Gordo não quis sair, o Magro ficou ao seu lado: “Não saio porque você não conhece o enredo, não pode fazer o meu personagem”.

“Não conheço o enredo mas conheço a greve; não conheço o teu personagem mas me conheço a mim. Sai!”

Dois caturros, teimosos burros, nenhum saía. Como sempre gostei de experimentar, propus que fizessem, com disciplina, o que já estavam fazendo com algazarra: “Deixa o Gordo dizer o texto escrito e você corrige, logo depois... Assim, na hipótese de que você se pareça, em parte – veja bem: eu disse ‘em parte’ –, com o personagem, você esclarece a nuança da diferença...”.

“Ele fala e eu corrijo?”

“Não é bom assim? Democracia, ô cara!”

“Não precisa nem falar, já sei o que ele vai dizer. Deixa que eu corrijo antes dele errar...”

A discussão recomeçou até que ambos aceitaram a proposta: o Gordo dizendo seu texto, o Magro fazendo correções. O Gordo dizendo o texto do Jurandir, o Magro inventando o seu: dando sua versão. O Gordo continuava, vinha o Magro, antianjo da guarda: “Mentira! A verdade é que...”, se defendia.

Quem era o Ator? Quem, Personagem? Quem, Espectador? O Magro, ao contar, não *vivia* a cena como a vivera durante a greve real, mas sim *vivenciava*, ordenando eventos e falas. Sentia emoção, agora controlada pela razão e pelo desejo de convencer – não queria experimentar outra vez as mesmas emoções da greve de ontem, mas explicá-las hoje. Emoção revisitada.

O Gordo, ao contrário, desejava acusá-lo e *revivia* a cena porque, mais uma vez, via o Magro tentando iludir seus companheiros. Para ele, a mesma situação da greve se reproduzia agora, provocando-lhe a mesma emoção. O Magro mentira antes, mentia agora. Sua emoção – a do Gordo – era a mesma: revivia.

Aí aprendi uma lição sobre *viver, reviver e vivenciar.* E ficou-me na memória aquela imagem extraordinária do ser humano lutando contra o personagem, o homem contra sua imagem; imagem que, dele, apresentava outro homem. Lutando contra si mesmo, ou parte de si, no outro.

Um homem desejando apresentar imagem de si, construí-la ao vivo, mas sendo, ele mesmo, nesse instante, uma imagem: imagem do construtor de imagens.

Ele não era a imagem que apresentava, nem aquela que, dele, apresentava o outro. Era a imagem do fabricante de imagens. Era também, em certa medida, todas essas imagens.

A plateia se perguntava quem seria ele: o Gordo ou o Magro? Seria possível que o Magro fosse aquele Gordo que víamos em cena, ou seria ele o segundo Gordo que ele próprio, o Magro, tentava criar naquele instante? Em cena estavam dois personagens Gordo, estavam também o Magro e o ator que os haviam criado: quem seria quem?

Ainda não era Teatro-Fórum, mas foi um fórum dentro do teatro. Eu ficava fascinado vendo essa multidão de pessoas e personagens. Quem ficção, quem realidade? Interpenetração da ficção na realidade.

Em Santo André comecei a pensar em explorar essa fronteira: a verdade da ficção e a ficção da verdade.

A SENHORA GORDA

Anos depois, aconteceu a verdadeira intervenção de um *spect-ator*, que originou o Teatro-Fórum: no Peru, em 1973, quando eu estava dirigindo uma oficina dentro de um programa de alfabetização integral: espanhol, quéchua, cinema, pintura... todas as linguagens possíveis.

Uma espectadora entrou em cena, substituiu a Protagonista e mostrou como faria se estivesse no seu lugar – mostrou-se interpretando a si mesma, ao interpretar o personagem.

Essa história já contei duas vezes, no *Teatro do oprimido* e n'*O arco-íris do desejo*. Não vou contar uma terceira, fiquem sossegados. Vou comentar.

Curioso: em cada um desses livros, conto a mesma história de uma maneira diferente, o que me conforta na certeza de que os processos psíquicos da memória e da imaginação são indissociáveis – ninguém lembra sem imaginar, ninguém imagina sem lembrar.

Lembrando hoje o que ontem lembrei, a coisa lembrada agora é diferente da lembrança antes. Cada dia é novo dia. Já não sou quem fui horas atrás. *Meu ser é devir*. Não sou nunca: *eu me torno, sempre*. Sou aquele que ainda não é, e sou também o que já deixou de ser. Eu me torno ao me aproximar de ser aquilo que nunca serei, pois, se vier a sê-lo, já estarei em trânsito para outro ser que ainda não sou nem serei, ao ser o primeiro, sempre em trânsito. Inevitável.

Eu juro que entendo isso que eu estou dizendo: espero que vocês também, queridos leitores... Se não, me perdoem!

É complicado? Não é: leiam outra vez. Outra mais. Quem foi que leu essas três vezes? Você ainda é o mesmo de três leituras atrás? Impossível!

Voltando à nossa história, imaginando o mínimo e lembrando o máximo, lembro que em Chaclacayo, 1973, a senhora gorda entrou no palco quando estávamos fazendo um espetáculo em que a plateia oferecia alternativas de como deveria se comportar a protagonista; os atores improvisavam, seguindo suas sugestões.

Tratava-se de uma peça sobre uma esposa que descobria que o marido, que vivia à sua custa, tinha uma amante em outra cidade onde dizia estar construindo uma casa para ela, esposa. A história era verdadeira e a protagonista, mulher de meia-idade, estava sentada no palco, visível por todos, esperando sugestões: o marido, o de verdade, chegaria no dia seguinte, de volta da amante. Na peça, o marido batia à porta quando eu interrompi a ação e perguntei ao público o que deveria fazer a esposa. Fingir que não sabia nada, reagir, chorar, revoltar-se, mordê-lo no pescoço, um pontapé na bunda?

Todas as ideias eram experimentadas, mesmo a da senhora gorda, que dizia que a esposa deveria perdoar... "depois de uma conversa muito clara!". Atendendo à sugestão, a atriz-esposa tentava todas as claridades possíveis, mas a senhora gorda dizia sempre que não era assim: até que eu a convidei para subir ao palco e mostrar, ela mesma, que diabo de "conversa muito clara" queria ela.

Encantada, subiu, agarrou uma vassoura, deu vassouradas esplêndidas no marido – excelente ator! Jamais esquecerei sua bela interpretação sincera, emocionada, stanislavskiana, quando prometia, embaixo da vassoura, nunca mais traí-la!!! – tenho a certeza de que aquele ator jamais traiu ninguém, nem a mais ocasional namorada! Só depois da pancadaria – conversa clara! – a senhora gorda perdoou o marido traidor, não sem antes obrigá-lo a ir à cozinha buscar comida para ela: estava faminta da pancadaria.

A partir daí, adotei o Teatro-Fórum, explicando que os espectadores são livres para fazer o que quiserem... menos espancar o elenco!

Em Santo André, vi atores representando personagens e modelos de personagens criando outros personagens – eles mesmos; eram, a cada instante, gente real e personagens. Saltavam entre um e outro.

Em Chaclacayo, foi simples: a verdade acontecida, a vida vivida, tornava-se arte; no palco, mostrava-se essa imagem do real – imagem: a cena, a peça. Os espectadores, gente real, penetravam nesse espaço estético: aí se dualizavam. Continuavam sendo quem eram e passavam a ser personagens. Suas vidas, dualizadas – eles e suas imagens –, tornavam-se mais compreensíveis; vidas tornadas duas, cada um tornado dois – ele pode conduzir-se a si mesmo, traçar seu passo, inventar caminhos. O ator, ele, comanda o personagem, que é ele também! O espectador pode, na ficção teatral, experimentar ações para utilizá-las depois, na sua vida.

Em Santo André, antes de 1964, vi em cena personagens e atores, personagens e seus modelos, em luta desordenada. Em Chaclacayo, em 1973, frio mês de julho, começou a verdadeira democracia do Teatro do Oprimido.

O Nordeste me alertou; Santo André me mostrou o problema; Chaclacayo, a solução.

CAPÍTULO 15
A METÁFORA E A DESCOBERTA DOS CLÁSSICOS

Renato, convidado para dirigir o Teatro Nacional de Comédia no Rio, proposta irrecusável, quis vender o teatro. Formamos uma empresa: Guarnieri, que retornava à casa paterna, Flávio Império, Juca de Oliveira, Paulo José e eu. Compramos o Arena.

Decidimos inventar o caminho que batizamos de nacionalização dos clássicos. Queríamos buscar nossa identidade, descobrir nossas feições, não mais diante do espelho naturalista, que revelava a face rude, mas em retratos de outros tempos, lugares, que nos permitissem ver nosso rosto verdadeiro, refletido em rostos de outras épocas.

Nacionalizar era moda; Brizola, no sul, tinha nacionalizado (estatizado) companhias estrangeiras, Jango ameaçava estatizar (nacionalizar) empresas de interesse estratégico – todas, de certa forma. A imprensa era nacionalista ou entreguista, sem meio-termo.

Nacionalizar tinha, na política, forte sentido apropriatório: recuperar o nosso. Em teatro, não se confundia com o Teatro Antropofágico, proposto por Oswald de Andrade em 1922 e retomado pelo Oficina, nosso contemporâneo – nele, a apropriação se fazia pelo canibalismo.

Antropófagos acreditam que, comendo o inimigo, o canibal incorpora suas virtudes. Comendo o herói derrotado, o gourmet torna-se herói como ele, mudando sua identidade, passando a ser o que era, *mais* o outro. Uma das indústrias do Vietnã em guerra foi a manufatura de instrumentos caseiros com os destroços de aviões inimigos...

No Brasil sempre existiu canibalismo teatral. Grupos como o Oficina, maravilhoso antropófago; outros, menos talentosos, destroçam textos: Molière e Shakespeare são sem piedade fagocitados! Servem de pretexto para diretores dizerem sua palavra – a que não escreveram.

Nós respeitávamos as estruturas da obra nacionalizada; nela nos buscávamos. Ressaltávamos o que, nela, havia de nós e, de nós, nela – queríamos redescobrir nossa identidade, não trocá-la. A analogia só pode existir entre semelhantes diferentes. Mantínhamos as diferenças buscando semelhanças.

Arte antropofágica faz o antropófago se assemelhar ao estrangeiro. *Nós, nele, queríamos nos reconhecer*, ver como éramos – e continuarmos sendo. Parecidos diferentes.

Escolhemos clássicos: nenhuma arte é universal se não for também brasileira. Mantivemos distância dos movimentos antropofágicos do tipo tropicalismo – nunca desejamos nos transformar no Outro, menos ainda no Invasor, mesmo deglutido. Para nós, *Caliban is beautiful*!

Caliban não é canibal, como já se escreveu. Se com Miranda

fizesse o amor, povoaria a ilha de calibanzinhos, não de pequenos Prósperos – mesmo se vestissem ricas roupagens avoengas.

Quando favelados, no Carnaval, se transformam em Luís XVI, Maria Antonieta e cortesãos, estarão antropofagicamente canibalizando a corte francesa ou metaforizando seus desejos? Fico com a segunda hipótese. Com a primeira ficaria se rasgassem fantasias, se as pisoteassem, ridicularizassem, ou se as transformassem em outras vestes: eles as respeitam – falam de si, no Outro.

A primeira peça escolhida foi *A mandrágora*, de Maquiavel, dirigida por mim, Paulo José protagonista, cenógrafo e figurinista. Elenco só de cobras, como se dizia. Além de Paulo, Guarnieri, Juca e Riva, algumas estreias: Isabel Ribeiro (do curso do Kusnet), Myriam Muniz (da EAD), Maria Alice Vergueiro (do teatro amador) e Fauzi Arap, que veio do Oficina e já era ótimo! Música de Damiano Cozzella (letras d'*O príncipe* – única adaptação que fizemos do texto, no mais, respeitado).

Com *A mandrágora* descobrimos a metáfora – que não se come como o naturalista macarrão à bolonhesa: metáfora se goza! *Abandonamos de vez o realismo em busca da realidade*. Brecht: "O dever do artista não é mostrar como são as coisas verdadeiras, mas como verdadeiramente são as coisas". Bravo, Bertolt!

A MANDRÁGORA E METÁFORA

Maquiavel era o que hoje se chama cientista político... no bom sentido. Interpretava seu momento. Como político, teorizou a prática principesca renascentista, mostrou que, na sociedade em que viveu – e nestas em que vivemos! –, tudo é possível, dependendo dos meios usados para se obter o que se deseja.

Na luta política, o bem supremo é o poder: se não nos detiver nenhum escrúpulo impertinente, chega-se lá; na luta amorosa, o bem supremo é a pessoa amada: se tudo ousarmos, sem preocupações morais, lá também se chega. Na *Mandrágora*, Lucrécia é, metaforicamente, o poder.

Metáfora é a concreção de uma abstração, transposição de palavras e significados. Quando falamos em *raiz do mal* não designamos a parte enterrada de uma árvore: pensamos nas origens daquilo que consideramos nefasto. Raiz, metáfora, é origem: nada a ver com vegetais.

Com a nacionalização dos clássicos, buscávamos a metáfora, cansados do realismo tautológico. Ao "Isto que vocês estão vendo é exatamente isto que vocês estão vendo!" quisemos contrapor o "Isto é aquilo!" e o "Aquilo é isto" metafóricos. Cansados de repetir cenas parecidas, diálogos e figurinos. Tínhamos medo de repetir pensamentos. Horror!

Em *A mandrágora*, a metáfora vinha corporificada em história sensual, não fábula abstrata.

Se escrevo uma fábula sobre o Brasil – como a bela *Radeau de la Meduse* – jangada em que náufragos se entredevoram, como se está fazendo hoje em nosso país...! –, os espectadores brasileiros irão facilmente reconhecer, na fábula abstrata, nossa realidade concreta. A fábula, porém, não existirá sem referência a nós; é inventada a partir de nós e a nós retorna. Como cigarra e formiga: ninguém acredita que formigas e cigarras dialoguem: a fábula só existe referida a nós, humanos: ela nos simboliza – não tem vida própria.

Quando isso acontece, existe relação binária: primeiro, a *fábula*, que é metáfora da nossa realidade e não se consubstancia em nova realidade autônoma, mantendo-se no mundo dos símbolos – símbolo é algo que substitui a coisa, não é a coisa, como bandeira não é a pátria –, e, segundo, a *realidade do espectador*. Só estes termos existem: a fábula irreal e a realidade.

No caso, porém, de peça escrita longe no tempo e distante no espaço, onde se transubstancia uma sociedade viva e não se inventa simples fantasia, existirá sempre uma relação triangular: primeiro, a realidade do autor – ela existe ou existiu (Florença, Renascença); segundo, a organicidade da história (*A mandrágora*, história de amor e esperteza); terceiro: a realidade do espectador, hoje, aqui.

História e personagens, embora metáforas, têm vida própria. Reis e princesas medievais eram realidades, existiam em contexto; dentro da peça, conservam dimensão humana, mesmo transformados em metáfora; ao contrário desses reis e princesas, ex-realidades agora metáforas, a raposa nunca teve realidade fora da fábula, sempre foi apenas metáfora: raposa come galinha, não come uva, nem verde nem madura, a não ser em La Fontaine: gastronômica licença poética.

La Fontaine e Maquiavel falavam de gente que existia: metaforizavam suas sociedades recorrendo à fantasia etérea, um, ou à realidade corpórea, o outro. Como os personagens florentinos têm a tridimensionalidade humana, nós lhes atribuímos a existência viva que negamos aos animais do francês. Raposas e uvas são alegorias; *são, mas não existem*. Timóteo, Lucrécia, Ligúrio *existem* – e *são*. Tanto essas alegorias como essas pessoas são também símbolos. Ninguém se apaixona pela cigarra – que *é*, mas não *existe*! – por mais belo que seja o canto; por Lucrécia, tudo é possível.

A comédia renascentista é história carnal: mulher bela, recatada, religiosa extremista, objeto do desejo (mais tarde, do amor) do jovem Calímaco. Ele pretende conquistá-la sabendo ser quase impossível vencê-la – *quase* não significa *de todo*. Com engenho e arte (e falta de escrúpulos!), chega-se lá.

Ligúrio, personagem *virtuoso*, possuidor da *virtú* maquiaveliana, representante do "Posso porque quero, não porque deva!" e "Meu poder é meu querer!", não se intimida nem recua diante de comportamentos menos atentos à moral. Ligúrio inventa mil ardis para perverter frei Timóteo, o confessor, e ludibriar Nícia, o marido, mil astúcias para conquistar a esposa fiel e entregá-la ao amigo, a troco de amizade e boa soma.

Os personagens da *Mandrágora* eram símbolos de uma realidade social, porém, como personagens, existiam independentes do que simbolizavam. *Eram* símbolos e *existiam* como gente. Ser e existir. Raposas são, mas não existem; *virtuosos* existem e são.

A metáfora vivia em dois planos: luta pelo poder, história política; no enredo, transformava-se em luta pelo amor de uma mulher. Planos paralelos. Maquiavel falava do poder político usando linguagem de amor. Porém, no seu tempo, suas plateias, que viviam na realidade da peça, sabiam do quê e de quem se tratava, vendo, nos personagens amorosos da trama, personagens da vida política: dos símbolos, voltava-se aos simbolizados. Havia trânsito entre esses níveis.

No Brasil, plateias ignoravam Florença: a peça contava uma história de amor e adultério – a relação com a política florentina, ou a nossa, que lhe daria sentido metafórico, não se fazia ou, pelo menos, não era consciente.

Enigma: nós nos perguntávamos a que se deveria o imenso sucesso. À comédia picante ou à simbologia metafórica? Trama amorosa ou intriga política?

Duvidávamos que, ouvindo falar em fome de amor, o espectador pudesse pensar em sede de poder. Para nossa plateia, Freis e *Messeres* eram raposas e uvas: símbolos; Florença não era Brasil. Mas, para o espectador florentino, Florença era a pátria!

"Terá ido longe demais nossa metáfora?", nós nos perguntávamos.

Escrevi ensaios explicando o sentido alegórico, o conteúdo político. O espetáculo era visto por milhares, meus ensaios, lidos por centenas.

Pensei em outras metáforas: *O cerco de Numância*, de Cervantes, representada em cidades sitiadas. Faz pouco, na Bósnia, durante bombardeios sérvios, e, faz muito, em Cuba, no início do injusto bloqueio. Metáfora e realidade, cena e sala, eram evidências cristalinas.

A mandrágora mostrou sermos capazes de vestir seda e cetim sem aveludarmos a voz, sem que nossos atores se transformassem em cabides. Serviu para pagarmos salários atrasados.

Salário: nos primeiros quinze anos da minha vida profissional, nunca se podia pensar em estética sem levar preventivamente a mão ao bolso.

JULGAMENTO EM NOVO SOL

Escrevi, com Nelson Xavier, *Julgamento em Novo Sol*, que, dirigida por Chico de Assis, foi representada em congresso de camponeses em Belo Horizonte. Tratava de uma revolta bem-sucedida – no Brasil, só no teatro as revoluções são bem-sucedidas... Hoje, com a formação do MST, renasce a esperança.

Ouvi dizer – não vi – que o ator que fazia o papel de latifundiário foi perseguido pelos congressistas, que, mesmo sabendo que se tratava de um ator – militante do Partido Comunista Brasileiro (PCB) que nem de longe comungava com seu personagem –, mesmo assim quiseram perseguir o *personagem* que se escondera na recôndita *pessoa* do ator: se tinha sido capaz de representar tão bem o malvado coronel, alguma coisa desse personagem o ator guardava dentro de si... Teve que sair pelos fundos com barba e bigodes emprestados pelo colega que fazia o padre....

A lei nos obrigava a montar um clássico nacional para ganhar magras subvenções: escolhemos Martins Pena, *O noviço*, que me deu o prazer da total irresponsabilidade. Era nacional, não precisava ser nacionalizado. Em nenhum momento pensei no *que é que isso quer dizer*? Queria dizer *subvenção*!

Voltamos ao Rio com *A mandrágora*, preocupados em entender a plateia confrontada à metáfora. Teatro Santa Rosa, dos meus amigos Leo Jusi e Glaucio Gil. Foi a última vez que vi Glaucio em vida: morreu de enfarte diante das câmeras de televisão, durante um programa que animava. Morreu ao vivo.

No Rio, o CPC distribuía poemas por todo o país, interpretados pelos Jograis, nome do primeiro elenco de atores profissionais que interpretava poemas. *Auto do bloqueio furado*, escrito no dia em que Kennedy decretou o bloqueio naval contra Cuba, foi ensaiado na manhã seguinte e representado nas escadarias do Teatro Municipal menos de 24 horas depois do bloqueio decretado. Falava-se em furar o bloqueio que ainda não estava sequer completo... Rapidez dramatúrgica!

O QUE É A INTER-RELAÇÃO?

No Rio, Milton Gonçalves foi substituído por Ary Toledo, às pressas. O espetáculo tinha sido ensaiado minuciosamente. Fiz até marcações de pupilas dos olhos do Fauzi (frei Timóteo), na cena em que Ligúrio (Guarnieri) tenta convencê-lo a convencer Lucrécia a fazer amor com Calímaco. O frade está quase convencido, falta o derradeiro argumento. Ligúrio balança moedas que tilintam: o ruído do ouro atrai os olhos, mas não o rosto imóvel do santo homem. A plateia, a dois metros de distância, ria às gargalhadas. Os que estavam sentados atrás imaginavam o santo rosto ajudados pelas mãos de Fauzi que se crispavam – em arena, o diretor deve marcar os movimentos dos atores por todos os lados, em 360 graus.

Rigor de relojoaria. O importante, porém, não era a ourivesaria dos movimentos: era a forte inter-relação dos personagens. Nenhuma palavra atirada ao vento. Cada suspiro encontrava ouvido atento, cada movimento, olhar vigilante. Tudo se fazia a dois. Podia-se cortar à faca a atmosfera entre os atores, tal a densidade.

A peça começa com longo monólogo de Calímaco diante de Siro, que quase não abre a boca: "Bem me lembro... Creio que sim... É verdade, senhor...". Nada mais. Paulo José teve êxito enorme: era teatral. No Rio, o monólogo tornava-se apenas informativo.

Por quê? Paulo era o mesmo. Siro, não: ótimo ator, Milton havia ensaiado Siro e cada "Pois não" que dizia era cheio de terceiras intenções... Paulo e Milton interagiam. Ary, coitado, mal teve tempo de decorar os monossílabos, foi empurrado para o palco, onde repetia deixas. Rompia-se a inter-relação, acabava o teatro.

Insisto: teatro faz-se a dois! Teatro é amor, que a dois se faz!

Outro exemplo: em *Tartufo*, Guarnieri representava o protagonista e Lima, Orgonte. Tartufo, de joelhos, declara seu amor à mulher de Orgonte quando entra em cena Damis, seu filho. Damis ameaça denunciá-lo. Entra o pai, ouve a denúncia. Lívido, pergunta se é verdade. Nos primeiros dias a pausa demorava segundos até que Tartufo respondesse: "Deus é testemunha", dizia, depois de olhar um crucifixo na parede.

A pausa foi crescendo. Guarnieri desenvolveu seu subtexto e a cada espetáculo pensava mais longos pensamentos enquanto olhava Orgonte, Damis, o crucifixo... Chegou ao recorde de dois minutos e duas vezes palmas em cena aberta, na mesma pausa: os colegas vinham ver, relógios marcando o tempo. Era teatro: inter-relação.

O MELHOR JUIZ, O REI

Os atores se inter-relacionavam tanto no palco que as inter-relações eram inevitáveis fora dele... Joana Fomm, atriz do Santa Rosa, apaixonou-se e veio para São Paulo. Época das grandes paixões! Joana, inteligente e bela, fez a camponesa Elvira, de *O melhor juiz, o rei*.

Lope de Vega: no texto, modificamos o final, para que pudéssemos restaurar a ideia central de Lope – queríamos estabelecer a ponte entre a metáfora e a nossa realidade; Pelayo se fantasiava de rei e praticava as duas justiças.

Paulo, Guarnieri e eu traduzimos. No elenco, Joana, Dina Sfat, Paulo, Abrahão Farc, Guarnieri e Juca. Flávio, cenógrafo, fez roupas de nobres usando tapetes, correias de cavalos, cones de confeitaria: lixo reciclado.

O nobre Don Tello se apaixona pela camponesa Elvira e, na noite de suas bodas com Sancho, Tello, padrinho de casamento, manda raptá-la. Quer exercer o seu direito de pernada. Na Idade Média, senhores feudais tinham o direito de fazer amor com todas as noivas do seu feudo, na primeira noite: Tello queria exercê-lo; para ele, nada mais justo.

Sancho e Pelayo, seu amigo, inconformados, vão em busca do rei. Ao voltarem com ele, Elvira já foi violada. O rei, magnânimo, pune Tello e regala os noivos com presentes compensatórios da virgindade perdida.

O rei faz justiça. Lope queria, assim, venerar a figura real que se opunha ao poder local: o poder central contra os "coronéis". Era bom, na Espanha, no seu tempo. No Brasil, poderia parecer elogio aos tiranos. Os golpistas, aqui, rondavam o poder.

Queríamos exaltar o poder popular! O que tinha sido feito no palco de Santo André e no cenário galego poderia ser feito nas ruas do Brasil.

Na nossa versão, o rei estava ocupado com suas guerras e necessitava do apoio de Tello e seus *jagunços*. Não vinha: uma virgindade a mais ou a menos, que importava?

Pelayo se disfarçava de rei e fazia, ele mesmo, justiça dupla. Primeiro, a da nobreza – se está apaixonado, Tello deveria casar-se com Elvira. Nesse ponto, no Nordeste, espectadores enfurecidos quase acabavam com o espetáculo. Depois, a segunda justiça, camponesa: Tello é condenado à morte. Elvira, viúva, virgindade a menos, herança a mais, casa-se com seu amado. Aplausos.

Claro que o fato de ser a justiça praticada por um camponês, não pelo rei, sugeria ao público ser possível ao povo fazer o mesmo. Estávamos certos de que a censura proibiria a peça – não cortou nem uma linha. Antes do bote, a serpente é permissiva!

No Nordeste, *O melhor juiz* foi representado para plateias populares, gente pendurada até em árvores e nos postes de luz. E montada nos indefectíveis cavalos melômanos...

Quando entrava Sancho em cena, Juca, vestido de camponês medieval, provocava risos, chacota. Juca, com talento e sangue-frio, ria, mostrava seu figurino e explicava que íamos apresentar peça acontecida "muito antigamente", explicava semelhanças da situação de outrora com a de agora.

Os espectadores se acalmavam e Juca dizia que ele próprio interpretava o noivo que falava em versos como os cantadores do Nordeste, versos como estes: "Nobres campos de Galícia/ que dais sustento às milícias/ de flores de cem mil cores, aves que cantais amores, feras que andais sem governo etc.". Pronto: já estava dentro do texto da peça. Já os espectadores aceitavam essa forma de espetáculo.

As plateias faziam uma decodificação automática da metáfora. Em debates, quando alguma referência era feita ao nobre Tello, espectadores entendiam que se tratava de um coronel local.

Paulo Freire espalhava seu método em Pernambuco, alfabetizando a valer. As Ligas, fortes, numerosas. A Igreja, mais progressista. O presidente Goulart, empurrado a tomar medidas populares, ameaçando estatizações, negociando com sargentos e marinheiros rebelados. A meu ver, nada revolucionário, apenas democrático. Mesmo assim...

O melhor juiz, sucesso ao ar livre, não coube no Arena. Demasiados camponeses entulhados em vinte metros quadrados...

Comparei a peça de Lope com os operários de Santo André – estes haviam escrito e interpretado sua própria peça, até um fórum haviam feito. Aqueles operários eram o nosso tão buscado *povo* – e eles, esse *povo* tinha escrito sua própria peça, interpretado seu texto, invadido a cena.

N'*O melhor juiz*, um ator, classe média como eu, na pele de um personagem fictício – o personagem era *povo*, nós não – entrava em cena. Pelayo era pálida ideia dos operários de Santo André.

Tive pena: Pelayo reproduzia, na ficção, o que Jurandir e seus amigos haviam feito na realidade. Um ator se fantasiava de povo para corrigir o rei – ator, não camponês.

O melhor juiz era retrocesso. Já havíamos feito o passo à

frente. Havíamos dado ao nosso querido *povo* os meios de produção teatral, ensinado a fazer teatro sem pôr em suas bocas nossas palavras: permitindo que expressassem seus pensamentos, sem tutela. Com Pelayo, tomávamos de volta a palavra. Prometeu, arrependido de dar ao homem o fogo, soprava a chama.

Quando eu era criança, o menino dono da bola, quando perdia, recolhia a bola. Estávamos fazendo o mesmo: abandonando os operários de Santo André, voltando ao teatro e à velha lição de moral, famigerada *mensagem*. Dizíamos "É assim que vocês devem fazer!" a quem já tinha feito melhor que nós!

Artistas, queríamos dizer nossos pensamentos. Mais tarde, compreendi que não era necessária a escolha excludente: fazer teatro ou ensinar. Descobri minha dupla vocação: *artista* e *professor*.

Hoje, artista, quero escrever peças, dar testemunho – e não quero que ninguém se meta! Como professor, quero ensinar – testemunhem, e não me quero meter.

MEU PAI SE CANSOU DE VIVER

Durante a peça de Lope, morreu meu pai. Juca, amigo, me deu a notícia, triste e solidário. Doente desde os 64 anos, meu pai morreu no dia em que completou 71. No caixão, telegramas de felicidades: "Que esta data se repita por muitos anos...".

Vi meu pai banhado em flores. Segurei suas mãos geladas. Me veio à memória o dia em que teve a perna direita amputada. Minha família havia passado a noite em claro, no hospital, antes da cirurgia. Como eu estava descansado, lhe fiz companhia à noite, enquanto minha família repousava.

Meu pai dizia que preferia morrer a que lhe cortassem a perna. De madrugada perguntou se ainda estava inteiro: ainda sentia dores no pé cortado. Respondi, sincero, que não – não estava. Vi lágrimas nos seus olhos. Ele quis ter certeza, ver. Eu o ajudei a se levantar. Meu pai dizia que não se cansava de trabalhar, mas podia se cansar de viver. Disse que preferia a morte – mas preferiu viver, mesmo sem a perna.

Naquela noite, lembrou episódios da sua vida, contou coisas de Portugal. Falava devagar, dormia, acordava, voltava a falar, lembrando, como sonho entrecortado. Falava comigo e, de repente, era como se o seu pensamento mergulhasse no sono e, quando acordava, voltasse à tona adiante, em outra história. Meu pai passava a limpo sua vida. Dizia o que fez e o que pensava que deveria ter feito. Corrigia o rascunho da sua vida.

Me lembrei de um personagem de *As três irmãs*, de Tchekhov, que se pergunta: "E se a nossa vida fosse apenas um rascunho que pudéssemos rescrever?". Hoje, quando deprimido, penso rescrever a minha. Diante deste computador, penso outra biografia, inventada: a vida que eu gostaria de ter vivido. Mas, se fosse premeditada, seria vida?

Diabetes é doença insidiosa: anos mais tarde, os médicos foram obrigados a cortar também a perna esquerda; mais uma vez, eu estava a seu lado quando acordou da anestesia, mais uma vez o ajudei a sentar na cama e ver a falta. Mais uma vez molhei minhas mãos em suas lágrimas, e nas minhas. Quando penso na palavra *dor*, penso nesse dia.

Em sua cadeira de rodas, meu pai se dizia cansado de viver, já que não podia trabalhar. Para ele, viver era trabalhar. Pra mim, hoje, quase.

Olhando flores, vendo meu pai, olhos fechados, quis entender. Quero sempre saber o significado de cada acontecer. Meu pai, morto: havíamos trocado, em vida, palavras e silêncios, caminhadas da padaria à casa, da casa à padaria. Nossos silêncios eram a mais florida linguagem.

Ali, uma vez mais, silenciosos; um de nós, morto. Quis entender. Não entendi nada. Quis encontrar o significado: significados não havia.

Meu pai estava morto. Era tudo. Só isso. Só.

O FILHO DO CÃO E A ILHABELA

Guarnieri, homem da cidade, tinha escrito *O filho do cão*, mais uma vez a reforma agrária, cuja ausência continua sendo um dos dois principais entraves à vida no Brasil: o outro é a dívida externa.

A dívida externa dos países endividados jamais será paga, como sabem economistas e estadistas. Um dia vai explodir – não é opinião: é a inexorabilidade da matemática inescrupulosa do Deus-Mercado! Todo mundo sabe disso e sabe também que a explosão pode ser adiada com novos empréstimos, novos planos de austeridade ainda mais draconianos, cortes no orçamento, fechamento de escolas e hospitais – medidas que farão aumentar a potência megatônica da explosão que virá.

Bancos e nações credoras não querem o ressarcimento da dívida – mesmo que fosse possível! – porque ela é o vínculo escravatício! No século passado, o senhor possuía fisicamente o escravo. Neste, inventou-se a dívida externa. Para os senhores, mais em conta.

O Brasil, fim de milênio, paga mais de 1 bilhão de dólares mensais pelo serviço e juros de sua dívida. Se pensarmos que cada hospital popular ou escola pública custa cerca de 1 milhão, pagamos, por mês, mais de quinhentas escolas e quinhentos hospitais. Pode-se, assim, viver? Não! Cada vez que as autoridades assinam a transferência desses bilhões para bolsos que já estão gordos, a caneta dourada assina a sentença de morte de milhares de brasileiros. E quem assina são brasileiros; quem prendia negros fugidos do cativeiros eram negros: capitães do mato. Antes, como agora.

Eu não aguentava mais, me sentia perdido e precisava descansar. Ouvia o texto e tinha a impressão de já tê-lo ouvido em outras peças.

O trabalho no Arena era rude, incessante, diversificado: fazíamos administração, publicidade, programação, trabalho artístico. Varrer a arena, nós. Lavar os pratos, sempre nós. De vez em quando, batia a exaustão. Meus colegas me viam perdido, pálido. Eu estava pálido, perdido. Dividido entre querer e dever, como entre duas mulheres amadas. É metáfora... e não é.

Meus amigos perceberam minha dicotomia, me propuseram descansar. Parei por exaustão, perplexidade. A bilheteria não podia parar: Paulo José assumiu a direção do *Cão*.

Ilhabela: luz elétrica entre seis e oito do entardecer. Depois, luz das velas, da lua e das estrelas.

Luz propícia para a meditação...

CAPÍTULO 16 GOLPE A GALOPE, MONTANHA ABAIXO

"Tem champanhe! Eu vi", disse o Candidato, estremunhando na poltrona do Professor-Sempre-Chefe.

Na cristaleira, três garrafas. Contei convidados: quinze. Uma pra cada cinco. O vinho costumava ser chileno, francês ou espanhol. O cheiro de dendê prometia quitutes baianos. Multiculturalismo.

"Champanhe só depois da fala do general. Uísque ou cachaça, pra ninguém ficar a seco...", propôs o Professor.

31 de março de 1964, esperando notícias na TV. O Candidato era o mais loquaz dos ecléticos presentes: artistas de teatro, cinema e música, professores, jornalistas (não desgrudavam do telefone, falando baixo, secretos), um oftalmologista chileno, um filósofo humanista, um psicólogo de óculos e um veterinário de muletas – culpa de um cavalo neurótico. Donos da casa: o Professor-em-Chefe e a Professora-Subchefa.

O golpe vinha a galope das Alterosas, com ramificações pelas planícies. Haveria sangue heroico ou apenas telefonemas grosseiros? Bombas ou xingamentos? Tiros ou telegramas?

Dez da noite. Parte do Exército mineiro, sublevada, esperava o fim das negociações entre generais e "governadores pulhas" (Darcy Ribeiro *dixit*), para continuar avançando contra o Rio ou voltar pro quartel. Contavam-se homens e armas como quem avalia cartas no truco, antes do blefe mortal.

A capital já era Brasília e o Exército mineiro – se queria golpe de verdade – deveria avançar contra o Planalto, viagem demorada. O golpe perderia o suspense cinematográfico, exigia rapidez. Tanques de guerra gastavam mais gasolina do que as Mercedes dos comandantes – seria preciso encher tanques nos postos Esso ou Shell, à beira da estrada. Haveria risco de se encontrar um fotógrafo desgarrado: foto de tanque de guerra enchendo tanque de gasolina desmoraliza qualquer exército. Especialmente se a moça que empunha a mangueira tiver saia curta, vermelha... Não fica bem.

O general mineiro tinha lido nos manuais de guerra que era necessário avançar, avançava: o Rio, governo de Lacerda, facilitaria negociações.

Poderia ter escolhido o Espírito Santo – simbolismo da capital, Vitória –, mas o impacto seria menor do que a invasão de Copacabana e Ipanema, espantando sungas e biquínis, mesmo que os tanques corressem o risco de engarrafamento na rua São Clemente, em Botafogo, a caminho de algum palácio. Tanque de guerra engarrafado no trânsito, ao lado de bicicletas e caminhões de refrigerantes, desmoraliza qualquer golpe de Estado.

Tropas desertoras espalhadas pelo país levantavam-se em armas, negociando. Um general no Amazonas queria invadir o Acre, mas não sabia por quê, além do desejo irresistível; outro, em Tocantins, estava pronto para ocupar Mato Grosso, se necessário – não era. Desistiram porque foram convencidos de que tais ações, trabalhosas, não davam Ibope.

O general do Sul, Cruel, fiel ao governo – vinha a ser contraparente do presidente –, havia-se levantado em defesa da legalidade. Mesmo assim, negociava com outro general levantado pela razão oposta, que negociava com generais espalhados pelo país, levantados ou adormecidos. Generais negociavam com seus pares e com governadores pulhas. Não faltavam generais. Nem negociações. Nem pulhas. Nada.

Não estávamos gostando de ver nosso general, o Cruel fiel, conversar com governadores, que conversavam com o embaixador dos Estados Unidos. Mau sinal. Enfim, assuntos castrenses... em inglês.

O povo não negociava: esperava o fim. Governadores pulhas negociavam com governadores fiéis, que não eram pulhas – mas trocavam ideias com os pulhas. Generais e brigadeiros negociavam com o Almirante gringo, que comandava um navio de guerra: casualidade. Por incrível coincidência, o navio ancorado a cinco minutos das nossas costas tinha canhões distraídos apontados para as ensolaradas praias cariocas e capixabas. *Marines* armados até as amígdalas e o esôfago. Coincidência pura! Eles iam só passando...

Mais casual coincidência: o Almirante tinha o número vermelho dos generais, sublevados ou não, e falava com todos, em inglês, língua que todos dominavam com perfeição, principalmente os intérpretes.

Na casa do Professor, esperávamos a palavra do Sul. Por que a demora? Queríamos beber champanhe.

Governadores honestos continuavam negociando com negociadores que tinham acesso aos negociantes que negociavam com os negociadores pulhas, e assim por diante. Até que os negociadores chegassem ao General Fiel, continuariam fardados negociando com paisanos, paisanos com estrangeiros, estrangeiros com pulhas, fardados ou não. E assim por diante.

Cruel era o fiel da balança: para o lado que balançasse seu coração e apontasse a coronha do seu fuzil, esse lado ganharia. O terceiro era o mais forte Exército brasileiro porque guardava nossas fronteiras com nossos arqui-inimigos em futebol: Argentina e Uruguai.

Esperando o fim das negociações, o país boquiabria-se. Marido enganado, o povo seria o último a saber, tarde demais. Negociações nos telefones, champanhes na cristaleira. O golpe de 1964 foi grande negociação; para alguns, grande negócio.

Otimismo: Jango tomara posse graças a nós, claro – éramos valentes! –, mas também graças ao apoio do III Exército, que não faltaria, comandado pelo contraparente. Contraparente serve pra isso. Jango, fortalecido, começaria a fazer as reformas prometidas: moratória da Dívida que estrangulava o país – moratória é Dever, não é Calote! – e a Reforma Agrária que acabaria com o êxodo rural.

Dez e cinquenta, noite escura. "Pra que horas estava marcado o general?", perguntou um esquecido.

"Dez... São onze. Não estou gostando..." Quem falava assim era o único pessimista naquela roda – eu. Otimistas demonstravam, cientificamente, ser impossível golpe no Brasil. Sobretudo, explicava o Candidato, por causa de uma força Cósmico-Religiosa poderosíssima, que se chamava Correlação de Forças.

Correlação de Forças do nosso lado, ninguém nos segurava, porque incluía *sputniks* e todo o arsenal nuclear da União Soviética, que ameaçava o mundo com guerra atômica definitiva – hecatômbico Armagedon – caso os Estados Unidos ousassem tocar num só fio de cabelo da nossa soberania nacional. Canhões distraídos eram puro acaso... O almirante ianque passeava no convés, pijama de seda, fumando charuto: nada mais pacífico do que charuto e pijama de bolinhas.

O oftalmologista chileno achava que golpe no Brasil era viável porque não tínhamos a vetusta tradição democrática do seu país: *"En Chile nunca habrá golpes militares! Lo decidimos todo hablando diplomaticamente, como caballeros... Golpes en Chile? Jamás!"*.

O Candidato achava que, terminado o arreganho dos inconformados com o Avanço Inexorável da História – que não retrocede nunca, jurava! –, deveríamos ser generosos com os rebelados: alguns dias de prisão domiciliar para que purgassem o mau passo dado e pagassem preço moderado pelo nosso tremendo susto.

Por que golpe? Jango fazia reformas, coisa pouca... promessas que o vento leva. "Estertores do Autoritarismo", explicava o Candidato.

Candidato a quê? A tudo! O Candidato sempre se candidatava. Onde se abrisse vaga, lá estava. Bolsa de estudos na Turquia ou cátedra em Campina Grande, vaga de consultor jurídico de uma fábrica de guaraná ou exame de sangue grátis: entrava na fila. Era Candidato. Gente assim acaba entrando.

Naquele dia, o Candidato candidatava-se a Primeiro Explicador Universal: se a guerra era prolongamento da diplomacia, como dizia Clausewitz, havia muita diplomacia a percorrer antes da guerra deflagrada. Quem acreditava ficava tranquilo. Havia os intranquilos.

O filósofo humanista contra-argumentava: "Temos que aceitar a verdade universal de que o Homem..." – ainda se dizia *Homem*: hoje, *Ser Humano*, avanço do feminismo! – "... é carnívoro, animal predatório. Sendo o que é, tritura, devora. Não apenas animais inferiores: engole seus semelhantes, tem apetite. O Homem não está humanizado. Longo é o caminho para que o homem seja Homem!".

"E daí?", perguntava a perplexidade circundante.

"Face a essa fatalidade biológica e moral, os homens aceitam que não têm jeito, a natureza desumana fala mais alto! E se dedicam à carnificina total e vence o forte! Ou se humanizam."

"O Homem nunca vai se humanizar!", contrariava um jornalista. "Caso contrário, nossa profissão acaba. O Homem não pode fazer isso com a gente!"

"Aqueles que, apesar de tudo, se humanizam, concordam que a Humanidade é uma só e temos que instaurar regimes socialistas no mundo inteiro que protejam os fracos e ofereçam oportunidades iguais a todos, filhos dos ricos ou pobres: abaixo a *Origem das espécies*, de Darwin, livro primoroso, mas que temos o dever de desmentir com nossas ações humanitárias!"

O filósofo era dialético, por isso seu raciocínio fazia extensos circunlóquios: "Nós, humanistas, concordamos com a tese: o Estado tem obrigação de oferecer educação e saúde a todos. Direitos Humanos – somos a Humanidade e estamos no mesmo barco. Mas... quem acha o contrário, quem copia Freud no mau sentido – Freud dizia que o Homem é porco-espinho, gosta de viver em manadas, mas espeta e mata quando abraça – esses põem veneno nos seus espetos. Cada qual por si e Deus que se cuide, porque nem Deus, nem a própria Santidade está a salvo do pega pra capar terreno! Somos socialistas humanistas ou canibais pré-históricos!".

Um jornalista deu-se conta do mau passo linguístico e corrigiu: "Olha aqui: *Santidade* é o papa Joãozinho, *Eminência*, o cardeal Ratzinger, *Majestade* é o rei dom João VI, que comia frangos, *Alteza Imperial*, a princesa Isabel, que libertou os escravos. O Professor é *Sua Excelência*. Eu, a duras penas, sou *Vossa Senhoria*. Agora, vamos e venhamos: Deus é Deus. Não vamos subverter hierarquias, poxa! Vamos deixar Deus no seu devido lugar!".

"Deus onde está? Deus pensa que é o quê?"

"Deus não tem lugar: é onipresente... Todo-Poderoso, pinoias! Omni-ciente, omni-potente, omni tudo! Quem já teve a sorte de ter nascido Deus precisa ser mais alguma coisa nesta vida?!"

O nível intelectual da conversa não era mais elevado do que minhas recordações daquela noite. As garrafas de champanhe continuavam virgens à espera do general, mas a de uísque já ia pela metade a segunda.

"Você precisa ler Marx...", anunciava o Professor, Primeiro Marxista. Todo mundo tinha lido, mas só ele entendia Marx. "Não se pode comparar luta de classes com javali e jacaré..."

Tinha razão. Jacarés e javalis não se telefonam e o golpe estava sendo gestado através dos bons serviços de Graham Bell. Alguém, na rádio Tupi, ouvia conversas de gente que comia os fios, nervosa. Faltava 1 milhão de dólares para que uma decisão séria e comprometida com a Verdadeira Democracia fosse tomada. Ninguém dizia em que bolso iria parar esse milhão.

O psicólogo, olhos minúsculos e óculos triplos, como todo bom psicólogo, era diplomado na arte de escutar silencioso, fazendo "ahn, ahn...", a título de estímulo ao orador. Custava a dizer palavras inteiras. Como o silêncio se alongava, resolveu dar pequena contribuição à festa; sem culpa formada, provocou a maior crise psicoideológica:

"O Weber tem razão...", começou, capturando instantaneamente a atenção geral. Bastava pronunciar o nome encantatório e todos olhavam na direção de Weber, o Papa. "Disse Weber que entre as energias físicas e psíquicas existe uma relação causal mensurável!"

Estranho linguajar weberiano. Energia o quê?!! O psicólogo pigarreou – impossível não pigarrear numa hora dessas: até eu, pessoa simples, nascido na Penha, teria pigarreado, valente! Pigarreou e foi em frente:

"Vejam bem: sensação e percepção. Para que o sujeito perceba uma nova sensação é necessário um aumento de intensidade do estímulo. Para cada nova sensação, novo aumento. Esse aumento é percentualmente fixo. Por exemplo: você tem um peso de duzentos gramas na cabeça e precisa de uma variação de dez gramas para sentir a diferença. Pois bem: se o peso for de um quilo, precisará de uma variação de cinquenta gramas, rigorosamente cinco vezes dez. Vocês não acham que o Weber tinha razão?"

Ninguém ousaria discordar do mestre, guru, ídolo, paradigma. Mas o que teria a ver o peso na cabeça com os tanques mineiros?

"Se os trabalhadores forem privados dos seus direitos fundamentais lentamente, menos de dez gramas de cada vez, não sentem e vão se acostumando às piores condições de vida; não se revoltam e o mundo segue em paz. Mas, se a privação for brutal de uma vez só, eles se rebelam!"

Os sociólogos estranharam essa afirmação de Weber e sua aplicação prática à situação brasileira, que Weber nem conhecia. Espantados com esse Weber secreto, que agora revelava sem-vergonhice patronal. O humanista, com a corda solta, ousou contrariar:

"Maquiavel disse o contrário: o Príncipe deve fazer o mal todo de uma só vez, sejam lá quantos gramas forem, quilos ou toneladas, tudo de uma tacada só! Se tiver que matar cinquenta, mata duzentos: os súditos ficam sabendo que quem tinha que morrer já está enterrado. O bem, diz Maquiavel, deve ser feito a conta-gotas, pra que os súditos fiquem esperançosos, querendo mais."

O psicólogo, com certezas weberianas, contra-atacou, para escândalo da maioria, sociólogos eméritos.

"Como é que se cozinham rãs pra carne ficar gostosa?", perguntou. Ninguém era cozinheiro, nem comia batráquios. "É assim: elas são postas vivas em panela de barro, pouco sal, nenhuma pimenta e, pra que não saltem pra fora da panela, fogo brando. A temperatura aumenta devagar; as rãs não percebem a estratégia do cozinheiro e, quando se dão conta da calentura, o sangue já ficou sólido nas veias, elas inconscientes, prontas pra mesa, ao molho vinagrete, com alho, cebola, pimenta e pimentão... Morrem cozidas, sem protestar."

O veterinário sentiu-se mal com a imagem torturante do assassinato a fogo brando; pouco afeito às palavras, gemeu solidariedade às rãs sacrificadas à gastronomia exótica. "Na China era pior", pensou. "Comiam o cérebro de macacos vivos, com limão, a cabeça quebrada a marteladas, embaixo da mesa, que tinha um buraco no meio..."

"Rã tem sangue?", pergunta delicada. "Acho que não mas, pro nosso raciocínio científico, não importa..."

Como ninguém fizesse reparo, o psicólogo pôde concluir dizendo que assim tinha sido no Brasil, ao longo dos anos: operários perdiam pouco a pouco seus direitos, a inflação comendo os minguados salários. Já estavam acostumados e nem percebiam que o sofrimento aumentava. Por isso, o golpe era improvável: ninguém ousaria implantar ditadura quando a democracia burguesa servia aos patrões, anestesiando a classe operária.

Podiam dormir tranquilos: golpes não haveria! As rãs aí estavam para prová-lo!

O mal-estar silenciava: a maioria desacordava, solidão envergonhada. *Magister dixit*! Melhor seria calar-se até que alguém inaugurasse assunto fresco. Se Weber tinha dito essa barbaridade, talvez tivesse razão. Os presentes veneravam Weber, celeste: como contrariar o Divino Pai? Ouvindo seu nome, jogavam-se de bruços como integristas islâmicos, às cinco da tarde. Mas... em que página de que livro teria o Mestre escrito essa selvageria sobre rãs, fazendo com que, calados, fossem obrigados a comer esse sapo? Ou seria o exemplo das rãs apenas uma desastrada contribuição pessoal do psicólogo? Pisavam ovos.

O Músico, compositor popular, comentou: "O Weber, heim? Quem diria? Pensei que ele só se preocupasse com árias, duetos, recitativos... E, na calada da noite, o homem ficava cozinhando rãs em banho-maria e chupando os ossos...".

"Você está enganado. O Weber não gostava de música! Para ele, a psicofísica era tudo na vida! Só pensava nisso! O homem era tarado pela psicofísica", comentou o psicólogo, provocando a ira musicóloga e o espanto sociológico.

"Weber é um dos compositores que eu mais admiro. Tenho certeza de que ele nunca falou essa besteira sobre arte culinária batraquicida. Isso é calúnia!"

O Músico estava na quinta dose, o que explicava o ardor. Arremeteu: "Debussy chegou a dizer que Weber foi o primeiro compositor que se preocupou com a relação que deve existir entre a *alma da natureza* e a *alma do personagem*, na ópera! Fique você sabendo disso! Você que nem sabe o que é ópera... e muito menos alma!".

"Olha aqui: de que Weber você está falando?", protegeu-se o psicólogo.

"Carl Maria von Weber, o verdadeiro criador da Ópera Alemã! Foi ele que permitiu que Wagner existisse, fique você sabendo! Sem Weber, *nicht* Wagner! Nasceu em 1786, morreu jovem em 1826, fique você sabendo!"

"Ahhhhh, agora entendi: não é desse Weber que eu estou falando, não..."

Não era o suave compositor aquele cruel cozinheiro – o músico respirou aliviado. Entre os sociólogos, a ansiedade aumentou. Quem seria então o Weber antiecologista? Não podiam admitir que fosse o deles. O Professor e seus amigos queriam saber que raio de Weber era o Weber psicólogo: se não era o da ópera, quem seria o das rãs?

Era Ernst Heinrich Weber, anatomista alemão. O psicólogo reconquistou a admiração sorridente. Era outro, terceiro Weber, famoso como seus homônimos, mas não tanto.

Sorrisos. Alegria. Uísque!

– "Aaahhhhhhhhhh! Não é o MAX, O NOSSO WEBER!!!!! Eu tenho a certeza de que o NOSSO MAX jamais comeria sapos, ainda mais sabendo que eram torturados desse jeito!", foi o comentário judicioso do Professor, mais weberiano do que nunca, sempre marxista, sempre Chefe.

O mundo voltava a ter certa lógica, a ser cognoscível. Tanque de guerra na rua voltava a ser a coisa mais natural do mundo. O Professor, aliviado, comentou: "Uma coisa é certa: se os golpistas tomarem o poder – digo, por hipótese! –, temos que encontrar a fórmula para aderir".

Espanto!

"Se tomam o poder, estávamos errados, eles certos. Quem toma o poder tem razão! Por que perseverar no erro, se perdermos? Temos que aderir..."

Os comentários que se seguiram percorriam a inteira gama desde "Cretinice pura e opaca!", "Entreguista, mascarado de nacionalista!" até "Cartesianismo cristalino!". Arco-íris opinativo.

O Professor, nos momentos decisivos, decidia a última palavra. Ameaçou abrir uma champanhe. Prestava-se mais atenção à rolha saltarilha do que às ideias que defendia.

"No Brasil, dada a complexidade do nosso tecido social, no qual convive a mais extremada miséria nos latifúndios do Nordeste, com a sofisticada tecnologia industrial no Sul, levando-se em conta que vivemos em uma democracia..." – olhou o relógio: meia-noite e o General Fiel, nada! – "... democracia – até a meia-noite, pelo menos, este país ainda é democracia! – seja lá quem for que exerça o poder, deverá compor com todas as forças econômicas, mesmo as do passado colonial. O Brasil, sem ampla aliança que inclua até as forças mais retrógradas, o Brasil não é governável... Para que a esquerda governe, precisa deixar que a direita governe também! Se nós tivermos que nos unir aos reacionários depois das eleições, por que não antes? Para continuarmos sendo de esquerda, podemos ser obrigados a nos afastar da esquerda, a satisfazer algumas vontades dos reacionários porque, senão, será o golpe e eles farão o que quiserem... Temos que ser realistas! Unir a meia esquerda com a extrema direita pode parecer ideia esdrúxula, mas tem sua razão de ser... Acho que Marx, se fosse vivo..."

"Marx morreu em boa hora, sem esperar por você...", alguém murmurou.

Sendo o Professor considerado, por ele mesmo, o Primeiro Marxista, essa afirmação explodiu como bomba de hidrogênio. Aderir ou não? Havíamos ido longe demais, nós, da esquerda, acenando ao povo com o espectro da reforma agrária, sovietes no poder etc., ou tínhamos ficado aquém do necessário, não ousando nem ao menos o que até Getulio teria feito?

Lembro ter ouvido uma palavra sensata, uma: "Se derem o golpe, não vão precisar que ninguém adira! Ganhando sem nós, por que vão fazer alianças conosco?".

O Professor, jamais perdedor, tomou a pressão do grupo: "Vocês, o que acham?". Ele dava sempre a impressão de que estava ao lado de todo mundo, mesmo se o mundo estivesse explodindo por todos os lados... Era importante dar a impressão de poder, mesmo sem o ter... mas isso era detalhe. Queria a pompa!

A conversa se fragmentava em temas cruzados: ser estadista é achar soluções; se o presidente acha que deve pagar os juros da dívida, que devemos continuar escravos para evitar retaliações, pra que serve ser presidente? Basta um bom administrador! Basta de intermediários: Lincoln Gordon[1] pra presidente!

Esperávamos o General Fiel para que festejássemos o fim do golpe fracassado. Se lembro bem, era uma da manhã. O locutor anunciou importante pronunciamento político.

Veio um Governador, cujo lema de campanha eleitoral confessava: "Ele rouba, mas faz!". Sorridente, mão na carteira gorda. O general havia aderido e o Governador distribuía sorrisos: para não perder o hábito, roubou nossa paz, nossa esperança.

O Professor guardou o champanhe na prateleira. Decisão rápida: "Melhor irem andando. Apago as luzes pra não chamar a atenção. Melhor sair um a um, dois a dois. Três, pode parecer conspiração...".

O Candidato, na frente da retirada, comentou: "Eu tinha certeza de que o Max Weber nunca escreveu nada sobre rãs... Não falei pra não criar constrangimento, você não acha, Professor?".

"Amanhã a gente se telefona...", tranquilizou o mestre, abrindo a porta.

---

1 Embaixador dos Estados Unidos no Brasil, na época.

Rua escura, voltando pra casa, pela primeira vez na vida escutei o silêncio. Ouvi. Como é sonoro o silêncio! Pode ser ouvido a quilômetros de distância. Quanto mais distante, mais assustador.

Uma sirene da polícia... ou seria ambulância? Meus sapatos no chão... ruído estranho. Chutei uma pedra no caminho. Estariam prendendo gente, antes da madrugada? Era proibido por lei... Que lei? Ou estariam levando feridos amotinados para hospitais? Silêncio.

Sozinho. Ninguém passava na rua. Silêncio. Uma porta se fechava. Ouvi uma chave torcida. Ouvi meu respirar. Ouvi um vulto de mulher que deslizava na janela silenciosa. Ouvi o suave murmúrio das minhas mãos roçando o ar, cortando o vento. Ouvi o vento, a brisa. Ouvi o silêncio.

Depois do silêncio, outra sirene e outra mais... Depois silêncio... silêncio... silêncio... silêncio............ s... . . s . . s . . .

Sozinho.

A GUERRA DECLARADA, DENTRO E FORA DE MIM

CAPÍTULO 17 *OPINIÃO* E *ZUMBI* – OS MUSICAIS

Depois daquele sólido silêncio tenebroso, tínhamos medo de telefones, grampeados. Até conversas em voz baixa no botequim em frente ao Arena, grampeadas. Nós nos demos encontro no cenário de *O filho do cão.*

Mundo cão. Revisamos armários, estantes. Cartas cubanas, agendas, endereços, edições do *Granma*,[1] livros de Mao, Che, Fidel, Marx, Engels, Sartre... anotados com carinho, foram escondidos ou jogados no lixo.

Antecipado São João ideológico: fogueiras.

Notícias davam conta: o Exército, estacionando tanques no meio-fio; a Marinha, ancorando navios ao largo; a Aeronáutica, aterrissando onde havia pista, tinham abandonado seus deveres militares e se convertido em força policial. Vasculhavam, atrás de nós e do *povo*. Quem, alguma vez, tivesse dito coisa que pudesse ser aparentada a pensamento assemelhado à esquerda – exemplo, a afirmação de que comunista não comia criancinha e, caso comesse, não seria na praça Vermelha, em público festim! – era preso e levado para navios adaptados ao propósito carcerário, quartéis, prisões comuns ou delegacias de bairro. Onde houvesse porta e cadeado, aí se encerravam presos.

A primeira medida da ditadura foi cultural: proibidos os Centros Populares de Cultura em todo o território nacional. Por ex-

---

1 *Granma*: jornal cubano, assim chamado em homenagem ao barco no qual Fidel e seus companheiros desembarcaram em Cuba.

tensão, Ligas Camponesas, sindicatos, uniões estudantis, qualquer forma de diálogo.

Decidimos abandonar o Arena por semanas, meses. Depois de vagar de casa em casa amiga, dormindo cada noite em outra cama – alguns com crianças no colo –, descobrimos que as polícias estaduais não conheciam a vida pregressa dos perseguidos em outros estados. Graças a Deus não existiam computadores, Bill Gates ainda era pobre e chupava pirulito. Solução: quem mudasse de estado teria ficha policial mais pura que barriga de anjo em dia de festa de debutantes no Céu.

Passei semanas em Poços de Caldas, casa de amigos intelectuais: montanhas de livros cobrindo paredes, lidos e anotados! Em Poços, eu lia emprestado desde que nascia o sol até depois que se punha. Três vezes por semana, ia ao cinema da cidade, onde um só projetor passava um rolo de cada vez: três intervalos, com direito a pipoca e guaraná. Tentei parar de fumar – três maços por dia, era demais. Consegui chegar a sete cigarros. Mas só pensava nisso: a próxima tragada. Anos mais tarde larguei o vício, aos 35, quando desmaiei na rua, tanta nicotina nervosa tinha comprimida nos pulmões.

Meus cunhados, Ivan e Sílvio, foram me buscar de carro e me levaram pra Itaipava, descansar da fuga e, depois, pra casa de minha mãe, no Rio.

Procurei amigos cariocas: estavam em São Paulo. Pela primeira vez me senti sozinho, em teatro. Sou homem de grupo: antes de viajar para os Estados Unidos tinha amigos no Teatro Experimental do Negro e no Serviço Nacional de Teatro; em Nova York, o Writer's Group; na volta, Glaucio Gil e Leo Jusi; em São Paulo, o Arena... agora, ninguém. Sou homem de grupo. Um dos prêmios mais bonitos que ganhei na vida foi na cidade de Gävle, na Suécia: Prêmio Haddock, o peixe que só vive em cardume. Sou cardume! No Rio, fui peixe na areia quente!

O primeiro golpe não foi mortal. Prendiam, mas não havia sido instaurada a tortura como método usual de interrogatório: as Forças Armadas ainda apresentavam tênues vestígios de civilização. Os presos eram encarcerados dentro da *lei* que previa cinquenta dias de prisão sem motivo; tempo indefinido, motivo havendo.

Perseguidos voltavam, perdido o medo. Fui a São Paulo, meus colegas viajavam. Trabalhador, eu não parava quieto. Queria teatro. Responder à violência do golpe com a insolência de novas peças. Voltei ao Rio pensando em novo espetáculo. Quem o produziria?

Na democracia, tínhamos adversários; agora, inimigos. Antes, aceitando a democracia, éramos obrigados a aceitá-los; agora, como dialogar com o diabo?

Tive uma ideia que me pareceu genial. Filmava-se, antes de 1964, o cinema verdade: personagens interpretados pelas próprias pessoas inspiradoras da história. *Cabra marcado para morrer*, de Eduardo Coutinho, que só foi concluído vinte anos depois do golpe, com personagens reais vivendo em cenários ainda mais tristes, era talvez o mais belo exemplo. Em outras palavras: documentários reais com aparência de ficção.

Se existia cinema verdade, por que não teatro verdade?

A primeira ideia veio simples: *O processo*, de Kafka, revelava o que, no Brasil, acontecia. K. acorda de manhã, como havíamos acordado no 1º de abril de 1964, e descobre em seu quarto dois policiais que vieram intimá-lo: está sendo acusado por alguém (não se sabe quem), de alguma coisa (não se sabe o quê), e será julgado (não se sabe quando), por um juiz (não se sabe qual), em algum tribunal (não se sabe onde). K. termina sentenciado à morte e executado.

Nada mais parecido com o Brasil naqueles dias tenebrosos.

Pensei convidar para o elenco pessoas que, como K., estivessem perseguidas sem saber por quê, ou pessoas que eu pensava que estivessem perseguidas. Pensei em jornalistas como Newton Carlos, Ziraldo, Jaguar, Janio de Freitas, Moacir Werneck de Castro, Carlos Heitor Cony; no editor da Civilização Brasileira, amigo querido, que mais tarde editaria meus livros, Ênio Silveira; intelectuais como Sérgio Buarque de Holanda (a quem eu já tinha convidado e ele quase aceitara – quase, quase! – fazer *Galileu Galilei*, de Brecht); Antonio Candido (além de crítico impecável, padrinho do meu primeiro casamento); o general de esquerda Nelson Werneck Sodré, Marcio Moreira Alves – o deputado que, mais tarde, serviu aos militares de pretexto para o quinto ato, discursando na Câmara, sugerindo que moças de Brasília não namorassem cadetes... Elenco não faltava! Belos atores!

No meu delírio, eu queria Oscar Niemeyer, Paulo Freire, Hélio Pellegrino, Houaiss, Callado, Vinicius, Jobim, Carlos Drummond, Ferreira Gullar, Otto Maria Carpeaux, queria todos os meus amigos e meus desconhecidos admirados, queria todos os perseguidos da terra!!! Se é pra sonhar, por que preto e branco? Cinemascope gigante! Eu sempre quis beber o mar – tempestade é aperitivo!

Quando explicava a ideia, as pessoas gostavam, desde que... o elenco fosse formado pelos outros, não por elas. Alguns nem ficaram sabendo do meu carinhoso propósito; outros, procurei pessoalmente: ninguém tinha tempo. Ou jeito. Ou os dois. Mas achavam a ideia ótima! Porém, inexequível.

TARTUFO

O golpe contava com o apoio de grupos de extrema direita, Tradição, Família e Propriedade e Liga das Senhoras Católicas... Essas senhoras organizavam ku-klux-klanescas e diabólicas Marchas com Deus pela Liberdade! Percorriam ruas de São Paulo, ameaçadoras, com a insolência dos galinhas-verdes da minha infância. Religiosíssimas, educadíssimas, descobrindo a liberdade das ruas, diziam palavrões a quem quer que tivesse cara de *povo*. Felicíssimas, escoltadas por policiais a cavalo, vociferavam, alto e bom som: *Filhos da puta*! e outras delicadezas que, antes, só em pensamentos envergonhados, no banheiro a sete chaves.

Passeatas de salto alto. Senhoras ricas caminhavam excitadas pelas ruas proletárias, o que jamais teriam feito em calmarias políticas. Figurinos de missa dominical, reafirmando sua condição de católicas *não discutam comigo*! Atrás do bloco de salto alto, ia o bloco das babás, governantas, criadas fiéis; atrás, motoristas motorizados: cada senhora trazia seu automóvel para qualquer emergência desmaiada. Seguranças armados, poucos: a época não estava madura para essa profissão. Hoje, está podre.

As senhoras usavam o procedimento mais antirreligioso que se possa imaginar: Deus deixava de ser Juiz Supremo e passava a seu aliado na luta contra a esquerda. Na verdade, marchas anti-Deus. Em suas rezas, reduziam Deus ao seu tamanho de rezadeiras: deuzinho coscuvilheiro. *Tartufo*, de Molière.

Se queríamos continuar falando sobre nosso tempo, investigando a metáfora, estava escolhida a peça! Guilherme Figueiredo havia publicado sua primorosa tradução e os ensaios começaram.

Chegamos a negociar com Oscar Ornstein, no Teatro Copacabana, Guarnieri e eu, em longas conversas e curtos uísques. Nossa imagem assustava empresários profissionais: Boal e Guarnieri, juntos, perigo à vista – o que será que estarão tramando!?

A ideia mãe de *O processo* acabou germinando, transformada em *Opinião*. Membros do CPC da UNE, Gullar, Tereza Aragão, Denoy de Oliveira, que o produziram, e outros que se tornaram autores do texto – Vianninha, Paulo Pontes, Armando Costa e João das Neves – discutiam no Rio, como nós em São Paulo, a melhor resposta à ditadura. Nosso ponto de encontro foi o show verdade: espetáculo no qual cantores, cantando, contariam suas histórias.

A resistência contra a ditadura se organizava, depois do susto. Nos meios intelectuais era ferrenho o repúdio aos militares e civis golpistas: subversivos que haviam liquidado a legalidade. Inaugurou-se um restaurante intelecto-popular, Zicartola (de Cartola e sua esposa, dona Zica), que servia comida brasileira, música popular e inconformismos variados. Nara Leão conduzia alguns shows desse diálogo gastronômico-político-lítero-musical, com nomes consagrados, como o dela, e revelações: Zé Keti e João do Vale. O grupo escolheu esses três artistas para o primeiro show. Começaram as entrevistas pessoais. Nosso antigo local da Siqueira Campos voltou a se chamar Arena de São Paulo.

Ensaiei *Tartufo* enquanto se organizava o texto de *Opinião*. Convidamos alunas da EAD, Assunta Perez, Myriam Muniz e Vanya Sant'Anna, que, na peça seguinte, se casaria com Guarnieri.

Estreamos dia 2 de setembro de 1964, evitando provocações no dia 7! Tremendo sucesso. Quem conhecia o texto espantava-se com o discurso do Oficial que vem prender Tartufo e faz o elogio do Príncipe. Molière escrevia elogios ao monarca para que Luís XIV autorizasse a representação: o texto criticava a nobreza, que, incômoda, assistia aos espetáculos da corte. No monólogo final, dito magistralmente por Paulo José, que falava com 300% de sinceridade, a plateia se encantava com a ironia do texto, séculos depois de escrito. Elogiar o general Castello Branco, só mesmo Jean-Baptiste Poquelin...[2]

Pessoas que nunca tinham ouvido falar de Molière aproximavam-se de nós, Guarnieri e eu, e nos diziam coniventes, voz secreta: "A peça que vocês escreveram é ótima! Essa ideia de assinar com pseudônimo pra enganar a censura, esse Molière que vocês inventaram, fantástico, maravilha! Sabe que tem gente pensando que Molière existe? Podem ficar tranquilos que não vamos contar a ninguém que ele é só um pseudônimo de vocês!".

Enquanto Molière em São Paulo dizia o que pensávamos, fui para o Rio dirigir *Opinião*.

A PALAVRA É UM SER VIVO

Vianninha me entregou trezentas páginas de monólogos, diálogos e letras de música. O espetáculo daria sete horas, feito na íntegra. Conversei com Nara, João e Zé pra saber o que era essencial no depoimento de cada um: queríamos dizer a verdade, mas não em tanto tempo: teatro quente, poeira, verão carioca, úmido. As trezentas páginas minguaram: cinquenta.

Criamos nova forma teatral – eu queria teatro, não show: os atores deviam cantar uns para os outros como quem se fala, se ama; não pra plateia ou microfones, como quem se exibe, sola. Os cantores tinham dificuldade em se concentrar, vendo-se, olhos e rostos. Cantar, para a maioria, era ato solitário no meio da multidão: a sós, no meio da turba. Vendo luzes da ribalta, tudo bem: um ser humano à sua frente desconcentrava o cantor.

O medo de olhar cara a cara era medo de se descobrir, de se ver no rosto do outro. É impossível cantar olho no olho sem sentir a revelação da palavra pronunciada; impossível ouvir só a música, puro som dançarino, sem a carne viva do poema. Se canto para o microfone, a palavra é som, ritmo, volume, melo-

2 Verdadeiro nome de Molière.

dia, timbre... menos significado, coração batendo. Eu queria que cada cantor se visse nos outros, quando olhava. Que significasse o que dizia.[3]

Para mim, *a palavra é um ser vivo*. Ao escrever este texto, sinto alegria sensual, corporal, vendo as palavras fugindo dos meus dedos e reaparecendo, alegres, na tela do computador. Quando saem de mim, da minha cabeça e do meu sangue, primeiro me miram e se deixam ver, em humano diálogo com a tela; depois, pedem licença: vão partir. Em busca de alguém: você, leitor. Palavras são amigas que buscam novos amigos.

Palavras devem ser acariciadas, amadas. Só assim se revelam. São mulher: só com amor se revelam.

Beijo minhas palavras quando partem, como quem beija um filho, antes da viagem. São filhas.

Palavras são irmãs: nascemos do mesmo ventre, em nossas veias brinca alegre o mesmo sangue. Queremos, minhas palavras e eu, dizer os mesmos pensamentos, amar o mesmo amor. Porém cada palavra tem sua própria individualidade insubstituível. Sinônimos não são palavras que têm o mesmo significado, é impossível: apenas significam parecido. Gêmeos univitelinos quase iguais, difíceis de distinguir, não são a mesma pessoa.

Minhas palavras são gente querida, pulsam, respiram! Minhas palavras são eu, são parte de mim: a melhor. Se quero saber quem sou, tenho o melhor espelho: as palavras que digo, escrevo. Peças, livros. Sou eu. Outros pensam de outro jeito. É seu direito. Quem sou eu para pensar que só o que eu digo é certo?

"Quando canto, não posso ver! Quero que a luz me cegue!", disse um cantor. "Cego, canto bem! De olhos abertos, não sei o

---

3 Os olhos são a parte mais vulnerável do corpo humano – a não ser quando voluntariamente o fazem, as pessoas não se olham olho no olho por muito tempo. Sabem que os olhos revelam até pensamentos inconscientes, aquele fluxo do pensamento que não chega sequer a ser verbalizado pelo pensante. Olhos emitem mensagens que não sabemos quais são. Não queremos oferecer aos outros nossos olhos, nosso olhar, porque não queremos que o nosso interlocutor leia em nossos olhos aquilo que nós próprios não podemos ler; não queremos revelar segredos que guardamos escondidos até de nós mesmos, e que os olhos, traiçoeiros, divulgam sem pudor...

que digo! Como Ray Charles, Stevie Wonder, Andrea Bocelli e os ceguinhos cantadores das feiras do Nordeste. Sou assim."

Sei que os *castrati* atingiam agudos que, sem decepações, jamais atingiriam. Nem por isso vamos cortar o que Deus fez! Nem fechar os olhos, feitos para ver.

Nosso *show-verdade* era diálogo: João lia a carta que escreveu ao pai, ao fugir de casa, menino; lia para Nara, lágrimas rolando, lágrimas que vestiam suas palavras. Nara respondia com ternura, olho no olho, carinhosa: "Carcará. Pega, mata e come!". Era diálogo, teatro, não show... Me entendam: não tenho nada contra shows, adoro, mas... faço teatro!

Eu queria que dialogassem com as letras da música, de forma dramática, não lírica. Isso me obrigava a cortar uma canção pela metade, usar só alguns versos. Havia resistências: "Se a plateia escuta e gosta, vai querer escutar inteira!".

Eu queria que escutasse não apenas a música, mas a ideia que se vestia de música! *Opinião* não seria um show a mais. Seria o primeiro show de uma nova fase. Show contra a ditadura, *show-teatro*. Grito, explosão. Protesto. Música só, não bastava. Música ideia, combate, eu buscava: música corpo, cabeça, coração! Falando do momento, instante!

Não foi fácil convencer João e Zé a serem atores: deveriam ser eles mesmos e personagens, não só cantores. Nara entendia rápido e me ajudava a convencê-los. Excelentes cantores, envergonhados atores. É difícil representar personagem, ainda mais a si mesmo, diante de plateia atenta. Concordavam em ser uma coisa ou outra, eles ou personagens: ao mesmo tempo, era complicado. No entanto, era isso o *teatro-verdade*.

Cada um representava a si mesmo *e* a sua classe. Zé vinha do morro descendo para o asfalto; João, o Nordeste vindo ao Sul. Nara, moça de Copacabana, inteligente, representava ela mesma e outras moças que, como ela, não perdiam a cabeça malhando o corpo.

Eu sentia carinho enorme pelos três. Especial por Nara, que tanto me ajudou, amiga. Minha vida pessoal mudava, naquele momento difícil, eu me separava da minha primeira mulher; Nara me ajudou a ver caminhos, conselheira.

Dori Caymmi foi o diretor musical. A "imensa" orquestra se

compunha de violão, bateria e flauta. Mais nada. O cenário, madeira de obra. Refletores, meia dúzia, celofane à guisa de gelatina. Figurinos, a roupa do dia a dia.

Microfones, três; a mesa de som, repousando em cima de pernas desiguais, madeira tosca, resvalava a cada descuido, enviando disparos agudos. *Opinião* alternava momentos de pura beleza com explosivos desastres eletrônicos... Ganhavam os primeiros.

Era difícil trabalhar com pessoas-personagens. Imaginem um diretor explicando ao ator a sua concepção do personagem e o ator (personagem) respondendo que não é nada disso. Assim foram os ensaios de *Opinião*. Eu falava com o personagem e quem me respondia era o ator. Falava de significados e me respondiam os *significantes.*

Não só na parte artística os ensaios foram complicados – nas relações humanas. No começo, como não tínhamos onde ensaiar, Nara emprestou a sala de sua casa, onde moravam os pais, na avenida Atlântica, vigiando o mar. Os ensaios eram curtos: João se cansava e eu dizia que era a bebida. Ele jurava que não.

O dr. Jairo, pai de Nara, notou que as garrafas de *single malt* escocês esvaziavam-se com rapidez. Fez sutil observação: esvaziamentos haviam começado depois de os ensaios se transferirem pra sua casa...

Envergonhados, tomamos a decisão: nunca mais tocar nas garrafas que se exibiam, sensuais, ao alcance da mão nervosa.

João explicou, com seriedade, que precisava beber porque, se um pouco de álcool não entrasse pela goela adentro, a voz não lhe sairia pela garganta afora. Propus que, depois de cada ensaio, fôssemos ao bar da esquina tomar cachaça.

"Tem que ser antes", explicou João, "se não, a voz não sai! Eu conheço minha garganta melhor que ninguém! É caprichosa." Pensou e acrescentou: "Depois do ensaio pode ser, mas aí já não é a mesma: é a cachaça do *depois*, e eu estou falando da cachaça do *antes*... Essa ajuda a ensaiar; a outra, a dormir em paz...".

Argumentei que, antes, a cachaça atrapalhava a concentração. João prometeu não ficar de porre, precisava só de um gole pra ensaiar direito, eu reclamei, ele pediu, eu protestei, ele não se conformava, eu desafiei: "João: amanhã trago uma garrafa cheia até o gargalo! Vou me servir tantas doses quanto você. Nem mais, nem menos! Não é concurso pra ver quem resiste, mas se você ficar com sono primeiro do que eu, nunca mais permitirei nem cheiro de bebida durante os ensaios. Combinado?".

João, que bebia desde menino, desde manhã cedo, riu do desafio e disse que, antes dele, eu estaria dormindo em cima da mesa.

Cumpri a ameaça e trouxe cachaça mineira. João se servia uma dose, eu bebia outra. O ensaio avançava, ele uma, eu outra, eu falava, ele uma, eles cantavam, eu outra, uma dose pra lá, outra pro lado de cá.

Eu me sentia grogue mas aguentava, não queria passar a vergonha de ser humilhantemente derrotado, até que João pousou a cabeça na mesa e roncou. Fiquei admirado: como era possível que tivesse ganho de um bebedor contumaz? Embora não fosse motivo de orgulho, me orgulhava: que resistência! Eu, campeão! Viva!

Nara esclareceu o mistério: vindo para o ensaio, havia encontrado João no botequim, já meio bêbedo. As doses do ensaio tinham sido suave saideira: estava de porre antes de começar o "concurso"...

Eram assim os ensaios: carinho, trabalho, arte e... infantilidade.

Veio a estreia. A plateia aliada, parte essencial do espetáculo, gritava nosso canto, cantava nosso grito. *Opinião* éramos nós e a plateia!

Opinião foi o primeiro protesto teatral coerente, coletivo, contra a desumana ditadura que tanta gente assassinou, torturou, tanto o povo empobreceu, tanto destruiu o que antes chamávamos Pátria. Como coadjuvante sem cara – assim ficou o Brasil perdido no mundo, e nunca mais se levantou –, gigante nocauteado em berço de miséria.

Depois de três décadas de alienação, da Pátria resta a música.

A BILHETERIA NÃO PODE PARAR

Nara se dava ao espetáculo. Sua bela voz tinha corpo, suas canções exigiam corpo e alma! No palco, o prazer de cantar o que o povo berrava na rua. Além do calor, chão de poeira.

As cordas vocais de Nara não aguentaram: depois de semanas esplendorosas, seu médico mandou dizer que ela não podia mais.

Nara indicou a solução: em Salvador, cantava uma cantora divina, Maria Bethânia, que poderia substituí-la. Bethânia, quem? Ninguém conhecia. Alguém viu? Ninguém tinha ido à Bahia.

Mesmo verdade, seria solução a longo prazo: o teatro lotado, não podíamos esperar. Bethânia, supondo que fosse boa cantora, necessitaria quinze dias de ensaio.

Alguns discordavam de convidar Bethânia – o espetáculo seria desfigurado: o texto girava em torno das diferentes origens geográficas e culturais dos seus participantes, e Bethânia vinha também do Nordeste, como João. A Zona Sul ficaria sem representante e, afinal, o show era em Copacabana...

Mesmo em dúvida, telefonamos para Santo Amaro da Purificação; a família Veloso concordou, com uma condição: Bethânia, dezessete anos, só viria se fosse acompanhada por um dos seus irmãos mais velhos. Vieram.

Na mesma noite, procuramos Suzana, filha de Vinicius, que ensaiava com Ziembinski. Protestando ser atriz que cantava e não cantora, concordou em cantar conosco se o Zimba permitisse. Ele autorizou uma semana. Se Bethânia aprovasse, entraria Suzana, dando tempo pra Bethânia ensaiar. Suzana cantou sua história.

Eu me lembro da quinta-feira quando chegou Bethânia, ainda Berré, agarrada ao braço ao irmão. Queria que eu ouvisse seu canto: eu não tinha tempo. Mergulhado nos ensaios, não podia ouvi-la; preocupado e me sentindo culpado de jogar Suzana no fogo só porque *o show não pode parar* – quando está lotado, não pode mesmo: quando não, para sozinho... Show pode: bilheteria, não.

Pedi desculpas a Bethânia e prometi que depois da estreia ouviria todos os repertórios que ela quisesse cantar. Só então reparei no irmão magro, tímido, e perguntei seu nome.

"Meu nome é Caetano." "Do quê?" "Veloso." "Ah..."

Voltei aos ensaios. Suzana estreou num sábado, do jeito que ela queria: uma atriz que cantava. Tão boa atriz, interpretava uma grande cantora. Aplaudimos as duas. Obrigado, Suzana e Ziembinski.

Depois da estreia, chamei Bethânia e Caetano. Fiquei de costas para a entrada do teatro, no meio da arena, os dois sentados na minha frente, prontos para o teste. Ouvindo a primeira música, tive a certeza de que a convidaria. Pedi mais. Impressionado com sua voz, pedi que fosse cantando, e canta mais e outra mais. Já não era teste, puro prazer de espectador privilegiado – ela cantando só pra mim. Com Caetano acompanhando ou sozinha, foi cantando para o meu silêncio, nós três sozinhos. Eu queria mais. Canta, Bethânia, canta.

Sozinhos? Ouvi barulho atrás de mim; olhei e vi a plateia quase lotada. Espectadores, já na rua ou no bar da esquina, ouvindo a voz estranha, insólita, bela, vieram assombrados: de novo, o teatro se encheu.

Essa foi a verdadeira estreia de Berré no Rio de Janeiro: a noite do teste!

Bethânia, figura impressionante: menina magra convicta, sólida voz que voava, enchendo a cena, descendo escadas, fugindo pelas janelas, transbordando ruas, avenidas, praias. Cedo, a voz de Bethânia transbordaria por toda Copacabana, Rio de Janeiro, Brasil, mundo afora.

A figura impressionava: eu queria que a plateia ouvisse sua voz, antes de vê-la. Ver a voz, antes de ouvir a imagem.

Ela tinha pedido pra cantar "É de manhã", de Caetano, como sua primeira música. Eu pedi que começasse a cantá-la no camarim. Escureci a arena para que Bethânia entrasse no escuro em busca da sua flor. Vinha vindo a barra do dia, "a barra do dia evem", e, quando o galo começou a cantar, no fim da canção, só então a luz se abriu como a flor, banhando sua imagem de alvorada.

Era de manhã, sim, Bethânia, como dizia a canção do teu irmão: era a linda manhã da tua bela carreira, que nunca terá noite.

O POVO – ACHADO E PERDIDO

Triste felicidade. O Arena, no Nordeste, havia encontrado o nosso *povo*; o CPC, no Rio, encontrara o seu. Embora dialogando com o povo, continuávamos donos do palco, o povo na plateia: intransitividade. Em Santo André, pessoas e personagens engalfinhavam-se em cena – isso aconteceu em um dia, um só: o verão precisava de mais andorinhas – águias, carcarás.

Consolo: nossos cantores eram a encarnação do povo em cena; outros, em discórdia, diziam que eles ali estavam na condição de cantores, não na de povo. Outros redefiniam o conceito de povo, para incluir setores da burguesia interessados na emancipação econômica nacional – isto é, os bons burgueses. Ameaçava-se esvaziar a noção de *povo*. Se eu, tu, ele, nós, vós, eles, se tudo é povo, povo não existe. Corria-se o risco da expropriação. O povo perderia sua identidade, nome próprio: todo mundo passava a se chamar *José da Silva* e *Maria Ninguém*.

Continuava a divisão de classes, perdão, palco e plateia: um falava, outro escutava. A plateia cantava no coro, mas não interferia no enredo. Agora, com a repressão, nem palco nem plateia: o povo tinha sido expulso dos teatros, sindicatos, associações, paróquias – povo proibido. Teatro outra vez assunto de classe média e intelectuais. Cada *povo* no seu canto, cada vaca no seu *box*. Dando leite, trabalhando.

Opinião provocou a mesma polêmica na nossa fase realista: não é musical nem é teatro – é o que então? Fui pra São Paulo inventar, com Guarnieri, Edu e elenco, o nosso bem-amado *Zumbi*.

ZUMBI, DOS PALMARES AO III EXÉRCITO

Zumbi foi a cristalização das experiências que havíamos feito. Sabíamos que não iríamos dialogar com o povo. Mostraríamos a nossa cara. Não me chamo José, não me envergonho. Nunca passei fome nem senti frio, sempre morei em conforto.

Éramos classe média. Pois bem: o cenário seria tapete vermelho felpudo, classe média como nós (hoje detesto tapete vermelho felpudo...). Figurinos? Como nos vestíamos? Jeans. Pois jeans e camisas coloridas, cada qual de sua cor. Foi essa a cenografia minimalista de Flávio Império.

O espetáculo era como se um grupo de amigos invadisse a sala de visitas, onde outros amigos, a plateia, vestida de classe média, nos esperasse. Pra que não houvesse a mais mínima esvaída sombra da mais remota e longínqua dúvida, o elenco cantava em coro: "O Arena conta a história / pra você ouvir gostoso: / quem gostar nos dê a mão, / e quem não, tenha outro gozo!".

Tinha que ficar claro: quem contava a história era o Arena!

Sistematizei o Sistema Coringa: nenhum personagem seria propriedade privada de nenhum ator. Todos tinham o direito de interpretar qualquer personagem, homens papéis de mulheres e vice-versa. Atores se destacavam dos personagens, que passavam de mão em mão. *Verfremdungseffekt* levado às consequências últimas.

Para que nenhum personagem ficasse associado a nenhum ator, nunca seria interpretado pelo mesmo ator em cenas sucessivas e todos deveriam manter o mesmo gesto social de cada personagem. Cada personagem tinha um jeito de ser, imagem preferencial que seria reconhecida, fosse qual fosse o intérprete do momento.

Isso permitia que apresentássemos personagens da maneira que eu vinha buscando desde *O processo*, onde cidadãos perseguidos interpretariam personagens como eles, vivendo em sociedade autoritária.

Em *Opinião*, cantores confundidos com personagens, cada qual era um e outro; em *Zumbi*, os atores se retiravam dos personagens e os revelavam à distância: é ele, não sou eu.

Opinião era *show-verdade*. Não poderíamos continuar fazendo *shows-verdade*, convidando três generais golpistas, três senhoras de salto alto, três operários desempregados, três camponeses subnutridos, três professores universitários sem trabalho, três o que quer que fosse, para que dessem seus depoimentos: não viriam. Os personagens que queríamos apresentar tinham que ser separados dos atores. Para isso servia a interpretação coletiva, o rodízio.

A interpretação coletiva permitia separar o essencial da circunstância. Na nossa etapa realista, boa parte do trabalho do ator consistia em desenvolver singularidades do personagem que não tinham incidência sobre o seu significado social. Aqui, esse significado era mostrado como *máscara social*. As singularidades pertenciam ao ator; o essencial, ao personagem.

O espetáculo era interrompido pelo Coringa, mestre de cerimônias, exegeta, explicador, diretor de cena, animador de programa de auditório, contrarregra como o *kurogo*,[4] e podia interpretar qualquer personagem, quando necessário. Explicava significados escondidos. O Coringa – sempre o mesmo ator – nos representava a nós, Arena. Começo do diálogo com a plateia, que eu viria mais tarde a desenvolver plenamente com o Teatro do Oprimido.

A presença do Coringa permitia salutar caos estético: todos os estilos e gêneros teatrais seriam permitidos no mesmo espetáculo. Essa variedade, dado que não tínhamos cenários e poucos figurinos, era limitada à interpretação dos atores.

Curinga, essa função multidimensional, multifária, nasceu com *Zumbi*. O nome vem do baralho: *joker*, *giolli*, *comodin*. E do Japão, *kurogo*...

Começamos a ensaiar o primeiro ato da peça quando o texto ainda estava sendo escrito; eu fazia a marcação do primeiro ato quando o diálogo do segundo ia em meio.

Em *Zumbi*, outra vez, a metáfora. Usamos a República Negra formada por escravos que se libertavam – os capturados ainda escravos, escravos permaneciam em Palmares, que ocupava superfície maior do que a península Ibérica. Palmares se desenvolveu por um século no Nordeste do país até ser destruída por uma coligação de portugueses e holandeses, quando o seu poder comercial ameaçava a hegemonia branca. Palmares resistiu até o último homem. Numância.

Queríamos resistir.

O texto usava jornais. Um discurso do comandante analfabeto, Don Ayres, destruidor de Palmares, foi copiado *ipsis litteris* do ditador Castello Branco falando ao III Exército: nosso Exército se converteria em gigantesca polícia, o verdadeiro inimigo (nós!) estando dentro e não fora das nossas fronteiras. Como foi possível essa ideia monstruosa entrar na minúscula cabeça daquele general? De onde veio? Veio do Norte!

Zumbi nos deu alegria, até financeira. Durante anos, quando

---

4 Ator que, na forma teatral japonesa de Kabuki, vestido de preto e supostamente invisível, realiza tarefas como a de retirar cadáveres ou cenografias de cena, para que a ação possa continuar sem obstruções.

um espetáculo não atraía público, voltava *Zumbi*: o teatro, magicamente, transbordava.

Curiosidade: o Arena não tinha ar-condicionado, apenas um sistema de exaustão de ar com a boca escancarada. Nunca entendemos por que razões animalescas, quando o elenco atacava "Upa, neguinho" – só nesse e em nenhum outro número musical! –, um bando de ratazanas aparecia, focinho e parte do corpo à mostra, e ficava ouvindo a música, em respeitoso silêncio.

Sempre soube que animais gostam de música: são Francisco cantava afinado, a bicharada vinha escutar. Mas ratos?!?! Estranho. Silenciado o violão, as ratazanas davam-nos as costas e só voltariam no próximo "Upa, neguinho", dia seguinte...

Nunca saberemos por que o "Neguinho". Por que não "Dandara" ou a "Canção do trabalho"? "Tempo de guerra"? Quem saberá um dia que ventos sopram na alma de uma ratazana?

BAHIA EM TEMPO DE GUERRA

Vítimas do sucesso: os cantores de *Opinião*, especialmente Bethânia, tornaram-se estrelas demasiado luminosas. Seguiram seu destino em solo.

Bethânia me pediu que dirigisse um espetáculo só com ela. Juntamos músicas de que ela gostava, outras que eu preferia, e demos o título de *Tempo de guerra*, inspirado numa canção do *Zumbi*, inspirada em Brecht. Salvador: a estrela voltava à sua terra.

Bethânia queria ajudar seus amigos baianos, lançá-los no Sul, onde eram desconhecidos. Além de Caetano, ela me apresentou Maria da Graça (que virou Gal Costa), Gilberto Gil, Tom Zé e Piti e com eles fiz um segundo ato, músicas de Caetano e Gil, e um texto lírico de Caetano sobre a madrasta que enterrava a enteada no jardim – e os cabelos cresciam como flores. Estreamos o novo *Tempo de guerra* no Oficina.

Decidimos fazer um musical contando histórias de nordestinos que vinham para o Sul em busca de trabalho, fugindo da fome. As canções de *Arena canta Bahia* foram escolhidas pelas letras, para contar uma história de retirantes. Não era seleção das mais belas músicas baianas: eu queria mostrar famílias que sofriam seca e buscavam miragens de esperanças. Gente com medo de sonhar colorido: sonhava preto e branco. Sonhavam gotas de orvalho, sem coragem de sonhar oceanos.

Caetano não se conformava: inconcebível espetáculo cujo título continha a palavra mágica, *Bahia*, Caymmi estando ausente.

Sempre gostei de Caymmi. Confesso um segredo: "Marina" é das poucas músicas que me atrevia a cantarolar, jovem – a léguas de qualquer tom inteligível, mesmo assim, cantava! –, no meu Chuveiro Iluminado, portas hermeticamente fechadas, à prova de som e bala. Caymmi conseguiu fazer isso comigo – me autorizou a cantar! Obrigado, Dorival.

Não se tratava, porém, de gostar ou não, mas de escolher músicas que condenassem a ditadura, cada vez mais desumana.

Eu explicava ao Caetano que, fazendo show carioca contra a ditadura, incluiria todos os "acender as velas" que encontrasse pelo caminho, todos "podem me prender", mas nunca o pato, que vinha cantando "quém, quém, quando o marreco sorridente pediu para entrar na roda também, muito bom, muito bem"...

Claro que gosto do João Gilberto, baiano carioca, mas nem patos, gansos, marrecos e outros galináceos serviriam para combater a ditadura que preparava a noite de chumbo que já temíamos, mas de cuja amplitude nem sequer suspeitávamos.

Em *Arena canta Bahia*, ninguém dizia, lírico, que era doce morrer no mar; não se brigava com Marina porque pintou os lábios. Caymmi é bom, Caetano, eu sei. Gosto dele e de você. No meu Chuveiro Iluminado, onde não corro riscos, cantarolo *Dora*, *Irene*... Ninguém ouvirá meu canto e a banheira é rasa.

PLÍNIO MARCOS E O MANETA VALENTÃO

Os ensaios serviram para me confortar na opinião de que a palavra é um ser vivo. No palco do TBC, ensaiando, passamos o primeiro ato. Musicalmente, perfeito. Os cantores cantavam a música, mas nada saía de dentro deles, além da voz.

Pedi que ensaiassem outra vez o ato inteiro, mas... sem a música: apenas texto, procurando senti-lo, compreendê-lo. A atmosfera do ensaio mudou e a atenção dos cantores, ao invés da musicalidade, concentrou-se no conteúdo do que cantavam. Falava-se de nordestinos, como eles. "Eu vim da Bahia... mas algum dia, eu volto pra lá..." Gil não se conteve e chorou.

Foi lindo ver um cantor dizer o texto, emocionado. Chorar porque ninguém pode dizer "algum dia, eu volto pra lá" sem pensar em *lá*, sem pensar nas razões da partida, gente que fica pra trás... Por que partir, voltar pra quem?

Gil chorou; o elenco, olhos úmidos: o espetáculo tinha coração. Teatro tem que ser em carne viva. Do contrário, é *entertainment*...

A censura desconfiou da ausência de patos e marrecos e inaugurou a tortura chinesa. Pior que piorar, ficou sádica, rindo da nossa dor.

Nossa intenção política era evidente; antes da estreia, o censor cortou o que poderia parecer crítica. Reconstruímos o roteiro cinco vezes, mestres na arte da metáfora, e ele acabou aceitando a última versão.

Sucesso! Perdição nossa: os espectadores compreendiam significados desapercebidos ao censor: ele voltava, mostrando novos cortes. Caetano, memória prodigiosa, lembrava todas as canções jamais escritas; escolhíamos a que, não sendo ideal, servia às nossas metáforas. O duelo com o censor tinha um lado criativo.

Até que um dia – tudo tem limite! – corríamos o risco de não ter mais repertório para substituir as canções cortadas. Tentei convencer o censor: resistiu, enérgico – subversão, nunca mais! Abaixo o socialismo, o comunismo, o anarquismo, a *Utopia* de Thomas More, *A cidade do sol* de Campanella, a *República* de Platão, abaixo tudo!

Jornais de São Paulo publicavam espaços brancos no lugar dos textos cortados e logo foram proibidos de publicar espaços brancos. Outro jornal publicava receitas de cozinha nos espaços censurados e, não raro, o leitor se aparvalhava lendo que "A cúpula militar reuniu-se secretamente e decidiu que... as beringelas devem ser mergulhadas em água quente antes de ir ao forno, quando só então será colocado o queijo parmigeano".

Berinjelas no lugar de medidas repressivas. A censura proibiu a arte culinária. O jornal usou versos de *Os lusíadas*, de Camões: "A equipe econômica, depois de se reunir com o presidente, decidiu que... as armas e os barões assinalados, que da ocidental praia lusitana, por mares nunca dantes navegados, passaram ainda além da Taprobana...".

Resolvi fazer o mesmo e dei ultimato ao censor: ou permitia as músicas ou eu faria substituições ridículas que ele não poderia proibir. Quais? "Parabéns pra você" e "God Save the Queen"!

O censor refletiu e me tranquilizou: podia dar a minha aula, descansado. Liberou geral. Fui para a Escola de Arte Dramática.

Vieram me chamar: do teatro, pediam que eu regressasse porque o censor havia chamado a polícia e os cantores, trabalhando, seriam presos logo depois do espetáculo; aproveitavam para cantar músicas proibidas – pra que economizar na transgressão?

Voltei e tudo já estava resolvido, atores liberados. Não sem alguns episódios cômicos.

Por exemplo: Plínio Marcos, autor de *Navalha na carne*, então em cartaz no Arena, era o administrador da nossa companhia. Sincero, dizia o que pensava usando linguagem próxima à dos seus personagens lúmpens – em cada frase, dois ou três palavrões que não poupavam a ascendência direta do censor. Este, maneta – tinha só o braço direito, com o qual cortava, ávido, nossas peças –, enfurecido, agarrou Plínio pela camisa, com sua única mão, ameaçador: "Se você não parar de xingar a minha mãe, eu te dou um soco!".

"Duvido! Você não vai dar soco em ninguém!"

"Duvida por quê?"

"Se quiser me dar um soco, vai ter que me largar... e aí eu fujo..."

No intervalo, o elenco informou à plateia que seriam presos tão logo terminasse a função; espectadores solidários foram comprar sanduíches e depositá-los no palco, como *corbeilles* de flores em noite de estreia...

"Não tem um conhaquezinho, não?", perguntou uma voz feminina e logo apareceram garrafas de cachaça na ribalta.

Nos dias seguintes, rotina: cortes. O espetáculo mais esquálido e plateia minguada. Em um mês saímos de cartaz por falta de público.

Hoje, cada um desses cantores, sozinho, lota Maracanãs.

CAPÍTULO 18
HEROÍSMO E INCONFIDÊNCIA

Zumbi foi, para nós, revolução. Precisávamos entendê-la antes de avançar. Um crítico conhecido escreveu que nossa peça não era peça, nosso espetáculo não era teatro, nossos atores eram bailarinos e cantores... *Zumbi* não era revista porque não tinha cortinas políticas nem coristas, nem cataratas de água jorrando multicoloridas; não era musical da Broadway porque não tinha casal romântico nem grandiosidade cenográfica; não era ópera sem árias e sem duetos, sem vozes líricas em cinco oitavas; não era circo sem palhaços. Não era nada. *Sound and fury*. Copiando Shakespeare, só lhe faltou dizer... *and meaning nothing*. Isso não disse: sabia que *Zumbi* significava alguma coisa, embora não soubesse o quê.

Colegas diziam parecido, exaltando nossas acrobacias, que não era competição de atletismo, nossa coreografia, que não era balé e nossas vozes – não éramos Elis Regina. Então o que era? Sucesso!

Sempre que inventei um novo estilo tive que suportar a crítica: "O que você fez é ótimo mas não é teatro!". Tenho vontade de dizer: *Eu sou teatro! Teatro é o que faço!* – vontade calada, não digo!

Quando são opiniões sinceras, mesmo equivocadas, aceito. Opiniões, cada qual tem as que maneja. Pior é quando essas opiniões significam ausência de subvenções. Na França, íamos pedir dinheiro ao Ministério da Cultura, recebíamos os maiores elogios – nosso trabalho, extraordinário, inovador, divino, maravilhoso! Quanto ao dinheiro, vinha o conselho: devíamos procurar o Ministério da Educação, nosso teatro era magnificamente pedagógico. Na Educação explodiam louvores, gritos de entusiasmo, hip hurras! Dinheiro? Fôssemos procurar o Ministério da Saúde: nosso trabalho era terapêutico, nada melhor do que o Teatro do Oprimido para curar neuroses, psicoses e síndrome de Down... Íamos ao Ministério da Saúde, indicavam Relações Exteriores, já que nosso método era aplicado em todos países africanos, ex-colônias.

Se quiséssemos montar *Hamlet*, seríamos enviados ao Ministério da Metafísica, porque essa história de ser ou não ser, francamente... não é teatro... Indagações de além-tumba... Religião, ocultismo, esoterismo, espiritismo – não Arte com A maiúsculo.

O INSPETOR GERAL

Nova metáfora: *O inspetor geral*, de Gógol. Sua relação com a realidade brasileira era a mesma de *Tartufo*. Não precisávamos modificar o texto para que fosse cristalino. Vantagem: *Tartufo* era retrato de um tipo *genérico* de gente que existia no Brasil; era a concreção do pensamento das *senhoras católicas de salto alto* e *cavalheiros de charuto* que defendiam tradições imperiais. *O inspetor* tinha endereço certo: o governador de Gógol era o nosso governador. Sua esposa, a sua.

Na verdade, em cada uma dessas peças do período de nacionalização dos clássicos, a metáfora funcionava de maneira diferente, ora voando alto – *A mandrágora*, onde vagamente se entendia a relação entre amor e poder –, ora colada à pele de personagens contemporâneos – *O inspetor geral*. Meio-termo, *Tartufo*, que falava de um *tipo* de gente imprecisa: podia ser este ou aquele.

Nosso governador, como o de Gógol, admitia ser ladrão, porém com atenuantes: era o dinâmico construtor de São Paulo... "Ele rouba, mas faz!" – o slogan que inventou, ainda hoje outros políticos brasileiros usam com descaro! Outros, não usam o slogan, apenas o exemplo.

Golpistas são vorazes; o governador, o mais comilão. Gula chacalesca. Nosso governador foi dos primeiros a serem deglutidos pelo golpe que havia ajudado a parir.

O inspetor geral, metáfora pegada à pele, lotava sempre. Plateias reconheciam nome e sobrenome. Gógol nos ensinava a ver aqueles que apenas olhávamos na nossa política.

No meio do mandato, o governador sofreu impeachment: pego com a mão no cofre escancarado – roubava demais da conta, à vista de todos. A corrupção, no Brasil, sempre existiu. Roubava-se e rouba-se à farta. Um nosso embaixador na Europa era conhecido nas pouco diplomáticas rodas da diplomacia como o Monsieur Le Dix Pour Cent – cobrava essa parcela em suas intermediações comerciais aveludadas. Dizem que, no fim da ditadura, o desconto usual teria passado a vinte. Hoje ninguém sabe. Só sei que o povo passa fome. Sei que o Brasil é rico.

No dia em que foi destituído a lotação da peça caiu pela metade. Tinha perdido o interesse. *O inspetor* estreou no dia 13 de maio – aniversário da libertação dos escravos – de 1963.

Libertação? Ficou mais econômico para os senhores empregar operários livres – a quem nada pagavam, além do pálido salário – do que manter escravos em suas casas e plantações. A estes, os senhores se obrigavam oferecer abrigo e comida! Quem se libertou, dia 13 de maio, foram os senhores – libertaram-se das cargas econômicas, onerosos vínculos escravatícios. Escravos foram postos na rua sem indenização pelo tempo de cativeiro, sem segurança alimentar ou habitacional. Sem esperanças. Até hoje, favelas!

Durante o *Inspetor*, fui convidado a dirigir em Buenos Aires, Teatro IFT. Escolhi *O melhor juiz*: engraçado traduzir nosso texto para o estilo de Lope. Segunda peça, *A mandrágora*.

Não aprendi nada de novo e pouco ensinei; de novo e importante, vim de Buenos Aires com Cecilia Thumin, como esposa, e Fabián Silbert, meu filho.

Lembro do exato momento em que me senti pai. Fabián tinha ano e meio quando nos conhecemos e se habituou a me trazer o jornal na cama, pela manhã. Imitava o jornaleiro que, na rua, gritava às cinco da tarde: Diariôôôôôôô...

Lendo aquele diário, pela manhã, senti que podia ser pai. Tornei-me. Sem-duvidamente, como diria Jorge Andrade. A partir daquele momento, sou pai. Graças ao Diáriôôôôôôôô do Fabián Silbert.

Mais pai me tornei quando Fabián aprendeu a dizer a palavra mágica: pai. Ouvir essa palavra dita por uma criança que te olha no olho, cara a cara, é forte. Emociona, responsabiliza. Fui adotado por ele. Aceitei. Embarquei solteiro... e retornei ao Brasil família.

Meu próprio pai me vinha em sonhos falar de responsabilidades paternas. Não era só de mim que eu tinha que cuidar. A vida era difícil, o teatro cada vez mais marginalizado, precisávamos de segurança! Tentei organizar minha vida nova.

O tema era a resistência à ditadura. Liberdade cidadã e estética. Escolhemos a Inconfidência Mineira.

O Sistema Coringa definiu-se. Estávamos contentes com a separação de personagens e atores. No distanciamento brechtiano, o personagem encarnava no mesmo ator: só Helene Weigel era a Mãe Coragem. Aqui, cada personagem flutuava de ator em ator. Simples acorde de violão – zás! –, atores e personagens trocavam de par.

A perda da empatia e seu tremendo poder de convencimento, no entanto, que pena! Queríamos reconquistá-la. Decidimos que o protagonista seria sempre o mesmo ator. Em *Arena conta Tiradentes*, David José era o único Alferes. Os demais se revezavam.

Razão e emoção, queríamos tudo, na maior intensidade, alta voltagem. O Protagonista não entendia; o Coringa dava Explicações, para que não restasse dúvida quanto às intenções, à situação social e política da sua época e da nossa. Introduzimos as Entrevistas – o Coringa entrevistava personagens, quando necessário, misturando níveis de consciência e de tempo. O Coringa, cidadão aqui e agora, tinha o saber da nossa época e, no passado, a consciência do futuro: hoje; o personagem, Inconfidente, distante no tempo, sabia o que era possível saber no seu lugar e momento.

As Entrevistas substituíam os monólogos; fizéssemos *Hamlet*, provavelmente o Coringa interrogaria o príncipe sobre as vantagens de ser ou não ser, e quais razões da escolha. Introduzimos também a Exortação final para estimular espectadores a resistir ao fascismo que se instalava.

Tiradentes – a música entrava de vez em nossas vidas. Nossos atores cantavam afinados, mesmo se Carlos Castilho, regente, costumasse dizer, com maldade: "Cantor, o músico *acompanha*; ator, a gente *persegue...*".

Ciúmes: em recitais, o cantor pode seguir a orquestra. No calor de um drama, é a orquestra que deve se sensibilizar pela emoção do ator: ela o persegue, sim, Castilho, e deve. *A emoção do ator é o verdadeiro regente da orquestra!*

Chego a afirmar que isso já aconteceu no início da ópera como gênero teatral e musical (1600, *Euridice*, de Jacopo Peri e Ottavio Rinuccini), e mesmo antes, na Camerata Fiorentina (1585) quando o pai do Galileu Galilei, Vicenzo, propôs a individualização do canto (monodia contra a polifonia) e a predominância da palavra sobre a música: a música deveria servir à exaltação da poesia. Vamos parar por aqui: não quero promover discórdias entre poesia e melodia – quero casá-las![1]

Dois tipos de polêmica se instalaram. A primeira, sobre o papel dos intelectuais em tempos de turbulência ou de paz. As cenas dos inconfidentes foram inspiradas pela noite de 31 de março de 1964, na casa do Professor.

Aquela noite inútil tinha ficado em nossa memória como simbólica: intelectuais davam-se o direito de indicar caminhos e... cruzar os braços. Como se ser intelectual significasse o direito adquirido de não fazer nada além de pensar. Em Cuba, intelectuais cortavam cana. Que direito tínhamos nós de exigirmos que os *outros* fizessem tudo? Não seríamos nós parte desses *outros*? Fôssemos à luta!

Dúvida: deve um pianista cortar cana? Um cirurgião? Sou mais útil fazendo aquilo que qualquer um pode fazer ou aquilo que só eu sei?

Fomos dramaturgos cruéis, sem maldade. Críticos impiedosos, sem ironia. Convidamos participantes da noite de 31 para leituras de *Tiradentes*, sem armadilhas – vieram sem se dar conta. Alguns se reconheceram sem se incomodar. Outros nem se deram por achados. Hoje, com o tempo distante e a memória esfumaçada, ainda menos se hão de achar.

Éramos contraditórios: acusávamos intelectuais de promoverem revolucionários bate-papos, mas não fazíamos mais do que isso. Éramos intelectuais. Como nossos criticados: escrevíamos, mas... ninguém pegava em armas.

Onde as armas? A curiosidade se acendeu em nós. A partir de *Tiradentes*, alguns de nós começaram a pensar em ação efetiva: amaldiçoar ditaduras mentecaptas e carrascas era pouco! Alguns queriam cumprir o que julgavam dever.

A segunda polêmica veio nos artigos de Anatol Rosenfeld sobre o espetáculo: gostava, embora questionando a em-

---

1 Volto ao tema no fim deste livro.

patia. Respondi e continuamos nos respondendo, estimulando-nos com nossas ideias não coincidentes. Que maravilha discordar, sem desprezar a opinião alheia, sem se achar dono da verdade.

Não me aborrecem opiniões; inteligentes, respeito, mesmo se discordo. Me desagrada a "infalibilidade papal" dos críticos, cuja palavra acreditam definitiva, inapelável. Quando condenatória, destrói o espetáculo. A maioria escreve como juiz que sentencia sem o sagrado direito de defesa.

Sonho com a instauração de hábito salutar: polêmica, não crítica. Seria lindo se, no mesmo espaço do jornalista, o artista pudesse opinar. Não revide: diálogo.

Quando convidado, anos 1960, pela *Última Hora*, para ser crítico teatral, iniciei uma coluna de debates onde eu era o coordenador. Dava meus palpites. Era ótimo: todos podiam escrever, inclusive leitores.

Em *Tiradentes*, os críticos condenavam o culto ao herói. Brecht: "Feliz o povo que não necessita heróis". Eu concordava, gênero e número, mas não em grau. Acrescento: o Brasil não é feliz, por isso, caro Bertoldo, necessitamos de heróis! Em toda parte, a toda hora! Que proliferem, prolíficos! Heróis às mancheias! Urgente!

Para mim, o mito não é, em si, mistificador. Mito é a simplificação do indivíduo histórico, guardando-se os traços essenciais do seu caráter, sua vida que, assim, aparece magnificada no que se lhe atribui como essência. Torna-se mistificação quando se magnificam circunstâncias não essenciais e joga-se no lixo da história o que é importante. Guarda-se o pitoresco, perde-se o principal.

Cristo. Se mostrarem apenas seus padecimentos na cruz, estoicismo, se esconderem seu poder mobilizador popular, estarão *mistificando o mito*. Che, mostrando o cadáver, olhos entreabertos, rodeado de assassinos, isso é *mistificação*: o homem derrotado. Mostrando-se o Che herói de Santa Clara, o homem que venceu Batista, será então o *mito* sem *mistificações*. Num e noutro caso, não é necessário contar a vida inteira do herói, falar na marcenaria paterna de Jesus ou da medicina do Che – no entanto, é imprescindível selecionar o que se quer mostrar – nessa escolha, estará o *mito* ou... a *mistificação*.

Por falar em Che, já que estamos nisso; em Jesus, já que estamos nele; em revolução, já que é disso que se trata... vamos a isso.

GRUPOS ARMADOS

Em 1966, grupos armados começaram a se estruturar. Religiosos sinceros aderiram à tese da luta armada: forma imediata de servir ao Cristo, como pregava no púlpito e fazia na prática o padre Batalha. O Partidão perdeu militantes importantes, descrentes na tese de duas burguesias, uma nacional, outra estrangeira: Marighella e o velho Joaquim Toledo, meus amigos, fundaram a Ação Libertadora Nacional (ALN); João Amazonas e o velho Arruda, o Partido Comunista do Brasil (PC do B). Tantos mais foram-se embora, desgostosos. Estudantes e operários, perdidas suas estruturas estudantis e sindicalistas, perdiam tudo, menos a esperança. Expulsos dos seus territórios habituais, em algum lugar tinham que se encontrar.

Clandestinos: do contrário, seriam presos. Visto deste ângulo, a responsável pela luta armada foi a própria ditadura que outra porta não deixou aberta. Conversava-se escondido e se deslizava para a luta armada sem que se soubesse como. Um encontro, uma confidência, e logo a pessoa já se sentia comprometida. Por isso, digo: deslizava-se.

A luta armada era prolongamento natural dos encontros políticos: ninguém se dava conta de como havia acontecido e já se havia tornado militante. Não havia solenidade, como quem entra hoje para um partido político, discursos e brindes, empadinhas de camarão. Bastava fazer, a um combatente, favor ou diligência – transportar uma carta confidencial e perigosa, oferecer sua casa para que alguém se escondesse à noite – e pronto, já se estava na resistência. Passo a passo, aprofundava-se o comprometimento.

Muitos praticavam ações guerrilheiras sem calcular o perigo. Veio a repressão e deram-se conta: jogava-se com a vida.[2] Guerrilha: risco de vida. Alguns fugiram ou morreram; outros se arrependeram – tarde.

Che proclamava: *Ser solidário é correr o mesmo risco!* Havia gente solidária, sabendo que o risco era morte. Criar um, dois, três, mil Vietnãs! – pedia o Che. Era o desejo revolucionário: enfrentar a violência imperialista em todo o mundo, ao mesmo tempo! A CIA achava que um solitário Vietnã, minguado que fosse – o Brasil, por exemplo –, já seria os mil Vietnãs sonhados pelo Che.

Lógico, havia gente honesta, patriota, que preferia não entrar para a luta armada por conhecer seus próprios limites ou porque nela não acreditava. Coerentes com o que pensavam.

Militares e civis que haviam subvertido a democracia – que nos chamavam de "subversivos" quando eles próprios haviam derrubado o governo legítimo! – sabiam que não contavam com apoio popular, só senhoras de salto alto e seus maridos de charuto Havana, única concessão dos reacionários ao comércio com a ilha. O povo buscava se organizar, sem ter como fazê-lo. Tinha que se esconder: encontrar-se já era ato de clandestinidade. Grupos foram-se formando: conversas clandestinas...

Havia demasiados partidos e dissidências, dissidências das dissidências e dissidências das dissidências dissididas, frações e microfrações, microfrações das dissidências fracionadas. Meus companheiros que me perdoem: era difícil saber quem estava em que organização, quem era aliado de quem, qual a organização mais marxista, mais maoista, mais trotskista, qual a mais guevarista. E qual seria a mais *brasilianista*?

---

2 É verdade que havia excessiva irresponsabilidade. Lembro-me de um rapaz chamado Barão – ninguém sabia seu nome, só se sabia que era rico – que se dizia "recrutador" de guerrilheiros. Oferecia reuniões explicativas da estratégia da guerrilha, em sua confortável casa, em um dos belos Jardins paulistanos, nas quais servia cerveja, vinhos e queijos. Sem outra formalidade, o Barão declarava que os presentes estavam integrados à luta patriótica pela derrubada da ditadura e que o povo unido jamais seria vencido. Nunca ninguém soube que louco era aquele; bebia-se à farta, comiam-se queijos exóticos, e ninguém levava o nobre a sério. Nem ele mesmo: só sua mãe, que servia os vinhos...

Guerrilha literária: Regis Debray, sem ter culpa, foi causa de equívocos graves. Seu livro sobre a teoria dos focos, baseada em diálogos bolivianos com o Che, fez imenso mal à luta armada no Brasil. Foi tomado ao pé da letra. A batalha de Santa Clara, para alguns combatentes brasileiros, poderia ser aqui reproduzida: bastaria dividir nosso país em dois, criando-se focos e focos, até que ficasse metade do país de cada lado e então... em sonhos... seria fácil. Acordados, percebíamos que Cuba era longa linguiça e o Brasil, arredondado; ela pequenina, nós gigantescos. Sonhar era cômodo... pra que abrir os olhos?

Eu me lembro que um importante líder guerrilheiro que, querendo me convencer da justeza de suas estratégias, abriu em cima da mesa um colorido mapa do Brasil cheio de montanhas e rios, mostrou a progressão inexorável das conquistas populares: focos e focos, faltando só atravessar o rio São Francisco para que todas as forças revolucionárias se reunissem num glorioso Exército de Libertação Nacional, marchando sobre Pequim, digo, Brasília.

Lembro de que fiz pergunta sincera: nesse rio não tinha jacaré, crocodilo, perigo? Tão fácil atravessá-lo? Nos mapas, jacaré não existe, nem malária, tifo, mosquito, febre amarela: apenas cores azuis, amarelas e verdes. Nos mapas, as guerras são rosas...

Nenhuma ditadura suporta estruturas populares, mesmo precárias: não suporta gente junta. O primeiro decreto ditatorial é sempre o toque de recolher: ruas desertas. Como a população mostrava calorosa rebeldia, a fria ditadura preparou o golpe maior, o segundo.

O CÍRCULO E *LA MOSCHETTA*

Já se passaram trinta anos e ainda não sei como aconteceu. *O círculo de giz caucasiano* é peça bela, nossos atores eram excelentes – Guarnieri-Asdak, Célia Helena-Grusha, Myriam Muniz, Antônio Fagundes, Sylvio Zilber, cenografia de José de Anchieta, espetáculo honesto...

O que terá acontecido? Não sei. Estreamos off-Arena, na Hebraica. No dia seguinte, sentamos na escada, Guarnieri e eu, pensando: "Não vale a pena... Não podemos fazer isso conosco nem com o Brecht".

Só dessa vez isso me aconteceu: desistir no dia da estreia. Acontece em culinária: segue-se à risca a receita, o bolo sai uma desgraça, incomível. Em teatro, também.

Tenho hipótese: excesso de respeito. Eu não queria fazer nada que o espírito do autor – vagando pelo Arena, na calada da noite, mandando bons fluidos –, insatisfeito, pudesse torcer o nariz. Insuportável encarar o espírito do Brecht de nariz torcido. Traí-lo, jamais! Fui tão caninamente fiel ao texto que, mesmo a receita certa, o espetáculo saiu cinzento.

Que inveja eu tinha dos teatros europeus, financiados pelo Estado, que podem se dar ao luxo de fracassos: nós não. Quando aconteciam – era inevitável! – *Zumbi* voltava às pressas. Tínhamos também um *one man show* em cartaz às segundas-feiras: *A criação do mundo segundo Ary Toledo*, escrito por mim e Guarnieri. Show de pornográfico caipirismo – gênero novo inventado pelo Ary, pornografia campestre. Porno-country!

Vantagem: Ary cantava sozinho e o teatro abrigava duzentas pessoas. Sendo amigos, 230. Não vindo a polícia, 240! Quando a polícia vinha fechar o teatro por excesso de lotação, 242, porque os dois policiais ficavam olhando.

Ary, no fim dos espetáculos, deixava o violão no meu escritório e punha a féria do dia dentro da caixa... o violão desnudo na mesa. Ia jantar no Gigetto com a caixa do violão cheia de dinheiro e ninguém desconfiava.

Às pressas, montamos Ruzzante, Angelo Beolco, *La Moschetta*. Foi bem, sabe? Cecco, Fagundes, Myriam, Sylvio – elenco bom. Aquele "ir bem" que não comove ninguém. Todos elogiavam com aquela frase assassina: "Sabe que eu gostei? Pois é... gostei, sim... sabe...?".

Para experiências, precisávamos de elenco paralelo, não comprometido com a bilheteria. Fundamos, em 1967, o jovem Núcleo Dois, com os alunos de Cecilia e Heleny Guariba. Finalmente, montamos *O processo*, do Kafka, numa versão menos ousada. Afonso Gentil dirigiu *A farsa de cangaceiro com truco e padre*, do Chico de Assis, e Cecilia estreou como diretora com *A granada*, do argentino Rodolfo Walsh, que seria assassinado pela ditadura portenha.

Grupos armados eram muitos. Caminhos possíveis, também. Para onde iríamos?

O ambiente estava pronto para a *Feira*.

CAPÍTULO 19

A CENSURA: A RUIM E A PIOR

Não gosto de censura, desde pequenino. Penha, onde nasci e me criaram, era conservadora como Trás-os-Montes.

Em 1922, durante o I Congresso Feminista do Brasil, do qual participou Chiquinha Gonzaga, inventora do samba, uma jovem mulher vestiu, pela primeira vez no centro do Rio de Janeiro, saia-balão, moda em Paris: quase foi linchada. Mesmo que a balão cobrisse mais corpo que saia normal. No mesmo ano foi realizada a Semana de Arte Moderna em São Paulo, fundou-se o PCB, criou-se a União Soviética, houve o levante tenentista e Lampião assumiu a direção do cangaço: mas mulher não podia usar saia-balão... a menos que tivesse vocação pra Maria Bonita!

Dez anos mais tarde, mulheres foram autorizadas a votar – até então tuteladas: pai, marido ou irmão.

Conservadorismo curioso: nas praias, topless causa horror ainda hoje, tacitamente proibido. Mulheres em Ipanema – agora mesmo posso vê-las pela janela – usam fio dental, maiô que justifica o nome e mostram galhardamente a bunda inteira. Partes de baixo, pode mostrar, tudo; as de cima, sagradas.

Voltei de Nova York, em 1955, depois de dois anos na Columbia University. Trouxe blue jeans. Quando, no mictório, colegas descobriram que minhas calças tinham fecho éclair em vez dos tradicionais botões, me ridicularizaram: "Isso é coisa de veado...". Mesmo não sendo o meu caso, continuei usando éclair, mas evitei mictórios.

Quando criança, todo mundo ridicularizava todo mundo. Eu ia à praia antes do sol: não amorenava. Meus amigos me chamavam de branquiol, sapóleo de esbranquiçar louça. Ninguém reparava que, mesmo brancas, eu tinha pernas bonitas, musculosas de futebol. Até hoje não são feias...

Tinha eu nove anos, meu irmão descobriu um bilhete que escrevi para uma colega e que não tive coragem de entregar: "Alice, quantos anos você tem? Se tiver sete, eu caso com você!" – audaz e precoce pedido de casamento. Acho que mereceria incentivos: recebi chacotas a semana inteira, até que um novo ridículo fez esquecer o anterior.

Inventei um *Livro das invenções*. Inventava tudo, até tanque de guerra funcionando à pólvora – ao mesmo tempo, canhão e bala: atirava-se a si mesmo, saltando sobre o inimigo e retrocedendo aos saltos, para saltar outra vez, mortífero gafanhoto. Invenção acompanhada de desenhos explicando como construir esse bólido destruidor e indestrutível!!

Inventava tudo, desde indústria bélica até urbanização racional de grande capital em país do futuro. Pena que o urbanista Lucio Costa nunca pediu minha opinião: Brasília teria sido mais convivial...

Escondia o *Livro das invenções* no colchão, medo de que descobrissem; veio a empregada arejar o quarto e... tome risadas.

Um professor resolveu levar os alunos à Quinta da Boa Vista para colher plantas e estudá-las. Cansados, meninos sentaram-se num bar, mortos de sede. Ninguém tinha dinheiro: eu, pouco. Fraternal, pedi ao garçom: "Uma soda e nove copos..." – éramos nove meninos. Exagerei. Mas não era motivo pra aguentar tantas gozações: a escola inteira ficou sabendo da minha ridícula filantropia.

FAZ DE CONTA QUE NÃO DÓI!

Estreando bicicleta nova, resolvi testar potencialidades, subindo ladeiras, até que perdi o controle e caí no meio da rua. Ouvi freios de caminhão e gritos de mulher: "Ah!, menino, você nasceu de novo...".

Escapei com vida trêmula, o joelho sangrando. Minha mãe fez o curativo, depois de limpar a ferida. Dia seguinte, ia mancando pra escola, pensando nas risíveis comparações com Pintacuda, campeão. Pintacudinha! Mancava: maiores seriam os risos. Tomei a decisão: "Augusto, você vai fazer de conta que não dói!". Entrei no colégio pisando firme, fazendo de conta que não doía. Dentro de mim dava urros de urso, selvagens gritos de dor.

Durante minha vida, mil vezes me disse: "Augusto, faz de conta que não dói!". Lendo insanas críticas ou reportagens mentirosas de jornalistas políticos sem escrúpulos, ouvindo recusas de subvenções ou debatendo na Câmara dos Vereadores, interrogado nos tribunais ou na sala de torturas: "Augusto, faz de conta que não dói".

Continuava doendo, o orgulho anestesiando a dor.

CINCO MERDAS E UMA PUTA

Criança, detestava a censura – imaginem adulto, obrigado a discutir com o censor, dono da última palavra, os cortes que faria. Quando o censor era "bom", podia até se deixar convencer. Se mau, no dia seguinte mandava o texto rabiscado com observações autoritárias: a luz não pode ser tão luminosa; o cenário repintado para esconder figura pornográfica... Diálogo que você gostava, cortado por inteiro.

Quando um censor, primeira vez no Brasil, permitiu o nu frontal em *Hair*, determinou que o palco ficasse em tal penumbra que mal se visse o sexo dos atores: nus ou de fraque, seria o mesmo. Na escuridão, espectadores bem informados diziam aos amigos: "Vocês não estão vendo, mas aqueles rapazes e moças estão nuinhos... Li no jornal".

Para mim, não havia censores bons e maus: só ruins, péssimos e os piores! A função censora é imoral, não importa quem a exerça. A função de carrasco é imoral, não importa a personalidade de quem mata.

No ensaio geral de *Chapetuba Futebol Clube* veio um "bom" censor. Embora "bom", achava que o autor exagerava incluindo cinco "merdas!" no texto e, horror, um sonoro e explosivo "Puta que pariu!".

Vianninha, 22 anos, estreava como dramaturgo. Nervoso, fumando adoidado, pediu para advogar nossa causa. Sentou-se diante do bom censor e discursou, veemente, com boca e braços. Falou do que sabia da história do teatro, Aristófanes e a linguagem licenciosa, a poesia fescenina romana, falou de farsas anônimas medievais que atentavam, impudicas, contra o dogma da virgindade de Maria! Deixou o censor boquiaberto com sua erudição desconcertante. Aproveitando uma pausa e, como já estava boquiaberto mesmo, o censor falou: "É verdade, mas também é verdade que cinco vezes merda, em duas horas de espetáculo, é merda demais! Se você fosse mais modesto...".

Vianninha mostrou-se disposto a colaborar: "Vamos analisar todas essas merdas. A primeira nem se conta, porque se trata de um jogador de futebol que dá um pontapé na porta fechada e não vai dizer 'Louvado seja Deus...'. Exclama merda e está plenamente justificado pela dor no pé. Trata-se de merda introspectiva, entende? Com a segunda merda o senhor não se preocupe porque o ator tem um problema de dicção grave, está em tratamento com um fonoaudiólogo de estimação, e nós estávamos mesmo pensando em substituí-lo porque ninguém entende nada do que ele diz, e o senhor mesmo só entendeu merda porque leu o texto, mas espectador nenhum vai ouvir essa merda, garanto, é merda invisível, inaudível, inodora... Pode deixar, é merda inofensiva...".

"Foi o que eu disse: mais modéstia. Se deixar só essas duas merdas e limpar a boca no resto, pode estrear sem problemas. Gostei da peça!"

Vianninha, contente com o progresso, achava pouco. Continuou: "Essas são as duas merdas inquestionáveis. Agora, a terceira é uma das merdas mais importantes da história do teatro universal, porque lá fora, na Europa, eles têm a liberdade de dizer quantas merdas quiserem, sem dar satisfações a ninguém. Nos Estados Unidos é merda pra todo lado! *Shit* e *fuck you*! são banalidades! *Son of a bitch* é o pão nosso de cada dia! E nós, que queremos fazer arte – arte pura, entendeu? Estética, viu? – nós não podemos dizer merda, nem muito menos... puta!".

"Já liberei duas merdas como prova de boa vontade..."

"Mas a terceira merda vem num momento psicológico da maior relevância... É quando o centroavante perde um gol certo dentro da pequena área! É claro que não pode gritar 'Valha-me Nossa Senhora do Bom Parto!'. Seria heresia. Merda é mais higiênico. Católico! Veja bem: gol certo, no fim do segundo tempo! Claro que ele tem que entrar no vestiário gritando 'Merda!'. De outra forma, seria inverossímil."

"Com essa lábia, você já está ganhando de três a dois, mas as duas últimas merdas eu não posso liberar. Seria demonstração de fraqueza moral da minha parte", lamentou-se o censor tentando encerrar o assunto e temendo o pior.

Vianninha era valente, temerário, não desistia: "A quarta merda, ora, vamos lá..." – e lá se foi com seus argumentos e, pra dizer a verdade, já não me lembro das razões que alinhavou, lembro apenas que repetia as mesmas histórias sobre Molière e Beaumarchais, *Fanny Hill* e *Tis Pity She's a Whore* – textos que nunca tinha lido. Inventou escritores que nunca tinham escrito, inventou uma história na qual um suposto papa Leão XXXVII teria intervido pessoalmente para liberar um texto do conde de Cagliostro escrito em parceria com Casanova (quem!?), e tantas disse, tantas datas precisou com certeza certa, razões, fatos históricos jamais acontecidos, tanto samba do crioulo doido, tanta paixão, que o pálido censor concordou em permitir a quarta merda e, num acesso raro de estonteante generosidade aguda e altruísmo, ofereceu de graça a quinta merda, com o argumento de que, se os inocentes ouvidos dos espectadores já tivessem sido agredidos com quatro merdas justas, merda a mais, merda a menos, não faria diferença.

"Agora, não me venha com histórias! O 'puta que pariu!' ainda vai levar décadas até ser pronunciado num palco no Brasil. O nosso povo não está preparado para os 'puta que os pariu!'. Europa é outra história, outra geografia, civilização", precaveu-se o censor, intimidado.

Ele não sabia quem era o Vianninha que olhava vagamente a parede, olhar triste de poeta romântico do século passado, desses que morriam tuberculosos e já não se fabricam mais. Concordava com que o povo brasileiro não estava preparado para ouvir no palco semelhante impropério. Mas... e o mercado de arte estava preparado para entender Van Gogh? Van Gogh morreu ser ter tido a alegria de vender sequer um quadro – ou apenas um, e suspeita-se que foi o irmão, Theo, que mandou comprar. Os séculos XVIII e XIX estavam preparados para

Shakespeare, que tanto sucesso havia tido no seu tempo? Não: os críticos o julgavam açougueiro sanguinário. A ciência estava preparada para ouvir Galileu proclamando que a Terra se movia em torno do Sol?... *e pur, si muove!* E o mundo inteiro estava preparado para compreender Darwin e aceitar que descendemos – mesmos os mais elegantes e refinados entre nós, mesmo as senhoras de salto alto – de grotescos macacos? Não! Então, nós, que somos descendentes de macacos, quase tão macacos como eles, por que é que não podemos ouvir um simples e cândido "Puta que pariu!" pronunciado com stanislavskiana memória emotiva!? Macaco pode, nós não: era irracional o raciocínio, mas contundente e apaixonado!

O povo não estava preparado e o jovem estreante ia ser obrigado a renunciar à sua peça porque não renunciaria jamais à sua verdade, e a sua verdade profunda, naquele momento crucial de sua vida, era o "Puta que pariu" ao qual seria fiel, mesmo sabendo que sua peça seria proibida! Não à castração: nunca seria eunuco, tenorino, *castrato*! Como Darwin, Galileu, Van Gogh e outros ilustres estrangeiros – só poupou Jesus Cristo, Buda e Maomé! –, sofreria por culpa daqueles que ainda não estavam preparados, turba ignara. Teria que esperar gerações vindouras. Macaco pode, nós, não...

Emocionado diante do censor inflexível, Vianninha terminou sua peroração com uma proposta insólita: "Vamos fazer assim: eu lhe devolvo as cinco merdas que o senhor me deu de presente, generosamente, e o senhor libera o 'Puta que pariu!'. Trato feito???".

Vianninha quase chorou. O censor, esse, tenho certeza que vi lágrimas nos seus olhos vermelhos quando jogou o texto para o alto, levantou-se furioso e saiu do teatro gritando: "Eu vou largar essa profissão! Quero fazer trabalho honesto, censurar só o necessário, defender a moral, mas também não quero destruir a carreira de ninguém. Façam o que quiserem. Digam quantas merdas e putas quiserem. Mas assumam a responsabilidade. Eu... nunca mais! Puta que os pariu!!!". E saiu aos berros!

Ficamos felizes com nossas cinco merdas e o primeiro "Puta que pariu!" jamais pronunciado em palcos brasileiros... Grande Vianninha!

Nem sempre era assim. O censor podia não discutir e cortar sem piedade. No *Black-tie*, Lélia Abramo interpretava a mulher de um operário. Quando descobria que o marido estava preso na polícia política, gritava: “No DOPS?[1] Vão matar o meu marido de pancada!”.

O censor cortou. Lélia não teve dúvidas: no dia da estreia soltou esta: “No DOPS? Minha Nossa Senhora!!!”, e botou as mãos na cabeça. O impacto foi muito mais teatral.

A negociação era um dos capítulos inevitáveis do processo de encenação. Rotina. Não só os espetáculos teatrais eram sujeitos à censura: exposições de artes plásticas, leituras, balé, shows, programas de televisão. Tudo que tivesse público. Quanto maior, maior rigor.

Na TV, um amigo meu dirigia um programa, *Collage*: imagens e músicas! Misturava o rugido de um leão africano com as ondas do mar no Havaí, chuva caindo no teto de uma cabana com o ganido de um cão triste.

O censor descobria sempre ocultas mensagens subversivas. Quase férias, meu amigo se preparava para viajar. Reuniu assistentes e pediu que imaginassem o roteiro mais inofensivo, água com açúcar e cheiro de açucenas, que não pudesse ser tachado de subversivo ou político.

Os censores viam subversão até em nuvem branca no céu azul, porque mostrava sutilmente a controvérsia: por que branca? Não podia ser azul como o resto do céu? Subversão, corta!

“Não vou perder um dia de sol no escritório da besta...” – isso aconteceu no começo da ditadura, que ainda não usava microfones secretos.

Um assistente, olhando o vaso de plantas, reparou em uma minhoca que se espreguiçava, lânguida: “Que é que tem essa minhoca?”.

“Está se espreguiçando...”

“Minhoca se espreguiçando vai ser estreia universal em TV. É plástico. Estético. Vamos filmar a minhoca.”

Diretor e assistentes observaram os movimentos da minhoca. “É... tem alguma coisa de sensual...”

---

1 Departamento de Ordem Política e Social.

"Misteriosa, cega como morcego! Pior, não tem radar de morcego. As minhocas nem ao menos sabem de que lado está a cabeça. É obsceno."

"Isso nos interroga sobre a essência humana..."

"Essência humana, um caralho! Eu quero é fazer esse programa logo e ir pra praia. Olha o sol... Leva a minhoca pro estúdio..." E a minhoca foi sequestrada.

Eletricistas, cameramen, assistentes, maquiadoras, *script-girls*, o rapaz do cafezinho, todo mundo alvoroçado querendo ver a estrela, que apareceu reclinada em um vidro para criar sensação de espaço. Silêncio! Luzes! Câmeras! Ação! Filmagem.

A minhoca, assustada, imóvel. Vendo – perdão, sentindo, minhoca é cega sem radar, não vê: sente! –, sentindo a atenção que despertava, pôs-se a fazer meneios, requebros. Câmeras filmando.

Terminaram e foram ver o vídeo. Primeiro minuto, fantástico! Parabéns! Segundo minuto, tedioso: a coreografia, sempre a mesma: a minhoca cega não sabia ocupar harmoniosamente o espaço, ficava decaída a um canto do vidro, como bailarina dançando de lado. Terceiro minuto, insuportável: repetição enfadonha, *ipsis movimentus*, dos mesmos balanceados. Desanimando, alguém teve a ideia cruel. "Se está monótono, a culpa não é da minhoca."

"Quem tem culpa, se não essa *starlet* desengonçada?!" – o diretor perdia esperanças de praia, irritado com o fraco desempenho da minhoca.

"Ideia: quando ela começar a se repetir, a gente dá um estímulo, como se fosse atriz humana. Todo ator precisa ser estimulado."

"Ô, rapaz! Como é que se estimula atriz que, além de ser minhoca, o que já não é virtude, tem a agravante de ser cega? Existe aí algum especialista em minhocas cegas?"

"Não precisa especialista, basta bom senso. Vamos gravar outra vez. Quando ficar chato, a gente pega um conta-gotas com ácido sulfúrico e deixa cair uma gota... depois outra, mais outra..."

"Vai estimular assim no raio que o parta!" – meu amigo ficou horrorizado.

Ninguém tinha coragem de tomar a decisão cruel. Não por carinho pela minhoca: medo da Sociedade Protetora dos Animais.

"A Sociedade só protege animais corpulentos. Barata, pulga, minhoca, gafanhoto, cigarra, formiga, até rato, está tudo isento de proteção. Pode maltratar à vontade, furar olho, arrancar perna. Não é pecado nem crime. Bicho pequeno não tem neurônios, é insensível!"

"Se não tem neurônios..." – frase terrível, condenação à morte da bailarina pouco inspirada. Ainda bem que, além de cega e sem cabeça definida, a minhoca era surda, não ouviu.

Voltaram para o estúdio e as estruturas televisivas se puseram em movimento: luzes, câmeras, microfones e... ação!

O primeiro minuto, bem ensaiado, saiu melhor e, como previsto, o interesse decaiu depois.

Primeira gota de ácido. Pânico: a minhoca deu um salto, novas gotas foram necessárias para fazê-la nadar e conter-se no retângulo de vidro. A emoção redobrou com os saltos ornamentais. Ferida de morte, a minhoca perdia elasticidade na proporção inversa das gotas de ácido sulfúrico que lhe caíam no lombo. Felizmente, o segundo minuto estava concluído.

Continuaram gotejando ácido. Embora plácido, o terceiro minuto foi horripilante: o esbelto corpo da minhoca se dissolveu no líquido, lento, até desaparecer. Mistério: depois de dissolvido o animal, o ácido parecia ter adquirido uma espécie de vida e latejava, pulsava, respirava. Lindo! Teria alguma forma rudimentar de alma aquela minhoca?

Em silêncio – fúnebre! –, examinaram o vídeo. Se fosse possível ignorar a Sociedade Protetora, era forçoso aceitar que – do ponto de vista estritamente estético, repito, sem considerações de ordem ética ou biológica – o vídeo podia ser considerado uma minúscula obra de arte.

Faltava som: *collage* cola alguma coisa com alguma outra, e a imagem com a música. "Qual?", perguntou o assistente. "Pega o primeiro disco que encontrar na prateleira. Pra combinar com minhoca, nenhuma música é mais apropriada do que outra. Não existe música de minhocas!"

Sem olhar – isso fazia parte da estética do *Collage* –, o assistente pegou o primeiro disco que tocou sua mão: *A cavalgada das valquírias*, de Wagner! Mixou e mandou pro censor. O diretor foi fazer as malas com maiôs, chinelos e chapéus de palha.

Antes de entrar no carro pra descer a serra, toca o telefone. Em bermudas, atende: o censor achara o programa ofídico – foi o que disse, referindo-se à minhoca, aparentada às cobras! –, demasiado politizado e com mensagem subversiva à flor da pele.

Tirar férias é assim: problemas de última hora, sempre. Não havia remédio: tinha que negociar. Foi falar com o fiel servidor da ditadura.

O censor começou elogiando a sofisticação das mensagens subversivas. Os artistas brasileiros eram mestres na arte das alegorias, elipses e metáforas. Ele, censor, especialista em detectá-las.

"Onde é que você viu subversão no meu programa?"

"Na minhoca: ela em pessoa. Um símbolo. Minhoca vive embaixo da terra. Vocês querem dizer, com essa alegoria, que o povo brasileiro, qual triste minhoca, vive escondido, humilhado. Esse foi o segundo símbolo que eu detectei!"

"Qual o terceiro?"

"O ácido sulfúrico! Pra vocês, subversivos, ácido significa o governo militar que pra vocês é o torturador da população."

O diretor, sem ânimo pra responder, perguntou assim mesmo: "E Wagner? Por acaso Wagner também tem simbologia...?".

"Claro: foi por aí que comecei, foi o primeiro símbolo. A música de Wagner me deu a chave para interpretar o resto."

"O que é que Wagner simboliza?"

"Hitler tinha intensas simpatias pelo Wagner. Pra vocês, Wagner significa nazismo, porque vocês pensam que nós, militares, somos nazistas! Mas nós somos apenas democratas seletivos!", explodiu o censor, esquecendo-se de que não tinha nenhuma patente militar e era apenas um civil a mais, comum e silvestre.

Democrata seletivo... Pinochet afirmou que não era ditador: o Chile vivia uma democracia onde todos opinavam livremente. *Todos* eram: ele, os três chefes das Forças Armadas e o chefe dos carabineiros. *Le Monde* escreveu: "Pinochet acaba de inventar o submarino a vela...".

A censura apertava o cerco a quem teimasse em falar da realidade, da injusta distribuição de renda (hoje, o Brasil perde até de Botsuana). Chegou ao sublime grotesco com *Antígona* em Porto Alegre: o censor chamou o diretor da peça ao seu escritório, disse ter gostado do texto, faria o maior empenho em liberá-lo, com pequenas cirurgias: Creonte saía maculado do seu enfrentamento com Antígona e o público poderia ver aí crítica velada à situação brasileira.

"Volte aqui com o autor da peça e vamos achar uma solução pacífica: a peça merece", propôs, conciliador.

Depois do espanto inicial, o diretor disse que teria o maior prazer em voltar acompanhado pelo autor... se não fosse o pequeno inconveniente: o sr. Sófocles estava morto havia muito tempo.

"Que pena! Eu não sabia", respondeu o censor, comovido. "Mais uma razão pra liberar: justa homenagem. Você me traga então quem recebe os direitos autorais em nome do senhor Sófocles e conversaremos!"

Até explicar que, em 25 séculos, era natural que se perdessem as pistas dos seus sucessores diretos, custou. A peça acabou liberada quando o censor se convenceu de que Sófocles não estava fazendo nenhuma referência oblíqua à nossa pátria idolatrada!

Censores incultos havia em demasia. Senhoras recrutadas na reacionária Tradição, Família e Propriedade ou simples policiais de carreira. Quando começaram as prisões depois de 1968, policiais invadiam casas e confiscavam, como provas de subversão, livros suspeitos.

Entre estes, era de se esperar que fossem confiscadas obras de Marx e outros. Mas confiscavam também *O vermelho e o negro*, de Stendhal, porque os policiais pensavam que se tratasse das cores do comunismo e do anarquismo; o livro de arte *História do cubismo*, que insinuava apoio à revolução cubana; o de engenharia intitulado *Resistência dos materiais*, óbvio estudo do poder explosivo das bombas *molotov*...

1968 – ano dos estudantes! –, clímax da luta pela liberdade de expressão. Foi o último ano de relativa claridade antes da escuridão que tomou conta do país inteiro, a partir do Ato Institucional nº 5, que instituiu oficialmente o fascismo no país, trazendo leis como a famosa Lei Secreta: nas acusações oficiais, publicava-se o número e não o conteúdo das leis que teriam sido infringidas pelo réu, o que permitia à ditadura acusar e condenar quem quer que fosse, alegando infração à lei, à qual nem os advogados tinham acesso. Condenados sem saberem por quê: Josef K., Franz Kafka.

Veio a Lei da Delação: professores universitários que não denunciassem seus alunos "subversivos" incorreriam na mesma pena que eles. Vieram as aposentadorias compulsórias, as cassações de direitos civis, sequestros, torturas e assassinatos.

Não sabíamos o que fazer. Cada qual tinha a sua opinião. Qual a certa? Por isso, pensamos em uma feira que seria a das opiniões.

CAPÍTULO 20

A GUERRILHA TEATRAL

CENÁRIOS CONTRA FUZIS!

Havia opções naquela encruzilhada ideológica e estética; nós, rodopiando sem bússola, buscando nortes. Não podíamos mostrar certezas. Qual escolher, entre tantos caminhos possíveis? *Todos*!

Feira paulista de opinião. Seis dramaturgos, seis compositores, artistas plásticos, dezenas.

Devíamos responder: *O que pensa você da arte de esquerda?* Nós nos perguntávamos *para que existíamos*. Serviríamos para alguma coisa, suaves artistas, naqueles tempos de guerra? Questionávamos nossa arte, função na sociedade, identidade, nossas vidas.

Em países estáveis o artista sabe onde pisa – tranquilo. Sabe o que quer e o que dele se espera. No Brasil à deriva, tudo era e é possível: perguntávamos onde estávamos, quem éramos, onde queríamos ir.

Que pensa você? A resposta teria que ser uma obra de arte. Lauro César Muniz escreveu a história de um pescador preso por alfabetizado; único em sua praia que sabia ler, subversivo: ler, pra quê? Jorge Andrade, sobre doença no campo e falta de medicina; Guarnieri, sobre os meios de comunicação e seu poder deletério; Plínio Marcos, sobre coronéis vestidos de gorilas censurando sua peça, defecando e limpando-se com as páginas censuradas; Bráulio Pedroso, parábola sobre a parte podre da burguesia; a mim, diretor, coube encerrar o evento com uma *collage* de textos sobre Guevara: Cortázar, Neruda. Compositores, cada qual, sua canção.

Artistas plásticos semearam belas obras, da rua aos camarins. Um deles fez escultura chamada *O milagre brasileiro*, chavão publicitário da ditadura: o espectador entrava em túnel verde-amarelo, sentava-se em cadeira de rodas que deslizava, no escuro, até o fim do túnel, onde as rodas tocavam um interruptor que iluminava a imagem cafona de Nossa Senhora Aparecida. O espectador se levantava, saía a pé: milagre no fim do túnel!

Jô Soares pintou um quadro inspirado em célebre anúncio de xarope pra tosse, onde um homem enlouquecido dizia: "Largue-me! Deixe-me gritar!". Outro artista imaginou pedaços de madeira colorida que poderiam mostrar a bandeira brasileira se transformando na dos Estados Unidos; outro, um conjunto de carimbos que permitia aos espectadores fazerem suas próprias obras de arte a partir de desenhos elementares; ainda outro, uma banana de dois metros. Assim por diante.

Não queríamos dar lições: queríamos que soubessem que existíamos, inquietos... sem saber o que fazer. Fôssemos pintores de naturezas-mortas, seríamos sem culpa; teatro é natureza viva; quando se mostra, tem sentido, direção, destino – éramos responsáveis pelo que dizíamos.[1]

Esta, a nossa verdade: incerteza. Como dizê-la? Espetáculo mural, o pensamento contraditório, opções diversas. Caleidoscópio.[2]

Agosto de 1968. O texto foi pra Censura: oitenta páginas. Voltou com 65 páginas cortadas e o carimbo LIBERADA nas restantes quinze. Liberada, com 65 páginas proibidas. Senso de humor macabro.

O espetáculo era assinado por todos: censurá-lo, significava censurar os artistas de São Paulo, do Brasil. Todo mundo era

---

1 Teatro não é a reprodução da realidade, é a sua representação e, como tal, de algum ponto de vista é feita – ponto esse situado na sociedade, não no cosmos.

2 No exílio, fiz outras feiras, a mesma ideia mural, a mesma perplexidade: a latino-americana, na igreja Saint Clement's, em Nova York (fiquei sabendo da existência dos Obie Awards: ganhamos um, na temporada de 1971-72), e a portuguesa, com *A barraca*, no Museu de Arte de Lisboa. Feiras, em momentos de perplexidade, são importantes. É bom saber o que os outros pensam!

contra a censura, mas, em casos isolados, sempre alguém achava que o exagero era nosso. Agora, éramos todos nós!

Se exagero havia, era nossa existência, criando: como pode trabalhar um artista em ditadura, se o artista é aquele que, livre, cria o novo, e a ditadura aquela que, fazendo calar, preserva o velho? Arte e ditadura são incompatíveis. Essas duas palavras se odeiam!

No dia da estreia proibida, surgiu o movimento artístico de solidariedade mais belo que já existiu. Artistas de São Paulo decretaram greve geral nos teatros da cidade e foram se juntar a nós. Nunca houve, no país, tamanha concentração de artistas por centímetro quadrado: não faltou ninguém. Vieram até os tímidos.

Cacilda Becker, no palco, com a artística multidão atrás, em nome da dignidade dos artistas brasileiros, assumiu a responsabilidade pela desobediência civil que estávamos proclamando. A *Feira* seria representada desrespeitando a censura, que não seria mais reconhecida por nenhum artista daquele dia em diante.

A classe teatral aboliu a censura!!! Estrondosa ovação: vitória da Arte contra a mediocridade! Vitória da liberdade de expressão. Democracia!

Dia seguinte, chegamos cedo ao teatro, mais cedo chegou a polícia – teatro cercado. Combinamos não recuar – desobediência civil! Desobedecer era dever: obedecíamos ao nosso desejo! Sussurramos aos espectadores que o espetáculo seria feito no Teatro Maria Della Costa, onde estava Fernanda Montenegro. Com sua solidária autorização, invadimos seu espetáculo, revelamos o que estava acontecendo e, como prova de desobediência, cantamos canções proibidas.

O público feliz, com nossa coragem, aplaudiu amigo. Saímos e Fernanda retomou seu espetáculo.

Terceiro dia: todos os teatros de São Paulo cercados, soldados e marinheiros. Nós e espectadores motorizados seguimos para Santo André, Teatro de Alumínio: representamos o texto integral!

Jornais publicavam nossa coragem na primeira página: GUERRILHA TEATRAL! No plano legal, entramos com pedido de habeas corpus.

No quarto dia, os teatros de Santo André cercados. Uma hora antes da hora, nosso advogado veio eufórico gritando que a peça tinha sido provisoriamente liberada pelo juiz! Vitória!

Esse juiz foi, meses mais tarde, preso: fazia parte de uma organização guerrilheira... e ninguém sabia.

A partir daí, fizemos o texto integral e acrescentamos o que bem nos pareceu – censura derrotada, humilhada. Foi quando começaram as agressões físicas, raptos, invasões.

A FEIRA DE TODAS AS VIOLÊNCIAS

A ditadura pintava de legalidade a truculência. Chamava de "Revolução" um sórdido golpe de Estado. A nós, legalistas, nomeava subversivos. Justificavam a censura dizendo-a Lei. Devia ser obedecida, justa ou iníqua.

Com o habeas corpus estavam derrotados no seu campo: o juiz autorizava o espetáculo, sem censura. Podíamos dizer o que nos viesse à cabeça. Respeitemos a lei: digamos o que quisermos. Dissemos.

Legalmente, não podiam fazer nada: começaram ações clandestinas. Uma noite, alvoroçados por gritos e barulhos, subimos as escadas encaracoladas que nos ligava ao teatro de cima e ainda pudemos dar combate e prender um dos agressores: paramilitares haviam invadido *Roda-Viva*, de Chico Buarque, dirigida por José Celso, destruído cenários, espancado atores... Chegou a polícia; ingênuos, a ela entregamos o prisioneiro que, em seguida, recobrou a liberdade.

No nosso teatro jogaram bombas de gás sulfuroso, provocando correrias: porta estreita, multidão compacta. Estudantes vieram servir de segurança. Todos os dias, cinquenta ou mais: revistavam espectadores à entrada. Davam segurança... em troca de assistir ao espetáculo de graça. Vieram faculdades inteiras.

No Arena, raptaram Norma Bengell, ao sair de cena. Dias depois, foi libertada no Rio de Janeiro – havia sido sequestrada pelo Exército. A partir desse dia, Norma só saía à rua para ir do hotel ao teatro, acompanhada por dois seguranças de elite: Maurício Segall e eu. A mão no bolso da japona, dedo no gatilho. Detalhe:

nenhum de nós era doutor em pontaria. Teria sido um desastre se tivéssemos sido abordados: nossos próprios pés correriam riscos.

Capítulo armas: depois de *Roda-Viva*, o elenco da *Feira* passou a acrescentar um aquecimento a mais, antes de entrar em cena: tiro ao alvo. Já que estávamos armados, melhor aprender a usar nossas armas.

Em cena, atores trabalhavam com o dedo no gatilho – literalmente!!! Um dia, apareceu no teatro um fuzil, vindo não se sabe de onde. Quem tinha a melhor pontaria herdou o fuzil. Não era paranoia, juro! Era trágico: na *commedia dell'arte*, atores usavam máscaras para se esconderem da polícia – nós usávamos revólveres! Em que outro país, em que outra época, terá acontecido coisa igual? Confesso: duvido.

Quando se aproxima o fim do espetáculo, é normal que os atores se preparem para os aplausos. Nós, nervosos, nos preparávamos para a invasão: dois estudantes ficavam de cada lado do palco, olhando a plateia, o braço pra dentro, nós em linha frontal, revólveres e fuzil apontados para a sala. Os estudantes tinham ordem de fazer sinal com o braço, caso espectadores avançassem armados contra a cena. Seria o momento de levantar o pano, apontar armas... e fosse o que Deus quisesse. Graças a Deus, não quis, Deus sabe o que faz.

Loucura! Como interpretar personagens com tanto perigo e medo? Quando a *Feira* foi para o Rio de Janeiro, pessoas na plateia, assustadas com um objeto rolante pelo chão, deram gritos, provocando a interrupção do espetáculo na estreia, luzes acendidas. Fomos ver: uma granada tinha sido atirada contra o palco.

Felizmente, *made in Brazil*, não explodiu... mas imaginem se fosse tchecoslovaca?!

A granada foi fotografada e a foto, divulgada pelos jornais com a face que expunha seu número e origem: a Marinha Nacional. "Qual cisne branco, em noite de lua..."

GUERRA E GUERRILHA: 1968

Greve geral na França, *A imaginação no poder*, *Sob os paralelepípedos, a praia!*, *É proibido proibir*! Explosões estudantis, inclusive no Brasil, onde estudantes foram assassinados; um deles, Edson Luís, no restaurante universitário do Rio, pedindo melhor comida, em março daquele ano, bem antes do maio francês e do mexicano.

Nossa perplexidade se mostrava na variedade disparatada de peças e shows: *O comportamento sexual do homem e da mulher, segundo Ary Toledo*, *A praça é do povo*, com Sérgio Ricardo, *MacBird* (Barbara Garson parodiava Lyndon Johnson e atacava a Guerra do Vietnã). A *Feira* no Rio.

A perplexidade não era só nossa: José Celso convidou o Living Theatre, de Julian Beck e Judith Malina, para uma experiência conjunta – veio o elenco inteiro e, durante um ano, discutiram como seria possível um trabalho conjunto e concluíram que o único trabalho conjunto que poderiam fazer era discutir, em conjunto, porque era impossível fazer trabalho conjunto. Chegaram, conjuntamente, à conclusão de que era melhor não fazer nada... em conjunto. O Living deixou marcas.

HEGEL, MEU TIO

A intensa preocupação com ética na nossa estética nos martirizava. Buscávamos o Belo, sim, Hegel, meu tio, queríamos o Belo, tanto quanto você, pode crer. Mas não podíamos ficar calados diante dos crimes da ditadura: além de inventar os sequestros (hoje praticados por grupos marginais – essa invenção é dos militares, os primeiros sequestradores, que ensinaram o know-how aos atuais delinquentes!), a ditadura acabava com os direitos trabalhistas, aumentava a dívida externa e interna, aplicava, vassala, receitas do capital especulador. Entregava-se, subserviente – como ainda hoje se entrega o governo eleito! – ao FMI. Alienava-se a pátria – e tudo hoje continua igual.

Que fazer? No teatro, resposta difícil. Fora dele, a atração da guerrilha. Guerrilheiros começaram a pensar, oniricamente, que bastaria um foco e a população organizaria focos maiores e, de foco em foco, a guerrilha se converteria em guerra nacional. Se a primeira Independência tinha sido modesta às margens do riacho Ipiranga, essa, sim, seria proclamada na colossal pororoca das águas do Amazonas combatendo o Atlântico.

Foi assim, sonhando, que muitos líderes foram mortos. O desejo de liberdade era tão grande, sincero, que não podiam ver os perigos dos rios, a inclemência da natureza, o poder de fogo do inimigo fardado.

Torturados, assassinados a sangue-frio. Mortos em combate, diziam as Forças Armadas. 1968 foi o começo. O pior viria.

CAPÍTULO 21
NAVEGANDO PELO MUNDO, BUSCANDO PORTO SEGURO, ENCONTREI A PRISÃO A CAMINHO DE CASA

A *Feira* teve impacto na classe teatral. Cada um, vendo a coragem alheia, tornava-se valente. Na França, estudantes acreditavam que fariam a Revolução Francesa duzentos anos depois – bastaria a greve geral. No México, estudantes acreditavam que derrubariam o meio secular domínio do PRI, contraditoriamente chamado Partido Revolucionário Institucional!!! Nós acreditávamos que a classe teatral proclamaria a nova Independência ou Morte: faltava o cavalo branco, a espada e o córrego.

Cacilda! Impossível esquecer sua figura frágil, voz trêmula, palavras claras: desobediência civil. Cacilda proclamou? Obedeçamos a Cacilda! Todas as noites, a classe se reunia em assembleias eufóricas. Sem sermos nomeados, Antônio Pedro e eu nos revezávamos na presidência. Representávamos o Arena e *Roda-Viva*, visados pela repressão.

Nunca vi nada parecido: a classe conversando noite adentro. Como evitar invasões, raptos? Como se proteger de bombas lacrimogêneas, que tipo de bicarbonato no lenço? Que fazer com espiões infiltrados nas nossas hostes guerreiras? Como evitar ataques da cavalaria inimiga? Seria ético com cavalos jogarmos bolinhas de gude para que tropeçassem, correndo o risco de serem sacrificados – cavalo de perna quebrada, mata-se!

Alguns diziam pelo não: animal não tem ideologia, faz o que

mandam, é inocente. Outros, sim: cavalo tem ideologia, claro, cachorro pitbull é pior, reacionário. Vejam como cavalo, erradamente do ponto de vista ético, toma o partido do toureiro contra o chifrudo. Animais deveriam se aliar a outros animais, não aos humanos. Cachorros policiais mordem quem não usa uniforme! Respeitam até mata-mosquitos e porteiro de cinema: roupa civil, passam o dente, aprofundam. Sentença: do ponto de vista político, ser animal não é atenuante! Bola de gude no chão e arame farpado nas veias!

Esse raciocínio iluminava a fúria antiecologista: "Arame farpado e bolinhas de gude na rua para que os cavalos paguem pelos seus crimes é dever cívico, demonstração de patriotismo! O animal montado ajuda o animal montante a nos dar de cassetete: receba o justo castigo!".

Além de temas bélicos, assembleias questionavam o repertório certo para a situação incerta. Que peças fazer na entressafra de golpes, que prenunciava golpe iminente?

Brasileiro gosta de comemorar o gol antes de bater o pênalti – é sabido. Decepciona-se com frequência. Muitos de nós achavam que venceríamos, apesar do golpe em gestação; já comemoravam a nova independência: abolida a censura, só nos faltava fazer a reforma agrária e decretar a moratória da dívida externa... Bastaria que a Cacilda quisesse, ela que decretara a desobediência, qual Gandhi redivivo...

Bastaria que proclamássemos nossa desobediência a dom João III, que, no século XVI, doou capitanias hereditárias a latifundiários sem caráter! Desobediência contra agiotas internacionais, aves de rapina. Fácil. Só querer. Faltava bater o pênalti. Botar o sino no pescoço do gato!

Não nos dávamos conta de que essa guerrilha teatral nos isolava do *povo* operário e camponês que tanto havíamos buscado: a necessidade de nos defendermos nos afastava deles. Estávamos encurralados, nós e nossa plateia, classe média como nós.

Atores interioranos, que nunca tinham ouvido falar de Molière, começaram a aparecer nos teatros, na Maria Antônia,[1] em filas de cinema, mesas de bares. Gostavam de ouvir, fazer per-

1 Hoje Centro Universitário Mariantonia, que abrigou a Faculdade de Filosofia da Universidade de São Paulo.

guntas; nada sobre Sófocles, mas sobre amizades. Alguns de nós desconfiavam: seriam atores esses barbudos que nunca tinham ouvido falar em Shakespeare?

Conspirava-se a granel. Nunca se viu clandestinidade tão às claras, extrovertida! Clima de guerrilha: quem não era de direita, era, *ipso facto*, guerrilheiro. Exagero... só mais ou menos.

No fim de uma daquelas permanentes assembleias, Ítala Nandi e eu fomos os últimos a sair do teatro, entretidos que estávamos conversando política. Entramos em um táxi e vimos que um carro nos seguia. Pedimos ao motorista que desse curvas e voltasse ao mesmo lugar – se continuassem atrás de nós, evidente que nos seguiam. Seguiam. Pedimos ao motorista que nos levasse ao Gigetto. Artistas vieram à porta do restaurante e o carro cinza desapareceu: naqueles bons tempos ainda tinham medo de nós. Depois, perderam o medo; cresceu o nosso.

As assembleias discutiam o tema da censura. Senhoras de salto alto se assustavam. Uma delas, muito rica, assistiu, por inadvertência, *Roda-Viva*. Haviam-lhe dito que um dos personagens centrais era a Virgem Maria e ela era apaixonada pela Virgem, fanática! Só que não lhe haviam contado que se tratava de virgem de programa de auditório, chacrinesca.

Como, além dos saltos altos, era católica e deputada estadual, fez escândalo arquidiocesano!!! Políticos se assustaram com seu tremelibundo susto. Jornalistas se assustaram com o susto dos políticos assustadiços e a TV Tupi, assustadíssima, promoveu mesa-redonda com políticos e artistas. Objetivo: esmagar os artistas diante da Opinião Pública!

Escolhemos nossos debatedores: o impetuoso Plínio Marcos, ponta de lança; o maduro e responsável Fernando Torres, dominando a grande área; e eu, fazendo a ligação, podendo me deslocar para a defesa ou o ataque. Time equilibrado. Deles, só me lembro de dona Conceição, ferrenha. Havia mais dois, mas não se notavam – ela bastava.

Ganhamos com gols de placa. Um deles, maravilhoso, aconteceu quando Fernando falava do Belo Escatológico da Roma cesárea, das farsas profanas dos anos mil que punham em dúvida a virgindade divina, da literatura medieval pornográfica, quando dona Conceição, horrorizada, gritou ferocíssima: "Está vendo, está vendo? E tudo isso foi dar em quê? Em quê? Foi acabar em quê toda essa pornografia???".

"No Renascimento, minha senhora, no Renascimento...", respondeu Fernando Torres, suave como só ele sabia ser, carinhoso. Dona Conceição – perdoem, mas esta cafonice eu tenho que escrever, não me contenho, não me segurem! –, dona Conceição lançou dardos letais com o seu olhar mortífero!!!

Ela decolava, levitava, gritava apoplética, dava socos na mesa. Ninguém podia falar, não deixava. Os copos d'água mineral tremiam, garrafas de plástico despencavam! A gente levantava o dedo, pedindo a palavra, e recebia rajadas de gritos medonhos e baforadas de cuspe.

Dona Conceição cuspia – não conseguia dizer duas ou três palavras sem cuspezinho voador. Delicadamente, nós nos protegíamos com lenços desfraldados. Aproveitei o microfone aberto e comecei a irradiar a atuação de dona Ceição. O diretor de TV, Luiz Gallon, além de pessoa sensata, excelente artista, começou a brincar com as imagens dela, sob todos os ângulos, e com a minha irradiação: em casa, os telespectadores apenas ouviam minha voz – não a dela! –, comentando os trejeitos agressivos e destemperados da deputada, o cuspe voador, o punho cerrado, o copo d'água entornado. O efeito, obra de arte.

Em linguagem futebolística, demos um banho.

Interesses políticos são políticos. Jornais, nas entrelinhas, relatavam nossa contundente vitória naquele debate memorável; nas manchetes, atacavam nossos excessos; diziam que confundíamos liberdade com libertinagem...

Tudo que acontecia na imprensa repercutia em nossas assembleias. Um escritor, que jamais tinha sido premiado, propôs que devolvêssemos os prêmios que havíamos recebido de um jornal paulistano. Tratava-se de prêmio prestigioso, o Saci, espécie de Oscar, Tony ou Obie nativo. Devolver representava tapa na cara do jornal, mas causaria também certa dor nostálgica nos premiados.

Eu, por exemplo, que não corro atrás de prêmios, embora os tenha recebido com estimulante frequência, não queria devolver os meus – eram meus, ora! A maioria dos assembleístas, não premiada, gritava ensandecida, pedindo que as lindas estatuetas de Brecheret fossem jogadas no chão do hall do jornal. Bofetada e pontapé.

Antônio Pedro e eu nos manifestamos contra a devolução. Devolver deveria ser decisão pessoal de cada premiado. A assembleia não tinha o direito de propor que alguns, para desagravo de todos, se desfizessem dos seus prêmios. Mais: estávamos em guerra contra a censura e contra os políticos reacionários. Para que abrir novo front[2] contra um dos mais influentes jornais do país?

Quem jamais tinha sido premiado continuou gritando exigências. Antônio Pedro convocou nova assembleia para o dia seguinte com a presença maciça dos premiados, candidatos à renúncia. Dia seguinte: o Maracanã seria apertado.

Às quatro e meia da manhã, ninguém tinha ido embora. Eu rouco, afônico, Antônio Pedro na presidência, fez-se a votação: ganhou o bota-fora!

O jornal foi tomado pela polícia. Chegamos, cada premiado com seus prêmios, eu com minhas duas estatuazinhas tão bonitinhas. Não nos deixaram entrar. Decidiu a maioria que jogássemos as estátuas nos jardins do jornal.

O dono do jornal, mal informado, pensou que tivesse sido eu o instigador da devolução: ordenou que meu nome não fosse nunca mais publicado, inteiro, em seu jornal. Passei a me assinar minúsculo "aboal". Hoje, são águas passadas. Na época, aboal me doeu. A proibição do nome durou décadas: sobrevivi. Hoje meu nome sai inteiro.[3]

NAVEGAR É INEVITÁVEL!

O cerco apertava. Fui convidado, por uma organização clandestina, a visitar Cuba. Sonho. Embarque: 14 de dezembro de 1968. Dia 13, à noite, Costa e Silva, verdugo de turno, promul-

---

2 Ao empresário Sebastião Camargo se atribui a frase "Só os bobos brigam!". Tem razão em parte: só os bobos brigam brigas inúteis!!!

3 Soube depois que a maioria dos premiados pôde reaver suas estátuas, passada a ressaca; se alguém souber por onde andam as minhas, por favor, informe...

gou o Ato Institucional nº 5 – liberdades civis suspensas. Fascistas mostravam a cara. Fascista: poder nas mãos de um punhado de pulhas, poder do *fascio*. Aconteceu no Brasil.

Quem era Costa e Silva? O anedotário popular dizia que usava óculos pretos para não comer a farda verde – tentação irresistível. Dizia-se que, quando ouvia no quartel a convocação para "o grosso da tropa", ele se apresentava, patriótico – sentia que era para si só a convocação. No avião, voando, ouviu a explicação da aeromoça de que voavam a 10 mil metros de altura. Revelou espanto: "Eu sabia que o Brasil era grande, mas não imaginava que fosse tão alto...".

Sob seu reinado começaram as torturas sistemáticas.

Viajei para Havana na noite seguinte ao quinto ato. Outra vez ouvi o silêncio, no meio da algazarra do aeroporto. Silêncio barulhento – fazia-se em torno de mim, no meio da gritaria. Eu me perguntava: "Será que alguém desconfia? Meu destino, Cuba, estará no meu rosto?". Achava que sim.

Dentro da bagunça sonora, empurrões, eu evitava ouvir a voz de prisão. Como Josef K., sentia que seria preso. Os militares estariam ouvindo meus pensamentos? Eu não conseguia calar indignações! Tinha certeza de que meu ódio à prepotência falava alto, mesmo se a boca calava.

Embarquei para Paris, a quem fui apresentado no dia 15 de dezembro de 1968, manhã fria, escura. Amor à primeira vista: gostamos um do outro. Lá, passei dias bebendo *bourgogne rouge* contra o frio, comendo compridos sanduíches de *gruyère*, encontrando exilados, sentindo a alegria do pluralismo: nas bancas, jornais da direita à esquerda. Comprei *Classe Ouvrière* e fui visitar Émile Copfermann, crítico de teatro, um dos diretores de Maspero, meu primeiro editor francês.

Com Émile, que se tornou fraterno amigo, falei da minha admiração pela liberdade de expressão na França: livros de todos autores, mesmo extremistas, músicas revolucionárias, *Gallo negro, gallo rojo*,[4] conversas de esquina – tudo permitido. Émile, delicado, me aconselhou a não exibir meu jornal – a total liberdade era aparente.

---

4 Hino revolucionário espanhol.

Embarquei pra Roma, telefonei ao consulado cubano, dizendo cheguei. Tudo combinado: deram-me apenas o local do encontro, rua tal, esquina tal, meio-dia. Nem um minuto mais cedo, nem dois mais tarde – horário sueco, ao meu gosto: em ponto. Eu deveria chegar às doze badaladas, fingir que ia cruzar a rua, sem cruzar: alguém me perguntaria as horas. Minha resposta seria: "Meu nome é João".

Morri de vergonha, sentindo-me personagem de filme de espionagem ou suspense, um Hitchcock qualquer.

Meio-dia, fingi que ia atravessar a rua, a mão de um transeunte bateu no meu ombro: "*Per favore...*". Claro que eu me chamava João: era, em ponto, meio-dia. Fomos a um bar, entreguei-lhe uma nota de cem cruzeiros, quantia insignificante. Meu recente amigo conferiu o número da cédula com o que tinha no bolso, bateu certo, e me entregou o bilhete de avião para Praga, no dia seguinte.

Em Praga, do lado de dentro do aeroporto, mudei de nome, identidade, endereço, filiação, passaporte: era outro, verdadeiro Homem Novo. Devia passar a noite no Hotel Intercontinental. Não deveria falar com ninguém – não havia perigo: eram tchecos. Caía neve – desde que saíra dos Estados Unidos, catorze anos antes, nunca mais havia visto neve. Queria conhecer a cidade, mas o frio cortava nariz e orelha.

Tomei um bonde e fui até o fim da linha. O frio mordia e eu queria voltar para o hotel no mesmo bonde. Veio o condutor e insistiu: eu tinha que saltar. Com gestos, expliquei que não estava acostumado ao frio, sou carioca. Ele mostrou, gesticulando, que eu deveria descer e tomar o mesmo bonde, cem metros adiante. Com gestos claramente pronunciados para que não houvesse dúvida, expliquei que isso seria prova da mais estúpida burocracia: pra que descer, no frio, subir e sentar no mesmo banco, se já estava nele sentado? Ele explicou que ordens não se discutem.

Caminhei cem metros, o bonde avançou os mesmos cem, tornei a sentar no mesmo banco, o condutor sorriu, satisfeita sua autoridade. Meu primeiro contato com a burocracia leste-europeia não foi engraçado.

Voltei pro hotel: o circuito turístico de bonde foi tudo que conheci de Praga. Pra me recuperar da discussão gestual, entrei no bar. Todos tomavam cerveja – pedi também. Com gestos, expliquei: estupidamente gelada. O garçom, de mau humor, disse não. Mostrei dinheiro. Ele me mostrou a porta. Até hoje, não entendi por que todo mundo podia beber cerveja e eu, não. Até hoje, ficou-me a sede da cerveja tcheca. Um dia ainda voltarei lá, nem que seja só pra matar a sede que me ficou na garganta! Juro que ainda hei de tomar uma cerveja tcheca em Praga! No verão.

De Praga, uma praga: o aviãozinho roncador da Cubana de Aviación, anêmico remanescente ferido da Revolução Soviética. Vejam o trajeto: Praga-Shannon, na Irlanda; Shannon-Halifax, no Canadá; Halifax-Havana. Mais de trinta horas, com paradas pra encher o tanque e tapar fissuras com esparadrapo. Não exagero: juro que vi esparadrapo no avião! Bloqueio é nisso que dá! Heroísmo: esparadrapo no avião!

Ver Fidel na praça da Revolução, sete horas sem intervalo, explicando economia ao povo, foi fantástico. Como são belas e simples as coisas simples e belas! Fidel explicando, a gente entendendo.

É claro que a economia mundial é complexa. Mesmo assim, podemos entender: a questão é saber explicar. Astronomia é das ciências mais complexas, mas certas certezas são fáceis de acertar: sei que o sol se levantará de manhã e o ocaso será no fim do dia – jamais ao contrário. Usando-se duas laranjas fica claro. Com limão galego pode-se compreender a astronomia.

Fidel explicava com palavras simples e, quando falava difícil, explicava a palavra, que se tornava simples. Qualquer palavra, quando entendida, é simples. Até mesmo a minha velha amiga *flabbergasted*. Simplicidade pura! *Verfremdungseffekt*, então, facílimo – é só olhar a cara do palhaço Piolim.

Vi em Fidel – sua voz, seu gesto – seu amor às palavras: Fidel amava seus interlocutores, o povo cubano. A palavra era esse amor que aos dois unia. Seu discurso era ato de amor. Retribuído.

TEMPORADA EM NOVA YORK

Depois de um mês cubano, teatros, passeios, muito *malecón*, voltei. Pouca gente ficou sabendo o que fui fazer na Europa, menos ainda em Cuba – só a gente necessária. E outros desnecessários...

Censura, caninos à solta. Nenhum censor ousaria descontentar senhoras de salto alto. Beco sem saída.

Por feliz coincidência, Richard Schechner, professor da Universidade de Nova York, diretor do Performance Group e de *The Drama Review*, chegou ao Brasil, acompanhado de Joanne Pottlitzer, do Theatre of Latin America. Schechner pensava consagrar uma edição da sua revista ao teatro latino-americano, um ano mais tarde.

Schechner e eu ficamos velhos amigos desde o primeiro dia. Joanne convidou *Zumbi* para temporada em Nova York. Agosto de 1969, o Arena embarcou com camisas coloridas, violão, tambores e flauta.

Saint Clement's Church. A temporada de uma semana virou mês, a igreja arquissuperlotadérrima. O *New York Times* publicou crítica elogiosa na madrugada seguinte à estreia – era engraçado o telefone: mal caía no gancho, saltava alegre, tocando outra vez.

Quando jantávamos, Antônio Pedro, Lima Duarte e eu, no Joe Allen's, decidíamos economizar na comida e pedíamos, os três, chili com carne, 99 centavos a cuia. Nossa diária era onze dólares. Pra beber? Bem... Châteauneuf-du-Pape – e lá se iam dólares pela goela abaixo.

Jornais exaltaram o espetáculo; convites choveram. Um empresário mexicano, Manolo, leu as críticas e decidiu nos convidar para uma turnê mexicana. Não tivemos culpa: convidou sem ver...

Voltamos ao Brasil e preparamos longa excursão. O cerco apertava, queríamos contatos no estrangeiro. A solidariedade internacional poderia ser útil, em casos de repressão. Ditadores têm vergonha do que fazem: denunciados, diminuem seus malefícios. Denunciem sempre!

O INESQUECÍVEL SEÑOR QUEZADA

A viagem ao México foi desastre; Estados Unidos, tragédia!!! Do ponto de vista artístico, êxito inenarrável.

Comecemos pelo desastre: Manolo, empresário comercial, queria só espetáculos recomendáveis para senhoritas da matinê das quintas-feiras. Lendo as críticas – sem ver o espetáculo –, extasiou-se e nos contratou sem saber o que estava contratando. Com *Zumbi* levamos *Bolívar*, texto meu, música de Theo de Barros.

Zumbi estreou no Palacio de las Bellas Artes, 1500 lugares lotados, decotes, black-ties, meninas com fitas rosas nos loiros cabelos. Na plateia mexicana ninguém tinha cara asteca, maia, oaxaca, chichimeca – Bélgica pura! Nossa peça era inadequada a tais elegâncias... Além do texto virulento, mostrava cenas de dúbia moralidade: Lima, o destruidor capitão Don Ayres, fazia gestos orgásmicos, a mão tocando o sexo, rítmica. Não era espetáculo para meninas loiras, fitas nos cabelos, não era... O *New York Times* havia gostado; os pais das meninas, não, nada!

Da nossa parte, não houve provocação: mostramos o espetáculo de Saint Clement's. Manolo contratou o que não viu.

Casais saíam indignados, falando alto. Meninas puxadas por pais enfurecidos, olhando pra trás, curiosas. O núncio apostólico, portador de três pontes de safena, quase teve a síncope definitiva. Militares vociferavam. Senhoras idosas tropeçavam no tapete e... o sr. Manolo, lívido de espanto, desmaiou.

Manolo resolveu retirar anúncios que havia mandado publicar. O espetáculo continuou, clandestino. A Cidade do México fica a dois quilômetros de altura: atores se cansavam e, como diretor artístico, tudo o que eu fazia era ficar com a bomba de oxigênio em posição de sentido: cada ator que saía de cena vinha direto para a minha bomba solícita e eu a pespegava no seu nariz. O ator respirava fundo e voltava para o rarefeito ar do palco.

Depois da capital, excursão pelo país – Manolo honrou seu contrato. Nomeou o inesquecível *señor* Quezada para nos acompanhar.

Puebla, San Luis Potosí, Guadalajara, cidades iam passando, fazíamos espetáculos para vinte espectadores – nem os funcionários do teatro eram advertidos da nossa chegada. Cartazes, nós os desenhávamos e colávamos na fachada dos teatros. Íamos pelas ruas anunciando nossa chegada. Teatros desolados, desabitados... Quando, por sorte, representávamos em cidades de estudantes, como Guanajuato, lotávamos repletos. Quando não, tristeza.

O *señor* Quezada pedia, carinhoso: "*Por favor, hoy hay muchas niñas en el público. Modere sus pelotitas...*".

Lima atendia ao pedido e, naquele dia, os orgasmos eram menos rítmicos, mais silenciosos. Um dia, Quezada pedia menos empenho nas *pelotas* porque viria ver o espetáculo uma velha amiga do *señor* Manolo, que continuava acamado, depois do desmaio da estreia. Outro dia, porque viria o bispo. Em outras ocasiões, as *pelotas* estavam liberadas. Antes de cada função, Lima perguntava: "*Señor Quezada, hoy será con pelotas o sin pelotas?*".

De acordo com a assistência, Quezada dava as indicações. Último espetáculo da última cidade: Lima perguntou e Quezada respondeu: "*Hoy es la última función: hágalo con todas las pelotas que quiera...*".

Nem só com *pelotas* fez-se a viagem. Amores, romances. Em Morelia, encontramos toureiro cigano, moreno. Detalhe impressionante: o pé direito rachado em dois por um animal valente. Toureiro, mesmo de pé inteiro, já exerce certa atração sobre as mulheres – não sei por quê, mas é assim. Imagine toureiro cigano com pé dilacerado, muletas: irresistível. Isabel Ribeiro apaixonou-se. Quando chegamos a Lima, no Peru, fim da viagem, Isabel me perguntou se poderia trocar o bilhete de volta, Lima-Rio, por outra ida, Lima-México. Isabel casou-se com o toureiro mexicano de pé cortado. Perdemos excelente atriz, ganhou o teatro mexicano.

Além de amores, ódios. Todas as manhãs, no hotel, belíssimas varandas de flores dando para o *corralón*, nessa mesma Morelia, colonial espanhola, às quatro da madrugada éramos acordados por um hóspede louco que, com sua corneta, explodia o toque de alvorada. De pijama, na varanda, protestávamos contra o músico militar, que se escondia antes que chegássemos. O mais furioso era Renato Consorte, maravilhoso ator, esbravejando contra a alvorada, reclamando ao porteiro e ao gerente. Odiávamos o cornetista. Quem mais o odiava era o Renato Consorte.

Até que um dia decidimos acordar antes das quatro, esperando surpreender o corneteiro implacável. Às quatro em ponto, apareceu. Imaginem quem era? Acertaram: Renato Consorte!

Era o jeito do Renato. Perdoávamos suas graças. Até Zé Bicão e Hélio Ary perdoaram, tenho certeza. Os dois dividiam o mesmo quarto com Renato. Uma madrugada, Zé Bicão e Hélio sobressaltaram-se na cama, acordados pelo barulho infernal de uma orquestra de *mariachis*, largos chapéus de aba, cantando "La cucaracha" e outras pérolas mexicanas. Perdoaram Renato, não a música!

Renato tinha um acidente trágico em sua história: havia caído com um avião na rota São Paulo-Rio. Foi um dos dois únicos sobreviventes. Durante seis meses, esteve internado em hospital, amplas queimaduras de todos os graus, perna suspensa, braços também.

Depois de seis meses estava melhor, deslocando-se em cadeira de rodas. Os médicos, à noite, tinham o hábito de subir uma ladeira, ao lado do hospital, pra beber cachaça no botequim, mais acima. Renato, sentindo-se melhor, certa noite pediu para acompanhá-los. Depois da natural hesitação, os médicos subiram a ladeira, empurrando Renato em sua cadeira de rodas. No botequim, os esculápios beberam além da dose confiável. Resultado: o médico que o conduzia gesticulou com mais veemência e a cadeira de rodas rolou ribanceira abaixo em alta velocidade; Renato, o passageiro, arrebentou-se no muro. Mais seis meses no hospital, remendando os frescos ossos fraturados...

ESTREIA NÃO DESEJADA

Do México, fomos pra Califórnia, Berkeley, e seguimos com teatros cheios, aplausos, alegria. Ohio, tragédia.

Tudo ia da melhor maneira possível no melhor dos mundos imagináveis, quando tivemos que participar, braços cruzados, de uma estreia desastrosa: os Correios dos Estados Unidos, que nunca na sua longa história haviam parado sequer um dia, cujo lema anuncia orgulhoso que nem terremotos, maremotos, neves ou tempestades são capazes de interromper o seu trabalho, fizeram sua primeira e, até hoje, única greve geral.

Sem mala direta, universidades cancelaram nossas apresentações. Estávamos em um hotel de bangalôs. Nevava todas as tardes. Jogávamos futebol na neve – garrafas de conhaque ajudando a combater o frio.

Comíamos à farta pensando que o ragu estava incluído no contrato: coquetéis de camarão, lagosta, Châteauneuf-du-Pape... Não estava: o contrato omisso, a comida por nossa conta. Gastamos o lucro da temporada. Voltamos gordos.

Joseph Papp, solidário, ofereceu quase de graça uma de suas salas em Nova York, no Public Theatre. Foi o que nos salvou. Passamos pelo Peru antes de voltar.

Retorno, angústia. Eu não queria viver lá fora; impossível viver aqui. Lá, poderíamos fazer bom teatro e já seria muito. No Brasil, impossível esquecer o povo massacrado, fechar os olhos. Quem, no Brasil, nos anos 1970, poderia pensar em metafísica? Metafísica tem hora!

Alguns se meteram na luta armada, desapareceram. No Arena e em outros teatros, tentava-se resistir. Cada qual ao seu modo.

É difícil enfrentar, com cenários, tanques; com figurinos, fuzis. Perdemos.

NÚCLEO DOIS

Cecilia Thumin e Heleny Guariba organizaram um Curso de Interpretação em 1970. Dezembro, alunos (Celso Frateschi, Denise del Vecchio, Dulce Muniz e outros) decidiram continuar.

Veio-me à cabeça antiga ideia que eu havia desenvolvido com Vianninha, mas nunca realizado: espetáculos diários com jornais da manhã. Nossa ideia era ler os matutinos, selecionar matéria teatralizável, ensaiá-la à tarde e representar, cada noite, espetáculo diferente.

Trabalhamos semanas com Marcos Weinstock, cenógrafo, e Mario Masetti, músico. Estreamos em setembro, teatrinho minúsculo, setenta lugares apertados, ao qual chamamos Areninha, no segundo andar do Arenão! Sábato Magaldi escreveu: nosso espetáculo era um exercício de liberdade – em plena ditadura, prisões, torturas, mortes. Coragem nossa... e dele!

Teatro-Jornal: primeira edição mostrava a grupos organizados de paroquianos, estudantes, moradores de bairro, como fazer teatro para eles mesmos, usando as doze técnicas do Teatro-Jornal.

Queríamos oferecer aos nossos espectadores não o produto acabado, mas os meios de produção. Em Santo André, o Teatro do Oprimido foi fecundado: aqui, o embrião tomava corpo.

Confessávamos que não sabíamos o que dizer, não queríamos

aconselhar caminhos que desconhecíamos. Mas não renunciávamos a fazer teatro. Eles que fizessem também. Oferecíamos nosso saber. Se não sabíamos o que dizer, *sabíamos ensinar a dizer*.

A liberdade perdida: não os sonhos. As peças que queríamos montar estavam proibidas. Havíamos perdido tudo: peças, teatro censurado, subvenções, figurinos, tudo. Menos nossos sonhos.

Entre nós e nossos espectadores não havia diferença, agora que não tínhamos nada que nos vestisse de artistas: éramos cidadãos, humanos. Podíamos – nós e eles – fazer teatro. Oferecíamos nosso saber, pedíamos o deles. Troca.

O Teatro do Oprimido nasceu na nudez, simplicidade.

Começamos a formar grupos de Teatro-Jornal, mais de trinta. Representávamos em qualquer lugar, longe da polícia: atrás da igreja, na sala de anatomia da faculdade de medicina – o cheiro insuportável do formol afastava militares –, em casa de operário, padre ou professor... Onde quer que fosse, seria. Escrevíamos nossos espetáculos e, duas horas depois, estavam prontos para a plateia. Teatro instantâneo, fulminante.

Nosso sonho era propagar as técnicas para que todos pudessem fazer teatro, usar essa linguagem tão rica para pensar o que fazer.

ARTURO UI E AS MILANESAS

Mesmo trabalhando com o Núcleo Dois, formando grupos de Teatro-Jornal por toda parte, tínhamos que continuar o Arenão. Falar do nosso tempo. Nada melhor que *A resistível ascensão de Arturo Ui*, Brecht: mostrava que a ascensão do fascismo que nos avassalava era resistível. O ditador de plantão chamava-se Garrastazu, um Médici conhecido como o das Mortes: era nosso dever ético combatê-lo.

Guarnieri voltou no papel de Adolfo-Arturo. Antônio Pedro fez vários personagens. Weinstock fez a cenografia, em ferro: botas batiam duras, soava o som sinistro do fascismo. O cerco aumentava, em cena e fora dela!

A Associação Argentina de Atores fez festival em Buenos Aires. Convidados, levamos *Zumbi* – ao invés de uma só representação, ficou mês e meio em cena, passando pelo Uruguai... Levamos também o *Teatro-Jornal,* que ajudou na formação de grupos locais.

Voltamos a São Paulo, novo convite: Festival de Nancy. Começava nossa internacionalização. Protetora.

Para Nancy, reensaiávamos *Bolívar*. Trabalhávamos dia e noite. Angústia. O cerco apertava, tenaz torquês. Perigo.

Acabado o ensaio, Cecilia me telefonou. As milanesas estavam cheirosas. Fui pisando em ruas molhadas. Fazia escuro e chovia – três homens armados saíram de um fusca. Dois, reconheci: interioranos que nunca tinham ouvido falar de Eurípides. Torcendo meu braço, perguntaram se ia ser necessário me algemar ou se eu iria por bem.

Não tive escolha: foi sequestro. Eu estava preso.

CAPÍTULO 22

PRISÃO E CADEIA: A LIBERDADE DE PROMETEU

PRISÃO

Janelas tinham grades. Mesas, metralhadoras. Homens, armas. Caras, carrancas. Palavra: ódio. Interrogatório, rotina. Respondi a perguntas diferentes com palavras iguais; empobreceu-se meu vocabulário: não!, não fui eu, não conheço, não vi, não sei, não me disseram, nunca soube de nada, não! Não sei onde foi, onde fica, não sei quem vem, quem vai, não sei sim nem sei não, não sei se... Claro que não.

Conhece? Já viu mais gordo? Esteve na passeata? Não? Procure lembrar: quem estava? Não foi a tal lugar: não importa, descreva? Não ouviu conversa? Diga sobre o que conversaram?

Iam me soltar: eu pré-cheirava milanesas. Não querendo assumir responsabilidades, o subchefete telefonou ao superchefão drogado: feliz, mandou que me hospedassem por uma noite. Queria falar comigo. Eu quis telefonar. Não! Afinal, uma noite só... raciocínio embrutecido do brutamontes.

O carcereiro veio tranquilo, cantando música romântica de Roberto Carlos. Guardou o que eu tinha nos bolsos, depois de esvaziá-los: dinheiro, chaves, lenço e documentos. Eu tinha tudo.

No corredor, portas trancavam celas coletivas, rostos sofridos; espiando dentro, corpos deitados.[1] No fundo, outra porta dava para um corredor curto ligando quatro celas para presos solitários. Segurança máxima. Eu não era perigoso; a cela, sim, feita para prisioneiros imponentes: grades grossas, inventadas para guerrilheiros medonhos. Fiquei trancado.

Sempre que digo "portas", entenda-se de ferro, pesadas, rangendo! Sempre que digo "celas", entenda-se gente amontoada, triste. Sempre que digo "triste", entenda-se tristeza extrema, sensação de morte.

A cela que me hospedou – fiquei só! – estava no ângulo reto: através de janelinhas – a minha e a do corredor –, via o longo caminho; imaginava o curto, à direita. Tinha dois passos apressados de comprida, menos de dois tímidos de largura. Pia e latrina, rato no ralo. O silêncio, diferente dessa estreiteza, era amplo, imenso, infinito. Pela terceira vez, ouvi silêncio, gritado: ali se berrava sem som, cinema emudecido. Queria som verdade, real ruído, e me assustavam barulhos silenciosos que escutava sem ouvir: joguei o sapato no chão, vi e ouvi. Joguei sapato no teto, dei soco na parede, pontapé no catre, raiva silenciosa. Doeu. Através das paredes grossas imaginei gemidos torturados.

Torturados à vera, gemiam: longe, eu não ouvia. Escutava a imaginação imaginando gritos – gritos que existiam, no terceiro andar. Gritos havidos e por haver. Mais haveria. Meus também.

O número oito, deitado em papel, é símbolo de infinito. Andei, desenhando oito no chão da cela, empurrando paredes, esbarrando na latrina, percorrendo mil oitos infinitos para que infinita fosse a caminhada. Queria correr, fugir, sabendo que não iria.

Verdade: tem-se, na cela apertada, impressão de caminhar desertos, andando-se em oito. Inconveniente: tonteira. Deserto: sede. Deitado, olhos fechados, eu avançava, retornando ao lu-

---

1 Carregamos museus em nossa memória: de cera, históricos e também museus de horror. Todas as cenas que descrevo neste capítulo, todas as imagens, estão arquivadas na minha memória. É fácil consultá-las: basta recordar um nome, um episódio, cor, frase ou palavra, e elas retornam, tão vivas como quando viveram.

gar. Não foi o que fiz, a vida inteira? Correr veloz, ligeiro, sem sair do lugar; voando sem decolar? Ouvindo sons, sendo surdo? Movendo meu corpo imóvel, gritando a palavra muda? Assim minha vida, terá sido? *Lavrador do mar*, como Bolívar, Simon? Lavrei palavras. Desejos lavrei, esperanças. Lavrei ondas, lavrei mar. Lavrador do ar!

Fiz tanto – não tinha nada: homem só, mãos vazias. Corpo cercado de concreto por todos os lados... menos dentro de mim.

Fechava os olhos, explodiam na memória rostos de Cecilia e Fabián, mulher e filho, assustados. Abria olhos arregalados: não queria vê-los na cela estreita, vê-los presos, sequer imaginá-los – abria os olhos para que se fossem! Onde estariam? Não queria vê-los prisioneiros, sequer na memória enjaulada. Fechava os olhos, voltavam, Fabián, Cecilia. Sobressaltado, levantava as pálpebras com os dedos: via paredes sujas e eles desapareciam. Se piscava, voltavam: queria vê-los voando, distantes, longe de grades, paredes, limites. Em segurança.

De repente, uma canção: "É doce morrer no mar" – Caymmi. Noutra cela, cantiga mineira. Noutra, gaúcha. Antes de dormir, prisioneiros se ofereciam canções. O carcereiro perguntou se eu queria cantar. Respondi: não sabia. Nem tinha ganas.

Não dormi, sonolento; não descansei, exausto. Lâmpada acesa – jamais se apaga! – espantava o escuro, sem clarear meu medo. Pensei no meu filho: gostava de me ouvir contar histórias do violão mágico. Histórias do Imperador dos Pássaros. Naquela noite, Fabián dormiu sem histórias, sem violões, sonhando passarinhos...

Não só o prisioneiro é preso... Família e amigos, mesmo soltos, são trancados na mesma cela.

Um prisioneiro é grande multidão.

SOLIDÃO LIVRE, MURADA

Estado hipnagógico: ainda não é sono, já não é vigília. Nessa região de bruma escura, lembrei a infância no portão, sozinho, vendo o mundo passar. Repetia-se a solidão. Na infância, diante de mim os caminhares possíveis, espaços se abriam. Agora, paredes me cercavam, portas trancadas. Sempre gostei de chaves no bolso: foram confiscadas.

O neurótico representa sempre o mesmo papel, como atores sem imaginação, iguais a si mesmos, repetindo-se, monótonos. No meu devaneio hipnagógico jurei que não seria nunca aquele neurótico que interpreta o mesmo tormento, a mesma solidão: não quero ser só! Será possível cumprir a jura? Não ser só, tão sozinho?

Olhei meu corpo e perguntei em que parte de mim estaria a solidão, diluída. Não nas mãos, nem no rosto, consabido. Não no olhar, cheio de gente. Escondido no fígado, rins, no baço. Ah, solidão: se pudesse extraí-la, como apêndice inflamado, cabelos compridos! Ah, se pudesse...

Se, por obra e graça de um deus extraviado, fosse possível à mão divina do meu corpo arrancar a solidão... que vazio! Talvez eu ficasse por demais sozinho, sem minha fiel companheira, a solitária solidão.

A noite me dava medo e eu temia o amanhecer.

De manhã, vozes da manhã. Ao lado, voz amiga, prisioneira. Temi reconhecê-la. O carcereiro quis saber: quem era eu, quem não, de onde vinha, por que o pernoite. A voz amiga, que me havia escutado sem ver, na cela ao lado, perguntou: "Augusto?". Eu: "Heleny?".

Era ela. Havia meses estava em presídio; tinha sido chamada de volta à delegacia política para acareação com prisioneiros recentes.

Heleny deu conselhos. Primeiro: não confessar nunca, nada. Nem a mínima reles confissão de detalhe inconsequente. Lembrou Nelson Rodrigues: mesmo que o marido surpreenda a mulher nua na cama, o amante ao lado, nu, mesmo flagrada, deve negar, sempre: foi um mal-entendido. Mesmo nua: mal-entendido... Na polícia, igual: negar sempre. Com vantagem: o marido é posto em dúvida mesmo vendo a nudez da mulher; o torturador, esse, não viu nem sabe nada: suspeita. Se interroga, é porque outro torturado, não resistindo, denunciou. A história estava cheia de falsas denúncias... e novos tormentos, verdadeiros.

Negue, diga não, não sei, não fui, não foi. Mentir é dever cívico!

O segundo conselho veio com feições brechtianas: Heleny

contou que os torturados exageravam os efeitos da tortura para se livrarem de males maiores. Stanislavskianos, simulavam com perfeição pequenas dores que exibiam, magnificadas. Lembrei Pessoa:

O poeta é um fingidor.
Finge tão completamente
Que chega a fingir que é dor
A dor que deveras sente.

Por fingimento, não deveria me preocupar vendo Albertina, minha primeira mulher, prisioneira, reaprendendo a andar. Mas... ficasse frio, descansado: ela exagerava a dor, não era tanta. Torturados, stanislavskianos; eu, porém, devia ser brechtiano: racional afastamento, muito *Verfremdungseffekt*,[2] não acreditar no que via.

Isso me ajudou a suportar a visão de Albertina, reaprendendo a caminhada. Pensei que fosse melodramática encenação: atriz, apesar do *over-acting*, sincera. Soube, depois, que não: Heleny queria me poupar a dor de ver a verdade, naquele lugar. Hoje, vejo. Sofro a frágil imagem.

Esperei, impaciente, a manhã. Café ralo, pão dormido, pão dos pobres. Meio-dia, almoço: macarrão de fios colados, cachos de cabelos, madeixas impenetráveis. Não pude comer. Esperei a tarde, veio a noite. O jantar, restos do almoço. Não fui chamado. Dormi sono de angústia, acordando a cada aceno do vento: chovia, o vento vaiava na janela, mais alta que o meu pulo, menor que o desejo.

O chefão mandou me buscar. Tenho nojo de escrever seu nome[3] – assassino, contraventor, drogado e traficante, exercia o comando da guerra contra guerrilheiros. Inventor do Esquadrão da Morte, corruptos atiradores de elite, especializados em matar, pelas costas, prisioneiros algemados. O Esquadrão havia começado suas atividades assassinando presos comuns. Eficientes, a

---

2 O efeito de afastamento de Bertolt Brecht: o ator revela seu personagem, sem com ele se fundir e confundir, no momento da representação.

3 ... fleury...

ditadura resolveu utilizá-los contra a guerrilha. Quando armadilhavam a vítima desarmada, eram invencíveis. Jamais se envolviam em lutas de igual para igual.

Fui levado ao escritório gradeado. Atravessei burocracias de aparência asséptica: datilógrafas datilografavam, office boys serviam café, funcionários discutiam futebol – repartição pública. Alguns levantavam os olhos e se espantavam comigo, algemado.

O chefão telefonava: artista conhecido, estava orgulhoso pela captura – eu servia à sua vanglória. Vagaroso, sem me olhar, examinou informações. Adjetivos: subversivo, rebelde, revoltoso, autor de textos contra o governo, publicados no estrangeiro. Nenhum substantivo ou fato incriminador.

Perguntou se alguém lembrava alguma acusação maior ou se podia me soltar. Balançaram a cabeça: ninguém. Por que tinham me prendido? Não sabiam. Senti milanesas. O barbudo, limpando o fuzil, lembrou. Havia depoimento de um prisioneiro que me citava. Convinha examinar. Tremi.

Sentei, esperando o livro dos depoimentos – não existiam computadores. O chefão leu, jogou a caneta na mesa, mudou de cara, franziu os sobrolhos que tinha ou simulava, deu a ordem: voltei à sua assustadora presença. De pé, ouvi a ameaça: "Não me faça perder tempo!".

João, companheiro clandestino, havia me denunciado como portador de carta cubana descrevendo armamentos, entregue ao nosso líder. José, no pau de arara, teria confirmado a versão.

"Confessa! Comigo, não tem conversa: *in dubio*, pau no réu!"

Tenho orgulho de ter seguido o conselho de Heleny à risca e ao risco, ao pé da letra: eles não sabem nada, se você confessar detalhe, vão torturar até confessar o que não fez. Não confessei. Nada. Nunca! Nem pendurado no pau de arara; nem aos militares, no arremedo de tribunal onde fui julgado.

Não guardo mágoa dos que confessaram: conheço a dor – difícil resistir. Nem me julgo herói, se resisti: não sei até que proximidade da morte teria resistido. Sei que resisti. Fico orgulhoso, sem orgulho! Não sei se me entendem. Eu me entendo e concordo comigo, pelo menos dessa vez.

Naquele dia, vendo ser inútil insistir, o chefão me mandou de volta ao cubículo. Dois dias se passaram até que subi de novo.

Reparei que um dos policiais vestia minha suéter verde – apesar de verão, fazia frio. Na mesa, vi meus dois revólveres – legalizados! – e calças, camisas, livros, fotografias, documentos, cartas. Vi meu anel de químico industrial, presente de pai e mãe, orgulhosos com o filho doutor. Foi essa a última vez que vi meu anel.

Invadiram minha casa. Angustiado, pensei na família. Com certeza tinham escapado, pois não estavam ali. Fiquei aliviado. Era comum a prática da tortura grupal de familiares: marido e mulher, pais e filhos.

Chegaram João e José: acabrunhados, diante de mim. Curioso: trinta anos se passaram e lembro, como ontem, seus rostos tristes... e camisas amarrotadas. Nas celas não havia ferro de passar.

Outra vez segui o conselho de Heleny: expliquei que era natural a confissão dos dois. Justifiquei a declaração *falsa* que haviam prestado, introduzindo elementos que, sem me incriminarem, não os acusavam. Tentei alinhavar explicações plausíveis.

O chefão não acreditou. Mais dois dias, duas noites.

SALA DE TORTURAS

Vieram três mastodontes. Algemado, subi escadas, sabendo o caminho. No terceiro andar, dois corredores – me dirigi ao de sempre. Me perguntaram se, desta vez, estava disposto a confessar. Respondi: não sabia nada. Um gorila ordenou a troca de caminhos. Abriu a porta: quatro orangotangos aguardavam. Última oportunidade: confessa? “Não!”

Quiseram me assustar descrevendo torturas. Tupac Amaru, guerrilheiro indígena peruano, foi amarrado pelos espanhóis a quatro cavalos; um estampido afugentou os animais, em quatro direções: Tupac Amaru morreu estraçalhado. No Brasil usavam-se jipes. “Cadeira do dragão” era de alumínio: o prisioneiro sentado nu, amarrado; punha-se fogo embaixo. O calor insuportável, o prisioneiro podia-se levantar, encaixando a cabeça em capacete eletrificado... Escolhia entre o choque elétrico na cabeça e fogo em nádegas e pernas. A “Psicodélica” fazia-se em quarto pouco maior que um elevador, paredes cobertas de espelhos: alto-falantes tocavam diferentes ritmos na mais alta potência, luzes de todas as cores se acendiam e apagavam. Depois de minutos, o corpo do prisioneiro saltava, sem comando; estrebuchava, sem controle. Pelo resto de sua vida ouviria sons, olhos cegos.

Os gorilas sentiam prazer em descrever, como sentiam em torturar. Afogamentos em baldes d'água, unhas arrancadas, olhos furados...

A tortura é procedimento odioso. Como o amor, faz-se em nudez. O pau de arara, simples e "popular", é ainda hoje utilizado para presos comuns, no Brasil inteiro: quem disser o contrário, sabe que mente! Fios elétricos são colocados em dedos e artelhos; a eletricidade percorre o corpo, ajudada por água salgada com que se banha o prisioneiro, no começo da sessão: depois o suor salgado faz as vezes. A corrente elétrica varia segundo o reostato que regula a voltagem, a ira do torturador ou sua pressa. O corpo é pendurado pelos joelhos em haste de ferro ou madeira – daí o nome *pau de arara* –, mãos algemadas, cruzadas abaixo dos joelhos, para suportar o peso do torturado, que dá um nó.

No começo, a dor é apenas suportável. Depois, não: sofre-se demais. Os dedos incham, bolas roxas do sangue que não circula. Gritos ressoam no silêncio sólido. Gritos de dor, medo, ameaças, promessas de morte.

Eram demais as punhaladas da dor. Quis ganhar tempo, perguntei de que me acusavam. Não sabia: as equipes que torturavam não eram as mesmas que prendiam – a cada qual, sua especialidade mortífera; pertencente às duas, apenas o barbudo. Olhou a lista de acusações graves. A primeira dizia que eu difamava o Brasil quando viajava ao exterior. Perguntei como difamaria. Lendo na lista, disse que eu difamava a pátria porque afirmava, no estrangeiro, que no Brasil existia tortura.

Impossível não rir, mesmo pendurado pelos joelhos...

O reostato aumentou a carga. Secou meu riso magro. Argumentei que, se denunciava, dizia verdade: a prova era eu, pendurado. O chimpanzé concordou. Amenizando a violência, explicou: como era eu artista conhecido, estavam me torturando, sim, mas... "com todo respeito".

Como seria torturar *sem respeito*? Respondeu: os fios elétricos poderiam ter sido colocados no ânus ou no pênis, ou no dente, canal aberto. Os cigarros poderiam ser apagados em carne viva, não no cinzeiro.

Era difícil enxergar: o suor caía pelos olhos, nublava. Eu mal podia ver os cro-magnons que conversavam com os neanderthais, enquanto impacientes *homo habilis* não sabiam o que faziam: cumpriam ordens! O pedigree da humanidade pré-histórica estava à espera de confissões que justificassem um dia de trabalho.

Depois de uma ou duas horas – foram séculos, pendurado – me desceram do engenho, joelhos desencaixados, respiração explosiva.

"Amanhã tem mais. Aqui todo mundo confessa: cedo ou... tarde demais, na cova rasa – aqui não tem caixão... nem compaixão..."

Não dormi. Sequelas ficam, corpo e alma. Imagens resistem na retina, jamais se apagam! Vozes gritam nos ouvidos, jamais se calam. Marcas ficam nos joelhos que não se ajoelham.

MEU IRMÃO

Meu irmão não concordava com minhas ideias. Não importa: era irmão. A família, sete dias, sete noites, havia me procurado. Hospitais, ambulatórios, enfermarias: não me tinham visto, seria até uma honra... Delegacias, necrotério, manicômio, minha sombra nunca tinha estado lá.

Meu irmão era oficial do Exército, na reserva desde os 25 anos, CPOR no serviço militar e tinha o direito de andar armado. Andava. Por intuição, quis visitar o DOPS.[4] Gorilas juravam que eu não estava: na lista, meu nome não constava. Meu irmão comprovou que, na cela número F-1, segurança máxima, estava o perigoso meliante Francisco de Souza.

Enquanto lia, um investigador, vindo de sessão de martírio, perguntou: "E agora, o que se faz com o corpo???!!!".

Meu irmão me pensou morto. Ataque nervoso, puxou o revólver, jurou matar se não me pudesse ver, vivo ou como estivesse!

4 Valhacouto de bandidos oficiais, pagos pelo contribuinte.

Na inesperada explosão do meu irmão militar – surpresa da ameaça insólita, pânico confuso – decidiram me mostrar, barba de sete dias. Estive com meu irmão três minutos, gorila de permeio. Cecilia e Fabián estavam a salvo. O sequestro se transformou em prisão. Antes que confessasse o que fiz, confessaram o que tinham feito: fui sequestrado, não preso.

Graças ao meu irmão, saiu nos jornais: meu obrigado, tardio.

A SOLIDARIEDADE INTERNACIONAL

A notícia correu maratonas. No Brasil, pouco se podia fazer, além de se buscar advogado. O *garrastazu das mortes* tinha mandado fechar até a rádio da Arquidiocese de São Paulo[5] por defender presos políticos e condenar atrocidades militares. Recorrer a quem, se o governo era o bandido?

A pressão foi intensa. Nos Estados Unidos, Arthur Miller redigiu carta, enviada à ditadura e publicada nos Estados Unidos, exigindo minha libertação. Assinavam centenas de nomes ilustres: Schechner, Michael Miller e a totalidade dos professores da Universidade de Nova York, além dos de muitas outras universidades; Joanne Pottlitzer e membros do Theatre of Latin America; Robert Anderson e páginas cheias de famosos solidários. Na Inglaterra, na França, Émile Copfermann, Bernard Dort, Peter Brook, Jean-Louis Barrault, John Arden, Arianne Mnouchkine, Vitez, Garran, centenas escreveram às embaixadas. Jack Lang, presidente do Festival de Nancy, pediu aos participantes que protestassem. Telegramas choveram até do Japão, o que impressionou os militares: o Japão fica exatamente do outro lado da Terra e eles sabiam que a Terra continuava redonda – fascista não gosta, prefere pensá-la quadrada! Se até no Japão artistas se preocupavam comigo... eu era importantíssimo!!!

Tamanha solidariedade impressionava os ditadores. Um prisioneiro ficava encarcerado dois anos, sem ser acusado; três ou quatro, sem julgamento. No meu caso, em um mês fui ouvido.

Queriam provar que minha prisão era justa: queriam me

---

5 Essa rádio só foi reaberta oficialmente no dia 18 de março de 1999.

transformar em guerrilheiro perigoso, atribuir-me ações que jamais pensei fazer. Chamado a depor – interrogatório na presença de testemunhas –, eu estava contente, tão certo de que seria solto que não prestei atenção ao que o escrivão escrevia. Ardiloso, quando perguntou se eu admitia ter entregue ao líder da nossa organização a carta cubana, respondi que não. Redigindo, o escrivão escreveu que eu admitia que não tinha sido ao líder a quem eu entregara a carta: confessava, então, tê-la trazido... Assinei, sem ler, o texto do depoimento. Alegre estava, triste fiquei.

O juiz concluiu: eu havia trazido a carta, mesmo que não a tivesse entregue pessoalmente. Meu "crime" estaria provado. Decretou: eu deveria ser ouvido em tribunal. Dois meses passei no presídio Tiradentes. Aprendi que, quando se fala a juízes, escrivães ou jornalistas, deve-se dizer, claro, o que se quer ver publicado ou conste dos autos. Quando se fala muito, fala-se demais: quem escreve nossos pensamentos ganha a liberdade de, com palavras verdadeiras, redigir textos falsos.

Paguei por não saber. Aprendi.

A CADEIA

Quando entrei na cela coletiva fui recebido por quinze companheiros: "Bom que você veio: a cama do Arena ficou vazia hoje de manhã; Isaías foi transferido. Você herda cama, xícara, chinelos... A escova de dentes ele levou. Egoísta". Desde 1969, aquela cela abrigava pelo menos um membro do Arena: cama cativa.

Diziam que a esquerda só se unia na cadeia. Ali estavam membros dos partidos de esquerda, dissidências, dissidências dissidentes das dissidências fragmentadas. Era possível se unir. Por que esperar a prisão?

Na cela podíamos ler, ver TV preto e branco: lembrar o mundo.

Celas políticas eram organizadas. De manhã, a partir das sete podia-se falar em voz alta. Das nove à uma, voz baixa: hora de estudar, meditar, introspecção. Depois do almoço, aulas. Cada um ensinava o que sabia, como nos CPCs. Violão, francês (aprendi!), história dos partidos políticos (alunos discordavam dos mestres...), teatro (eu, professor!), filosofia e culinária (aprendi feijoada!). Capoeira muitos sabiam, mas não havia espaço. Artes marciais, só recordações.

Podíamos receber visita: Frei Betto, prisioneiro antigo, gozava da regalia de visitar celas. Amigos, conversávamos. Foi quem me ensinou a ler a Bíblia do jeito certo; além de livro religioso, a Bíblia é história.

Duas vezes por semana, banhos de sol. Advogados chamavam clientes, que ganhavam horas adicionais, esperando a vez. César Vieira, pseudônimo artístico do advogado de presos políticos Idibal Pivetta, tinha sido meu aluno na Escola de Arte Dramática; vinha visitar clientes, fingia ser meu advogado e me chamava para audiências: eu ganhava o privilégio de desentorpecer músculos caminhando, agora em círculo, antes de conversar com ele e ouvir notícias.

Todos tinham que trabalhar: limpeza, lavagem dos pratos, comida. Tive outra carreira fulminante, como em Atlantic City: comecei varrendo o chão, passei a lavador de pratos e terminei cozinheiro, uma vez por semana. Sempre gostei de cozinhar multiculturalmente, cozinha sincrética; na França, fazia feijoada com champignons, vatapá com trufas – delícias que só eu sei fazer. Posso ensinar. Gosto.

Durante minha estada na prisão, o Arena embarcou pra Nancy – aumentou a pressão contra a ditadura. Meu processo correu depressa.

Quartas à tarde, visitas: minha mãe vinha toda semana, trazendo um sobrinho: os meninos tomaram gosto de avião. Eu aproveitava as visitas maternas para fazer sair desenhos que rabiscava, a fim de lembrar episódios que gostaria de contar, quando livre. Minha mãe, revistada, dizia que os desenhos eram para meu filho. Assim desenhei um romance, *Milagre no Brasil*, e *Torquemada*, peça.

Nas visitas encontrávamos companheiras presas. Insisti com Heleny para que, solta – possibilidade iminente! –, viajasse para Buenos Aires onde tínhamos amigos. Heleny falava do seu dever: retornar à luta. Foi assassinada dias depois de livre. A ditadura não prendia duas vezes: matava.

No dia da audiência, um camburão veio nos buscar: entramos no veículo sem janelas. Ao sairmos, entre o carro e o tribunal, filas de jovens soldados com metralhadoras nos aguardavam: como se fôssemos Guevaras...[6]

Quando fomos julgados – eu participava de um grupo chamado dos Sete Arquitetos –, no julgamento estavam apenas três professores da Maria Antônia, além das famílias dos réus. Era perigoso mostrar-se amigo.

João e José, aos juízes, deram versão diferente – ali, não temiam tortura. Os acusados davam versões diferentes das que haviam dado na clausura do cárcere secreto.

Antes da sentença final, o juiz me concedeu o direito de viajar e me juntar ao elenco. Minha presença em Nancy daria a impressão de magnanimidade: a ditadura precisava mostrar cara menos sórdida.

Assinei documento prometendo voltar terminado o festival e estar presente no tribunal na hora da sentença. O funcionário que me fez assinar a promessa de retorno avisou: "Não prendemos ninguém segunda vez: matamos! Não volte nunca. Nesta linha: assine! Prometa voltar".[7]

Foi o único conselho da ditadura que segui à risca: só voltei em dezembro de 1979, meses depois da anistia.

MEMÓRIA ESCRITA E FALADA

Palavra é ser vivo. Vive em mim, entre pessoas, flutua. Não posso dar minha palavra: posso me dar. Ela sou.

A palavra falada – à qual damos adeus –, essa palavra se dissolve em quem a escuta e consome: pronunciada sem retorno.

6 A ditadura desejava com aquele aparato intimidar a população com a inútil exibição de força.

7 Em 1998, obrigada por lei federal, a Casa Militar da Presidência da República me entregou a relação de todas as informações que o serviço secreto da ditadura tinha colecionado a meu respeito: aí se lê que a ditadura me considerou oficialmente banido – não apenas exilado: banido. Por não ter retornado para ouvir a sentença, fui proibido de regressar ao território nacional! Banido: proibido de voltar à casa. Banido: desterrado, extirpado! Eu, como tantos amigos queridos, fui tratado como os poetas inconfidentes, também banidos. Fora daqui! Exílio!

Dádiva. Parte de mim que se despede. O que retorna, resposta, é outra palavra, não a mesma.

Com a palavra escrita é diferente: retorna ao escrevente que a cuidou só para si. Retorna nua e pura, como partiu. Leitor, se existir, é contingência.

Escrita, a palavra é mais rica do que pronunciada, tem mais personalidade. Contemplando a palavra escrita, o escritor descobre outras, parentes. Algumas amigas, outras se odeiam. Algumas se dispensam cortesias, outras não se podem ver. As palavras *amor* e *ódio* se amam; *inteligência* e *ditadura* se odeiam.

Contemplando a imaginação desenhada no papel, pintado o rosto do pensamento, o corpo da emoção – isto é a Palavra! –, o escritor lembra e imagina. A palavra, ser vivo, respira – treme em minhas mãos, no diálogo amoroso. É minha! Palavra tem sentimentos: quero que me ame. Preciso cuidá-la para que não ande em más companhias, com palavras que não a merecem.

A palavra pronunciada não é jamais a que se escuta; a palavra que leio, a que escrevi, essa é a mesma, traz minhas lembranças, não alheias. Quando leio o que escrevi, falo comigo. Ou me desentendo, outra forma de entender.

Sobre tortura e prisão, falei com amigos, jornalistas, desconhecidos, analista. Queria denunciar: imperativo. Entender: urgente e necessário!

Todo crime deve ser revelado – não revelá-lo é crime.

Esta é a quarta vez – quinta ou sexta! – em que volto ao tema, desenhado em letras. Preciso entender o acontecido. Para que sobrevenha o entendimento, é necessário ver o fato desenhado no perfil da palavra escrita; vê-la surgir transubstanciada no computador: magia eletrônica. Ritual em busca da pureza perdida: quem escreve se purifica, liberta-se, banha-se nu, vendo-se a si. Antes de me revestir, ao ver o mundo, quero me ver. Quero saber o alcance da mão, a lonjura do pé. Quero saber: escrevo. Apreendo, aprendo.

No divã, lembrei: não basta! O silêncio do analista é Palavra que retorna, transformada. Preciso escrever minha Palavra – ver a Palavra da minha escolha, tocá-la com meus dedos. Saudades da tinta nanquim.

Quero me lambuzar de palavras azuis.

Quando criança, vivia em casa grande, jardim e quintal: amigos encontraram, na horta, ninho de ratos. Organizou-se expedição raticida: a família ratona foi exterminada a pedradas, sem contemplações. Nem sequer vimos o focinho daqueles mortos sem compaixão. Não atirei uma única pedra, mas senti culpa por não ter evitado a hecatombe roedora.

Quando cantávamos "Upa, neguinho", família de ratazanas aparecia na boca do sistema de ar. Música terminada, desapareciam. Hoje, sabemos que certos compositores e ritmos estimulam atividades humanas ou animais: crianças que ouvem Mozart tornam-se mais inteligentes do que as que são submetidas a metais, bumbos e tambores, rock e heavy metal; vacas, ouvindo Bach, produzem mais leite – não de melhor qualidade, mais vitaminas e sais minerais, não: apenas maior quantidade –, já é progresso...

A influência da música na lactação e no trabalho muscular é tão verdadeira que multinacionais utilizam variado repertório musical para estimular operários, segundo o produto que fabricam. Tratores e caminhões exigem Wagner e Verdi; tecelagem pede Monteverdi e madrigais medievais; sensíveis computadores estão mais próximos de Chopin e Debussy. Bossa nova serve para ir à praia...

No ralo da minha cela, no primeiro dia, um focinho. Nos seguintes, a pequena cabeça de um camundongo. A confiança aumentava; bela tarde de verão, apareceu o corpo inteiro, minúsculo. Encorajado pelo meu olhar admirativo, o animalito aventurou-se pela cela. Todos os dias vinha me ver, antes do crepúsculo. Visita curta – face a face: face a focinho. Olhar profundo, mistérios da natureza.

Aquele foi o único camundongo com quem tive algum tipo de relação afetiva. Ele sabia que eu gostava dele; eu sentia que de mim gostava. Nunca procurei assustá-lo: nos seus olhos inquietos, tentava desvendar o mistério da vida.

Embora não estivesse louco – juro! –, conversava com o bicho. Tive coragem de lhe dizer coisas que jamais diria ao meu igual. Aquele camundongo guarda meus segredos inconfessáveis. Os que até de mim escondo, sabe-os o rato.

Transferido, prisão maior, fiquei contente: companheiros numerosos. Triste quando me fui, sem tempo de me despedir daquele que tinha sido o único amigo em quatro semanas de solitária reclusão. Secreto confidente. Eu conversava com um camundongo! Sim, carambolas. Por que não?! E você? Nunca falou com nenhum bicho? Então... tenho também o mesmo direito.

Em papel amarrotado, desenhei autorretrato, joguei o papel no ralo na esperança de que o camundongo o visse e, quem sabe? – ninguém conhece os mistérios profundos da psiquê roedora! –, talvez entendesse o meu gesto de afeto, talvez uma lágrima rolasse furtiva dos seus olhos.

Não sei se camundongos choram: não fiquei encarcerado bastante para alcançar certezas. Só sei que, quando sem medo, são carinhosos.

Depois da cela, ratos e camundongos saíram definitivamente da minha vida. Mesmo assim, lembro daqueles bichos que me proporcionaram culpa e carinho. Principalmente o pequenino prisioneiro. Foi na prisão, diante do animal, que me descobri a mim mesmo. Juro!

Descobri, com espanto, que não era dono de mim. Não me podia programar. O *amanhã* seria igual ao *hoje*, que não era diferente do *ontem*. Nada mudava... a menos que alguém – não eu! – decidisse o contrário. Todo o poder ao carcereiro! Sempre gostei de chaves no bolso: os meus estavam vazios.

"Mim" – eu disse *mim*? Qual dos muitos *mim* que trago comigo? *Mim* presente? Concordo – era impotente. Meu corpo preso: eu, porém, abranjo mais que o instante! Pernas presas: a imaginação vagava livre. Do *mim* passado, desse eu era dono. Do *mim* futuro distante, era também. Na cela encontrei Proust buscando o tempo perdido. Já era tempo: eu perdera o meu.

Nos muros, recobrei a liberdade. Certa liberdade. Na prisão, fiquei livre. *Uma certa forma de ser livre.*

No cotidiano da vida repetida, não me via – tinha pressa, indo e vindo: na cela, eu me olhava e via –, era obrigado. Lá fora, horários, caminhos, deveres, gentilezas – rituais não me davam tempo de refletir, dizer bom-dia ao espelho, sem tempo de falar comigo. No espaço, não tinha tempo. Agora, que tinha tempo... faltava espaço.

Na desintegração difusa do tempo – *agora* sem *antes* nem

depois: só o instante, eterno, existia! – e na exiguidade do espaço, ali pensei em mim, ouvi o som do silêncio, mais uma vez na vida!

Na cela, acariciei palavras sussurradas sem destinatário – bumerangues, voltavam para mim, morada certa. Me procurei: quem sou? Me diziam: delinquente – eu era impureza que deveria ser retirada do convívio social, para que o mundo se purificasse da minha existência. Para mim, se falha tinha havido, foi no pouco que fiz: deveria ter feito mais.

Preso, era julgado segundo a ideologia deles. Um ato não vale pelo que é, mas pelas circunstâncias em que é praticado. Eu sempre quis a legalidade, subvertida por quem me julgava dentro da lei falsificada.

Mesmo sendo inocente e os carcereiros culpados, a prisão me suspendia no tempo e confinava no espaço: metralhadoras ao redor! Mas não havia muros no espaço para dentro de mim mesmo: sou infinito.

Podem levantar montanhas à minha volta e apertá-las contra meu peito, algemar meus pés e alambrar minhas mãos: meu pensamento é livre como o de Prometeu acorrentado.

O titã fez o que era certo: aos homens deu o fogo. Democratizou o fogo. Os deuses, porém, não estavam maduros para a democracia. Queriam o fogo só para si. Temiam que, começando pelo fogo – sentindo o afago do fogo! –, os homens quisessem a terra que sustenta os pés, a água que sacia a sede, o fruto que mata a fome: temeram que os homens quisessem a Terra e o Céu.

Os deuses queriam que Prometeu reconhecesse o crime, que não foi seu ato: foi seu exemplo. O fogo podia ser perdoado, havia fogo para todos, sobrava: a liberdade, não!

Prometeu era livre pra dizer não a Zeus, deus maior, e disse: a Zeus repetiu que os homens mereciam o fogo. No seu coração existiam apenas virtudes: a coragem de afirmá-las era virtude a mais. Nos corações menos titânicos, menos deificados como o meu pobre coração, ao lado de poucas virtudes, tenho ilusões. Na cela, pude repensá-las. Corpo aprisionado, memória livre; imaginação ilimitada. Atravessava paredes, alada, voava.

Encaixotado, pensei alternativas. Minha vida: fiz o que pude! Que caminhos poderia ter andado e não andei? Que vida desperdicei?

Metaforicamente, o Teatro do Oprimido nasceu na prisão. Gosto de dizer: nele, o cidadão, no presente, estuda o passado e inventa o futuro. O palco, a arena, como a cela ou pátio da cadeia, podem ser esse lugar de estudo; o teatro, instrumento adequado, linguagem dessa fala, busca de si.

Prisão deve ser tempo de reflexão, espaço de aprendizado. Lugar de descobertas. No hospital, o corpo doente não é imobilizado para que, por si só, se cure. O corpo é assistido. No hospital, o médico; na prisão, o educador. Nós, prisioneiros políticos, éramos nossos educadores. Tenho certeza, saímos melhores do que entramos – mais decididos a recusar a ditadura.

A cela não deve – seria crime! – tornar-se *vida em sursis*. O urso hiberna; quando acorda, na primavera, é o mesmo que adormeceu no outono. O prisioneiro – supõe-se – quando se torna livre, deve ser outro. Mas como poderá ser diferente se tiver apenas hibernado?

Quando fui preso político pensava nos prisioneiros comuns, amontoados em celas comuns. Vida suspensa, pena de morte proporcional: ali matava-se parte das suas vidas – o tempo das penas! Jovens eram e são assassinados dos dezoito aos trinta, dos vinte aos 35!

Se, além dos muros, existe estrutura social – as que conhecemos são doentias e contagiosas, geradoras de delinquentes! – dentro dos muros, uma organização social deve ser inventada. Em nossa cela, no presídio ironicamente chamado Tiradentes,[8] éramos políticos e nos educávamos – nas comuns, prisioneiros eram amontoados, sem futuro. O *povo* acorrentado. O povo que eu buscava, ali amontoado. *Até na prisão, a divisão de classes existia.* Até entre presos políticos, outras divisões: frontal à minha cela, estava a Cela dos Lordes – guerrilheiros de famílias ricas. Com mais direitos, recebiam de suas casas seus manjares.

Presos comuns são – em parte – delinquentes. Na prisão, prepara-se seu retorno à sociedade. É preciso que, a ela, à qual não estavam adaptados – a prova: cometeram crimes! –, se adaptem. Quem cumpre esta tarefa de ensinar a aprender, concretamente,

---

8 Mártir da nossa Independência...

através de atos, ações, é o teatro. E quem permite que o espectador se transforme em protagonista é o Teatro do Oprimido.

Na mágica alquimia da arte e da vida social, o teatro e a prisão – ambos limitados no espaço e no tempo – podem-se tornar sinônimos de liberdade.

E a palavra liberdade, que é tão bela, só não é mais bela do que o ato de ser livre.

EXÍLIO, DEGREDO: PALMEIRAS, GORJEIOS, SABIÁS...

CAPÍTULO 23

BUENOS AIRES, NO MUY QUERIDO...

No Rio, família. Esperei o "visto": não se viajava sem permissão da polícia, que examinava antecedentes criminais, impostos, expressões fisionômicas, digitais... Impossível sair no primeiro avião.

Em São Paulo, fui ao apartamento onde vivi sete anos, para os adeuses. Enchi duas malas de intimidades, saudades, vi a destruição de móveis, sumiço de objetos, fotos, dinheiro, documentos – raiva! Voltei ao Rio, daí Europa.

Circulei agradecendo, faminto de teatro. Findo o festival, encontrei Antônio Pedro, Frateschi, Denise... Nossa despedida foi feita de esperançosos "até breve!" – pensava que voltaria logo.

Em Buenos Aires, sem emprego, salário. Sorte, meus sogros estavam-se mudando e nos deixaram um apartamento a prestações, mobiliado. De herança paterna, eu tinha quatro salas na Penha – rendiam, de aluguel, trezentos dólares. A prestação, noventa dólares: com 210 podíamos viver bem. Tempos antigos... quem não teria saudades?

Em 1966, fui por cinco semanas, fiquei cinco meses; agora imaginava cinco meses, fiquei cinco anos. Sensação estranha: a cidade não precisava de mim! Se não existisse, eu não faria falta. Na minha terra eu fazia diferença, mesmo mínima. Em Buenos Aires, nenhuma.[1] Me sentia invisível. Me olhava no espelho vazio e todo mundo tinha ido embora – até eu! Difícil fazer a barba quando não se vê a imagem...

Claro que o Brasil inteiro podia viver sem mim – por muito tempo viveu, diga-se! –, mas fiz diferença, sei.

OPRIMIDO EM NOVA YORK

Ainda estava eu na prisão, Schechner me convidou pra encenar peça na Universidade de Nova York. Escrevi perguntando se era verdade ou estratagema cordial para que me libertassem. Era verdade. Fui com a família morar três meses perto da universidade, então na Second Avenue.

Fui agradecer a Arthur Miller; através dele, aos signatários da carta que exigia minha libertação. O *New York Times* documentou o encontro e a embaixada brasileira espionou a notícia. Encontrei Dore Ashton, crítica de artes plásticas e batalhadora pelos direitos humanos. A espionagem ficou sabendo. Sabia tudo!

Dirigi, na universidade, *Torquemada* – espiões na plateia; na Saint Clement's, a *Feira latino-americana de opinião* – diplomatas espionando. Escrevi um romance, *Milagre no Brasil* – milagre o povo continuar vivo, apesar do governo.[2]

Os alunos não conseguiam imaginar a angústia prisioneira. Obtive autorização da universidade para que passassem 24 ho-

---

1 A personalidade do exilado corre sério risco da desintegração – é preciso que eu faça falta para saber quem sou: sou a falta que faço. Se não faço falta, não sou! É o pior que pode acontecer a alguém: tornar-se anônimo para si mesmo!

2 Neste, contei tudo o que os espiões procuravam, mas nenhum deles leu o livro!

ras dentro do cenário: catorze atores e eu, comendo, limpando a cela, conversando, tocando violão. Só podiam dialogar como personagens. Temas da peça, não da universidade.

O dia inteiro, personagens no cenário – maravilhoso. Aconselho!

Feira – perplexidade. Cenas simultâneas, canções, poemas. O espectador escolhia o caminho: espetáculos recomeçavam, incessantes.

Depois de hora e meia, aparelhos de televisão mostravam o interrogatório de um espectador "sequestrado" em sala fechada. Nossas perguntas eram as conclusões do Senado estadunidense sobre as relações criminosas entre os ditadores latinos e a CIA. Nada alterávamos: nossas conclusões eram as dos senadores. Depois de cada afirmação medonha, perguntávamos: "O senhor sabia?". Resposta invariável: "Nem suspeitava!".

Última pergunta: "O senhor sabia que em Nuremberg a resposta que o tribunal mais ouvia dos acusados nazistas era: 'Eu não sabia'?".

Nazismo era história antiga como hunos, godos e visigodos e Átila, Flagelos de Deus. Em silêncio, espectadores se dirigiam à nave central, onde acontecia a última peça, *Animália*, do Guarnieri.

A *Feira* não explicava as relações entre economia mundial e secas do Nordeste, Wall Street e torturas, mas, com emoção, obrigava os espectadores a pensar. Julien Beck chorou. Ele e seu elenco tinham sido presos no Brasil – sabia do que falávamos.

Era belo ver esculturas: torturados sul-americanos ao lado das sagradas imagens de Jesus no Calvário, Pedro na Cruz Invertida, Sebastião e suas Chagas. A cenografia de Hélio Oiticica utilizava toda a igreja. Caleidoscópio de figuras, ideias, canções.

Com esse espetáculo descobri os prêmios Obie: ganhamos o de melhor espetáculo off-Broadway! No Brasil ninguém ficou sabendo. Só o serviço secreto, omnisciente, omnipresente.

ERA PRECISO ACEITAR O NOVO PAÍS

Na Argentina, vivia-se momento aprazível: branda ditadura do Lanusse, prometendo redemocratizar. Já não era ditadura, nem ainda democracia: "ditadura democrática". Como a "democracia autoritária" do sanguinolento Pinochet, "submarinos a vela"!

Lanusse propôs o Grande Acordo Nacional, da extrema direita à esquerda extrema. O processo avançava de muletas, trocando pernas, caindo de bruços.

SOLIDARIEDADE

O que me espanta e encanta, em tempos de crise, é a solidariedade. Meu recomeço de vida foi maravilhoso... antes da caída no inferno.

Paco Urondo, jornalista, dramaturgo, poeta... Sem que eu pedisse, ofereceu: "Você é escritor que perdeu a máquina de escrever: pintor sem braços. Te dou a minha. Posso usar as do jornal". Aceitei as do jornal, meu coração batendo samba.

Tigre Cedrón, irmão do Tata cantor de tangos, fazia um filme e tinha dinheiro em caixa. Eu procurava produtores para *O grande acordo internacional do tio Patinhas*, parodiando Lanusse... não me corrigia. El Tigre propôs produzi-lo: "Se você recuperar o empréstimo, me paga; se fracassar, filmo algumas cenas a menos. Meu filme está longo demais...".

Impossível esquecer. Amigos, não esqueço. Paco foi assassinado pelos militares, não esqueço. Tigre morreu, exilado em Paris – não posso esquecer.

O VIOLÃO DO BADEN

Na Argentina, não conheço um só diretor de teatro que não seja professor. Fui também e pude ganhar meu sustento. O *Tio* ficou em cartaz seis meses, filas volteando o quarteirão.

A peça me fez refletir sobre a deontologia do diretor. Quais deveres éticos precedem opções estéticas? Fosse eu diretor em Ruanda, não faria o que fiz na minha terra. Faço espetáculos para mim ou penso na plateia? Arte serve pra quê? Serve?

No Brasil houve, anos 1970, célebre debate: o violão do Baden Powell seria de direita ou de esquerda? Arte tem ideologia?

Alguns diziam que *dó-ré-mi-sol* não tem, nem os girassóis de Van Gogh ou os claro-escuros de Rembrandt; outros diziam: pra quem se tocam essas notas? Que ouvidos irão escutá-las? A quem se mostram esses quadros? Que olhos irão beijá-los?

Ritmos, melodias e vozes não têm ideologia – não mais que amarelo, azul e verde.[3] Palavras, ao contrário, são *logos*, conceitos. Quando se articulam em frase, esta carrega significado, intenção. Contém opinião sobre a sociedade onde se vive. O poema, conto, romance ou peça são *representações do real* que se criam a partir de um ponto de vista que não se situa no cosmos, onde não estamos, mas fincado na terra onde estamos: qual trincheira? Ou, ingênuos, pensamos que a humanidade vive em paz? Existe paz, existiu?

Sete crianças assassinadas dormindo em frente à Candelária de portas fechadas revelam um país em guerra.[4] Eritreia é aqui, onde o Haiti sempre foi: mesmo que se morra "apenas" de fome, morte silenciosa, sem rajadas – morte sussurrada não é paz!

Paz é busca incessante, dinâmica. A realidade é guerra, humanidade dividida! Paz é Sonho. Queremos o Sonho, queremos Paz! Sejamos sonhadores... com os pés no chão! Paz, sim; passividade, jamais!

Em arte, a ideologia surge quando a palavra é oferecida a um interlocutor. Por que a esse e não a outro?

Sons em si não têm conceitos[5] – oferecidos a alguém, em preciso momento e lugar, dos sons conceitos surgem: *da relação com o outro*. Se o violão do Baden fosse oferecido – graças a Deus, nunca o foi!!! – aos generais golpistas, seria tão fascista como eles. Sendo ao povo, popular.

---

3 Ou têm os significados que, transformados em símbolos, podemos lhes atribuir! Negro é luto? Na Ásia é branco. Uma rosa na floresta não é rosa, a menos que encontre olhos que a vejam e nariz que a cheire. Ou será rosa, solitária? Rosa é rosa para si, ou para mim?

4 Aconteceu em agosto de 1993. Meses depois, 21 moradores de Vigário Geral, onze jovens dançarinos de um baile funk em Acari, 111 prisioneiros desarmados no Carandiru, dezenas de indígenas ianomâmi no Pará – cito só chacinas por demais escandalosas – foram assassinados, sem defesa!

5 Podem ter conceitos simbólicos que necessitam de acordo prévio: tais acordes passam a significar os hinos deste país, outros, marcha nupcial ou fúnebre, ou parabéns pra você.

Violões têm ideologia, sim: depende de para quem se tocam.

Eu não era argentino: estava em trânsito. Que peças escolher e para quem? Procurava *o meu povo:* não *qualquer povo...* Que poderia eu dizer aos argentinos, não sendo um deles? Com que direito ou por que dever? *Patinhas*, por engraçada? *Torquemada*, por verdadeira?

Em Buenos Aires, eu continuava falando aos brasileiros: fiz questão de não escrever nada sobre o peronismo. Não podia compreender que um homem (Perón) e um partido (Justicialista) fossem, ao mesmo tempo, extrema direita e esquerda. (Lopez, El Brujo, versus Montoneros, guerrilha.) Macaco velho, não meti minha mão nessa cumbuca!

Peronistas tinham o mesmo inimigo: peronistas! Cantando: "*Perón, que grande sos*!!!". Não podia dar certo. Não deu.

O NASCIMENTO DO TEATRO INVISÍVEL

No meu curso, preparei cena pra rua, baseado em informações do grupo: a lei permitia a qualquer faminto entrar em qualquer restaurante, por luxuoso que fosse, comer e beber, menos sobremesa e vinho e, mostrando carteira de identidade, sair sem pagar. Linda lei, humanitária: Deus existe! Queríamos divulgá-la – tão raro a favor da lei, queríamos provar que não éramos contra *todas* as leis...

Amigos brasileiros me advertiram sobre o perigo.[6] Preso, seria devolvido ao Brasil. Assistir à estreia, nem pensar. Lembrei do policial que me despediu: "Não prendemos duas vezes o mesmo 'elemento'...".

Um ator teve a ideia de representar a cena como Teatro Invisível, dentro de um restaurante: desnecessária a cenografia – já lá estava – e a publicidade, meio-dia, casa lotada. Ninguém ficaria sabendo da estreia clandestina nem viria a polícia interromper, nem se saberia quem eram os atores. Espectadores veriam

---

6 Já se estava organizando a Operação Condor, em que fascistas da Argentina, Chile, Uruguai e Brasil, subservientes à CIA, ajudavam-se mutuamente com ações, informações e assassinatos.

o espetáculo, *sem vê-lo como espetáculo*. E eu poderia assistir à estreia em toda tranquilidade.

Espanto: Teatro Invisível??? Fazemos teatro para que nos vejam, ora?! O ator explicou: eu comeria em paz. Durante isso, os atores se sentariam distantes uns dos outros para envolver o maior número de fregueses e, no momento oportuno, a peça seria representada como ato espontâneo.

Nossos atores que representavam o garçom e o gerente seriam fatalmente substituídos pelos de verdade, quando nosso protagonista revelasse que não tinha dinheiro. Aconteceu: disseram, palavra por palavra, o texto que havíamos escrito. Ameaçaram, inclusive, chamar a polícia: constava do nosso texto.

Na minha mesa, pude ver essa coisa extraordinária: a interpenetração da ficção na realidade. *Superposição de dois níveis do real: a realidade cotidiana e a realidade da ficção ensaiada.*

A realidade me apareceu com características de ficção, a ficção como realidade. *Profissionais* ensaiados; *espontâneos*, improvisando – tudo verdade. Discutindo apaixonados: se existe comida, por que se morre de fome? País rico: por que é pobre seu povo? Um advogado, personagem, explicava a lei humanitária. Debate mais intenso do que teria sido na rua.

Nosso objetivo não era comer de graça o bife e ovos estrelados: um de nós pagou a conta e tudo terminou em paz.

Ficção não existe: tudo, se existe, é real. A única ficção que existe é a palavra ficção: designa coisa que não existe. Mas a palavra *ficção*, em si, existe como significante e como significado: *significa nosso desejo de dizer a verdade, mentindo*!

Começamos a desenvolver esta segunda forma do Teatro do Oprimido, a primeira tendo sido o Teatro-Jornal. Terceira e quarta, Imagem e Fórum, no Peru, 1973, ano decisivo na minha vida.

ARTISTA EM TRÂNSITO, DIVIDIDO

Não conseguia me integrar em cultura que não era minha – só o vinho. Tinha amigos, família, falava a língua. Faltava o quê? Eu me sentia dissolver. Areias movediças não me tragavam: dificultavam a caminhada.

Voltar pra minha casa, caneca de café – o desejo crescia, gigante. Olhava o céu e não encontrava minhas estrelas. As que havia, não eram minhas. Não era aquela a minha lua. Não era o mar aquele rio.

Trânsito. Tirava os sapatos em outro chão, a cada noite. Quando caíam, o estrondo me enlouquecia.

Dirigi *Torquemada*. Não acreditava no que me havia acontecido. Precisava vê-lo acontecer fora de mim, em cena, para que me pudesse ver, separar-me de mim. Eu e a palavra, eu e o ator. Só assim me entenderia.

Não me bastava espelho nem memória: precisava me ver em alguém que me roubasse o nome, o Augusto Boal que eu pensava ser, que trazia colado ao rosto, às mãos, ao peito. Já não sabia quem era eu ou tinha sido. Queria ouvir palavras que pronunciei na tortura. Voz empostada de ator bem treinado reproduzindo gritos roucos. Ver-me, longe de mim. Dirigir-me como dirijo atores.

Sentia prazer – mórbido, sadio? – em dirigir o ator que me interpretava. *Hamlet* dirigindo, em *Gonzaga*,[7] onde vê seu pai assassinado: como falar com o personagem sem ver o pai? Comigo, sem me ver?

Queria que o ator sofresse o que sofri e tinha ciúme dessa dor, só minha – egoísta, não compartilho. Queria inventar sofrimento para o ator, semelhante ao meu, mas distante do verdadeiro. *Aprendi que fazer teatro é dominar a dor! As dores mais cruéis tornam-se belas!*

Queria me recriar. Renascer. Ao refazer-me, ser outro: ser, também, o fazedor. Não queria admitir que era eu o torturado, que aquela *cena* acontecera comigo.

Torquemada, colado ao rosto, cegava. Em Portugal, outra vez me senti por demais sozinho – escrevi peça em que me via de longe: *Murro em ponta de faca*. Olhava distante, na bruma. Sentia o vento e o frio da viagem sem fim. Peça circular, nela não sou ninguém: sou todos, sou a que se mata e sou os sobreviventes.

Escrevi o *Murro* em Lisboa quando exilados se suicidavam. Tribo de solitários, tão juntos, iguais: tão sós!

---

7 A peça que Hamlet encena para denunciar seu tio, o rei Cláudio.

Exílio é meia morte, como a prisão é meia vida!

A aparência de liberdade esconde laços de afeto rotos pela distância, parâmetros morais destroçados pelos confrontos, projetos de futuro retorcidos pelo tempo. Corrói por dentro. Cupim! Corpo: forma vazia.

Em Buenos Aires falava-se de assassinatos, fugas espetaculares, combates de rua. Em Portugal: rendição, suicídio. Sem saída! Conversas cheiravam a formol. Eu me lembrava do teatro que fazíamos em salas de anatomia: cadáveres violetas, flores esmagadas, suculentas!

Sem que se dessem conta do horror, candidatos ao Nada falavam das múltiplas formas de suicídio: comer a própria língua (houve quem o tentasse!) até aquele estudante de filosofia que sonhava acabar sua vida como Epicuro, o filósofo que morreu em banheira d'água morna, conversando com amigos, tomando chá (ou cachaça?). Morrer em doçura: prazer não orgásmico!

Conversas de morte abatiam, desfibravam, pálidas. Murchavam coragens.[8]

Alguns se mataram por sequelas, pensando o passado – acontecidos voltavam a acontecer, horrores a horrorizar, unhas cravadas na memória arrancando pedaços de passado, facas no peito da imaginação; outros afogavam-se em perplexidades, olhos fitando o muro, o futuro, cercados de tempo presente, sem nada ver adiante.

Suicidas solitários: famílias desintegradas, funções trocadas, cartas embaralhadas, quem é quem? O exílio desintegra – retira de cada um o seu papel primeiro, nega o indivíduo, sua função, seu íntimo *eu sou*! Ninguém é: o pai, a mãe, o filho, o amigo – ninguém é o que era, nem é o que será. Flutua!

Sobre as estruturas da família, da amizade, da identidade

---

8 Entre as macabras histórias de suicídios que mais me impressionaram estava a de um lago que existe em Bangcoc, capital da Tailândia: lá, quando uma jovem é engravidada por homem que não assume o filho e é, ao mesmo tempo, abandonada pela família, tem como solução jogar-se naquele lago infestado de crocodilos. Os animais não comem logo o corpo afogado: a carne fresca é dura e pouco saborosa. Com o focinho, empurram o cadáver pra debaixo de pedras e esperam alguns dias antes do festim...

ideológica, da diferença, sobrepunha-se a rasa igualdade, sem nuanças – todos exilados! *Prisioneiros em liberdade: era isso o exílio. Dead man walking.*[9]

A morte era fácil: na farmácia, bastava um vidro. Uma corda, uma árvore. Um descuido: o trem! Pular a janela do sexto andar – um segundo! O *Murro* conta a morte, círculo vicioso, vício do fim. Conta a Morte, que passou tão perto de mim, roçando calafrios.

Mãos quentes apertavam minha mão: no dia seguinte, frias. Quando se esfriariam as minhas? Mortos davam exemplo! Incentivos: pra que viver? Acabou, não acabou? Então, melhor acabar de vez! O mesmo argumento de falsos guerrilheiros que denunciavam companheiros para que mais depressa se retornasse à normalidade...

Pensei morte. Visitei locais suicidas. Lembrei defuntos queridos. Mortes esperadas e mortes prematuras. Mortes dolorosas e mortes acidentais. Causa natural e causa bala. A caveira mexicana, ao lado dessa vertigem, é mimo.

Busquei amigos, quis me agarrar com força à responsabilidade que sabia minha, e ao trabalho. Viagens de trabalho me distanciavam daqueles a quem mais queria e me jogavam longe de mim! Me agarrei em quem se queria agarrar – não eram muitos.

Isso foi em Portugal, mas ainda estou na Argentina, onde começou o vazio.

PERÓN EM CENA: NÃO DEVIA!

Minha terceira peça foi feita com peronistas no poder – prova de insano desvario! *Revolução na América do Sul* provocou indignação; personagens políticos corruptos, todos! Peronistas odiaram a peça, odiaram a peça os comunistas. Saiu de cartaz tão sorrateira como havia entrado. Ninguém notou... menos risco.

---

9 Nos Estados Unidos, nos corredores da morte, quando sai o prisioneiro de sua cela a caminho do suplício, o representante da Justiça deve gritar essa frase –"Homem morto caminhando!" – para que o carrasco pense que matou um cadáver!

Câmpora presidente! Militares não permitiram o general candidato – seu secretário, esse podia. Tão flagrante o desrespeito que o pobre Câmpora, na TV, lendo nomes que compunham o *seu* ministério, lia a carta de Perón e mostrava surpresa. Sorria ou se espantava com os ministros que teria que engolir.

Lopez Rega e Isabelita, última mulher do chefe: poder nefasto. Em seu reinado, a tenebrosa Triple A, Alianza Anticomunista Argentina. Começaram os desaparecimentos.

O retorno do *caudillo*, depois do abastado exílio espanhol, foi hecatombe. Semanas antes, já se prenunciava a tragédia, peronistas ameaçavam peronistas: morte, sem quartel.

Seguidores do *Jefe* deviam exibir fidelidade e sentiam justo pavor: desejavam adoecer para não ir ao aeroporto – bênção divina a doença! Telefonavam-se ansiosos: "Graças a Deus estou vomitando, acho que é tifo, Deus queira!!! E você, já está de cama?!". "Ainda não... mas tenho esperanças, o tempo virando, quem sabe, esfria... Uma boa pneumonia antes do domingo seria a salvação..." Conversas assim, escutei – militantes abençoando hepatites.

Antes que o avião descesse, quatrocentos mortos jaziam nos parques floridos do aeroporto. Peronistas assassinaram peronistas. Desnecessária a polícia, passiva, o sujo serviço feito.

Eu me sentia triste, não integrado a nada, não concordando com nada. Vinha de experiência frustrada e o pior. Havia cometido erros no Brasil, não queria cometê-los em pátria alheia.

Me recusei a participar de manifestações que não fossem contra a ditadura brasileira: minha seara! Não queria ser "*Hay gobierno, soy contra!*", queria me concentrar contra o desgoverno brasileiro.[10] Em Buenos Aires, senti o significado da palavra *raízes*... quando as perdi. Quando as tinha, não sabia. Perdidas, dei pela falta.

Regimes autoritários sabem que os deportados se debilitam: gostam de banir. Aprender nova língua à força, entender códigos alheios – enfraquece. Aves que aqui gorjeiam não gorjeiam como lá. Ah, Gonçalves Dias, então era verdade!? Pensei que fosse literatura...

---

10 Na Associação Argentina de Boxe, falando para mais de 10 mil pessoas, fiz, trêmulo, minha estreia como orador político. Emocionante!

Buscando forças, busquei artistas em trânsito, como eu.[11] No Chile, encontrei Geraldo Vandré. Pensamos em show como *Opinião*, no Luna Park, estádio no centro de Buenos Aires, com quatro compositores: ele, representando o Brasil; Victor Jara,[12] Chile; Cedrón, Argentina; Daniel Viglietti, uruguaio. Êxito garantido, se estreasse; meios financeiros para montá-la, nulos! Abandonamos a bela ideia.

Fiz, com Cedrón e seu quarteto, show ítalo-portunhol – sempre gostei de misturas! –, *Soy loco por ti, América*, em local prestigioso, apesar do nome: La Cebolla. Com exilados brasileiros, Caldo de Cana. Nada mais justo: estávamos no bagaço...

VIAGEM AO PERU

Não havia espaço: não ser peronista nem comunista criava problemas. Pior: ex-preso político, não me davam trabalho na TV nem me chamavam os empresários da Calle Corrientes. Nem diretores de teatros do Estado, na corda bamba. Preso político? Alguma coisa fez... Estigma.

Continuei viajando em jangada solitária, holandês errante em seu navio, sem porto que o abrigue. Fazia conferências em universidades norte-americanas. Trabalhei no México, Colômbia, Venezuela e Peru, onde estava Darcy Ribeiro, exilado como eu.

Nunca escrevi tantas cartas. O funcionário dos correios ficou amigo e me ajudava a colar selos com a língua. Uma vez eu quis mandar um livro para uma editora estrangeira, mas o preço do envio, inflação galopante, obrigava a colocar mais selos no envelope do que cabiam em sua superfície. Meu amigo não hesitou:

---

11 Eu encontrava amigos brasileiros que davam saudades quando partiam: Chico Buarque (Cecilia traduziu *Fazenda modelo*), Vinicius (Cecilia traduziu um dos seus livros de poemas) e Sérgio Cabral – que jura que eu teria tentado convencê-lo a morar na Argentina. É possível! Encontrei Walmor Chagas, Fernando Peixoto, tantos...

12 Dizem que a ditadura chilena matou Victor Jara cortando-lhe os braços, única maneira de separá-lo do seu violão, sua vida! Dizem outros que foram 35 balas no peito.

rasgou o livro em dois, colocou cada metade em um envelope diferente e encheu de selos as duas faces.

Minha família me seguia, quando podia; a escolarização de Fabián ou o trabalho de Cecilia impedindo, eu ia sozinho. O exílio divide, não soma – separa, distancia. Corta diálogos. Interrompe. Isola. Sofre a família. Um exilado é muita gente dispersa: é demasia! A pena que se purga, de longe ultrapassa a sentença.

No Peru, nasceu o Teatro-Fórum e sistematizei o Teatro-Imagem. O Teatro do Oprimido virou livro.

O Fórum nasceu quando não consegui entender o que me dizia uma espectadora querendo que improvisássemos suas ideias, e eu a convidei a subir ao palco – fantástica transgressão! – e mostrar, ela própria, o que pensava. Convidei-a a *atuar* seus pensamentos, não só *falar*. Ela entrou em cena assumindo o personagem, dividindo-se em duas: ela e o personagem.

Nesse dia compreendi que não era apenas aquela mulher que eu não conseguia entender: não entendia ninguém, nunca. *A palavra que se pronuncia não é nunca a que se escuta*. Quando ela entrou em cena pude ver seu pensamento. "Fazer é a melhor maneira de dizer!" – José Martí, poeta cubano, herói da guerra contra a Espanha.

Invadindo nosso espaço, concretizava sua verdade. Longe o tempo em que ensinávamos tudo, sabichões. Quando violou as regras do jogo, senti alívio: eu não era obrigado a saber, sempre, o bom caminho. Não devia me sentir culpado!

Senti o prazer de perguntar. Antes, pensava que artista era o dono da maior verdade, por artista. Vi que não. Eu era *O artista* e descobri que era apenas um artista, só um, cada vez mais só! *Que alívio descobrir que eu era apenas eu*!

Meu teatro seria, daí por diante, o teatro das perguntas. Sócrates, *Maiêutico*. Quem deveria responder seriam os *espect-atores*!

O Fórum me ensinou a arte de perguntar a boa pergunta!

IMAGEM

O Teatro-Imagem nasceu porque meus peruanos falavam 47 línguas diferentes, maternas. O espanhol, como para mim, era madrasta. Para entendê-los, pedi: façam imagem. Imagem do real e a do desejo. Depois, imagem de como se pode passar do real ao ideal. Façam... e foi fazendo imagens que nasceram as técnicas, desde a mais simples, a da Palavra, até às complexas técnicas introspectivas que nasceram na Europa.

No Peru, escrevi *Técnicas latino-americanas de teatro popular* e *Categorias do teatro popular*.

O Teatro do Oprimido, antes de editado, não se chamava assim. Por que mudou o título? Livreiros argumentavam que ninguém compraria um livro chamado *Poéticas políticas*: poesia ou política? Mudei para *Poéticas do oprimido* em homenagem a Paulo Freire. Outra recusa: em que estante colocar? Poesia? Quem o folheasse, perceberia o engano. Na de teatro? Ninguém o abriria pensando ser poesia.

Quando, pela primeira vez, pronunciei Teatro do Oprimido, soou estranho. Ainda hoje, para alguns, soa *Deprimido*, embora se trate de Revoltado, do que quer lutar, ser feliz. Imaginem se eu o chamasse Teatro da Felicidade, Teatro da Revolução, Teatro do Futuro Inventado! – pretensioso. Ficou como é, agora gosto: *Teatro do Oprimido*!!!

Apesar da repressão, Ênio Silveira, diretor da Civilização Brasileira, mandou imprimir meu livro. Graças ao Ênio, voltei, em livro, em 1974, quando Geisel acabava de substituir o famigerado *garrastazu das mortes*, começando lento, gradual e pouco seguro retorno a uma incerta liberdade.

Homens de coragem, como Ênio, dão coragem.

Em setembro de 1973, Allende foi fuzilado, La Moneda, incendiada, a democracia chilena, enterrada. O que viria a acontecer na Argentina, ao longo de anos, aconteceu em poucos dias no Chile. No Estádio Nacional prenderam milhares, mataram centenas. Pablo Neruda morreu de tristeza.

PASSAPORTE E TERROR

O terror na Argentina recrudesceu com a morte de Perón. Todas as formas de suplício foram aí praticadas. O rio da Prata tragou homens e mulheres amarrados a pedras, atirados por aviões militares.

Mães da praça de Mayo, Las Locas continuam com sua bem-aventurada loucura desfilando, quintas ao meio-dia, ainda hoje, lenços brancos na cabeça, fotos dos filhos no coração. *Sem memória é impossível ser.*

Quis partir, não importava para onde – bastaria ter garantias de vida e trabalho. Não poder trabalhar é aterrorizante. Todos os dias, livres: é trágico! Não vou me aposentar nunca! Vou morrer como Molière, no palco!

Cecilia coescrevia um programa infantil para a TV; Fabián estudava – sua saída da escola de São Paulo tinha sido traumática, seria bom preparar docemente o próximo exílio. Carlos Porto, crítico português, o mais respeitado, convidou-me para temporada lusitana, depois da Revolução dos Cravos. O governo português mandou-me passagem e promessa de contrato. Faltava o passaporte, vencido. Fui ao consulado brasileiro. A recusa nunca foi formal: o cônsul dizia que a autorização ainda não havia chegado. Paciência. Oficialmente: em voz baixa, a verdade – o passaporte não seria concedido.

Esperei um ano. O dinheiro emagrecia. A inflação dobrava a cada volta da esquina. De manhã, quis comprar uma maleta (a ideia de partir não me saía da cabeça!) e vi o preço. Fui à tarde buscá-la: era mais cara. Voltei na manhã seguinte, com o dinheiro do preço da tarde anterior; já não bastava. Desisti de malas e maletas...

Concorri a uma bolsa da Fundação Guggenheim, para escrever livros e ter cobertura internacional. Dore Ashton, jurada, explicou aos demais jurados quem era eu. Fui um dos cinquenta escolhidos.

Escrevi nove livros em três anos, esperando passaporte, incluindo *Crônicas de Nuestra América* e *A deliciosa e sangrenta aventura latina de Jane Spitfire, espiã e mulher sensual.* No primeiro, contei fatos verdadeiros transformados em crônicas; no segundo, usei o estilo James Bond, sexo, mistério e sangue – aprendido como tradutor de *X-9* para contar.... o golpe em gestação.

Além de nove livros, tivemos um filho, Cecilia e eu – Julián Boal, escritor.

A repressão aumentava, explícita. Dois ex-senadores uruguaios foram fuzilados no hall de um hotel central de Buenos Aires: faxineiros limparam o sangue e a vida recomeçou, silenciosa.

Os militares queriam, além de matar, assustar: apaixonados pelo terror. Em carros azuis, sem licença, rodavam ruas, metralhadoras à vista; diminuíam a marcha, como se estivessem seguindo um transeunte – provocação. Se o transeunte sentisse culpa, corria, pensando ter sido encontrado: os soldados, aeronautas, marinheiros, corriam atrás da vítima para investigações – pancadaria.

Nas ruas, sentia, quando em quando, um carro azul deslizando. Se querem uma palavra amena para explicar minha sensação, digo: tenebrosa. Vem de trevas, noite, morte. A morte rodava e rondava, encapuzada em carros azuis que subiam calçadas, furavam luzes vermelhas. Quando soava a campainha de casa, eu estremecia antes de ver um rosto amigo.

Julián nasceu, nós nos mudamos para um apartamento maior: com o dinheiro de peças e livros no exterior, a bolsa, e com as economias de Cecilia, que fazia sucesso com seu programa infantil, pudemos comprar um velho apartamento, no centro, Calle Larrea. Ali recebíamos brasileiros exilados, sábados à noite, para lembrar feijoadas ou *carnes de ferrugem*, que Ferreira Gullar sabia com perfeição, ou peixe da Amazônia, obra-prima do Thiago de Mello. Vinham amiúde Almino Afonso, Flávio Tavares, Flora e Alcir, Ana e Jorge, Zeca, Márcia Fiani e já não sabíamos quem usava nomes de guerra, quem os da pia. Passaram por nossa casa o velho Fratti e o jovem Zara – abrigo temporário.

Falávamos de poesia: numa dessas reuniões, aconteceu a primeira leitura do *Poema sujo*, do Gullar, interrompida pelos aplausos entusiásticos de Vinicius de Moraes, que nos visitava, Martinho da Vila, em excursão, e dez amigos mais.

O assunto principal, no entanto, era o terror. O pianista de Vinicius desceu pra comprar cigarros na esquina do hotel e não voltou. Mortes aconteciam, com ou sem explicação. Amiúde. Assim... porque sim...

Descendo com Fabián menino, indo ao cinema, um homem

passou por nós, correndo; dois vieram atrás, atirando: nos jogamos no chão. Episódios como este não eram raros. Davam medo, mesmo se não aconteciam: podiam.

Idibal Pivetta, caro amigo, aluno, irmão, me telefonou dizendo que entraria na justiça com um mandado de segurança para obrigar o Ministério de Relações Exteriores a me dar passaporte, meu direito. Era arriscado, mas chances existiam. Concordei.

Durante meses recebi cartas de Idibal contando o processo. Jornais argentinos publicavam a notícia distorcida, como se o processado fosse eu, não o ministro golpista. Aumentavam o risco.

Um dia, bela notícia: passaporte concedido. Viva Idibal Pivetta!!! Viva César Vieira!!! Depois do meu, Idibal conseguiu, por jurisprudência, mais de trezentos passaportes de brasileiros ancorados no exílio.

O cônsul explicou que fazia o que mandavam. Eu já tinha ouvido esse argumento de um torturador: torturava porque eu havia caído no seu horário.

Reservei lugar no primeiro avião e fui pra Lisboa. Mal sabia...

Não quero fechar meus olhos.

Não penso na morte, quero viver: preciso desvelar o que me vai n'alma. O passado não se apaga, se esquecido: esconde-se, como úlceras. Por isso, escrevo, falo – quero arrancá-lo de mim! Estendê-lo ao sol.

As ditaduras militares foram-se: ficaram as econômicas.[13] A tenebrosa noite latino-americana, cansada do escuro, amanheceu. Mas, antes que nasça o dia, já se vislumbra a noite...

Já se inventou a *globalização*, que nos vem criar o desemprego, destruir as mínimas seguridades sociais – primeiras vítimas da repressão econômica! A *globalização* impõe o desejo do Mercado: a mediocridade!

---

13 Um país onde o salário mínimo é menor do que cem dólares mensais não se pode chamar democracia. O salário mínimo, como disse um político baiano, vale menos do que uma gravata italiana – a comparação é magnífica na sua monstruosidade: revela a disparidade entre as classes sociais brasileiras.

Bruxas e demônios fervem suas caldeiras. Escrevo em dezembro de 1999 – as bruxas econômicas estão soltas. Vem aí o 2000!

Ainda não se fez dia.... e já é noite!

Teatro é luz, Alvorada. Em épocas como a nossa, afirmação de identidade: não nos deixemos *globalizar*, *fagocitar*, *robotizar*. Sejamos quem somos – é preciso coragem para se ser quem se é. Sei que meu nariz é grande e minhas orelhas desiguais: mas sei que sou assim, esse sou eu!

Não me entrego!

Teatro é desejo, luta corporal, defesa pessoal. Teatro, se fala a verdade, propõe a busca de si mesmo, a de si nos outros e a dos outros em si. Propõe a humanização do ser humano! Isso não se faz sem luta.

Hoje, teatro é uma Arte Marcial!

CAPÍTULO 24 EXÍLIO E TEATRO DO OPRIMIDO

Vendo a vida até agora, vejo: houve coerência!

Busquei um *estilo brasileiro* em laboratórios, dirigi Seminários de Dramaturgia: queria que falássemos de nós com nossa voz e nosso rosto. Não gostava do teatro importado, embrulhado pra presente – pátria existia!

Cansei do realismo e encontrei, nos clássicos, a metáfora. Não para vulgarizar a cultura universal, milho às galinhas, pérolas aos porcos: para encontrar, em obras distantes, nossa cara de hoje.

Nos musicais busquei confissões, relações entre um suposto passado heroico e o presente pusilânime. Meu teatro sempre foi moral!

Sonhei o Espectador-Protagonista – dissesse sua palavra. No Teatro-Jornal renunciamos a dar ao público o produto acabado e lhe oferecemos os meios de produção – *era preciso que todo mundo descobrisse o teatro que trazia dentro de si*. No Peru, vi vida vibrante invadindo a cena cristalizada. *Era a transgressão necessária a qualquer liberação!* Com o Fórum, estruturou-se o Teatro do Oprimido.

O TO permitiu que eu voltasse a escrever sobre mim, testemunha: o *Murro* e um romance, *Suicida com medo da morte*. Na Europa, *O arco-íris do desejo* – a polícia patrulhava ruas e se ocultava em nossas cabeças.

Voltei ao Brasil, vi ser necessário articular o Teatro Legislativo. Queria ver nosso Desejo transformado em Lei.

O TO fazia manifestações políticas, era política; recolhia-se na intimidade das opressões internalizadas, psicoterapia; nas escolas, pedagogia; nas cidades, legislava. O TO se superpunha a outras atividades sociais, invadia searas e se prestava às invasões. Onde o teatro?

Para mim, no exercício da liberdade. Esta minha maior coerência: em busca da paz – nunca da passividade! – *exerci e defendi a liberdade.*

Em 1998, comemorou-se o centenário de Brecht (Lorca e Kusnet, também). Participei de mesas-redondas. Quis explicar minha relação com Brecht e com a história do teatro. Como via a incessante luta da vida aprisionada pelos rituais teatrais.[1] Em um desses encontros, falei assim:

O PROTAGONISTA INSUBMISSO

Poucos documentos se conservaram sobre o início do teatro na Grécia, cuja tradição seguimos. Com poucas provas documentais, relatos fragmentados, somos obrigados a imaginar esse começo: estamos condenados à Imaginação!

Na Grécia antiga – como em qualquer lugar –, depois de árdua tarefa coletiva, os homens gostavam de celebrar o fim da ordem. Para que seja possível qualquer atividade em equipe, a disciplina é indispensável. Construindo a casa, o pintor não pode pintar antes que se ergam paredes; o teto conclui a obra levantada, depois dos alicerces, jamais ao contrário.

Na construção, disciplina é obrigatória. Findo o trabalho, não. Na festa da cumeeira, trabalhadores tomam cerveja, alegres, cantam e dançam. A língua se destrava, os braços se alongam, a

1 O teatro sempre foi grito de liberdade e sempre foi prisão – depende de como se usa.

licença se espraia – a censura adormece, antes que a boca se cale. Rompeu-se a disciplina: missão cumprida.

Assim na Grécia, na colheita: lavradores plantavam, disciplinados, sol a sol, semanas e meses; vinha a colheita da uva e vinha o vinho. Era normal que se embriagassem, cantassem e dançassem em homenagem a Dionisos, deus da alegria, deus do porre. Álcool era fundamental, não acidente: estopim da liberdade.

Danças e cantos dos lavradores gregos, finda a colheita, eram tão espontâneos como, hoje, os do pedreiro, feita a casa. Vinham da alma. Anarquia criadora. Que podia, porém, ser devastadora.

Foi preciso conter a liberdade dentro de parâmetros, impor limites – mas pode ser livre a liberdade algemada? A aristocracia achava que sim. Se o trabalho, antes, era disciplinado, agora, a liberdade tinha que ser vigiada, por perigosa! Podia, caso extremo, destruir o construído.

Contradição necessária: livre, o corpo inventava a dança, a que trazia dentro; livre, o corpo bailava no espaço e no tempo! Interveio o coreógrafo, traçou o movimento, explicou o gesto, marcou o ritmo, limitou o espaço. Veio o poeta, escreveu seus versos: não mais pensamento liberto, criativo caos: entrava em cena a premeditada ordem.

O poema e a coreografia foram avanços. Mas a liberdade findou-se. Inaugurou-se algo mais solene que as explosões de Baco, o Canto Ditirâmbico. Esse canto era o grito aprisionado, clamor com rima e ritmo, implosão consentida. Selvageria civilizada. Alegria cronometrada, bem dosada. E o espetáculo, que não era isso, passou a ser: todos dançando a *mesma* dança, cantando o *mesmo* canto religioso.

Thespis era homem polivalente: poeta, coreógrafo, ator e bêbado.[2] Escrevia poemas e, misturado ao coro, cantava. Desenhava movimentos e os executava na procissão ditirâmbica em coletiva harmonia. Artista obediente, obedecendo-se a si.

Um dia, veio ver seu espetáculo o grande Sólon, legislador, o que acabava de revogar o Código Draconiano – Dracon até hoje dá medo com seu *dente por dente* que se tornou bíblico, *olho por olho*, cegueira. Sólon via longe, era o legislador que promulgara

2 É o que se dizia... não sou testemunha.

uma legislação democrática. Só pra dar ideia de quem era o homem, digo que, entre outras coisas, Sólon teve intuição genial: determinou que todos os cidadãos fossem perdoados de todas as dívidas. Jubileu! Tudo zerado: ninguém devia nada a ninguém. Foi ótimo! Todos os devedores adoraram! Credores, nem tanto!

Sólon perdoou dívidas de até então, mas não aboliu a injusta distribuição das terras, latifúndios causadores de novas dívidas, maiores. Sólon fazia tudo pela metade: não acabou com a prostituição, mas foi o primeiro homem público a criar zonas de meretrício para mulheres públicas. Boa parte da Grécia virou zona!

Sólon, todo-poderoso, veio ver o espetáculo! Sólon, na plateia: foi um Zeus nos acuda! Tremores de felicidade e medo! Será que vai gostar?!

Sólon, apoiado em bastão de dente de elefante líbio – era coxo! –, sentou-se na primeira fila. Ditirambos eram cortejos religiosos, andarilhos, mas havia – então, como agora – lugar para autoridades, espécie de praça da Apoteose, onde os coristas evoluíam com mais ardor religioso. Sólon, chefe do governo, tinha aí cadeira cativa.

Começou o espetáculo, bem-comportado. No meio do poema, Thespis não se conteve. Sentiu uma coisa estranha, gritou: “Me segura que eu vou ter um troço!”.

Ninguém segurou. Aí ele saltou fora do coro e... replicou. Sentiu aquela coisa, aquele troço, e começou a dizer o que lhe veio à cabeça! Estava possuído, como sacerdotisa de Baco. Falou da cidade, da política, dos homens e das leis! O que, no começo, parecia caco de ator indisciplinado, piada irresponsável, tornou-se discurso articulado. Perigoso.

Espanto! Assombro! Medo! Um simples corista ousara replicar! Mais: na frente do chefe do Estado! Se ele o fez, era possível fazê-lo! E ninguém havia pensado nisso... Todos continuavam obedientes, falando em coro... e a liberdade era possível! Mas ninguém sabia.

Thespis replicou a valer, endiabrado! O coro cantava poesia, ele replicava em prosa. O coro cantava a moral vigente, a religião – ele proclamava suas ideias, adornadas com suas próprias palavras, escolhidas no instante, a seu bel-prazer.

Que belo prazer!

Perplexidade: o que seria aquilo?!? No coro, todos cantam e dançam *em coro*, como convém! Como seria possível a um homem, por mais Thespis que fosse, saltar da rígida formação coreográfica e contestar, dizer um desafiante não ao obrigatório sim!?!

Sólon, calado, como quem não quer nada, fingia que não era com ele, não tinha escutado direito, meio surdo, deixa pra lá, mas... mas... Depois do espetáculo foi aos camarins visitar os artistas, dar parabéns – legislador popular, devia revelar cortesias!

Pausado, perguntou a Thespis: "Você não tem vergonha na cara de mentir assim, conscientemente, diante de tanta gente? O coro tão bonito, dizendo a verdade, afinado, conformado. Vem você e mente, deslavado!".

Thespis protestou que não estava mentindo: dissera sua verdade. Sem se dar conta, Thespis havia criado o Protagonista, o Proto, o Primeiro, o que está só, o que se rebela, pensa e age por si mesmo – sem *mimesis*, sem mimetismo, sem imitar ninguém! –, descobrindo-se quem é, abrindo caminhos, mostrando o possível, tornando-se aquele que se embrenha no desconhecido. Erra, mas aceita consequências – sempre existem, castigos vêm a cavalo!

Thespis olhou Sólon, cara a cara, e replicou, inconformado: "Não tenho vergonha, não, senhor Sólon, porque não menti! Isto que o senhor viu, não é a realidade: é um jogo!".

Usou a palavra *jogo* no sentido de *representação*, como os franceses dizem *jeu* ou os ingleses, *play*. Na verdade, quis dizer: teatro, ficção, possibilidade, imagem ou, quem sabe?, *representação do real*.

"Mesmo assim, é perigoso!", treplicou Sólon. "O povo pode não compreender esse seu *joguinho* e pode-se deixar influenciar... Daqui a pouco, esse jogo, essa mentira, pode contaminar nossos costumes... Isso não é bom. Só é bom o que o coro canta, o que estava escrito e foi lido por nós, antes de ser cantado por vocês. Essas invenções libertárias são perigosíssimas!"

Para assustar Thespis, deu exemplo de castigo atroz: "Veja o que aconteceu com Prometeu: gente boa, deu passo falso – aos homens deu o fogo, é perigoso! Fogo queima. Prometeu deu o mau exemplo: mostrou que aquilo que pertence aos deuses pode ser usado pelos homens. O fogo era *jogo*, mas queimava: Prometeu acabou acorrentado no rochedo, o fígado devorado pelos urubus. Por quê? Porque hoje é o fogo, amanhã o que será? Os homens são gananciosos, querem sempre mais...".

Concluiu, ameaçador: "Com você, a mesma coisa: não importa o que você disse, as palavras que pronunciou: importa que *você disse que é possível dizer*! Falou que é possível falar. Mostrou que cada um pode pensar com sua cabeça, escolher suas palavras! Isso é mau! Mau exemplo! Eu sei que pode, sim, mas não quero que se saiba!".

Antes de ir embora, resmungou: "Não faça mais isso não, viu? Eu não gosto... Nada, nada, nada!". Com essa frase lapidar, quase que o teatro ocidental deixou de ser inventado...

Thespis teimoso, caturro, mesmo encurralado, queria continuar Protagonista. Gostoso ser Protagonista: queria continuar protagonizando sua vida, mesmo que coristas continuassem coreando a letra, cantando afinados no mesmo tom. É difícil voltar a ser coadjuvante depois de se ter sido Protagonista... Ninguém gosta.

A plateia dessa estreia memorável – tirando os rabugentos, sempre os há! – adorou a ideia, queria mais. Improvisar é viver! Impasse. Fazer o quê, agora? Thespis achava que não ficava bem dar a impressão de mentir, e não queria mentir dizendo que mentia: seria mentira dizer que mentia! – não era verdade que mentisse: dizia a sua verdade. Que era uma das verdades possíveis.

O coro, ansioso, perguntava: "Como é que é? Faz o quê, agora?". Ninguém sabia. "Pode ou não pode?! Corta ou não corta?! A gente gosta, mas o chefão aí parece que não apreciou não... olhou de soslaio..." Onde a verdade, onde a mentira? Sua verdade negava a verdade do coro que por sua vez, negava a liberdade. Se alguém mentia, não era ele! E agora?

Pra que ninguém mentisse e todos pudessem dizer sua verdade, Thespis, homem criativo, teve outra ideia fantástica: inventou o disfarce – a Máscara ("Esse, que se parece comigo, não sou eu, é outro: o Personagem!"); e o Figurino ("Não me visto assim, o Personagem, sim, assim se veste!"); e calçou Coturnos ("Sou baixinho, o personagem alto, enorme!") .

Caracterizado, o Personagem não era Thespis: era o *Outro*.[3] Ator e Personagem – antes uma só carne[4] – agora se divorciavam e passavam a dois, Homem e Máscara. Thespis pôde continuar sendo ele, disfarçado no Outro, dentro do Figurino, em cima dos Coturnos e atrás da Máscara.

Porque era sem ser, a arte do ator ficou conhecida na Grécia como a arte do Hipócrita – isto é, aquele que finge ser quem não é. Fingia ser, sendo, porque é claro que era; se não, não poderia ser... Mesmo que fosse só um parecer, esse parecer *era*! Na arte do Ator, existiam dois: o Ator – escondido atrás da Máscara – e a Máscara, ela própria. A arte do ator era assim chamada: Hipocrisia.

Por favor, não contem a ninguém, mas fica aqui provado que o Teatro e a Hipocrisia nasceram do mesmo ventre, no mesmo dia. Essa divisão do mesmo ser em dois, dicotomia – Ator e Personagem –, é, desde então, um dos temas mais fascinantes do teatro... e da psicologia.

Thespis impôs sua criação, mas foi obrigado a ceder em ponto grave. Na temporada seguinte, voltou a procurar o seu mecenas, protetor das artes. Espetáculos, como hoje, custam caro: alguém tem que pagar a produção. Naquela época, Mecenas (hoje na Broadway chamam-se Angels; na França, Ministère de la Culture; no Brasil, incentivos fiscais, Lei Sarney-Rouanet). Mecenas são mais velhos do que a sé de Braga. O de Thespis era um milionário de bom coração, mas sabia o que queria: era milionário.

"Compreendo, caro Thespis. Você é um verdadeiro artista, criador, gênio – vai ficar na História, tenho certeza. A ideia de inventar o Protagonista, o que fala o que quer, diz o que lhe vem à cabeça, é ideia maravilhosa. Sinceros parabéns!"

---

3 Fica esta constatação clara: esse *Outro* que Thespis afirmava que não era Thespis era o *Desejo* de Thespis. Já aí se consumava a partição do eu – o *eu*, ator e o *eu*, personagem. Ambos Thespis!

4 Antes do Protagonista thespiano, o Personagem, a rigor, não existia: o poema que saía pela boca dos coristas neles havia sido enfiado pelos ouvidos, sem passar pelas regiões mais complexas e obscuras do cérebro... A maior parte do coro não sabia o que dizia: decorava a letra e o tom. Escola de samba.

Thespis feliz, mas o mecenas não tinha acabado, faltava o pior. "Acontece que eu não sou artista: sou produtor. Meu nome fica ligado ao seu. O que você disser, em cena, é como se eu dissesse. Veja bem, caro Thespis: não posso botar meu dinheiro em peça cujo conteúdo só vou conhecer no dia da estreia. Não faço censura, juro que não, longe de mim! Todo artista deve ser livre. Mas, pra gastar o meu dinheiro, preciso saber no quê! É justo que você diga o que quiser; é justo que eu só pague pelo que me agrade. Encurtando a conversa: se você quiser continuar recebendo o meu dinheiro, me entregue o texto escrito *antes* de começar os ensaios, porque não gosto de surpresas desagradáveis, viu?... Quero ler não só as palavras do coro, mas também os improvisos do seu Protagonista!"

Triste: improvisações não podem ser censuradas, pois deixam de ser criação instantânea. E o teatro grego – digam os historiadores o que quiserem! – era teatro censurado: pelos Mecenas, que, com suas primitivas *leis de incentivo fiscal*, financiavam só espetáculos que lhes convinham; e pelos sacerdotes de Dionisos. No teatro da Acrópole ateniense, ainda hoje pode-se ver, imponente, a marmórea e solitária poltrona do sacerdote de Dionisos! Censor na primeira fila!

Ésquilo, aristocrata, inventou o Deuteragonista. Agora, existiam dois Protagonistas, um podendo confirmar ou contrariar o outro. Sófocles, outro nobre, inventou o Tritagonista! Poetas trágicos tinham agora três atores à sua disposição, três Hipócritas, portando Máscaras: o número de personagens podia ser maior, cada ator representando mais de um, pois não seria reconhecido, mudando a Máscara, sombreando a voz.

Consumou-se de vez a Hipocrisia: a separação entre Ator e Personagem, o divórcio impossível – Thespis era ambos, como todo bom ator. Hipocrisia complexa: o ator fingia ser quem não era e era quem fingia ser!

A coisa estava indo longe demais: o coro continuava cantando a História Oficial. Mas, com a invenção do Diálogo, ideias podiam se contrapor e nada garantia que aquela que o poder desejava ressaltasse soberana. Diálogo é sempre perigoso porque cria a *descontinuidade* entre um pensamento e outro, entre duas opiniões, possibilidades – entre elas, instala-se o infinito; nele, todas opiniões são possíveis, todos pensamentos permitidos. Quando existem dois e não apenas o Pensamento Único, Absoluto – a criação é possível! Diálogo é democracia! Monólogo, não!

Só de pensar nisso, Platão, apavorado, nervosíssimo, vociferou: "Olha aqui, ei, vocês aí: na minha República, teatro não entra! Fora daqui! Nem pensar! Era só o que faltava, ora veja! Que peste! Teatro, que coisa! Sai pra lá!".

Gritava pelas ruas, porta em porta: "Este mundo em que vivemos é corrompido!", dizia, com toda razão, como se estivesse falando de nós, brasileiros, hoje em dia... "É a corrupção do mundo ideal, que *é* mas não *existe*, esse sim, perfeito, divino, maravilhoso: o Mundo das Ideias! Somos pálido reflexo, esfuminhada reles sombra do que deveríamos ser. O teatro é pior ainda! É sombra dessa sombra, pálida palidez, corruptela da corrupção! Abaixo o teatro!"

Platão esbravejava, furioso! O homem estava danado mesmo. Aristóteles, não – balançava a cabeça, sorrindo, contente por contrariar o mestre: "*Amicus Plato, sed magis amica Veritas!*", disse em bom grego arcaico, que, na época, era moderno, mas que nos chegou em latim, língua que Aristóteles absolutamente não dominava, garanto.

Traduzindo em bom português, Aristóteles disse que era amigo de Platão: "*Amicus Plato*". Era, porém – "*sed magis amica Veritas*" –, mais amigo da verdade.

Aristóteles explicava: "A coisa não é bem assim como o Platão anda dizendo por aí, não, ele não entendeu direito. Na minha opinião, o Protagonista pode errar à vontade e, mesmo que os espectadores se deliciem com seus erros, gozem o mesmo gozo..." – e usou a palavra Empatia, querendo com isso dizer que os espectadores ficavam tão identificados com o Protagonista que interrompiam, por um momento, seus próprios pensamentos e pensavam com a cabeça do Protagonista, anestesiavam suas emoções e se emocionavam com as dele. Em outras palavras: a Prótese do Desejo.[5] O Protagonista, que se havia divorciado do Ator, casava-se com o Espectador, subjugado, casava-se com a Prótese instalada dentro dele.

---

5 Leia o *Teatro legislativo*, onde este conceito é examinado.

Aristóteles continuava: "Mesmo assim, gozando o gozo proibido, não tem a menor importância não, porque, como muito bem disse aí o Thespis, isso é *jogo*, é *representação*".

Os transeuntes platônicos não concordavam: "Estou entendendo, mas, mesmo assim, sabe-se lá... goza na representação, vai querer gozar depois na realidade... Não pode não, *qué qui* é?".

"Aí é que vocês e o Platão se enganam, redondos! Deixa gozar com o erro, pecar à vontade, na ficção: basta que, lá pelo meio da tragédia grega, as coisas comecem a andar mal para o Protagonista (e pro Espectador, que vai de reboque!), e pronto. Depois de um começo fulgurante, começa tudo a dar pra trás. Vamos chamar essa reviravolta de Peripécia – é sempre bom dar um nome pra cada coisa: ficam mais claras, entendem-se melhor. Assim, a tragédia deve ter duas partes: antes e depois da Peripécia. Antes, o gozo; depois, o sofrimento... E deve acabar, para o Protagonista, com uma bela duma Catástrofe, se me permitem outro termo técnico, que usarei doravante."

"Catástrofe pra ele, muito merecida, entendi. E para os espectadores, nada? Acaba em quê?", perguntavam passantes, perplexos.

"Para eles, Catarse!", e deu um grito: "Isso mesmo: *Catarse neles*! Os espectadores têm que sair do teatro pu-ri-fi-ca-dos!!! O erro – que eu, se me permitem, pretendo chamar de Harmátia –, o erro, primeiramente, é estimulado na emoção da plateia, pra ser depois expulso pela razão...".

"É, mas aí a plateia pode se desligar da peça, quando começar a reviravolta, que o senhor chamou de Peripécia. Pode dizer: 'Comigo ia ser diferente!'. Goza o gozo e vai embora com o mau exemplo na memória, o desejo ruim no coração, sem engolir a moral da história..."

Aristóteles, que podia ter ideias conservadoras, mas era inteligente à beça, explicava o seu plano maquiavélico: "Vejam bem: os espectadores estão Empaticamente identificados com o Protagonista, pensam com a cabeça dele, sentem com o seu coração. Basta que o próprio Protagonista se arrependa, que faça um belo mea-culpa, e estará tudo resolvido. A essa confissão, eu, nomeando bois, vou chamar de Anagnorisis. Gostaram?".

Todos tinham gostado e, ainda melhor, entendido.

"Pela Empatia – coisa preciosa e indispensável, que casa Espectador e Protagonista, que proteticamente implanta naquele o desejo deste! – os espectadores, ouvindo a confissão do herói, estarão fazendo sua própria confissão, prometendo a si mesmos nunca mais errar. Os erros do Protagonista servirão para consertar o comportamento dos espectadores, pra desentortar o entortado."

Pra que não ficassem dúvidas, esmiuçava: "Vejam bem: a tragédia é a imitação de uma ação. Mas imitar não significa *copiar, macaquear*: significa *recriar o princípio das coisas criadas.* É força viva, dinâmica. Assim, a tragédia vai fundo no coração dos espectadores e modifica seus comportamentos inaceitáveis pela sociedade. A tragédia torna os espectadores aptos para o *convívio social.* Mas quem dita as normas desse convívio não são os espectadores: é o poeta e, por trás dele, o poder político e econômico: Sólon e os Mecenas".

Tão maravilhado ficou Aristóteles com o seu próprio raciocínio, tão convencido, que foi correndo pra casa escrever um livro muito inteligente, ao qual deu o delicioso nome de *Poética* – livro que recomendo à leitura atenta de todos.[6]

Durante anos, séculos a fio, essa ficou sendo a história oficial da Tragédia. Camisa de força na explosão thespiana.

A bem da verdade, devo dizer duas coisas: primeiro, é claro que os trágicos gregos, nem todos e nem sempre, obedeciam a essa *Poética* – alguns se rebelavam, muitos morreram antes de ela existir, outros nem tomavam conhecimento dos seus preceitos; ela, no entanto, existia como modelo e meta. Segundo: Aristóteles não tinha esse descaramento que eu aqui revelo; era gente fina, habituado aos subentendidos, nuanças. Eu, coitado de mim, venho da Penha, bairro proletário, ao norte do Rio de Janeiro, longe das sofisticações. Tenho que ser mais direto, objetivo. Dizer a verdade nua e crua! É meu destino – a isso estou condenado.

---

6 Além da *Poética*, leiam também outros livros meus: *Teatro do Oprimido*, *Jogos para atores e não atores*, *O arco-íris do desejo*, *Teatro legislativo* e, sobrando tempo, *Crônicas de nuestra américa*, *O suicida com medo da morte*, *Jane Spitfire*... e, principalmente, este livro até o fim! E também, importantíssimo, *As imagens de um teatro popular*, de Julián Boal.

Depois de séculos, Brecht, escrevendo sobre Aristóteles, deu uma sugestão. Começou dizendo que essa história de Empatia era boa pras classes dominantes, que dominavam até a ideologia dos personagens; mas, para os trabalhadores, não servia: ajudava a perpetuar a exploração. *Ipso facto*: abaixo a Empatia. Em lugar dela, tome *Verfremdungseffekt*!

O que era isso, essa coisa, esse nome exótico? *Verfremdungseffekt* significava: "ver de longe, sem se envolver". Como quem observa, pensa e conclui com a sua própria cabeça. O Ator já não se esconde atrás da Máscara, sai e mostra-se ao seu lado, e a contradiz abertamente, com ela entra em conflito. *O mesmo que Thespis fazia com o coro, Brecht fez com o Verfremdungs*. A dualidade, que antes se concretizava no desafio Protagonista versus coro, tornava-se agora Ator versus Personagem. O verdadeiro Protagonista Insubmisso passa a ser o Ator (e o Poeta) e não o Personagem!

Nos espetáculos de Brecht, no entanto, a relação intransitiva entre palco e plateia permanece. O palco pertence aos personagens e atores. Mesmo quando o dramaturgo critica o comportamento do Personagem, quando o denuncia, é o Dramaturgo ou o Ator que o fazem – não a plateia! Através de canções, comentários, afastamento, o dramaturgo revela e se revela, expõe seu pensamento. Não se esconde atrás de personagens, com eles não se amalgama, mas o palco permanece sua propriedade privada, seu espaço e território.

O espectador, imobilizado, é estimulado a pensar de uma forma apresentada como a forma *correta* de pensar, a *Verdade*; quem o diz é o Dramaturgo, que indica o caminho: afirma, não pergunta. Estamos longe da maiêutica socrática, perto do centralismo democrático de alguns partidos políticos.

Mesmo em Brecht, só o dramaturgo toma a palavra – e com ela o poder! –, e não o cidadão. É verdade que, em certa época, Brecht ensaiou formas mais participativas de teatro; preconizou a dinamização da plateia. Em alguns dos seus poemas, intuiu a possível utilização do teatro pelos espectadores, tornados artistas. Mas, em seu grande teatro, o muro entre palco e plateia não veio abaixo.

Da minha parte, eu *amicus Verfremdungseffekt*... porém acho que se pode ir além. *Sed magis amica theatrum oppressi*...

Não se deixar invadir pelos personagens é grande avanço. Não nos deixemos invadir. Mas... será só isso? Ator e personagens devem continuar dominando o palco, seu território, enquanto eu permaneço imóvel na plateia?

Penso que não. Penso que podemos caminhar mais longe: invadir é preciso! O espectador deve não apenas liberar sua consciência crítica, mas também seu corpo. Invadir a cena e transformar as imagens que aí se mostram.

O ato de transformar é transformador.

O espectador deve *encarnar* no Personagem, possuí-lo, tomar seu lugar: não para lhe obedecer, mas para guiá-lo, mostrar a vereda que julga certa – nisso será, democraticamente, contraposto às proposições dos outros espectadores, igualmente livres para a tomada da palavra!

Deve ensaiar, com sua cabeça e coração, estratégias e táticas de luta, formas de libertação.

O Protagonista Insubmisso separava-se do coro, rebelava-se. A Máscara escondia o Ator atrás do Personagem. O teatro realista tornava a fundir os dois, dissolvendo o ator, submetido ao comando empático do Personagem. Brecht propunha-se, outra vez, a separá-los – Ator e Personagem – para que o Espectador pudesse contemplar os dois ao mesmo tempo: eu ou ele? Mas Brecht acabava celebrando o casamento entre o Poeta (através do Ator) e o Espectador, que continuava chefiado, como nos casamentos antigos: manda o Poeta, o que detém a verdade. O Espectador continuava esposa antiga...

Eu, Augusto Boal, desejo que o Espectador se assuma como Ator, invada Personagem e o palco, ocupe seu Espaço e proponha soluções.

Essa invasão é transgressão simbólica. Simbólica de todas as transgressões que teremos que fazer para que nos libertemos de nossas opressões. Sem transgressão – não necessariamente violenta! –, sem transgressão dos costumes, da situação opressiva, dos limites impostos, ou da própria lei, que deve ser transformada – sem transgressão não há libertação. Libertar-se é transgredir, transformar. É criar o novo, o que não existia e passa a existir.

Libertar-se é transgredir. Transgredir é ser. Libertar-se é ser.

Invadindo a cena, o espectador pratica, consciente, um ato

responsável: a cena é uma *representação do real*, uma ficção; ele, porém, espectador, não é fictício: existe em cena e fora dela – *metaxis*![7] –, o espectador é uma realidade dual. Invadindo a cena, na ficção do teatro, pratica um ato: não só na ficção, mas também na realidade social, que é a sua. Transformando a ficção, ele se transforma a si mesmo.[8]

Libertar-se é ser.

Naquele ano de 1976, no entanto, eu ainda não tinha essa clareza. Quando saí da Argentina, boa parte do Arsenal na mala, fui para Portugal levando esperanças. Não me dava conta de que a revolução portuguesa se chamava *a dos cravos*. Cravos são flores; flores fenecem. Quando chegamos, os cravos revolucionários estavam secos, perfumes tristes.

CASA PORTUGUESA, COM CERTEZA

Murchos, exalavam memórias. O governo, que me havia convidado, demorava a assinar contrato. Céu Guerra e Hélder Costa, diretores d'A Barraca, me propuseram ser o diretor artístico do grupo. A Fundação Gulbenkian aceitou pagar meu salário e começamos a ensaiar *Tiradentes*: o colonialismo português. No Brasil, atores imitavam lisboetas; em Lisboa, o contrário.

O governo assinou, pressionado pela classe teatral, o contrato prometido, reduzido a seis meses... No fim de dois, artistas se revoltaram contra medidas do Ministério. Não tive a menor dúvida em me colocar ao lado dos companheiros, participando em uma manifestação pública. O ministro rescindiu meu contrato. O cravo não machuca a flor – diz a canção de Nelson Cavaquinho. Eu, que nunca fui flor, saí machucado: perdi a terça parte do meu salário, o aluguel.

---

7 Pertence, simultaneamente, aos dois mundos, o da realidade e o da representação dessa realidade.

8 Libertando-se, paradoxalmente, o espectador nos liberta e nos permite exercer, plenamente, a nossa arte. Temos o direito de falar porque somos capazes de ouvir.

Encenei, de Hélder, música de Zeca Afonso, "Zé do telhado", e de dezenas de artistas a *Feira portuguesa de opinião*, no Museu de Arte Moderna, com o título de *Ao qu'isto chegou!*; marginalmente, montei um pálido e esquálido *Zumbi*.

Eu lecionava no Conservatório Nacional. Outro ministro, o da Cultura, convidou professores, inclusive Carlos Porto e eu, para reformularmos o conservatório. Em seis meses chegamos ao que nos parecia o programa perfeito.

O ministro nos recebeu com salamaleques e biscoitos finos. Ouviu nossos projetos, entusiasmado, quase nos condecorou com pesadas medalhas pátrias. Na porta, despedindo-se, lembrou detalhe importante: pela manhã, havia assinado decreto que nos exonerava. Estávamos no olho da rua, todos. Se quiséssemos retornar, teríamos que fazer exame diante de banca constituída pelos professores mais reacionários do país. Perdi o segundo terço do meu salário...

Os cravos tiveram o trágico destino de todas as flores: a lata do lixo.

Passei dois anos em Portugal. Não fiz nada novo em relação ao Teatro do Oprimido. Apenas um espetáculo de Fórum, no Porto, na rua onde um torturador do serviço secreto havia sido capturado e, depois de assembleia popular, libertado; livre, matou um revolucionário. Um grupo encenou a captura e, na rua, no lugar do fato verdadeiro, fez-se o Fórum.

O fato de ser feito anos depois, no lugar da ação real, intensificava o debate; diacronia nada melancólica – exaltava. Passado revisitado. Reflexão.

Visitei Justes, terra dos meus pais. Encontrei tia Bárbara, noventa anos encurvados, vestido de luto fechado: serviu vinho, pão e presunto. Valeu a viagem: visitei a janela de onde minha mãe olhava meu pai. Bendita janela! Caminhei na rua em que se deram as mãos pela primeira vez. Imaginei o riso, arrepios.

Lisboa, dois anos, longa espera. Almoçando em minha casa com Paulo Freire, sua primeira mulher, Elsa, assessores, e mais Darcy Ribeiro, minha mãe, chegada do Brasil, disse que trazia carta do Chico Buarque. Eu havia escrito ao Chico duas ou três, sem resposta. Pedi pra ler, ela me deu uma cassete: "Meu caro amigo", com sua voz e o Francis Hime ao piano. Ouvimos em silêncio as lembranças que nos mandavam.

Catarse coletiva. O recado, *coisa preta*, era conselho: não volte, não é tempo ainda! Darcy conta esse episódio no seu *Aos trancos e barrancos*. Não conta, porém, nossa tremenda emoção, ouvindo o "Meu caro amigo": não sou eu que vou contar... Adivinhem. Como hão de adivinhar a importância, para exilados e banidos, da solidariedade dos que ficaram. Carta de amigo, mesmo rabiscada a lápis, era consolo e estímulo. Os que não se exilaram nunca, talvez não tenham ideia do bem que nos faziam, escrevendo, contando até corriqueiras banalidades: bastava. A lápis... Imaginem carta cantada...

Nunca joguei fora uma carta. Se não chegavam novas, relia as que tinha.

Em Portugal, escrevi tristezas. Pra quebrar meu imobilismo lusitano, trabalhava em outros países criando grupos de TO. Jack Lang me convidou pra trabalhar em Nancy. Curioso: meus alunos, vindos de diversas profissões, apaixonavam-se pela ideia de que "somos teatro, mesmo que não façamos teatro"; meus dois assistentes – casal de estudantes venezuelanos – abominavam tudo que não fosse Beckett, Artaud, Ionesco. Eu também gostava, mas, apesar, queria inventar outro teatro, urgente: eles faziam cara de tédio. Só entendiam o teatro consagrado, diplomado com carimbos universitários. O não sacramentado parecia-lhes amadorismo. Confesso, me davam raiva. Foi a eles – contra eles! – que dediquei a frase que me deu dissabores: *Todo mundo pode fazer teatro: até mesmo os atores!*

Frase insolente, escrita com relativa raiva, mas que podia ser entendida em candidez. Frase inocente, ingênua. Pena que tenha sido mal interpretada por quem nela leu desprezo – coisa que nunca tive.

Dá-se o contrário: sou diretor que ama seus atores. Para mim, o ator é o centro do universo teatral. A frase esclarecia que todos temos a *vocação* do teatro. Usamos na vida real a linguagem teatral – corpo, espaço, voz, ideias, paixões! Como Monsieur Jourdain, que falava em prosa sem se dar conta: falamos teatro! *Teatro é a linguagem humana por excelência.*

Escrevi essa frase em *Jogos para atores e não atores*. Até o título parecia acintosa provocação, como se jogos pudessem ser praticados por qualquer um, desnecessária a especialização. Atores reclamaram.

Tentei consertar e escrevi: "Todo mundo pode fazer teatro: até mesmo *os bons atores*!". Deus nos acuda. Minha intenção, honesta, clara e simples: maus atores representam sempre um só personagem – eles mesmos. Estão excluídos do verdadeiro teatro por incapazes da aventura da criação, pois essa é a arte do ator. Mesmo maravilhosos *entertainers*, sempre iguais a si mesmos, não são atores no sentido técnico da palavra.

De todas as profissões, a do ator é a mais bela: enquanto cada um é quem é – esquizofrênicos podem se dividir em dois ou mais personagens obsessivos, sempre os mesmos! –, o ator pode ser, hoje, Einstein, Chaplin, Gandhi e, amanhã, lixeiro, coveiro, pária analfabeto.

Eu quis dizer – creio ter dito! – que o ser humano é capaz de mergulhar nas suas profundezas e emergir com personagens insuspeitados, potencialidades escondidas, submersas na sua recôndita pessoa. Ser ator significa mergulhar esse mergulho, despertar personagens que borbulham na panela de pressão do nosso inconsciente.

É belo ser ator. Somos todos capazes – *menos aqueles que fazem, da profissão de ator, seu único personagem.*

Loreta e Carlos Valadares, exilados na Suécia, convenceram Inger Ziefeld, Claes Von Rettig e Margareta Södeberg a me convidarem, sem me conhecerem, para lecionar no Instituto de Arte Dramática de Estocolmo e dirigir oficinas nos Festivais de Skeppsholm. Henry Thorau convenceu diretores alemães; Anne Martinoff me levou a sindicatos da Bélgica e, de amigo em amigo, cidade em cidade, passei por Suíça, Noruega, Dinamarca, Itália e acabei em Bollène, sul da França, em oficina para professores do Movimento Freinet, mostrando técnicas pedagógicas do Arsenal do TO. Dirigi oficina em Paris, no Aquarium da Cartoucherie de Vincennes, para atores profissionais.

Vieram convites decisivos: de Émile Copfermann para publicar, nas Edições Maspero, o *Théâtre de l'Opprimé*; de Bernard Dort, para ocupar uma cadeira na Sorbonne-Nouvelle, Paris III: o titular estava em Londres. Já não tínhamos nada a fazer em Lisboa: em setembro de 1978 fomos viver em Paris. De Portugal, levei saudades de tudo o que não aconteceu... E lembranças de poucos amigos que aconteceram.

PARIS E OS TIRAS NA CABEÇA

A Sorbonne foi importante. As aulas me obrigavam a me sistematizar. A matéria da minha cátedra era eu mesmo: lecionava Teatro do Oprimido. O confortável salário permitia viver bem. No tempo disponível, eu trabalhava no estrangeiro.

Copfermann me propôs criar um Centro. Sozinho, divulgando o TO mundo afora, ele se difundiria lentamente. Concordei. Ele e sua esposa, Jacqueline, organizaram um grupo de vinte professores, atores, psicólogos, trabalhadores sociais. Durante meses, ensinei jogos e técnicas do Arsenal. Em janeiro de 1979, trezentas pessoas se inscreveram, além de toda expectativa. Fizemos quatro oficinas de quarenta estagiários cada, e formamos quatro equipes de cinco aspirantes a Coringas – cada equipe orientou uma oficina, durante a semana. Sábado e domingo, os grupos se reuniram para uma maratona de Teatro-Fórum.

No mês seguinte repetimos o processo, outros 160 estagiários e, no mês de março, fundamos o Centre d'Étude et Diffusion des Techniques Actives d'Expression (Ceditade), nome desnecessariamente complicado – esses franceses...

Tomamos a decisão: eu trabalharia no estrangeiro, abrindo espaço na França para os membros do Ceditade. Erro: eu deveria ter ficado centrado, renunciando à vocação de holandês voador; ter criado escola em Paris, fixa. Isso, penso agora.

1979 ia se acabando; tive a medida do que significava hierarquia no âmbito universitário francês. Quando admitido, fui enquadrado como *maître assistant*. Em uma reunião de professores, estava eu sentado no fundo da sala – Bernard Dort leu o relatório da Columbia University que me dava direito ao posto de *maître de conferences*. À minha frente, fez-se um vazio: vários *maîtres assistants* se afastaram, abrindo luz. Tive que assumir pose de *maître de conferences*...

Substancial aumento de salário: emocionante... Quando fui

receber atrasados, lembrei-me do meu pai: "Augusto, quero que você seja doutor...". Para alguma coisa valeu-me a química: *maître de conferences* na Sorbonne. Além da mania de sistematizar...

O titular da cátedra retomou seu cargo, eu quis aceitar um posto que se abriu de *maître assistant*, não pude: inferior à minha hierarquia.... Hierarquia *oblige*. Raios!

Veio a anistia. Minha mãe morreu quinze dias antes da minha volta – não pude vê-la. Recebi sua última carta no dia em que, pelo telefone, veio a notícia da morte: estava me esperando, depois de tanto exílio. Cheguei tarde: não vi o corpo.

Na França, em 1981, fugaz visita da esperança: venceram os socialistas. Tivemos a certeza de que seríamos ajudados no nosso trabalho pedagógico, terapêutico, social e artístico: a França prestigia artes, ciências, humanidades. O governo socialista prometia justiça aos grupos como o nosso. Mais contentes ficamos quando recebi uma comenda: *Officier des Arts et des Lettres*!

Émile, francês e experiente, explicou: "Mau sinal: se te deram o reconhecimento honorífico, o dinheiro será pouco".

Tinha razão. Jamais recebemos do Ministère de la Culture o suficiente para o aluguel dos locais que ocupamos. A estrutura de subvenções é tão estratificada que os grupos culturais acabam recebendo o bastante para continuar fazendo sempre a mesma coisa. Orçamentos pouco se modificam, projetos culturais também, além dos monumentos faraônicos: Opéra de la Bastille, Grand Louvre, Très Grande Bibliotèque, l'Énorme não sei o quê... Bonitos e grandes.

Na França, além da importância cultural, a arte tem enorme potencial econômico; turistas são atraídos pelos museus, óperas, concertos, balés e teatros tradicionais. Esperam ver *Mona Lisa* e *Vênus de Milo*, Rameau e Lully, *Giselle* e *O quebra-nozes* – não querem surpresas. Multidões de turistas, além de *consumirem* cultura, comem em restaurantes, dormem em hotéis e tomam táxis pra fazer compras nas Galleries Lafayette e na Tati... Gastam.

O orçamento da Cultura, na França, anda por volta de 1% do orçamento do país – enormidade. Só a Ópera de Paris maneja mais verbas do que Burkina Fasso, país africano com 9 milhões de habitantes. Cultura na França é rentável.

No Brasil, fartas subvenções vão para o Carnaval. A mesma

razão: turismo. Aqui, a cultura clássica não atrai japoneses ou alemães. Charters não chegam superlotados para o Museu Imperial ou Quinta da Boa Vista. Para o samba no pé, baianas rodopiando na avenida, sim! Outra cultura.

No meio do caminho ficam os grupos de arte popular que fazem trabalho necessário e útil, mas não espetacular: inadequado para vitrines.

Nos anos 1960, existiam comissões estaduais de teatro, cinema, circo, ópera, artes plásticas, e outras formadas por artistas, jornalistas e pessoas indicadas pelo governo. Subvenções eram dadas publicamente – discutia-se, esmiuçavam-se projetos. Hoje, quem decide é o poder econômico privado. Artistas tornaram-se dependentes dos patrocinadores – estes detêm o poder.

Cultura foi privatizada, como nos tempos dos reis e dos senhores feudais: empresas podem gastar em arte até 3% ou 5% do que deveriam pagar de impostos. É lógico que um dono de supermercado não sentirá a menor tentação em financiar peça de personagens famintos; empresa de tecidos, espetáculo em andrajos. Cada empresa buscará artistas com os quais deseja ver associados seus produtos, pois querem vender sabão em pó associado ao corpo da atriz Fulana, para que quem deseja o corpo se ensaboe com o pó. Artistas correm o risco de se identificar com as mercadorias: vozes dos seus donos ao invés de donos de suas vozes.

Em reunião diante do ministro da Cultura (1997), ouvi um conhecido dono de supermercado agradecer: "Já podemos escolher nossos artistas". Horror! Isso é a privatização da cultura: a mesma sensibilidade que escolhe secos e molhados decide a arte. Não tenho nada contra nenhum *gosto*, adoro feijoada, mas são gostos diferentes: Bacalhau a Brás e dança moderna têm pouco a ver.

Como cigarro e mulher nua!

CASERNAS NA CABEÇA

Na Europa, comecei a me preocupar com opressões das quais não se falava na América Latina: solidão, incomunicabilidade, vazios, angústias múltiplas – diferentes do salário minguado, da falta d'água, fome e violência, greves, mas... muita gente se suicidava por não poder suportá-las. Mais suicídios havia na Escandinávia, onde problemas de subsistência estavam resolvidos, do que no Cone Sul, onde as ditaduras assassinavam a frio, a morno e a quente, mas onde menos pessoas apontavam as armas para suas próprias cabeças.

Eu tinha o dever de ampliar o arsenal do TO, inventando novas técnicas que ajudassem as vítimas dessas torturas psicológicas a teatralizarem suas opressões, compreendê-las e combatê-las.

Em Paris, em 1982, com Cecilia, agora psicanalista,[9] iniciei um *atelier*, "Le Flic dans la tête" [O policial na cabeça]: se o policial não estava diante da vítima, onde estaria? Na América Latina, opressão era a polícia. E na Europa? Novos Oprimidos traziam em suas cabeças seus próprios policiais. Era preciso desalojá-los.

As técnicas introspectivas que descrevo n'*O arco-íris do desejo*[10] partem de relato individual e buscam pluralizar-se[11] – queremos descobrir policiais e quartéis. Se está na cabeça de um, pode estar na de outros mais: de onde terá vindo? Por que fresta penetrado? Como expulsá-lo? Como fechar o caminho? O *atelier* durou dois anos.

---

9 Em casa, falávamos de psicanálise, Stanislavski e assuntos correlatos. Não sem razão, Julián, menino, perguntado por Cecilia sobre seus sonhos na noite anterior, respondeu que o verdadeiro significado estava escondido em sua cabeça. O que seria? "*Le désir*!", disse, aos nove anos. E acrescentou, desencorajando análises: "*Ce qui est caché, doit rester caché...*".

10 O arco-íris do desejo é o nome de uma técnica em particular e o título genérico do capítulo do TO que trata de técnicas introspectivas, como o Tira, a Imagem-Tela etc.

11 Nosso processo é terapêutico sem ser terapia. Existe a função do Coringa, que organiza a sessão, mas não interpreta: usamos o espelho múltiplo do olhar dos outros – ninguém tem mais autoridade interpretativa do que ninguém, apenas cada um reflete a imagem que vê com seus olhos, sua sensibilidade, sua história. Procurávamos partir de um relato individual – história particular. Porém, da história particular procurávamos não singularizá-la na pessoa no protagonista, mas sim pluralizá-la nos participantes do grupo.

Continuei preparando a volta, em 1986. A história desse retorno está inteira no *Teatro legislativo*. Aqui, basta dizer que entrei para o PT, fui eleito vereador, em quatro anos formamos dezenove grupos de *teatro como política* e não mais o velho *teatro político*, apresentamos 36 projetos, promulgamos treze leis.

Treze vezes, no Rio de Janeiro, o desejo da população tornou-se lei. Essa talvez tenha sido a principal conquista do Teatro do Oprimido. Transformar o desejo em lei.

A Lei é sempre o Desejo de alguém.[12] Quando será o nosso? Qual o objeto do nosso desejo?

Quem somos nós?

12 Hamurabi, que, no século XVIII aC, promulgou o primeiro Código Penal existente no mundo, dizia que as leis aí constantes lhe vieram diretamente de Deus – cujo desejo era Lei.

CASA TORIO
PRODUTOS
NATURAIS
CASA

O RETORNO IMPOSSÍVEL E A ESTRANHEZA DO FAMILIAR

CAPÍTULO 25 VOLTEI PRO MORRO – CONTRA TODA EXPECTATIVA, NÃO VI CACHORRO...

Sempre que chegava a novo país, nova língua, metabolismo, tudo novo, pensava: um dia, volto pra minha caneca de café, minha, só minha.

Em trânsito – sozinho, com a família ou com meu elenco francês –, eu visitava e achava o Rio estranho; não tinha tempo de ver o que olhava. As pessoas não eram iguais ao que haviam sido: vozes, timbres, pensamentos, tudo diferente.

Em 1986 fiquei morando e me dei conta do impossível. Ninguém volta do exílio, nunca! Jamais. Meu país já não era, nem a gente a mesma gente, nem eu, Augusto. Até o mar não era o mar: aterraram Flamengo, Copacabana. Tudo desigual. Edifícios escurecendo a praia, fazendo noite antes do sol se pôr. Memórias de luz, areia escura. Catedral sarcófago, a mais feia do mundo! Até nisso somos os maiores: a mais feia!

O RELÓGIO DA MESBLA

Pensei: o relógio da Mesbla. Salvação! O relógio seria igual a si mesmo. Jovem, passava por ele indo pra Química. Imagem quente. A menos que o tivessem roubado ou destruído – ou, quem sabe? –, talvez os militares o tivessem encarcerado em fundo calabouço porque seus ponteiros se negavam a dar voltas pra trás! Militares odeiam relógios: avançam sempre!

Para os braços do relógio poderia voltar, voltando à casa. Ele guardava minhas intimidades, segredos.

Armado de medo, fui à Cinelândia, vendo meus pés caminhando curvos nos desenhos da calçada. Tomei distância com a emoção que teria diante da mulher amada. Levantei os olhos, lenta câmera. Meu coração disparou: o relógio, desconfiado, me olhou sem levantar os olhos, frio. Ponteiros avançaram desrespeitando minha presença – caminhando sem partir –, Sísifo sem pedra, sem alturas maiores do que o mostrador.

O relógio me olhava incomodado como operário quando alguém o vê trabalhando. Sorri intimidades, reconhecendo ponteiros amigos – tantas vezes me fizeram apressar o passo! Fiz a leitura sensual de suas horas redondas, imaginando as que mediram minha ausência.

O relógio, insensível, não se lembrava do amigo desejoso do abraço dos seus ponteiros suados. Susto: seria aquele o meu, só meu, o relógio da Mesbla? Examinei-o: transeuntes, preocupados com minha saúde mental, me examinavam: "O senhor é doente ou é assim mesmo?", desconfiou um desconfiado.

Respondi que era assim, Deus fez o que pôde, pouco inspirado, nesse dia. "Escute: esse é o relógio da Mesbla de antigamente? Nada mudou? A medição da angústia? O lento amor, ódio apressado? Anos a fio, não tomou partido, ficou no muro? É o relógio da minha fuga, do meu primeiro *Eu te amo, juro*?"

Juntou pouca gente e muito espanto: cinco passantes, sem afazeres. Expliquei: o relógio, velho amigo, me olhava com horários estranhos, imerecidos soslaios agressivos.

Com tristeza, vi edifícios caros na infância. A Candelária trancava portas pesadas como quem fecha os olhos repletos de sono cansado. Maracanã, gatos abandonados à sobrevivência neoliberal – não me deu nem *Oi*, nem quis recordar o triste julho de 1950[1] –, perdoei, levando em conta prazeres que me havia oferecido, sendo eu moço. Não pude ver o Pão de Açúcar,

1 O Uruguai ganhou de nós a Copa do Mundo, 2 × 1...

escondido atrás de dúzias de Pães de turismo, roteiros tropicais, bananas, abacaxis, coxas mulatas.

Não pude ver o Cristo pisando o Corcovado; coberto de faixas que gritavam imperativas: *Brasil, Ame-o ou Deixe-o!* Não pude vê-lo: em suas costas largas haviam pendurado gigantescas ordens: *Beba Diet, Coma Fast, Morra de Câncer e Colesterol! Faça-o já! Drop dead! NOW!!!*

Procurei o Rio no Rio e não pude encontrá-lo. Pudera: eu estava no Rio de Janeiro. Único lugar onde o Rio de Janeiro já não existia.

CARMEN MIRANDA

Na volta dos Estados Unidos, Carmen cantou "Voltei pro morro"; veio buscar seu cachorro, chinelas. Que cachorro, Carmen, que chinelas?! Como se pode voltar para onde nunca se esteve? *O que existe não é o que existiu*!

O morro de Carmen era virtual. Via Rio, morro, cachorro. Pura imaginação. Relógio: sobre ele, eu projetava esperanças químicas, horários com namoradas, remorsos pelos atrasos, culpas, afagos. Ele marcava horas sem saber se era cedo ou tarde, se longa a espera ou se faltava pouco. Dava esperanças... sem tê-las.

Carmen,[2] jamais voltaremos, eu, você, nós dois, jamais reencontraremos cães vagando sem rumo, sem nós, legítimos proprietários de ilusões perdidas e cães desenxabidos: nossos morros mais íntimos nunca existiram, nem cachorros amados, mais queridos. Nós os inventamos com nossos desejos. Você voltou pra Hollywood sem saber que o Rio nem te via: o que você buscava só existia em você. O meu Rio, em mim.

Estou convencido: só podemos voltar para onde nunca estivemos – só os paradoxos são verdadeiros. Lá, onde jamais estivemos, nesse país, cidade, recanto, lá podemos projetar ima-

---

2 Carmen jurava que não tinha voltado americanizada; eu juro: voltei norte e latino-americanizado, aportuguesado, afrancesado, germanizado, escandinavizado, minha pele voltou escura. meus olhos, oblíquos. Não viajei de escafandro: andei de pele ao sol, em carne viva...

ginários. Quantas vezes, ao chegarmos onde jamais pisamos, dizemos: "Eu me lembro... Já estive aqui...".

Estou convencido: só lembramos o que não aconteceu.

TENTEI

Meu primeiro espetáculo, depois do exílio, foi *O corsário do rei*. Peça simples, botequim onde mesas seriam barcos; toalhas, velas; bêbados, piratas. Simples como *Zumbi*, pobre como o Arena.

Os produtores, corajosos, não mediram esforços – que pena! Anão de circo virou gigante; roto corsário, Armada Invencível; Brancaleone, Sétima Frota. Elenco inchou elefantíases vertiginosas: 35 atores, quinze maravilhosos professores orquestrados no fosso, dezenas de maquinistas no porão manipulando navios de guerra, canhões disparando bolas de fogo, fumaça azulada. Lindo...

... mas a peça não era isso. Fosse a Ceia de Cristo, naquela produção milionária teria 120 apóstolos em lugar da sintética dúzia; teria garçons carregando porcos, aves, peixes e olivas para saciar a fome de multidões convivas; mulheres abasteceriam de pão e vinho gulosos evangelistas e – ah!, sim! – dezenas de Judas! Um Judas solitário seria incapaz de tanta traição – fiel retrato do Brasil!

Peça pequena é pequena! Minha volta, porém, tinha que ser grandiosa. Quando, em 1979, voltei depois da anistia, o fiscal da Receita ficou estarrecido: "Quem é você, que traz tanta gente famosa ao aeroporto? Pelo amor de Deus, me diga quem é... Não vou revistar tua mala, deixo passar o que for, mas quero saber quem é você???!!!", perguntou o funcionário vendo Chico Buarque, Paulo José, Dina Sfat, Ruy Guerra, Bete Mendes, Fernando Peixoto, Tessy Callado, Yan Michalski, minha família e outros amigos na porta do avião esperando o meu abraço.

Quis explicar que eu era apenas eu só, bastava. Desisti: o fiscal não entenderia. Ninguém pode ser só quem é, tem que ser outros. Pra mim, meus amigos eram amigos meus: para ele, celebridades. Vieram me receber: o fiscal queria saber que raio de celebridade eu era – tinha que ser. Minha volta, em teatro, estava condenada a ser a volta de uma *Celebridade*! A peça, que era jangada, virou *Titanic*. Tinha que afundar, mesmo sem iceberg! Muitos icebergs foram disparados contra aquele espetáculo.

Seduzido pelas facilidades – e pela Moral Sindical: era urgente empregar o maior número de atores, tempos de crise! –, eu me senti Ingrid Bergman em Hollywood. "Se eu pedisse um elefante cor-de-rosa, vivo e pulando corda, no dia seguinte me dariam dúzias de elefantes coloridos, a escolher", disse ela.

O elefante que me foi dado era branco.

Lembrando, lembro belo espetáculo, músicas e letras, cenografia, atuações, beleza pura. Só faltava sangue nas veias e o coração não batia.

A crítica desancou, era normal. Não tão normal que dissessem que eu, depois de tanto exílio, não estava *em sintonia* com a realidade carioca, onde se apresentavam bulevares franceses e alcoólicas comédias norte-americanas escritas por autores que jamais haviam estado *sintonizados* com o que quer que fosse e nem sabiam se o Brasil ficava em Buenos Aires ou vice-versa. No Rio, ouvi o argumento ouvido em outros países: "Você é estrangeiro, não pode nos entender". Estrangeiro em minha casa. Não: simplesmente, eu era eu! Não tenho por que ser igual! Igual a quem? Alguém é igual? Não somos sequer iguais a nós mesmos.

FERNANDA

Em 1985, dirigi Fernanda Montenegro, em *Fedra*. Foi a terceira vez que se montou esse autor, profissionalmente, no Rio. Diante do sucesso, Carlos Kroeber brincava: "O carioca adora Racine!".

Ano e meio corremos o Brasil. Fernanda: nunca vi quem gostasse tanto de ensaiar. Se, à meia-noite, depois da exaustão do ensaio, eu propusesse correr a peça inteira, sua voz falava firme, primeira: "Vamos!".

Fernanda tem enorme talento, já se viu; tão importante quanto seu talento imenso é seu imenso desejo de trabalhar. Para um diretor, é belo: artista criando, querendo mais! Fernanda é daquelas atrizes que nos fazem compreender o teatro. Perdoem o chavão: amá-lo!

É lindo ver Fernanda em cena: descobrimos essa maravilha que é o ser humano. Renasce a esperança: talvez o ser humano seja viável...

Nosso espetáculo era selvagem como se a peça tivesse sido escrita por longínquo bisavô dos trágicos gregos, século x antes de Cristo, trinta antes de nós, e não pelo rigoroso alexandrino Racine, frequentador da corte de Luís Sol. Foi possível porque o texto, traduzido por Millôr em versos brancos, casava-se com um tronco de árvore simulando bicho-fera – único elemento cênico, além do chão de peles de vaca, contornado de bambus.[3]

Eu dizia aos atores: "Fora daqui, a gente faz teatro a vida inteira, sempre; cruzando os bambus, em cena, não se pode fazer teatro: aqui é vida!". Dizia o que penso: no palco, vive-se. A sociedade resmunga: "Não, não é, não pode, não faça, não queira, não diga!". Teatro, ao contrário, é a arte que diz Sim!

NOVAS TENTATIVAS

Com Maitê Proença, outra batalhadora, fiz *La Malasangre*, de Griselda Gambaro, que também dirigi em Nuremberg. Lá, espetáculo geométrico, linhas retas, alemão; aqui, geometria variável aleatória! Lá e cá, mecanismos ditatoriais vistos da sala de jantar.

Cansei. Atores precisavam ganhar a vida em TV e cinema – teatro pouco paga. Acontecia ficarmos esperando para ensaiar e tendo que desistir porque as gravações atrasavam, filmagens distantes.

Fiquei onze anos sem dirigir no Rio, além das curtas peças do meu Centro do Teatro do Oprimido (CTO).

A EXPERIÊNCIA LEGISLATIVA

Não vou contar: está no meu *Teatro legislativo*. Conto só que, ao voltar de Paris, quis fundar a Fábrica de Teatro Popular. Orga-

3 Cenografia de Hélio Eichbauer.

nizei programa nas escolas públicas do estado. Cecilia e Rosa Luisa Márquez, diretora dos Teatreros Ambulantes de Puerto Rico, me ajudaram a dirigir 35 animadores culturais.

O governador eleito em lugar do Darcy não quis saber do projeto. Quase suicidamos o CTO. Procuramos o PT, oferecemos ajuda nas eleições de 1992 – seria o ato final do CTO. Aceitaram, com a condição de que eu me apresentasse candidato. Certo de que não venceria, aceitei.

Venci. Durante quatro anos, vivi exilado do teatro profissional e conheci a arena sangrenta da Câmara; aprendi o que já sabia – ali é o lugar onde se vai brigar por apetites pessoais ou corporativos, não pelo povo. Aí se encontram até banqueiros do bicho e membros de esquadrões da morte. No meio disso tem boa gente, como em qualquer lugar, até santos!

Em quatro anos criamos dezenas de grupos – camponeses sem terra, crianças sem abrigo, idosos sem esperança, estudantes negros, favelados, operários sindicalizados, mulheres espancadas –, com eles fazíamos TO. Suas ideias eram levadas à Câmara Municipal, onde meus advogados (pelo mandato e pela Comissão de Direitos Humanos, da qual fui presidente!) *metabolizavam* sugestões, transformando-as em projetos: mais de trinta!

Treze desses projetos foram promulgados em Lei Municipal.

O Teatro Legislativo[4] foi conclusão de busca, início de perplexidade. No Teatro-Fórum queríamos que a população expressasse seu desejo. Era pouco. Então... que transformasse esse desejo em lei. Treze vezes, foi possível.

Fiz experiências análogas em Munique (prefeitura), Paris (com o grupo antirracista Mouvement contre le Racisme et pour l'Amitié entre les Peuples – MRAP), Londres e Bradford (Inglaterra).

Em Londres fizemos Sessão Solene Simbólica. Organizada por Michael Morris, sessão condensada de Teatro Legislativo. Três grupos – dirigidos por Adrian Jackson (Transporte), Paul Heritage (*homeless*, os sem-teto) e Ali Campbell (Educação) – apresentaram-se no Greater London Council, a Câmara de Vereadores, fechada durante o reinado de Margaret Thatcher.

---

4 *Teatro legislativo*, Civilização Brasileira, 1996.

Presidi a sessão, sentado na imponente cátedra do presidente, inamovível pelo peso, rodeado de escritores conhecidos e queridos – Lisa Jardine, Tariq Ali e Paul Hellan –, advogados de direitos humanos (Stephen & Innocents). Julián Boal e uma jovem faziam a ligação da mesa com o público instalado nas poltronas antes ocupadas pelos legisladores. De pé, Orlando Seale, ator da Royal Shakespeare Company, e Tim Wheeler, diretor de Mind the Gap, arte e terapia, vestido de Anjo da Guarda.[5] Uma banda de música improvisava.

A Sessão Solene consistia, primeiro, na invocação da proteção divina (pedi a proteção, como vocês já imaginaram, de dois excelentes Deuses amigos, Apolo e Dionisos); em seguida, apresentação de cada cena com intervenções de espectadores em busca de soluções legais. No fim de cada fórum, espectadores redigiam leis a seu modo, escritores davam-lhes forma literária, advogados feição legal, e eu as punha em votação.

Era teatro, ficção. Mesmo assim, mostravam-se caminhos: através do teatro, pode-se fazer a lei. *Teatro como política, não apenas teatro político.*

Outras experiências começam a acontecer, mundo afora. Em Bradford, promovida por Tim Wheeler, a Sessão Solene na Câmara local se concentrou em uma única peça, realizada por portadores de síndrome de Down, na presença do prefeito de Bradford e de legisladores em exercício, abril de 1999. No Rio, o Congresso de Teatro e Desenvolvimento, junho, realizou a sua sobre temas locais. Em outubro, no Kardinal König Haus, Viena, Áustria, em um festival de TO organizado por Lisa Kolb e o Theatergrouppe Wiegl, foi feita a primeira Sessão Solene na presença de um ministro de Estado (o de Ciências) e quatro deputados – todos participaram da mesa-redonda final.

Estas Sessões Solenes servem apenas – e já é tanto! – para mostrar o que é possível! Alguém faz a lei: por que não nós? Ses-

---

5 Eu disse que, no Rio, quando presidia sessão solene na Câmara, havia sempre uma boa alma do cerimonial da casa, verdadeiro anjo da guarda, que me indicava o que fazer a cada passo. Tim tinha um figurino de anjo e aceitou fazer as honras celestiais.

sões Solenes são simbólicas... mas, sem os símbolos, o que seria da civilização?

O TO, sem abandonar espaços, busca caminhos: na televisão canadense, através de satélites, já se fez Teatro-Fórum (Headlines Theatre, David Diamond); nas prisões inglesas e brasileiras (TIPP Center, Paul Heritage) também. Outras pessoas tentam experiências semelhantes em todo o mundo. Por exemplo, a fusão de TO e danças tradicionais populares feita pelo Jana Sanskriti (Sanjoy Ganguli), em Calcutá, Índia.

TEATRO EXECUTIVO

Desde 1997, em Santo André, assembleias populares, que decidem o orçamento da cidade, começam invariavelmente com a apresentação de peças-fórum montadas pelos elencos organizados pelo CTO, relacionadas a esse orçamento. Experiência que promete florir. Hoje, o governo municipal de Santo André já tem o seu Grupo de Teatro do Oprimido, inteiramente institucionalizado – trata-se, na verdade, de Teatro Executivo... No Rio, o CTO colabora com o Fórum do Orçamento Municipal (ONG) e já dá os primeiros e os médios passos. Em Porto Alegre... Minas Gerais... Bahia...

ENCRUZILHADA

Em teatro, comecei falando de mim, do meu bairro. Conhecia a Verdade: dei conselhos. Descobri: não podia libertar ninguém ocupando o seu espaço, tomando suas decisões. Sistematizei o TO para que o oprimido fizesse o seu teatro, não eu *para* oprimidos ou *sobre* eles.

Findo o paternalismo. Nós, artistas, somos, no entanto, necessários. Sem paternalismo mas, de certa forma, pais. Nossa relação com o oprimido-artista, não é paternalista, mas continua paterna.

Julián Boal, em seu livro *As imagens de um teatro popular*, reconhece a importância do Teatro do Oprimido; no entanto, pergunta: como ficará agora a relação entre o artista-intelectual e o povo-artista? Como será possível desenvolver essa relação democraticamente, quando se sabe que um método, qualquer método, é elaborado segundo uma ideologia viva e terrena, e não na pureza ideologicamente asséptica de um laboratório? Como será possível oferecer esse método aos oprimidos sem que venha já impregnado da ideologia que o inspirou?

Concordo com Julián, mas acrescento: o TO não é evangelizador como o antigo teatro político, não traz respostas prontas: faz perguntas. Como Sócrates, que não metia ideias na cabeça dos seus interlocutores e sim fazia-os parir ideias que já tinham. É o que dizia o filósofo.

Julián contesta: ao escolher as perguntas, Sócrates induzia o campo das respostas possíveis. Não metia ideias na cabeça de ninguém, mas estimulava o surgimento de ideias que respondiam às suas perguntas. Havia indução, embora não coação.

No caso do TO, no entanto – creio –, a estruturação desse método já é o resultado de um diálogo ideológico. Eu não inventei o Teatro do Oprimido sozinho, em minha casa, nem recebi as Tábuas de Deus: foi na interação com plateias populares que o TO foi nascendo, paulatino. Não saiu de mim pronto e acabado: foi-se formando através de trocas.

Estruturei o método através de décadas de trabalho como, em uma sessão de duas horas de Teatro-Fórum, o Coringa estrutura intervenções dos *espect-atores* sem manipulá-las. Claro que o Coringa intervém com a sua ideologia, mas a plateia viva aí está a se contrapor, se discorda![6]

O TO foi estruturado com base nas intervenções de plateias vi-

6 Julián pensa que na relação vertical entre a vanguarda estética (artista) e a plateia popular, na produção de um espetáculo revolucionário, o TO elimina o primeiro termo dessa equação, sem resolvê-la. Desse ponto de vista, é possível que tenha razão, devendo-se considerar, no entanto, que o artista permanece parte integrante do processo, pelo menos na etapa inicial de formação desses núcleos populares que são, aliás, cooptados por suas semelhanças ideológicas conosco – não aceitamos trabalhar com qualquer grupo, mas apenas com aqueles que conosco se parecem em pensamento e ação. São os nossos coringas que iniciam o processo do qual devem progressivamente se afastar.

vas, populares. Os desejos dessas populações organizadas estão integrados na própria estrutura desse método. Os desejos são dela, mas fui eu que os estruturei. Meu trabalho foi, em parte, interpretativo e sistematizador – não catequético, embora seja verdade que a relação artista-plateia popular é delicada.

Mas é claro que eu existo – isso se nota! [78]

Esta é a minha atual perplexidade. Criança, uma vez com uma pedra quebrei ovos trêmulos, pintos quase prontos, para ajudá-los a nascer sem esforço: matei-os. Aprendi a lição: já não mato pintos! Mas... como ajudá-los a nascer, crescer, sem quebrar os ovos?

Não sei. Sei que, artistas, devemos ser como o Mágico que faz suas mágicas e ensina a fazê-las. Gosto de mágicas: faço-as; sou professor e gosto de ensiná-las.

Quero escrever peças, encenar, dar testemunho, falar do que sei, sinto e sonho. O Teatro do Oprimido, que pretende libertar o artista que existe em cada um de nós, me libertou a mim para que eu possa sentir o que sinto, sem remorsos; falar de mim, sem vaidade (se possível...); dar meu testemunho, veraz.[79]

Já era tempo. Quem sabe, talvez comece agora algumas novas etapas da minha vida, de quinze anos cada, como as três primeiras...

---

7 Por isso, o TO só pode ser praticado por plateias revoltadas, desejosas de mudar o mundo – seu mundo. Costumo dizer que só Jesus ressuscitava Lázaros. Nós apenas ajudamos aqueles que já são combatentes – damos pedras a Davis!

8 Hoje, novo século, tento novos caminhos no teatro profissional. Gosto de fazer diferente, não por infantil rebeldia, mas porque gosto de fazer do meu jeito – e eu sou diferente, como, aliás, todo mundo! Comecei o ano montando, com Cecilia, um show musical com amigos mais ou menos idosos e bem-sucedidos em suas profissões; jamais haviam feito teatro: dois diplomatas, três psicanalistas, uma escritora de livros infantis e um presidente de uma associação de agricultura. Chamou-se Chuveiro iluminado, em alusão ao palco iluminado de Orestes Barbosa. Sambas antigos, boleros, tangos... músicas que cantávamos no chuveiro... O mais idoso estreante tinha 75 anos – gostou do palco. A mais jovem achegava-se aos sessenta. A temporada lotou do primeiro ao último dia.

Dirigi minha primeira Sambópera, gênero que inventei, no qual a ópera *Carmen*, sem deixar de ser Bizet, ganhou ritmos brasileiros: samba, baião, maracatu, modinha imperial... O diretor musical foi Marcos Leite e o meu coautor da adaptação, Celso Branco. Elenco que me fez lembrar o velho Arena: competência e bom caráter! Carmen multicultural, tem até "Habanera" em tango negro e samba, e um samba inteiro, "Goleador", em lugar do "Toreador". Amálgama estética. Pororoca cultural!

Operamos duas cirurgias estéticas; musical: fiéis às melodias originais (que é o DNA da música), fiéis às harmonias (porém com sonoridades diferentes para as mesmas notas, pois os instrumentos que usamos, ao lado do piano e violão, são brasileiros: cuíca, agogô, pau de chuva...), traduzimos os ritmos originais para os nossos próprios ritmos culturais, aqueles que trazemos impregnados no corpo e na memória. Em resumo: melodia, Bizet; harmonia, Bizet com nossos instrumentos; ritmos, nossos!

Na encenação, segunda cirurgia: procuramos ser teatrais e não operísticos, dramáticos e não líricos: a ação é determinada pelos conflitos e confrontos entre os personagens e não pela lírica e lenta exposição de árias e duetos (vide subnota 1, no sub-rodapé, a seguir). Atores falam-se com paixão entre si e não para a plateia. Isso nos obriga à dinamização de certos andamentos musicais e ao corte de certas introduções.

Penso fazer outras sambóperas para melhor estudar o gênero: *La Traviata*, Verdi, onde pretendo fazer a encenação dos desejos dos personagens, seus subtextos, enquanto que o texto permanece o mesmo – no último ato, enquanto a criada, o padre, pai e filho cantam louvores à saúde de Violeta, colocam a doente em seu caixão jogando flores sobre seu corpo; *O barbeiro de Sevilha*, Rossini; Mozart e, dia distante, Wagner e suas Valquírias em bossa nova... Ou Monteverdi, ou a primeira ópera de que se tem notícia, *Euridice*, de Jacopo Peri e Ottavio Rinuccini, estreada no casamento de Henrique IV da França com Maria de Médicis, filha do conde de Toscana, em 1600 – faz agora quatro séculos... como *Hamlet*, que estreou um ano depois! A primeira parte do *Quixote* foi publicada nessas proximidades (vide subnota 2).

Lidas por atores profissionais, tive duas peças que inauguram meu novo gênero, o bulevar macabro: *A herança maldita*, título de propósito melodramático, e *O amigo oculto*. Prometo mais...

Subnota 1 – Quem começou com essa ideia de valorizar a palavra-conceito em relação à música-som, que se tornaria simples acompanhante; quem propôs o canto monódico em detrimento do polifônico; quem disse que só assim se poderia valorizar o sentimento humano, quando expresso por um só ser humano em recitativos, solos e árias, foi Vicenzo Galilei – pai de um outro Galilei que vocês conhecem, o que disse, diante da ameaça da fogueira inquisitorial: "E pur si muove...", com isso significando que a Terra não era absolutamente quadrada como se pensava e desejava. Galilei Pai defendeu suas ideias musicais em sua obra *Dialogo della musica antica et della moderna*, escrita em 1581. Vejam bem: pouco antes de que Shakespeare começasse a escrever suas tragédias nas quais Diabos medievais abstratos passaram a ter nome de gente: Iago, Ricardo III, Lady Macbeth... Indivíduos se multidimensionalizavam no teatro (Hamlet, Otelo, Lear...) e abriam espaços na música. O pesado estilo românico já havia cedido espaço ao esguio gótico, mais indivíduo, menos divinizante! Os criadores da ópera (como os demais renascentistas) desejavam restaurar a tradição clássica grega – a do tempo em que seu comércio se desenvolvia, sua burguesia se fortalecia. Vejam o paralelo: Thespis propunha o Protagonista contra o coro; os inventores da ópera, a ária contra o coro polifônico. Num e noutro caso, vitória do Indivíduo!

Subnota 2 – História curiosa: Henrique IV, por motivos políticos, anulou seu casamento com a famosa rainha Margot, Maguerite de Valois e, por motivos econômicos, casou-se por procuração com Maria de Médicis, filha do senhor de Florença, próspera cidade – para evitar guerras, diziam. Para que os esponsais marcassem claramente sua ruptura com o protestantismo e sua recente reconversão ao catolicismo – Paris vale bem uma missa! –, encomendou um programa musical original, que resultou nessa primeira ópera – sabe-se que havia outra, dos mesmos autores, *Dafné*, mas que se perdeu no tempo. No enredo, Orfeu vai buscar Eurídice no Inferno. Vejo, nisso, semelhança: e vocês, veem também? Inferno e Florença – será?

Tanto na mitologia grega como no enredo italiano, Orfeu perdia Eurídice, esposa adúltera que morreu picada por uma cobra-d'água enquanto se entretinha com Aristeu, apicultor. Orfeu lhe oferecia as delícias imateriais da música, Aristeu, as concretudes do mel...

Orfeu, maravilhoso poeta e cantor, encantava seres humanos e animais, plantas e pedras com seu cantar – encantou as potências infernais, que concordaram em lhe devolver Eurídice com a condição de que ele não deveria olhar para ela nem lhe falar no percurso de volta, até retornarem ao convívio humano. Orfeu, que não aguentava de tanta pressa, olhou e Eurídice morreu uma segunda e última vez, agora definitiva.

Henrique IV, quando soube dessa história, ficou uma fera! Henrique casou-se à distância, sem ver a noiva! Quando soube desse percalço do enredo, o rei deu uma bronca danada em Peri e Rinuccini e falou assim: "Isso não, nunca! Vocês não sabem com quem estão falando!!! Vocês vão ter que dar um jeito no resumo dessa ópera e, pro meu casamento, quero que Orfeu agarre Eurídice de qualquer maneira, pelos cabelos se preciso for, pode olhar pra trás quantas vezes quiser, e ela vem com ele na marra morar comigo em Paris, onde eu mandar! É assim que eu quero, assim será! Ficam revogadas todas as disposições mitológicas em contrário!!!".

Vejam vocês: a vontade singular de um só rei é sempre mais poderosa do que a vasta mitologia grega!!!

CAPÍTULO 26
A VIDA, ATÉ AGORA!

Ainda bem que eu nasci! Se não, quem veria o mundo do jeito que só eu? Quem contaria a história que só eu posso contar? Quem seria tão triste com minha tristeza, contente com minha alegria? Quem seria capaz de dizer: "Augusto, ainda bem que nascemos..."?

Só eu!

Refiz caminhos, escrevendo este livro. Revivi a vida vivida. Tentei passar a limpo: impossível – posso rescrever enciclopédias, não minha vida. Li biografados: se pudessem, fariam tudo de novo, do mesmo jeito. Eu, recomeçando, nunca faria nada igual ao que fiz: sei o que não sabia.

Minha vida foi rascunho, frases não terminadas, reticências, borrões, sintaxes inesperadas. Mas não posso, nem quero, passá-la a limpo: fiz o que pude. Mais pudesse, mais teria feito.

Não me arrependo nem do erro. Cada feito, foi o fazer possível. Hoje, seria outro, desigual: passou tempo. Mas, naquele tempo, o tempo ainda não havia passado. Que me desculpem os que ofendi.

Atravessei continentes, oceanos, becos e veredas – tropecei em pedras, tantas havia no caminho! Posso me dizer, na solidão da palavra escrita: "Ainda bem que você nasceu, Augusto. Fez diferença".

EPIDAUROS: A FESTA DA PALAVRA!

Entrei no grande teatro de Epidauros, lembrei da primeira vez, vinte anos antes. Subi até o permitido. Nas arquibancadas, pensei na *Ifigênia em Áulis*, que montei em Paris, o vento roçando seu pescoço donzelo, antes da lâmina profunda; *Édipo*, soberbo, desvendando mistérios; *Medeia*, desvairada; *Os sete*, combatendo Tebas.

Por que deslumbramento? Senti no corpo, não só em pensamento – força de mar na pedra –, senti a tragédia grega como a Festa da Palavra.

Os gregos conseguiram feitos extraordinários na guerra e na paz, fronteiras estendidas, democracia inventada; na arquitetura, Acrópoles e Parthenons, estátuas humanizadas; tudo grandioso, feitos e pedras. Porém maiores foram as conquistas do seu pensamento: palavras e números.

Com Pitágoras, descobriram segredo fundamental, guardado a 7 mil chaves por deuses ciumentos: o número não depende da coisa numerada. Fantástico! Você, que me lê, pensa que foi coisa pouca: monumental, porém!

Hoje é fácil imaginar que dois e dois sejam quatro, sem que nos perguntemos a identidade desses dois *dois*: basta sabermos que dois, sejam quais forem, mais quaisquer outros dois, somam quatro, não importa quais.

Antes de Pitágoras era preciso *ver a coisa* antes de contá-la, como crianças que aprendem em ábacos, bolinhas deslizando em fios: crianças aprendem a somar e subtrair deslizando pedras. *Cálculo* = pedra: para se calcular, eram necessárias.

Antes de Pitágoras, somar sacos de arroz e de feijão era fácil: sacos permaneciam quietos, sem exibir vontade própria. Mas como somar quinze vacas e sete bois famintos? Animais, sem paciência para álgebras e outras filosofias, queriam pastar: para isso nasceram, nada mais justo. Aritméticas pré-pitagóricas sofriam com a fome vacum: cálculos davam errado por causa de impaciente vaca ou boi extraviado.

Pitágoras separou o número da coisa numerada e o pensamento humano saltou gigantesco: desfez-se dos ábacos quadrúpedes. Tão vertiginoso foi o progresso que o filósofo criou religião onde o Número foi içado à categoria de Deus omnipresente, essência do existente. Pitágoras ficou louco – é natural: até eu ficaria, descobrindo o Número!

O FMI, ardiloso, faz o que fez Pitágoras, inocente: separa lucros e alíquotas (abstrações) da miséria e da fome (concretas!): o ser humano não conta – conta o Mercado-Deus-Número-Alíquota-Juros-Lucro. Quando os mandantes do FMI, verdadeiros governantes do Brasil e de boa parte do mundo, vêm ao nosso país, nunca sobem o morro para ver a tragédia que causam com suas canetas douradas: fazem contas abstratas – para eles, só o Mercado existe.

Filósofos queriam explicar o mundo e os números não bastavam, eram apenas quantidades; os gregos queriam saber qualidades. Pensavam relações humanas, queriam entender o indivíduo em situação, separando o comportamento ocasional do seu significado perene, que não dependia dessa situação, mas aplicava-se a todas do mesmo gênero. Criaram a Moral. Do fenômeno – fato isolado – chegava-se à Lei que o rege: Ascese.

Os trágicos gregos nunca mostravam em cena atos de violência, mortes, assassinatos, suicídios, olhos perfurados, brutalidades facinorosas: mostravam suas razões *em palavras*. As tragédias aconteciam através das palavras. O contrário de Rambos e James Bonds – na tragédia grega frios punhais não penetravam a carne quente, face ao público: palavras, sim, palavras perfuravam corações.

Palavras eram entidades, seres vivos, invejavam-se, duelavam, faziam a paz, namoravam-se e se matavam. Tudo acontecia pelas palavras e através delas. Ação era a palavra. Dizer era fazer!

O contrário dos filmes norte-americanos que jamais mostram razões e exorbitam em cenas de violência, carros despencam de pontes de aço e voam mergulhando em rios nunca em paz, caudalosos; edifícios explodem dilacerando corpos, olhos desorbitados – eis o cinema holiudesco, que busca assustar, ofuscar, paralisar – longe do entendimento. A tragédia grega queria compreender: palavras! Esse cine, confundir!

Em Epidauros, sentado nas arquibancadas que podiam abrigar 20 mil cidadãos apertados, ouvi vozes duas e meia vezes milenares, dizendo textos de Eurípides, Sófocles e Ésquilo.

Mesmo que o Teatro de Epidauros tenha sido construído apenas no século III antes de JC, já depois da morte dos trágicos famosos, juro que foi ali, sentado nas arquibancadas de pedra, pelo milagre da alquimia da memória e da imaginação, que ouvi suas vozes graves amplificadas pelas Máscaras, vi palavras que dançavam na Orquestra (palco) onde jamais pisaram aqueles severos trágicos.

Ouvi Ifigênia aceitando a morte iníqua (heroica!?) para salvar seu pai; Édipo, jurando descobrir o assassino de Laius, sabendo, inconsciente, ser o assassino que buscava. Vi Antígona desafiando o tirano, recusando o Estado e proclamando a Família, o Sangue!

Imaginei multidões silenciosas ouvindo palavras, ao sol fervente, vendo o balé dos conceitos, acrobacias de *logos*, a dança das palavras nas bocas frias das máscaras trágicas. Vi a Festa das Palavras.

Como foi bela a descoberta grega; com os gregos, o ser humano fez-se humano: nasceu o diálogo.

Palavra de honra!

Na mesma viagem, subi à Acrópole ateniense – *acro* = o lugar mais alto; *polis* = cidade. Nela, vi o Parthenon dedicado à Deusa Virgem, Atena. Abaixo, vasta Ágora, onde comerciantes comerciavam, cidadãos discutiam, filósofos ensinavam: vida social existia – democracia.

Vi o Teatro de Dionisos – aí, sim, Ésquilo, Sófocles e Eurípides encenavam suas peças. Feito de madeira que o tempo devorou: depois, reconstruído em pedra que vemos em ruínas.

Face ao palco onde dançavam coros, evoluíam protagonistas, vi uma poltrona de mármore, única, solitária, ladeada de outras menores – nestas, sentavam-se os poderosos; naquela, o Grande Sacerdote de Dionisos. Diante dele, representavam-se tragédias: diante da maior autoridade religiosa, ladeada dos poderosos chefes da cidade.

Eu não pude sentar na poltrona do Grande Sacerdote por duas razões: uma, de ordem moral – achava que não ficava bem desgastar o mármore, profanar a História; outra, de ordem prática: o guarda apitou quando, mesmo sabendo que não devia, tentei.

Pude me inclinar sobre ela, apoiar meu corpo na altura da cabeça sacerdotal. Pude ver, meus olhos no lugar dos seus, o duelo Creonte versus Édipo, Édipo escorraçando o cego Tirésias, Antígona desobedecendo a Creonte, Agamenon matando a filha e sendo morto por sua mulher, Clitemnestra, assassinada por seu filho Orestes, coadjuvado pela irmã Electra, ambos perdoados por Atena, ali, no Parthenon virginal (ou terá sido embaixo, no Areópago?). Enfim, Acrópole: o lugar mais alto!

O grande sacerdote dionisíaco assistia e aprovava: a longa saga de crimes era cadeia de obediências. Não cometer certos crimes seria crime – desobediência ao dever filial, à cidade e aos Deuses. Os gregos queriam entender o que era essa coisa abstrata – o *Dever* – além do *Poder*.

Deveres que hoje monstruosos: filicídios – haverá algo mais trágico? –, parricídios e matricídios – algo mais repugnante?

No entanto, eram deveres inseridos num código civilizatório. Crimes necessários à construção de uma ordem Moral. Crimes e castigos – novos crimes! – que engendravam criminosos castigos.

O Perdão emancipatório anunciava o alvorecer da Civilização. A descoberta do Perdão – a derrota da Moira, do fatalismo! – foi o começo da Civilização.

A Religião – representada pelo sacerdote sentado em confortável assento de mármore – era, no seu início, uma forma de saber. Os seres humanos buscavam o conhecimento. Onde houvesse interrogação irrespondível colocavam um símbolo, um Deus, deidade, titã, força sobrenatural. Para que fossem entendidos, a esses símbolos, amados ou temidos, a religião dava feições humanas: Deuses tinham rostos, carrancas.

Mortais e imortais, homens e deuses eram levados aos teatros para que se confrontassem. Se o povo queria festejar nos campos, aristocratas queriam imobilizá-los nas arquibancadas para que escutassem histórias de deuses e homens, com catástrofe de advertência: não corram risco de desobedecer às leis.

Os poderosos ladeavam o sacerdote, Grande Solitário que representava Dionisos – um Deus que, no entanto, amava boas companhias, bacantes que o amavam e com ele dançavam! Ali, o Sacerdote sentava-se solitário. Fiscal. Censor. Vigia.

Foi naquele *Teatro de Pedra* aristocrático que o *Teatro do Vento* popular foi encarcerado.

Nas ruínas, eu me recolhi em pensamento vendo a prisão do teatro de pedra! Senti no corpo o vento quente, vento que levava para o esquecimento os poemas espontâneos do povo embriagado pelo bom vinho de Baco; vento que dissolvia os versos da poesia que jorrava livre nos lábios borrachos dos lavradores.

Fazia vento – o vento que levou consigo a criação espontânea. Hoje, leio poetas que escreviam para o teatro de pedra, mas imagino poemas embriagados, poemas que se dissolveram no vento. Imagino desejos.

Não desdenho nenhum teatro, nem o do Vento, nem o da Pedra: cada qual tem seu lugar e momento. Sonho os dois dialogando: Dionisos e Apolo.

Vivi minha vida, intenso; neste livro, eu a escrevo e descrevo. Comecei contando detalhes, pormenores, eu, minha família; termino falando abstrações, generalidades – vocês, com certeza, já notaram: mudou o estilo. Sempre usando palavras, palavras, palavras – diria Hamlet.

Palavras: para mim, escrever é Festa – viver, nem sempre tem sido.

Palavras que, espero, tenham vida.

DE TODAS AS INEVITABILIDADES, A MORTE

No grande teatro da política mundial, a Grande Mentira é proclamada pelo Grande Gordo Faminto: a Globalização Inevitável. Governantes dizem: já que é inevitável, melhor nos adaptarmos.

A finança internacional fez operação pitagórica desumana. Pitágoras nos permitiu pensar sem a carga dos objetos. Criou uma abstração: o número; os economistas globais fazem revolução pitagórica ao contrário: coisificam o número que se torna autônomo. *Para eles, o número existe, o ser humano, não necessariamente.*

Temos o dever de gritar no ouvido dos nossos governantes que *todas as decisões econômicas são, antes de tudo, decisões éticas*! Para que se entenda o comportamento ético, números não bastam – são necessárias palavras; por exemplo, humanismo, justiça!

Quando o desemprego aumenta de 10% para 15%, para o economista global a diferença é 5% – pouca monta. Para ele, não existem, nesse número *cinco*, lágrimas, angústias, medos, fome. Existe o número *Cinco* – nova divindade!

Os economistas globais dividem a humanidade em três: a primeira controla o Mercado – Deus adorado acima de todas as coisas e seres! Segunda, a humanidade inserida no Mercado Divinizado, produzindo ou consumindo. Terceira, a humanidade descartável. Esta existe não só em Bangladesh, Ruanda, Eritreia e Etiópia – onde tratores empurram mortos para a fossa comum! –, existe até no interior dos países ricos. Nos Estados Unidos – são dados econômicos deles, não meus –, 20% da população vive abaixo da linha de pobreza: miseráveis. Claro: a mísera maioria é latina ou negra.

O Lucro é o Deus pós-Berlim. Quando caiu o Muro, cognominado o da Vergonha, outros muros se levantaram, sem vergonha. Em torno de ricas mansões: fora, pobres famintos, fora! – e nas fronteiras de países ricos: fora, estrangeiros, fora!

O Lucro, não os seres humanos, determina as relações entre países, atravancados de muros da vergonha. O Lucro, não o amor, determina as relações humanas.

Dizem: é inevitável. Mentira!!! Existem pessoas que não sentem repugnância pela solidariedade humana, ao contrário do Grande Gordo Faminto. Até a Bíblia recomenda o periódico perdão de todas as dívidas, o Grande Jubileu! Sejamos bíblicos: não paguemos nada!!! *Jubileu 2000*!!!

O Grande Gordo Faminto proclama a inevitabilidade da Globalização, eufemismo inventado para esconder o que já se chamou Interdependência, Imperialismo, Colonialismo, Império Hitleriano dos Mil Anos, *Pax Romana*... – nomes que escondem a verdadeira natureza da Fagocitação Universal em marcha!

Inevitável? Não é verdade! Mesmo que o fosse, nada justificaria que nos rendêssemos. *De todas as coisas inevitáveis, a mais inevitável é a Morte*, mas nem por isso devemos nos dar um tiro na cabeça. Abaixo o suicídio! Abaixo as inevitabilidades: são, todas, evitáveis. Até a morte é postergável.

Alguns governantes de países subjugados, Capitães do Mato, pregam o Suicídio Nacional como aconselhariam escravos a permanecer no cativeiro: a liberdade traz responsabilidades perigosas – traz a escolha!

É preciso brigar contra a rendição fatalista que se alastra como se não houvesse opção. Escrevendo este livro – palavras! –, faço minúscula parte, faço um passo. Não é tímido, embora curto. Quem tiver perna mais longa dê maiores passos.

O HOMEM QUE NÃO APRENDEU A MORRER

No interior de São Paulo, encontrei um velho caipira, idade impossível de avaliar sem documentos, velho de antigamente, velho mesmo. Disse que não sabia sua idade, mas tinha uma certeza: era imortal.

"Não aprendi a morrer... A Morte não tem parentescos, nunca encontrei quem saiba morrer direito, nunca ninguém me ensinou."

Não é o meu caso – a morrer já me ensinaram, até quiseram me ajudar a ir mais depressa. Autobiografia não é vida: é relato. Morrer, suponho que sei como é, mas não aprendi a terminar este livro. Como o velho não aprendeu a morrer, ninguém me ensinou a parar de escrever.

Este livro não termina aqui, embora exponha boa parte do meu vivido. Talvez um segundo volume, quando eu desistir de continuar ou já sem forças... Quando já não puder trabalhar, prometo trabalhar, trabalhar intensamente num verdadeiro livro de Memórias. Esse, sim, já tem até título: *Alegações finais*! Fica pra mais tarde, pra quando se fizer tarde.

É cedo ainda... mal começo a viver os novos dados...

Desde que nasci fui criança solitária, sentado na ponte no portão da minha casa, vendo o mundo passar. Sinto estas confissões passando, fugindo das minhas mãos. As palavras escapam dos meus dedos e reaparecem na tela, levando a melhor parte de mim. Onde?

Palavras fogem carregando pensamentos. Vão procurar você, que eu nem conheço.

Minhas palavras fogem de mim. Como este livro, que agora encerro.

Já não é meu...

P.S. Quem leu a última nota ao pé da página, no capítulo anterior, deve-se ter perguntado por que fui tão minucioso relatando projetos futuros. Neste livro, eu quis mostrar minha vida, só até agora. Daqui pra diante e até o fim, será contada nas *Alegações finais* que começarei a escrever um minuto depois de, neste, escrever a derradeira palavra: *Fim*.

Não acredito nessa palavra: nada termina, podem crer. Creiam em mim. Nada termina...

Nunca!

FIM

ALEGAÇÕES FINAIS

Meu nome é **Augusto Boal**... ... . **nasci** no dia 16 de março, **de manhã** bem cedo, em dia de **verão**, na cama dos meus pais... ... ...
Meu signo é **Peixes** em **Areias Quentes**... Signo fortíssimo!
Faz tempo... ... ... 1931... ....na... ... ...
Penha-Circular ... ... no ....
Rio de Janeiro... ... **Brasil**... ..... **brazil**... ... **brésil**...

. ...

. ... .um dia, me olhei no **espelho** e percebi que estava **vivo**... ... ... **Coisa estranha** ... ...Desde esse dia, nunca mais

consegui parar de viver... ... . nunca mais... ... ...nunca... ... ...nunca mais... ... ...

SOBRE O AUTOR

Augusto Boal nasceu no Rio de Janeiro em 1931. Formou-se em engenharia química pela UFRJ, mas desde a infância interessou-se pelo teatro. Em 1952, viaja para os Estados Unidos para estudar na Escola de Arte Dramática da Universidade de Columbia, onde frequenta os cursos de John Gassner, professor de alunos como Tennessee Williams e Arthur Miller. De volta ao Brasil, em 1956, passa a integrar o Teatro de Arena, onde aos poucos adapta o que aprendera nos Estados Unidos em espetáculos que buscam encenar e discutir a realidade brasileira, transformando o espectador em cidadão ativo. Formado por Boal, José Renato, Giafrancesco Guarnieri, Oduvaldo Vianna Filho e outros, o grupo de dramaturgos do Arena promove uma verdadeira revolução estética nos palcos brasileiros. O golpe de 1964 torna cada vez mais difícil a situação dos artistas que haviam se engajado na transformação social do período precedente. Em 1971, Boal é preso e torturado. Exila-se na Argentina com Cecilia Thumin, onde organiza *Teatro do oprimido*, seu livro mais conhecido. A partir de então, os princípios e as técnicas desenvolvidos por Boal alcançam um público cada vez maior, difundindo-se inicialmente pela América Latina e, ao longo dos anos 1970, pelo mundo inteiro. Em Paris, onde passa a morar e atuar, cria vários núcleos baseados em sua obra. Com o fim da ditadura, retorna ao Brasil em 1986, estabelecendo-se no Rio de Janeiro. Em 1992, é eleito vereador e desenvolve mais uma de suas técnicas, o Teatro Legislativo, discutindo projetos de lei com o cidadão comum em ruas e praças da cidade. A Unesco confere a Boal, em 2009, o título de "Embaixador do Teatro Mundial". No mesmo ano, Augusto Boal falece no Rio de Janeiro. Suas obras estão traduzidas para várias línguas, ocidentais e orientais.

ÍNDICE ONOMÁSTICO

A

B

C

D

E

F

G

H

I

J

K

L

M

N

O

P

Q

R

S

T

U

V

W

X

Y

Z

ÍNDICE DE PEÇAS

A

C

D

E

F

G

H

I

L

J

M

N

O

CRÉDITO DAS IMAGENS
pp. 4-5, 16, 42, 152, 332, 372, 412-13 Arquivo Agusto Boal
p. 252 Derly Marques

FOTOS Arquivo Augusto Boal

COORDENAÇÃO EDITORIAL Milton Ohata
ASSISTENTE EDITORIAL Livia Lima
PREPARAÇÃO Cacilda Guerra
PROJETO GRÁFICO Nathalia Cury
REVISÃO Rafaela Biff Cera e Eliane Santoro
TRATAMENTO DE IMAGEM Wagner Fernandes
PRODUÇÃO GRÁFICA Aline Valli

Nesta edição, respeitou-se o novo Acordo Ortográfico da Língua Portuguesa.

Dados Internacionais de Catalogação na Publicação (CIP)

Boal, Augusto [1931-2009]
Hamlet e o filho do padeiro – memórias imaginadas:
Augusto Boal
São Paulo, Cosac Naify, 2014
416 pp., 8 ils.

ISBN 978-85-405-0653-4

1. Boal, Augusto 1931 2. Diretores de teatro brasileiro – Biografias 3. Teatro brasileiro do séc. XX I. Título

CDD 927.92

Índices para catálogo sistemático:
I. Boal, Augusto: Biografia: 927.92

COSAC NAIFY
rua General Jardim, 770, 2º andar
01223-010 São Paulo SP
cosacnaify.com.br [11] 3218 1444
atendimento ao professor [11] 3823 6560
professor@cosacnaify.com.br

FONTES TUNGSTEN e MERCURY
PAPEL PÓLEN SOFT 80 g/m²
IMPRESSÃO LOYOLA